TAGEBUCH EINES JERUSALEM PILGERS

Strecke:
Hinweg: 7937 km
Rückweg: 6032 km
Gesamt: 13969 km

Dauer:
Hinweg: 230 Tage
Rückweg: 164 Tage
davon Ruhetage: 42 (-8) Tage
65 (+8) Tage in Jerusalem
Gesamt: 459 Tage (1.5.2013 bis 2.8.2014)

Weiteres:
Höhenmeter gesamt: 250.000 m
Durchschnittliche Tageskilometer: 41 km
Längste Tagesetappe: 75 km
Höchster Punkt: Aragats (Armenien), 3985 m bzw. 4008 m
Niedrigster Punkt: Totes Meer (Israel), -428 m

Vorwort

Im ersten Band dieser Aufzeichnungen habe ich versucht, den Leser mitzunehmen auf meinen Pilgerweg ins Heilige Land. Es ging über die österreichischen Alpen, durch den slowakischen „Regenwald", vorbei an rumänischen Klöstern, Hirtenhunden, moldawischen Brunnen und durch die ukrainische Steppe. Ich schilderte meine Erlebnisse im russischen Straßengraben, im anatolischen Hochland und in den Tuffsteinhöhlen Georgiens. Ich schrieb Zeilen über armenische Gastfreundschaft, iranische Sandstürme, Fernbedienungen in kurdischen Wohnzimmern und die bedrängten Christen der türkischen Grenzregion. Nach 230 Tagen und tiefen Eindrücken aus der erfüllenden Leere der wilden Wüstenberge schloss mein Tagebuch mit der Ankunft in Jerusalem. Ich hatte beinahe 8.000 Kilometer zu Fuß zurückgelegt. Ich war am Pilgerziel von Milliarden.

Doch die Stadt war nie der Endpunkt meiner Reise gewesen. Sie war immer nur Station auf einem Weg, der mich viele Monate später wieder zurück in das kleine Fürstentum führen sollte. Von diesem Weg zurück in die Heimat handelt dieser zweite Band und von den mühseligen kleinen Schritten auf jenem Weg, auf dem wir als Menschen alle Pilger sind.

Im ersten Band habe ich zudem versucht, auf jene Fragen zu antworten, die mir als Priester unterwegs gestellt worden sind. Dabei wurde das theologische Gemüsebeet querdurch im Zickzack beackert und dort gejätet, wo in den Augen vieler der Glaube die seltsamsten Blüten treibt. Für einen Geistlichen ist dies sein Tagesgeschäft. Aber es ist einigermaßen unbefriedigend. Es ist, als würde man eine Gruppe durch ein dunkles Museum führen und mit einer Taschenlampe hier und dort winzige Ecken eines monumentalen Gemäldes ausleuchten. Das hätte vielleicht einen Nutzen, wenn das Publikum das Bild schon einmal in seiner Gesamtheit gesehen hätte. Dann würde es sich sogar lohnen, auf die Details zu achten und neue Ebenen und Bedeutungen des Kunstwerks mit Tiefgang zu erschließen. Doch wenn das Motiv so umfassend wie unbekannt ist, dann sind die kleinen, kreisförmigen Erhellungen für die Betrachter wohl kaum ausreichend. Sie alle würden den Louvre mit der Überzeugung verlassen, die „Dante-Barke" von Eugène Ferdinand Victor Delacroix versuche vorwiegend durch schmutziges Rot und etwas drapierten blauen Stoff zu bestechen.

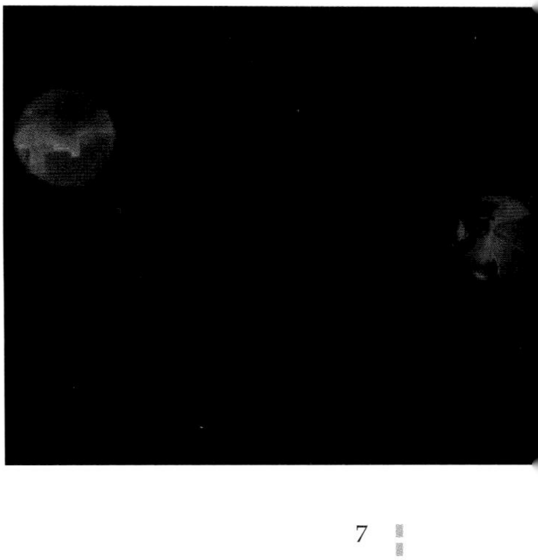

So will ich nun im zweiten Band des Tagebuchs versuchen, das Licht des Glaubens auf die Welt als Ganzes scheinen zu lassen und so dem geneigten Leser wenigstens einen kleinen Überblick zu geben über das, was die Welt des Christen im Innersten zusammenhält.

Zugegeben, dieser Blick kann nur ein flüchtiger sein. Gerade einmal 22 Sonntagspredigten stehen mir dafür zur Verfügung. Ich hätte wohl noch weiter wandern sollen ... Vieles muss hier unbesprochen, anderes als Frage bleiben. Aber wenn diese kurzen Ausführungen dem einen oder anderen als Startpunkt hilfreich sind und die Neugierde wecken, dann wird er, mit dem Neuen Testament in der Rechten und dem „Katechismus der Katholischen Kirche" in der Linken, sicher selbst die nächsten Schritte gehen können auf einer Entdeckungsreise, die jenseits unförmiger Farbkleckse beginnt und einst in der unverhüllten Herrlichkeit ein Ende finden wird.

25. Januar, Fest der Bekehrung Pauli 2016

Johannes Maria Schwarz

Tag 295: Die langen Stunden einer letzten Nacht

Nach ein paar hektischen Tagen lag ich im Bett und blickte zur Decke. Zwischen den Vorhängen, die sich nicht ganz schließen ließen, fiel auch in dieser Nacht das gelbbraune Licht der alten Straßenlaterne nebenan und ertränkte alle anderen Farben des spärlich möblierten Zimmers in dunklen Honigtönen. Nunmehr vertraute Geräusche drangen durch das offene Fenster, unter dem sich das muslimische Viertel der Jerusalemer Altstadt nach Nordosten hin ausbreitete. Ich dachte zurück an meine Ankunft vor zehn Wochen.

Nach den emotionalen Momenten in der Grabeskirche war ich der Via Dolorosa in umgekehrter Richtung bis zur III. Station gefolgt. Dort, wo sich die Straßen vom Damaskus- und vom Löwentor vor einer schlichten Fassadenfront treffen, war ich durch den gewölbten Türbogen getreten und über eine Reihe von Treppen zum Hauptgebäude des Österreichischen Hospizes gelangt.

1857 gegründet, ist diese Unterkunft das älteste bestehende nationale Pilgerhaus im Heiligen Land. Bürger, Bauern und Kaiser hatten hier einst Quartier gefunden, als Jerusalem noch zum osmanischen Reich gehörte. Zu Beginn des 2. Weltkriegs hatten die Briten das Gebäude als „reichsdeutsches Eigentum" beschlagnahmt und als Internierungslager für österreichische, deutsche und italienische Geistliche genutzt, bevor es ab 1944 als „Middle East Centre for Arab Studies" Verwendung fand. Einige Jahre darauf von der jordanischen Armee als Lazarett übernommen und anschließend als Spital genutzt, verschob sich die geplante Rückgabe durch den Sechstagekrieg von 1967. Das nunmehr von der israelischen Armee verwaltete Gebäude wurde vorerst weiter als Spital genutzt und erst 1985 an die Erzdiözese Wien zurückgegeben. Seit 1988 suchen hier nun wieder Pilger Ruhe und Erholung. Und wie für viele von ihnen war das Hospiz mit seiner schönen Kapelle, seinem Garten und seiner großartigen Dachterrasse auch für mich eine Heimat auf Zeit, hoch über dem Lärm der quirligen Gassen geworden.

Die wechselhafte Geschichte der Mauern, die mich nun ein letztes Mal bargen, ist wohl ein treffendes Bild für die Konflikte, welche mehr noch als das Los der Gebäude, die Herzen der Bewohner dieser Stadt seit langem prägen.

Ich musste unweigerlich an mein erstes Frühstück im Hospiz zurückdenken. Am Nebentisch hatte sich ein griechisch-orthodoxer Mönch aus den USA mit einer Dame plaudernd über die Vorzüge dieser Herberge unterhalten. Erfreut hatte ich mein Joghurt und Wasserglas geschnappt und gefragt, ob ich mich zu ihnen setzen dürfe. Ich wollte den bärtigen Gottesmann um Rat fragen, ob und wie ich auf meinem Rückweg den Heiligen Berg Athos besuchen könne.

In der folgenden halben Stunde mag ich manch naiven Satz und die eine oder andere unbedachte Antwort geäußert haben, aber ich war völlig überfordert mit dem Hass und Hohn, mit dem ich als katholischer Priester plötzlich überschüttet wurde. Jedes Unrecht, jeder Krieg, jeder angebliche Irrtum, jede unterstellte oder tatsächliche moralische Verfehlung wurde mit blitzenden Augen vor mir abgeladen oder als „geschichtliche“ Instruktion an die unbedarfte deutsche Pilgerin gegenüber verpackt, die etwas hilflos und mit starkem Akzent „Aha. I understand“, zwischen Marmeladebrotbissen murmelte. So hatte mein erster Ruhetag in Jerusalem begonnen – unruhig und aufgewühlt.

Ganz hat mich diese Erschütterung in den folgenden Wochen nie verlassen. In vielen Begegnungen hatte ich fortan die Wunden gespürt, die persönlich erlitten – und viel öfter noch vererbt – nah unter der Oberfläche des pragmatischen Alltags schwelen.

Ich lag auf den weißen Linnen und ließ die Bilder der letzten Monate (Tag 231 bis 295) vorüberziehen: die engen, überfüllten Gassen, die ich täglich durchwandert hatte; die alte Frau mit zerfurchtem Gesicht, die in einem Winkel Olivenöl aus gebrauchten Cola-Plastikflaschen verkaufte; den hageren Schuster, der in seinem Laden, nicht viel größer als ein Schrank, mit krummem Rücken die Kurbel seiner alten Maschine bediente. Ich dachte an meinen Bäcker, der die großen, warmen Fladenbrote mit einer Drehung des Handgelenks in gelbe und pinke Plastikbeutel wirbelte; das Menschenmeer, das am Ende des muslimischen Freitagsgebets vom Tempelberg herunter in die Altstadt schwappte, wo nun Verkäufer als kleine Inseln, immerfort ihre Preise schreiend, über den Köpfen Erdbeeren gegen bunte Schekel-Scheine tauschten. Ich dachte zurück an die kleinen Bildstöcke im stillen christlichen Viertel nebenan; das hohe kegelförmige

Gerüst, an dem man Plastik-Tannenzweige, kitschigen Behang und Leuchtgirlanden halbherzig zu einem Weihnachtsbaum über den Dächern zusammengebunden hatte. Ich dachte an die erhebenden Abendgesänge der armenischen Seminaristen in der mystischen Jakobskathedrale; das syrisch-orthodoxe Markuskloster einige Ecken weiter, dessen betagte Hüterin die wenigen Besucher kaum mehr aus ihrem Redeschwall entlassen wollte; die sauberen, verwinkelten Häuserschluchten des jüdischen Viertels, in denen spielende Kinder mit wehenden Schläfenlocken unvermutet um die Ecke bogen; die Prozessionen der chassidischen Juden mit Schtreimel (runder Pelzhut) und Pekesche (Seidenkaftan), die allwöchentlich zu Beginn des Sabbats aus Vierteln wie Me'a Sche'arim vorbei an arabischen Hummus- und Falafelständen zur Westmauer des alten Tempels strömten.

Meinen Eltern und Schwestern hatte ich bei ihrem Besuch die wichtigsten Orte dieses Landes gezeigt; in all den Wochen Stätten besucht, die sonst auf den Touren ausgelassen werden. Ich hatte auf beiden Seiten des geteilten Heiligtums in Hebron gebetet und den Klagen und Ansprüchen von Juden und Arabern zugehört. Ich hatte auf einem roten Polsterstuhl zu den besorgten Schilderungen des Lateinischen Patriarchen genickt, über die schwindende, zwischen den Fronten aufgeriebene christliche Bevölkerung. Ungeduldig und unfair hatte ich im „Wiener Kaffee" des Österreichischen Hospizes mit einem Mann diskutiert und seine bizarre Vision über meine „frühere Reinkarnation" genervt belächelt – hatte er doch gemeint, mein ausgeprägtes Redebedürfnis sei ein klarer Hinweis auf erlittene Folter mit Knebelung durch die Spanische Inquisition. Ich hatte in den Gassen Jerusalems unerwartet alte Freunde getroffen; mit Talel und ihren Kollegen am Mahane Yehuda Markt ein lokales „jüdisch-bayrisches" Weizenbier geschlürft.

So viele Bilder fluteten nun am letzten Abend meine Gedanken. Episoden, Bruchstücke, Farben, Geräusche, Gerüche, Menschen, ihre Gesichter und ihre Geschichten; ihr Lächeln, ihr Schmerz, ihre Freude, ihr Leid, ihr Lieben und

Streiten, ihre angestaute Wut, ihre Hilflosigkeit, ihre Verzweiflung, ihre Selbstgerechtigkeit, ihre Opferbereitschaft, ihre Sehnsucht. Pilger, Touristen und Bewohner dieser Stadt – in den vergangenen Wochen hatte ich sie vor die Kamera gebeten und gefragt, was Heimat, Friede und ein Pilger für sie sei.

Ich war nach meiner langen Reise nicht im Glauben angekommen, einfache Lösungen für dieses zerrüttete Land mit im Gepäck zu haben. Die plakativen Sprüche und politischen Stammtisch-Appelle, mit denen man gerne aus der Ferne urteilt oder sich in belanglosen Phrasen verliert, waren schon vor langer Zeit verblasst. Mir blieb letztlich nur Zuhören und der Versuch, zu verstehen – zuletzt vor wenigen Stunden. Greg, ein amerikanischer Jude, der erst seit kurzem unweit der Grenze zum Westjordanland lebt, hatte den gebrauchten Laptop gekauft, auf dem ich die letzten Wochen über gearbeitet hatte. Ein Geburtstagsgeschenk für seinen Sohn. Er hätte Angst gehabt, hierher ins

muslimische Viertel zu kommen, hatte er unten am Eingang des Hospizes verlegen zugegeben. Dann hätte er erstaunt festgestellt, dass viele Juden den Weg durch das Damaskustor benutzen; dass es hier völlig sicher sei. Ich hatte genickt und gelächelt. Vielleicht hatte er dadurch gemeint, sich rechtfertigen zu müssen und mir erklärt: „Ich weiß, für Dich muss diese ganze Situation hier so unverständlich wirken. Die Sache mit dem Militär, der Mauer …" Greg sprach ehrlich und frei. Es war kein Hass in seinen Augen. Scham vielleicht. Und Furcht. „Ich weiß, ich muss diese Angst loswerden. Meine Familie… ich will nur, dass es ihnen gut geht. Die Mauer …" Greg stockte. „Bei der zweiten Intifada war ich am Markt, als sich ein Mann in die Luft sprengte …" Nach einer Pause fuhr er fort. Natürlich verstehe er, dass die Mauer keine Lösung sei. Er wisse nicht, wie es damit in Zukunft weitergehen solle. Aber für den Moment, so sagte er, gebe sie ihm ein Gefühl der Sicherheit. Von der Seite, wo die Mauer steht, drohe ihm keine Gefahr.

Nachdenklich hatte ich mich von ihm verabschiedet, war in mein Zimmer zurückgekehrt und hatte vor dem Schlafengehen noch ein paar Dinge in meinem Packsack verstaut. Oft hatte ich in den vergangenen Wochen Rechtfertigungen des umstrittenen „Sicherheitszauns" gehört und öfter noch die Klagen über das Leid und Unrecht, das er brachte. Graffiti-Sprüche fielen mir ein, nicht viel weniger platt als die angstschürenden Schlagzeilen, aus denen Demagogen beider Seiten Kapital zu schlagen wussten.

Ich blickte hoch zur Decke. Draußen, irgendwo ein paar Straßen weiter, piepte der Warnton eines Müllwagens im Rückwärtsgang. In der menschlichen Ausweglosigkeit des Konflikts in diesem Land wanderten meine Gedanken hin zur unerhörten Botschaft einer Liebe, die nicht nur Brüdern, sondern Feinden galt; von Vergebung nicht nur für Freunde, sondern auch den Fremden; vom Heil nicht nur für die eigene Sippe, für den eigenen Stamm, sondern angeboten der ganzen gefallenen Welt mit einer ausgestreckten, am Kreuz durchbohrten, göttlichen Hand. Gottes Ant*wort* ist Fleisch geworden, geboren unweit dieser Stadt, gekreuzigt und begraben hier, dann auferstanden am dritten Tag. Liebe und Vergebung. Keine weichgespülte Plattitüde politisch korrekter Höflichkeit, sondern radikal begründet – verwurzelt also – im Wesen Gottes, das uns allein der Sohn in ganzer Fülle offenbart. Ich dachte an mein erstes Frühstück. Liebe und Vergebung. Wie schwer ist dies schon für jene, die sich seine Jünger nennen. Und in meiner eigenen Armseligkeit seufzte ich: „Barmherzigkeit!"

Tag 296 – 35 km (7972 km): Schritte

Der Wecker riss mich aus dem Schlaf. Ich lauschte. Draußen war es dunkel und still. Ich war heute wohl schon vor dem Hahn aufgewacht, der für gewöhnlich zu dieser Stunde auf der Dachterrasse gegenüber begann, den noch fernen

Morgen zu grüßen. „Suppentopf", hatte ich mehr als einmal darauf im Halbschlaf gebrummt.

Ich hatte gut geschlafen. Nur etwas kurz. Zu lange war ich in Gedanken wach gelegen. Gähnend blinzelte ich, als ich das grelle Licht im Bad anknipste.

Fünfzehn Minuten später ließ ich den Blick durch das Zimmer schweifen. Aufbruch. Nach den Wochen in Jerusalem wieder die Schuhe für den langen Marsch zu schnüren, fühlte sich ein bisschen so an wie vor zehn Monaten, als meine lange Reise mit freudiger Erwartung begonnen hatte. Aber es war auch anders. Diesmal gab es einige Fragezeichen weniger. Es war kein Anfang, sondern eine Fortsetzung. Beim Packen hatte ich mich nicht gefragt, ob die Dinge funktionieren, sondern ob sie noch durchhalten werden. Wie alte Bekannte, deren Makel und Fehler man kennt, verstaute ich alles in der gewohnten Anordnung. Und es tat mir fast leid, dass ein „Einkaufs-Sackerl" der ersten Stunde aufgrund der vielen Löcher aussortiert werden musste. Auch die Plastiktüte eines Bekleidungsherstellers, die seit Österreich dabei gewesen war und deren ursprünglich grüne Farbe durch die Abnutzung einem noblen Weiß gewichen war, blieb in Jerusalem zurück. Bevor ich die Türe meines Zimmers im Österreichischen Hospiz ein letztes Mal schloss, trat ich ohne Gepäck in den kühlen Morgen und eilte mit langen Schritten

durch die Gassen hoch zur Grabeskirche. Wie jeden Tag hallten zu dieser Stunde die ungewohnten Harmonien des koptischen Mönchs-Duetts durch die verwinkelten Mauern. Schuhe schliffen über den weichen abgenutzten Marmor der Kapellen. Etwas krachte in einer der angebauten Sakristeien und pflanzte sich als Echo durch den riesigen Kirchenraum fort, wo das hässlich bleiche Licht gedrehter Energiesparlampen mit dem trüben Bernstein der Natriumdampfer um die Vorherrschaft in der Farbgebung kämpfte. Wirklich still war er nie, dieser heilige Ort; in seiner Gesamtheit weder schön noch harmonisch. Und doch hatte ich ihn über die Zeit liebgewonnen mit seinem orchestrierten Chaos und seiner schrägen Eigenartigkeit, selbst dann, wenn an bestimmten Feiertagen alle Konfessionen wie ein wogendes Meer gleichzeitig durch die Kirche brandeten und Gesänge für den einen Gott als Wellen aufeinandertrafen, bis die Orgel der Franziskaner einsetzte und – für mich etwas beschämend – alle anderen ertränkte.

Ich hob mein Haupt von der Steinplatte des Heiligen Grabes, küsste noch einmal den Boden vor dem Fels von Golgota und kehrte dann zurück in die Kapelle der Heiligen Familie im Österreichischen Hospiz. Dort beugte ich ein letztes Mal das Knie vor dem Hochaltar und feierte in der andächtigen Stille jenes Ortes das Geheimnis unseres Glaubens.

Um kurz nach halb sieben fiel in der Via Dolorosa 37 die Tür hinter mir ins Schloss. Ein erster Schritt. Ich blieb stehen. Mein Weg in die Heimat hatte begonnen – mit dem seltsamen Gefühl, eine andere Heimat zu verlassen.

Dass ich mich auf diesem Weg schon bald nach Osten, statt nach Westen wandte, war nicht ursprünglich so geplant gewesen. Nur hatte man mir im letzten Monat, nach zwei sehr unfreundlichen Terminen an den Schaltern des israelischen Innenministeriums, eine Visumsverlängerung verwehrt. Zwei Wochen hätte ich noch hier bleiben wollen, um die achtzig Liechtensteiner Wallfahrer aus meiner alten Pfarrei in Empfang zu nehmen. Sie hatten sich für Anfang März angekündigt. Nun musste ich das Land verlassen und versuchen, in zehn Tagen wieder zurückzukommen. Eine Ausreise über den Sinai nach Ägypten war unmöglich geworden, nachdem mitten in der Planung Terroristen einen Reisebus am dortigen Grenzübergang in die Luft gesprengt hatten. Die Grenze war geschlossen. Mir blieb nur die Ausreise nach Jordanien. Mein Plan war nun, eine Schlaufe durch den jordanischen Norden zu ziehen und dann rechtzeitig für das Zusammentreffen mit der Gruppe nach Israel zurückzukehren – die noch unsichere Erteilung eines neuen israelischen Visums vorausgesetzt.

Ich suchte daher einen Weg in den Osten. Dies war aufgrund der israelischen Trennmauer nicht ganz einfach. Es gab nur wenige Straßen, von denen ich sicher wusste, dass sie mir offen standen. So landete ich schließlich auf der Schnellstraße

Richtung Jericho, wo der Pannenstreifen, auf dem ich mich bewegte, je nach den Manövern des hupenden Frühverkehrs schnell zum *Panik*streifen werden konnte.

Es ging auf vertrauten Kurven durch die zunehmend karger werdende, hügelige Landschaft hinunter in die Judäische Wüste. Von Jerusalem hinunter ins Jordantal fiel das Land 1200 Höhenmeter ab.

Eine Frühstückspause machte ich abseits der Straße, wo sich im frischen Grün des letzten Frühlingsregens kleine Anemonen zu öffnen begannen. Ich streckte die Beine aus und Bilder solcher morgendlicher Raststellen des

letzten Jahres zogen an mir vorüber: Holzbänke unter Linden, moldawische Brunnenhäuschen, ukrainische Stoppelfelder, russische Felsklippen, türkische Pappeln, armenische Passübergänge, grüne Verkehrsinseln im Iran. Nach wenigen Kilometern hatte ich das Gefühl, zwischen den roten Blüten am Weg angekommen zu sein.

Bald konnte ich die Hauptroute verlassen und über die Allon Road in das Gebiet der Quelle Ein Prat absteigen. Der vielversprechende Weg, der dort abbog und auch auf meinen Karten eingezeichnet war, verlor sich bald. Ich landete nicht im Wadi Qelt, sondern auf einem Ziegensteig – klar als solcher „ausgewiesen" – weit oben am rechten Rand des Grabens. Es

war heiß hier – auch Ende Februar. Zwischen groben Steinbrocken zog ich den Carrix entlang einer alten trockenen Wasserleitung, bevor ich schließlich unter einem Felsvorsprung die nächste Pause machte. Ich pappte Hummus auf ein Fladenbrot und rieb mir die Beine. Ich spürte die lange Ruhezeit.

Kurz nachdem ich wieder aufgebrochen war, entdeckte ich in der Schlucht unter mir eine Wegmarkierung, zu der ich schließlich über ein steiles Geröllfeld absteigen konnte. Mit Staub und Steinen in den Schuhen kam ich bei dem kleinen Wasserlauf an. Hier war die Temperatur wesentlich angenehmer, aber der schmale Weg, der fortan das Bächlein immer wieder querte, verlangte mit seinen Felsen und Steinstufen meinem Gefährt einiges ab. Schepper. Schepper. Klick-Klack. Blechern und rhythmisch schlugen die losen Enden der Aluschutzprofile, die vor einigen Monaten auf den letzten Metern in Jordanien gebrochen waren, gegen das Gestänge. Beim Versuch, das nervtötende Geräusch mit Bambussplittern einzudämmen, bemerkte ich, dass die Schrauben der Achse locker waren. Erinnerungen wurden wach – diesmal nicht an idyllische Rastplätze, sondern an „Orte der Verzweiflung," an denen die Konstruktion früher schon gebrochen war. Ich kramte in meinem Werkzeugsack, zog alles fest und marschierte vorsichtig weiter. Gelegentlich warf ich einen prüfenden Blick zurück. Hoffentlich hatte nichts bei den vielen Schlägen Schaden genommen.

Nach einer Weile wurde der Zustand des Weges besser. Er folgte nun einem offenen Kanal, dessen frisches, kühles Wasser als grüne Lebensader in die Wüste hinunter strömte. Ich passierte Hirten und ein Gehöft, bevor das Wadi steil abfiel und der Pfad an den linken Saum der Schlucht hoch stieg. Erstmals gab mein Weg nun Aussichten auf das orthodoxe Georgskloster frei, das weit unten an den Klippen klebte. Ich spazierte fröhlich entlang des felsigen Balkons. Nur einmal kam es zu einem überraschenden Stillstand, weil ich die Vorfahrtsregeln mit einem zur Sturheit neigenden Höckertier neu verhandeln musste.

Die faszinierende Klosteranlage, die ich etwas später erreichte, geht auf das 5. Jahrhundert zurück. Doch bereits 614 wurde sie erstmals von den Persern zerstört und die vierzehn dort lebenden Mönche umgebracht. Da das Gebiet mit der muslimischen Eroberung wenig später für die Christen verlorenging, wurde das Kloster erst durch die Kreuzfahrer neu aufgebaut, nur um nach deren Niederlage neuerlich zu verfallen. Seit etwas mehr als hundert Jahren ist es wieder bewohnt.

Bei meinem heutigen Besuch war das ehrwürdige Tor bereits für Gäste geschlossen und so stieg ich zur alten Brücke hin ab. Dort hielt ich kurz an und blickte über die Brüstung talaufwärts in die trockene, felsige Klamm. „Muss ich auch wandern durch finstere Schlucht, ich fürchte kein Unheil; denn du bist bei mir, dein Stock und dein Stab geben mir Zuversicht." Dieser berühmte Vers aus Psalm 23, so hat man mir bei einem früheren Besuch erklärt, soll sich auf diesen Ort beziehen.

Nach einem steilen Anstieg und einer kurzen Strecke auf einem kleinen Fahrweg, bog ich am Ende des Tages in die Hügel ab. Hier, kurz vor der

Mündung des Wadi Qelt, beschloss ich, die vielleicht letzte sich bietende Gelegenheit zu nutzen und über den Lichtern Jerichos meinen Schlafplatz einzurichten – wenn ich denn überhaupt schlafen kann. Denn gerade eben haben die Gebetsrufer des Jordantals eine ziemlich „polyphone" Gesangsprobe abgeliefert. Und nun, Augenblicke später, erreicht mich aus den fernen Straßen einer der ältesten Städte der Welt nicht der Klang von antiken Zimbeln und Widder-Hörnern, sondern das laute Dröhnen von arabischem Discopop. Hmmm. Boom. Yaahllllaaaah. Hmmm Booom. Da liege ich. Ich bin zurück auf dem Weg. Und alles ist, wie es war.

Tag 297 – 41 km (8013 km): Von Pinguinen

Ich muss mich korrigieren. Gestern habe ich etwas von Anemonenwiesen und „Am-Weg-angekommen-sein" geschrieben. Das war natürlich völliger Unsinn. So richtig „am Weg angekommen" bin ich erst in dieser Nacht, als ein bellendes, jaulendes Hunderudel an meinem Zelt vorbei zog.

Der heutige Freitag begann um 5.00 Uhr morgens. Noch im Licht der Stirnlampe schaufelte ich Hummus mit Crackern in den Mund. Dann packte ich meine Sachen zusammen und war bald auf den letzten Kehren nach Jericho. Ich wanderte vorbei am Maulbeerbaum, auf dessen Vorfahren einst Zachäus geklettert war, um Jesus zu sehen. Für das beeindruckende Versuchungskloster, das auf der Felswand über der Stadt „hing", blieb am heutigen Tag keine Zeit. Denn am Freitag schloss die Grenze früher und ich wollte nicht riskieren, irgendwo festzusitzen.

Fest saß ich dann aber doch und zwar bereits am Rand von Jericho selbst. So früh am Morgen war der Check Point noch geschlossen und ich reihte mich in die Schlange palästinensischer Männer. Man rauchte vor einem abgestellten Bus und warf mir Blicke zu. Nach 15 Minuten öffnete sich das Tor und gab den Weg frei … zum nächsten Check Point einen Kilometer weiter. Hier schüttelte man nun vehement den Kopf. Nein, zu Fuß dürfe ich nicht in die Sperrzone spazieren, erklärte man sehr bestimmt und schickte mich zurück. Ich solle ein Taxi nehmen.

Ich drehte mich um. Hinter mir tauchte der Morgen die Landschaft in warme Farben. Die Felsen, von denen ich heute Morgen herabgestiegen war, leuchteten in Gold und Gelb. Mein Blick wanderte über die Ebene bis kurz darauf die Sonne auf der Windschutzscheibe eines nahenden PKWs blitzte. Es war ein Taxi aus Jerusalem. Ich winkte. Und vielleicht weil der Soldat hinter mir das Gleiche tat, blieb der Fahrer tatsächlich stehen. Auf der Rückbank saß ein älteres kanadisches Ehepaar, das im ersten Moment etwas erschrocken über ihr gekapertes Taxi wirkte. Durch das Seitenfenster grüßte ich freundlich und brachte unter lächelnden Beschwichtigungen meine Bitte vor. Kurz darauf stopfte der Fahrer meinen zerlegten Carrix unsanft in den Kofferraum. Dann wollte er zehn Euro für die zwei Kilometer in jene Richtung, in die er ohnehin schon fuhr. Ein Straßenraub. Wir bretterten los durch den Check Point auf der geraden Straße Richtung Osten. Ich erzählte kurz von meiner Reise und, dass ich Priester sei. Die Augen des arabischen Fahrers wurden groß: „خوري (Khouri, dt. Priester)?“, fragte er. Ich nickte. Er sei selbst katholisch, meinte er begeistert. Ein frommer Straßenräuber also, dachte ich und musste lachen.

Der Grenzübergang selbst war mit seinen Ausreisetaxen, Transferkosten und Gepäckstückabgaben zwar noch um einiges teurer als die kurze Fahrt, aber die gut 90-minütige Prozedur verlief weitgehend reibungslos.

In Jordanien angekommen und mit entsprechenden Stempeln ausgestattet, galt es vor dem Terminal im RAM (Rapiden Abwehr-Modus) die nächsten hundert Taxifahrer davon zu überzeugen, dass ich tatsächlich lieber zu Fuß gehen wollte. Man schien da seine Zweifel zu haben.

Nach etwas mehr als einer Stunde auf glattem, flimmerndem Asphalt kam ich an den Fuß der jordanischen Berge und lud in der ersten Siedlung Wasser und kleine, süße Bananen zu. Dann folgte ich einer schmalen, kurvigen Straße Richtung Nord-Osten in die Berge. Der Fluss im Wadi führte Wasser und heute, am islamischen Wochenende, waren unzählige Menschen aus der nahen jordanischen Hauptstadt auf der Suche nach Erholung. Jeder schattenspendende Baum war bereits vergeben. Ich musste eine Weile laufen, bis ich nach 27 Kilometern meine erste größere Pause unter einer Felswand einlegen konnte. Vielleicht war dieser Platz auch nur frei geblieben, weil hier Unmengen von Raupen über die Steine krochen.

Ich übersiedelte ein paar Dutzend kriechende Schmetterlings-Aspiranten, lehnte mich zurück und beobachtete das Treiben am Ufer. Hin und wieder hielt ein Kleinwagen an einer freien Stelle am Straßenrand, die Türen gingen auf und aus der winzigen Fahrerkabine schälten sich ein Mann, seine Frau, zwischen vier und sieben Kinder, die Großmutter, die Schwiegermutter, zwei Brüder, drei Onkel, ein paar Cousins vierten Grades und bis zu acht Nachbarn. Sie breiteten Picknick-Decken aus, entluden Polster und einen Grill. Dann war man bereit, im familiären Rahmen das warme Frühlingswetter zu genießen.

Lächelnd zog ich nach einer Weile weiter, meinen Blick immer noch auf das bunte Treiben am Ufer gerichtet. Ich war wohl nicht der einzige, der seine Augen nicht auf der Straße hatte, denn plötzlich quietschten Bremsen, und der PKW, der mich eben passiert hatte, rammte zehn Meter weiter mit voller Wucht ein ausfahrendes Fahrzeug. Die leidenschaftliche Diskussion, die nun entbrannte, habe ich nicht mitverfolgt, sondern wanderte weiter Richtung السلط (Salt).

Je höher ich in die Hügel stieg, desto mehr Häuser und Olivenhaine säumten die Straße und um kurz nach 17.00 Uhr begann ich mich leicht skeptisch nach einem möglichen Zeltplatz umzusehen. Das hätte ich mir sparen können, denn wenige Minuten später saß ich bereits im Gästeraum einer Großfamilie, deren Eigenheim ich beim Vorübergehen ob der Ausmaße tatsächlich für eine Schule gehalten hatte.

Der gemütliche Abend, der sich aktuell – da ich nun im Zimmer nebenan nach meinen Gebeten zur Ruhe gebettet bin – zu einer gemütlichen Nacht auszuwachsen scheint, war gefüllt mit herzlicher Gastfreundschaft, gutem Essen, Scherzen und hilfreichen Sprachlektionen. Als die Erwachsenen nämlich zum Kartenspielen übergegangen waren, hatten mir die Kinder mangels gemeinsamer Sprache aus einem Bilderbuch neue Wörter auf Arabisch beigebracht. Pinguin, zum Beispiel, und Elefant. Ich werde meinen neuen Wortschatz demnächst einmal in eine Konversation einflechten und dann sehen, was passiert.

Tag 298 – 36 km (8049 km): Keuch. Hust.

Der heutige Tag verdient das Prädikat „russisch" – und die Leser des ersten Bandes wissen, was damit gemeint ist: eine unangenehme Relation von

Verkehrsaufkommen und Straßenbreite. Das beidseitig dreispurig geführte Ungetüm, dem ich heute eine Weile folgen musste, tönt auch jetzt noch 150 Höhenmeter unter mir. Ich selbst liege etwas gerädert an einem anderweitig sehr idyllischen Platz unter einer Kiefer. Der kleine Berg, den die Autostraße umwindet, war meine einzige Fluchtmöglichkeit – nicht nur vor dem Lärm, sondern auch, um einen Zeltplatz in dieser doch sehr dicht besiedelten Gegend zu finden. Hier in der Nähe zu Amman gab es offensichtlich keinen Bebauungsplan. Jeder schien seine Ziegelbaracke dorthin zu stellen, wo noch Platz war. Aber kehren wir zurück zum Morgen des heutigen Tages.

* * *

Um kurz nach 6.00 Uhr wurde ich von zwei der Jungs vor die Tür begleitet und verabschiedet. Damit waren meine Schritte nach Salt gerichtet, das der Reiseführer als sehenswertes Städtchen beschrieb. Zu sehen gab es dann dort aber nicht wirklich viel, außer ein paar netten Häusern zwischen den

üblichen Bausünden. Während ich mich deshalb mit zusammengekniffenen Augen im selektiven Bestaunen übte und versuchte, letztere auszublenden, war ich möglicherweise selbst zum Gegenstand intensiver Betrachtung geworden. Bremsen quietschten und der Taxifahrer hinter mir rammte seinen Vordermann.

Was bei uns in verzerrten Gesichtern, einem Disput und Blaulichtsteuer geendet hätte, veranlasste die beiden betroffenen Verkehrsteilnehmer jedoch noch nicht einmal aus dem Wagen zu steigen und den Schaden zu begutachten. Ein kurzer, entschuldigender Wink des Taxifahrers und die beiden fuhren ihrer Wege. Nun ja, vermutlich wusste man, dass bis zum Ende eines normalen Tages noch einige Schäden hinzukommen würden. Da könne man doch kaum wegen jedem kleinen Unfall aussteigen …

Der Weg aus Salt führte mich über steile Straßen durch endlose Vororte in das Hügelland, wo ich bei einer abgekürzten Kehre von einem freundlichen Jordanier zu heißer Milch mit Kräutern gebeten wurde. Und dort saß ich dann für mehr als eine Stunde. Mein Gastgeber hatte die Sprache bald auf den Propheten des Islam gebracht und mir das Wort erteilt. In der Folge formulierte ich meine Gedanken und wurde einmal mehr gewahr, wie schwierig es ist, ein Gespräch zu führen, wenn das Gegenüber zwar im Koran von Jesus gehört hat, aber die Evangelien nicht kennt. Das Problem, dass diese beiden Texte kein übereinstimmendes Bild von Christus zeichnen, ist offensichtlich vielen nicht bewusst.

Das Gespräch nahm eine Wendung, als wir auf meine alte Heimat zu sprechen kamen. In weiten Teilen der Welt haben wir es geschafft, die Menschen glauben zu machen, Hitler sei ein Deutscher und Beethoven ein Österreicher gewesen. Doch nicht zum ersten Mal stellte ich fest, dass sich die Araber hier nicht narren lassen. So dauerte es nicht lange, bis der nette Herr zwischen meinen Erzählungen von schneebedeckten Bergen und den grünen Auen der Donau meinte: „Yes, Austria. I know. Hitler very good man. Kill many Jews!“ Das kam so unerwartet, dass ich zwischen bereits zurechtgelegten Bildern von Enzianen und Beschreibungen vom Edelweiß kurz um eine Antwort rang. Der freundliche Herr mit seinem runden Gesicht und kurzen, weißen Haaren, blickte mich von der anderen Seite des Gartentisches gleichmütig an. Ich war fassungslos. Dieser Mann war ein Lehrer gewesen und Schuldirektor für viele Jahre.

Als ich wenig später weiter durch die Hügel stapfte, dachte ich an den Fortgang unseres Gesprächs. Ich hatte versucht, ihm den Wahn des Rassendenkens und die unglaublichen Verbrechen der Nationalsozialisten vor Augen zu führen. Ob ich damit erfolgreich gewesen bin, kann ich im Letzten nicht sagen.

Es ist erschütternd, was in der Seele eines Menschen alles schlummern kann. Wir meiden diese Tiefe oft; bleiben gerne an der Oberfläche. Und dabei gefallen wir uns als weltoffene, verständige Reisende, begeistert darüber, wie nett wir doch im Grunde alle sind. Wir träumen von gesellschaftlichen Utopien, die genau darin utopisch sind und bleiben, weil sie sich weigern, den Menschen zu sehen, wie er ist. Er ist fähig zum Guten. Aber jenseits der Floskeln und noch lange vor echter Bosheit hat er eine Neigung zur Selbstsucht und zum Bösen. Der Mensch, berufen zur Heiligkeit, ist tatsächlich ein Gefallener. Der Mann am Stadtrand von Salt war ein herzlicher Gastgeber gewesen, hatte mich, den Fremden, freundlich aufgenommen. Und dennoch fand sich in ihm die Saat jenes Unrechts, das in unser aller Herzen so oft keimt. Es war ernüchternd dies zu sehen, schockierend sogar, und doch letztlich nur eine Erinnerung an die menschliche Wirklichkeit und die Erlösungsbedürftigkeit dieser Welt.

Mein weiterer Weg führte nun über eine stärker befahrene Straße, bis mir eine Abkürzung Ruhe versprach – ein gebrochenes Versprechen, wie ich anfügen muss. Denn auch hier rollte der Verkehr in dichten Abgaswolken.

Gegen Abend kam ich zu einem Laden und stockte meine Lebensmittelvorräte auf. Als ich die Scheine über die Theke schob, räusperte ich mich und sagte: „Pinguin!" Die programmierte Ratlosigkeit löste sich durch meine unterstützende Mimik schon kurz darauf in breites Gelächter aus. Allerdings wollte man dann das Gespräch auf Arabisch fortsetzen. Denn wer „Pinguin" sagen konnte, hatte doch sicher auch noch einen brauchbaren Grundwortschatz. Ich musste die Ladenbesitzer enttäuschen und wandte meine Schritte mit einem breiten Grinsen Richtung Norden.

Ungefähr ab jener Stelle wurde die Straße nun wirklich unangenehm. Es war kaum Platz am Straßenrand und der Straßengraben war – wie die allermeisten Gräben – schräg. Zwischen Glasscherben, Reifenteilen und anderem Müll kämpfte ich mich bis zur Dämmerung weiter. Dann flüchtete ich auf den anfangs erwähnten kleinen Berg. Hier liege ich nun. Autos rauschen immer noch tief unter mir. Doch seit einigen Minuten dominiert hier oben der Gesang einer jordanischen Amsel. Kein Pinguin, aber als trällernder Frühlingsbote ist mir auch dieser Vogel recht.

1. Sonntag – Erste Voraussetzung: Glaube ist nicht Moral

In den Augen vieler Menschen beschäftigt sich Religion hauptsächlich mit der Frage, wie man leben soll. Und hinter jeder dubiosen Ecke steht dann auch die Kirche und hebt ihren Zeigefinger mahnend in die Luft. Das ist nervig – weil es nervig ist, wenn ständig jemand sagt, was man tun und lassen soll. Darum geht man der Kirche aus dem Weg, sucht sich eine Gruppe mit müderem Finger-in-die-Höh-Reflex oder spaziert trotzig geradewegs an der Warnung vorbei. Doch denkt man, Glaube sei vorrangig mit der Moral befasst, dann spannt man die Kutsche vor das Pferd. Die Navigationsprobleme und die geringe Reisegeschwindigkeit, die daraus folgen, sind verständlich.

Denn Glaube ist nicht Moral. Glaube ist zuallererst das Licht, in dem die so erhöhte Vernunft die Wirklichkeit betrachtet und tiefer versteht. In der Religion geht es in erster Linie um die Wahrheitsfrage; um die Frage, „wie alles ist“. Erst dann kann der Glaube Antworten auf das Handeln geben. Niemand würde beispielsweise auf die Idee kommen, das Material eines Gefäßes auszuwählen, bevor er noch weiß, welche Eigenschaften das besitzt, was darin aufbewahrt werden soll. Wasser in einem Weidenkörbchen funktioniert nicht, wie schon wenige Experimente lehren. In der Religion ist das nicht anders. Zuerst steht die Frage, wie die Wirklichkeit ist. Dann erst ergibt sich daraus eine Direktive für das Handeln.

Das klingt einleuchtend. Und doch hat sich historisch das Problem just in jener Zeit zugespitzt, in der man sich als besonders „erleuchtet“ verstand. Denn in der Aufklärung war es, da sich die machtvollen Herrscher wünschten, die Kirche predige den Untertanen Moral; viel Moral und wenig Gott. Moral sei wichtig für das Zusammenleben; die Sache mit Gott ... wer wisse das schon. Die Religion wurde zum Erziehungsinstrument des Staates. Und liegen diese Zeiten auch hinter uns und die Vorkämpfer dieser Ideologie schon lange unter der Erde, so schweben ihre ausgezehrten Gespenster bis heute noch von manchem Ambo auf die Kirchenbänke nieder. Das ist ein Problem. Denn Moral als Inhalt statt als Frucht der Religion führt unweigerlich in eine geistige Sackgasse – eine Sackgasse mit zwei Enden.

Im ersten Fall bleibt von der Moral nur ein rigoroser Gesetzeskatalog, der von außen vorgeschrieben wird. Und das ist sein Problem: er ist etwas Äußeres. Wie wirksam rein äußerliche Gesetze sind, können wir jedes Mal sehen, wenn die Bremslichter vor bekannten Radarfallen aufleuchten. Gesetze werden gehalten, weil Strafe droht – ja, manche werden nur gehalten, *wenn* Strafe droht.

Am zweiten Ende der Sackgasse landet man, wenn man die Gesetze einfach an die Mode und den kleinsten gemeinsamen Nenner anpasst. Das hat keine Substanz und kommt ebenfalls von außen. Was bleibt, ist ein flacher Aufruf zur Nettigkeit, zur kleinen Geste, zum Coladosen-Recycling und zur Unterstützung eines Regenwaldprojekts. Man verstehe mich nicht falsch. Das sind alles exzellente Dinge. Nur sind sie der Grund, warum gerade auch die Religion so langweilig geworden ist.

Man kann nun darüber diskutieren, ob Langeweile besser ist als Zwang. Oder man spannt endlich wieder das Pferd *vor* den Wagen. In diesem Sinn will ich ein leidenschaftliches Plädoyer für den Glauben halten; für einen Glauben, der Inhalte hat; für einen Glauben, der nicht an „Irgendwas" gerichtet ist, sondern ein Gegenüber hat; das „Du" Gottes. Dann nämlich wage ich zu träumen, von einem Christen, der nicht fragt, was er tun muss, sondern was er für Gott und sein Reich tun kann. Ich träume von einem Christen, der sich nicht zuallererst fragt, wie er bequem vorwärts kommt, sondern, in welche Richtung es geht – auch wenn er sich eingestehen muss, dass er in diese Richtung nicht würdevoll schreitet, sondern bestenfalls stolpert. Moral ist wichtig. Aber im christlichen Glauben ist sie nichts als die Antwort, die erst in einer lebendigen Beziehung mit Gott möglich wird. Nur, wenn die Moral aus der Gottesbeziehung folgt, dann wird unsere „Gerechtigkeit größer sein, als die der Pharisäer" (Vgl. Mt 5,20).

Um diese Beziehung mit Gott geht es in der Religion, und nach dieser ersten wichtigen Grundlegung will ich versuchen, diese Beziehung im Licht des Glaubens zu erhellen.

Tag 299 – 30 km (8079 km): (K)ein Stein auf dem anderen

Mit der Amsel von gestern bin ich am heutigen Sonntag wieder aufgestanden. Die rote Erde zu Füßen, auf einem Stein unter einer großen Kiefer sitzend, belegte ich mein dürres Fladenbrot mit arg zerdrückten Bananen und blickte nach Norden. Hundebellen in der Ferne.

Das Gebell wurde bald nach meinem Aufbruch um einiges intensiver. Es war nun zielgerichtet und galt … nun ja, mir, der seltsamen Gestalt, die sich mit dem klappernden Carrix vom Hügel her einem Beduinenzelt näherte. Da waren sechs ausgewachsene Hunde, die von mehreren Seiten her ihre Zähne fletschten. Aber im Unterschied zu ihren rumänischen Kollegen war im Gebaren auch Furcht erkennbar – entweder, weil dies mein vierter Tag ohne Dusche war, oder weil meine „ich-heb-jetzt-einen-Stein-auf-Geste“ deutlich verstanden wurde.

So erreichte ich letztlich unbehelligt wieder die stark befahrene Straße von gestern und marschierte acht Kilometer am Pannenstreifen zum Grund eines tiefen Wadis, wo schwarze Abgaswolken, die mir der Frühverkehr ins Gesicht wirbelte, mit dem Duft blühender Sträucher am Wegrand konkurrierten.

Nach der Brücke über den Jabbok musste ich mir von der tiefen Schlucht, die der biblische Fluss gegraben hatte, nicht länger die Strecke diktieren lassen. Hier hatte einst Jakob mit dem Engel gekämpft (Gen 32); ich hingegen kämpfte

schon bald auf einem schmalen Weg gegen die unglaubliche Steigung und den Ehrverlust, von einer hochmotivierten Landschildkröte überholt zu werden.

Nach einem – zugegeben – knappen Sieg über das Panzertier, flachte das Terrain ab. Es ging nun vorbei an kleinen Landwirtschaften, fröhlichen Kindern

und natürlich jeder Menge bellender Hunde. Gelegentlich bretterten uralte Mercedes-LKWs mit Straußenfedern am Kühler auf dem schlaglöchrigen Feldweg entlang, auf der Jagd nach einem neuen Geschwindigkeitsrekord. Sie waren zu schnell, als dass ich sie hätte fotografisch dokumentieren können.

So erreichte ich zur Mittagszeit شرج ۀنىدم (Jerash), das alte Gerasa, und damit das nächste Stück biblischen Bodens. Als Teil der Dekapolis findet das Gebiet im Neuen Testament mehrfach Erwähnung. Zwischen den

Ruinen, die ich dort erkundete, konnte man sich vorstellen, wie die frühen Christen hierher gekommen waren, um das Evangelium zu verkünden und in weiterer Folge dieser griechisch-römischen Stadt eine christliche Prägung zu

geben. Die Reste großer byzantinischer Kirchen, wie jene, die dem Heiligen Theodor geweiht gewesen war, zeugen noch heute davon. Der hiesige Bischof Placcus hatte 451 am Konzil von Calcedon teilgenommen und selbst in unserer Zeit ist Gerasa noch ein Titularbistum der katholischen Kirche (seit 2011 vakant).

Ich stand gerade vor dem heidnischen Artemistempel und blickte zu den großen Kapitellen empor, als mich ein Uniformierter der Tourismuspolizei näherzukommen bat. Er räusperte sich und erklärte mir mit sonorer Stimme, er sei attestierter Nachkomme der Nabatäer (siehe Petra), könne alle 48 Stunden maximal 5 Stunden schlafen und sei in der Lage, die gewaltigen Säulen des Tempels zu bewegen – eine von seinen Vorfahren ererbte Gabe. Ich erwiderte, dass ich das Arrangement der Säulen passend fand und mir die angebotene Verschiebung deshalb nicht sinnvoll schien.

Zwei Minuten Smalltalk später wurde aus dem Magier ein feuriger Muslim und ich verkniff mir, den Koran zum Los von Zauberern zu zitieren. Denn in der folgenden Stunde war ich als Priester vor allem einmal mehr gefordert, Stellung zum Vorwurf der „Vielgötterei bei den Christen“ und der „Verfälschung der Person Jesu“ zu nehmen. Ich hörte zu, stellte meine eigenen Fragen und wurde schließlich an einen Imam verwiesen.

Man könne mir auf meine Fragen keine Antwort geben, aber der Islam habe recht. Im Koran stehe es so.

Wie gerne hätte ich ein arabisches Neues Testament gehabt – und die Sprachkenntnis dazu – um zu sehen, wie der Jesus der Evangelien auf die mittlerweile um mich versammelte Gruppe von Männern gewirkt hätte. Bei welchem Text hätten die jungen Männer zugestimmt: „das ist der Isa, den wir kennen" und wo hätten sie eingeworfen: „Fälschung!"? Bei der Bergpredigt? Beim Scheidungsverbot? Bei der eucharistischen Rede im sechsten Johanneskapitel? Bei allem, außer der Jungfrauengeburt und einer Totenerweckung? Ich begriff an den Gesichtern, wie unvorstellbar es für sie war, dass irgendetwas von dem, was ich gesagt hatte, wahr sein könne. Es würde die Grundfesten ihres religiösen Lebens wohl so erschüttert, wie das Erdbeben, das im 8. Jahrhundert Gerasa zerstörte.

In Gedanken und Argumentationsreihen versunken wanderte ich die letzten sieben Kilometer des Tages aus der Stadt hinaus. Für den heutigen Sonntag hatte ich mir einen besseren „Altar" und eine Dusche gewünscht. Beides sollte ich im Hotel „Olive Branch" in den Bergen hinter Jerasch finden.

Dass am Weg dorthin Kinder und Jugendliche spuckten und englische Obszönitäten hinter mir herriefen, die sie hoffentlich selbst nicht verstanden, ließ mich den Tag mit einem unwohlen Gefühl beenden. Viel Freundlichkeit war mir in den letzten Tagen begegnet. Immer wieder auch eine andere Seite. Es gibt Wunden. Es gibt Feindbilder. Es gibt Unwissenheit. Und vielleicht ist gerade Letztere in unser aller Leben der Grund für die Ersteren.

Tag 300 – 35 km (8114 km): Mandelwandel

Die letzten zehn Minuten lag ich still im dunklen Zelt. Aber nachdem mir eine Spinne über das linke Auge, die Nase, dann weiter in den Bart gekrabbelt ist – dort hält sie sich vermutlich immer noch auf – und auch das zweite große Heulen der Schakale abgeklungen ist, habe ich doch noch die Tastatur ausgepackt. Das jordanische mobile Internet ist leider ein Motivationshemmer für lange Tagebucheinträge. Mit Geschwindigkeiten, die noch nicht einmal an ein fossiles 14.4 Kilobit Modem heranreichen, ist es kaum möglich, Berichte hochzuladen. Noch jetzt sitzen Fotos von gestern in der Warteschleife. Aber das Schreiben der Berichte aufzuschieben, bringt natürlich auch nichts. Also zurück an den Beginn des heutigen Tages.

* * *

Ich entschloss mich heute spät aufzubrechen. Ich lag vor dem Zeitplan (für das Treffen mit den Triesenbergern) und konnte deshalb etwas herumtrödeln. So ging ich erst um 7.30 Uhr zum Frühstück in den Altbau des Hotels, dessen spezieller 60er Jahre Charme Erinnerungen an aufregende, jugendliche Erkundungsgänge durch Abrissgebäude aufleben ließ.

Am Ende eines langen Ganges mit abgenutztem Teppichboden trat ich in den Speisesaal. Ich war der erste Gast im unterbelegten Hotel, der den Weg hierher gefunden hatte. Es folgten Chris und seine Mutter. Chris, aus den Twin Cities in Minnesota, war kürzlich fünf Monate lang zu Fuß am Appalachian Trail unterwegs gewesen und daher an den Abenteuern eines Jerusalempilgers interessiert. Wir tauschten Blogadressen und ein paar Weisheiten vom Weg. Gegen 9.00 Uhr brach ich auf.

Mein erstes Ziel war عجلون (Ajlun) mit seiner mittelalterlichen Burg. Um dorthin zu gelangen, wollte ich nicht der großen Straße folgen, sondern den dünnen, manchmal kaum erkennbaren Strichen auf der Satellitenkarte, in der Hoffnung, es handle sich dabei um Wege.

Ich trat hinaus in den warmen Vormittag, schritt vorbei an großen Zedern. Mandelbäume blühten in den von Steinmauern begrenzten Gärten. Ein Bauer pflügte zwischen Olivenbäumen in der ursprünglichsten aller Arten. Ich selbst stand nach der ersten knappen Stunde am Ende eines sich auflösenden Pfades. „Aber da muss etwas sein“, meinte ich störrisch beim Blick auf die Karten und klapperte alsbald mit dem Carrix zwischen Bäumen und Steinen den Hügel hinunter. Und tatsächlich, hinter einem Hain schöner Eichen kam eine autolose Straße zum Vorschein, der ich für die nächsten Kilometer folgen konnte.

Kurz vor ihrem Ende wurde ich mit lauten Rufen zum Halten aufgefordert. Geradeaus könne ich nicht gehen, versicherte mir ein Winzer am Feld mit wilden Gesten. „Militärsperrgebiet", drückte seine Pantomime aus.

Ich beugte mich wieder über die Karten und begann die Umgehung der sensiblen Zone zu studieren. Auch hier musste ich ein wenig improvisieren und etwas später, nach Blicken in alle Richtungen, ein unverschlossenes Gartentor durchschreiten. So kam ich auf die andere Seite des Hügels und konnte zur nächsten Straße übersetzen.

Eine Stunde später stand ich vor der Kaserne, deren Gebiet ich umgangen hatte. Von hier eröffnete sich ein herrlicher Blick ins Tal von Ajlun. Der Versuch, die imposante Burg am Berg gegenüber abzulichten, rief jedoch schnell zwei Uniformierte auf den Plan, die mir zu verstehen gaben, dass Fotografieren hier nicht gestattet sei. Bei meiner Frage nach den weiteren Möglichkeiten für meinen Weg schüttelte man ebenfalls den Kopf über meine „Google-Satelliten-Striche". Da dürfe ich nicht gehen, hieß es. Nur über die langen Kurven der Straße sei es für mich erlaubt.

Damit war mein Ausflug in die landschaftlich reizvolle Welt der rotbraunen Erde, Mandelblüten, Natursteinmauern und der „liegenden Weinstöcke" zu Ende. Ich war zurück auf dem Asphalt und lief kurz vor Mittag in Ajlun ein. Was für ein lebhaftes arabisches Gewurl! Irgendwie habe ich es in dem Chaos geschafft, niemanden mit dem Carrix zu überfahren, selbst nicht überfahren zu werden und zwei Falafel einzusammeln, die ich dann am ruhigeren Ortsausgang verspeiste.

Im Anschluss ging es die steile Straße zum Burgberg hoch. Im Großen und Ganzen hat mich die Anlage, die von der Kaserne gegenüber so spektakulär ausgesehen hatte, eher enttäuscht. Ich hatte mit Karak und Shobak bereits echte jordanische Highlights gesehen. Diese Ruine war nett, aber kaum vergleichbar.

So verließ ich den Berg und wandte mich nach Norden. Als nächstes wollte ich jene archäologische und biblische Stätte aufsuchen, die als Geburtsort des Propheten Elija gilt. Acht Kilometer von Ajlun entfernt, lagen die Grotte und die Mauern einer byzantinischen Kirche aus dem 7. Jahrhundert. Ich kam erst kurz vor der Schließung der Stätte an, konnte jedoch ein paar Minuten in Gebet und Stille an diesem schönen, stimmungsvollen Ort verweilen.

Eine Mutter kam mit ihren zwei kleinen Töchtern und zündete Kerzen in der Nische vor der Geburtsstätte an. Auch sie neigte das Haupt für ein Gebet, während die Kinder an ihren Händen zu den bunten Stoff- und Plastikstreifen („reinkarnierte Plastiksackerl") aufsahen, die in den Ästen des Baumes über der Stelle tanzten. Ich kannte die Bedeutung dieses Brauches nicht. Als Erbe des Schamanismus hatte ich solche Schleifen und Fahnen an Bäumen in Zentralasien gesehen, aber was sie hier ausdrücken sollten, war mir nicht bekannt. Die Fähnchen begannen heftiger im aufkommenden Wind zu flattern. Tiefhängende Wolken und Nebel wurden von ihm in die Berge getrieben. Der Wärter der Stätte winkte. Ich brach auf, aber Mar Elias war den Umweg wert gewesen.

Nach dem sonnigen Vormittag war ich nun eingehüllt in graue Schleier. Die Luft war voller Wassertropfen. Es war kühl.

Ich streifte gerade meine Jacke über, als ein Auto hielt. Was ich hier mache und ob man mir helfen könne, fragte das ältere Ehepaar aus dem Seitenfenster. Und der Wunsch, mir Gutes zu tun, wurde noch größer, als sie hörten, dass ich Priester sei. Die beiden waren arabische Katholiken, aber in die andere Richtung

unterwegs. Sie blickten hilflos, weil sie nicht helfen konnten. Nach mehr als 8000 Kilometern kannte ich diesen Gesichtsausdruck.

Ich selbst bog an der nächsten Kreuzung nach Norden ab und zog im düsteren Nebel des späten Nachmittags in Richtung des Ajlun Forest Reserve weiter. Dabei begann unweit eines Beduinenzelts am Straßenrand ein Hund zu bellen. Sein ihm zugewandter Kollege zwanzig Meter vor mir stimmte pflichtbewusst ein. Erst als ich schon fast auf seiner Höhe war und er sich zufällig zu mir umdrehte, erkannte er, warum er überhaupt gebellt hatte. Nach einer stillen Schrecksekunde wechselte er den Tonfall vom mitläuferischen und energielosen „Ich-belle-weil-alle-bellen“ in ein hochmotiviertes und hingebungsvolles „Ich-werde-dich-verspeisen-bellen“. Aber die Situation war von meiner Warte aus so komisch, dass ich herzhaft lachen musste – trotz aller caninen Drohgebärden.

Von nun an ging die Straße stetig bergab. Zwei Dörfer später bog ich in einen Feldweg ab, weil ich meinte, in der einsetzenden Dämmerung dort unten einen möglichen Zeltplatz ausgemacht zu haben. Dort standen Olivenbäume auf relativ flachem Boden. Aber ich lief noch eine ganze Weile, bis ich tatsächlich etwas fand. Hundebellen hier. Spitze Steine da. Am Schluss musste ich mich mit einer Traktorspur begnügen. Die zusammengepresste, flache Mulde war in der Breite gerade ausreichend für meine Matte.

Und da liege ich nun. Und die Schakale heulen wieder. Na dann: Gute Nacht!

Tag 301 – 37 km (8151): Hänsel, Gretel und Erdbeerbäume

Nach zwölf Kilometern stand ich etwas enttäuscht am Straßenrand und wandte mich ein letztes Mal in die Richtung um, aus der ich gerade gekommen war. Ich war schon weit gewandert und doch kaum mehr als sechs Kilometer von meinem letzten Nachtquartier entfernt. Warum ich eine lange Schlaufe durch ein Waldgebiet gezogen hatte? Na, um Erdbeerbäume zu sehen. Und ich gebe zu, ich hatte mir unter dem *Arbutus Unedo* schon ein ganz klein wenig das vorgestellt, was Hildegardmediziner wohl erschauern lässt: einen Baum voller Erdbeeren.

Natürlich ist das Quatsch. Aber, weil die leicht süßlichen Früchte dieses 3-5 Meter hohen Laubgehölzes zwölf Monate am Baum hängen und zuletzt aussehen wie reife Erdbeeren, hatte ich gehofft, im Ajlun Forest Reserve – das voll von diesen Bäumen sein soll – wenigstens ein paar davon zu sehen. Vielleicht hätte ich es dann dem römischen Gelehrten Plinius (Maior) gleichgetan, der das „*Unedo*" für den wissenschaftlichen Namen beigesteuert hat. Es soll die Abkürzung für „*unum tantum edo*" („Eine nur esse ich") sein, was entweder bedeutete, dass die Frucht so gut war, dass eine allein bereits für Vollgenuss sorgte oder aber so langweilig schmeckte, dass man sie sich nie wieder auf den Teller legte. Mir jedoch blieb ohnehin nichts, als zu maulen: „*nullo edo*" („Nichts esse ich") und weiterzugehen.

Für die erste Tageshälfte war ich heute erneut auf Satellitenbilder angewiesen. Dabei folgte ich zunächst einem Weg, dessen weiterer Fortgang auf den Karten nicht auszumachen war. Wie befürchtet verlor sich der anfangs noch sehr breite Feldweg nach den ersten Kilometern in einen schmalen, kaum sichtbaren Waldpfad. Der Grund, warum ich trotzdem zuversichtlich in das dichte Unterholz eindrang, war, dass ich einer Spur folgte: kleinen, runden Ziegenhinterlassenschaften.

In einer Art Hänsel-und-Gretel-Szenario ging ich nach Wegweisern, die von Vögeln völlig unbehelligt geblieben waren. Woraus wir lernen, dass dem Grimm'schen Kinderpaar die ganze Märchenmisere erspart geblieben wäre, hätten sie eine Ziege dabei gehabt. So reflektierte ich, als ich mich durch den zugewachsenen Pfad biss. Und tatsächlich, nach ein paar hundert Metern kam ich auf den angepeilten und erhofften guten Weg.

Da sich mangels Erdbeerbäumen meine ganz persönliche Lebkuchenhaus-Phantasie nicht erfüllen sollte, stockte ich ersatzweise in einem Dorf mein Kontingent an Schokoriegeln auf. Dann stieg ich unter pechschwarzen Wolken in das nächste Wadi ab. Die Straße auf der gegenüberliegenden Seite war so steil, dass man in anderen Ländern wohl eine Leiter statt einer Fahrbahn gebaut hätte. Es war windig, kalt und eine Weile auch nass.

Erschöpft oben angekommen, konnte ich bei der nächsten Kreuzung schon jene Straße wählen, der ich für den restlichen Tag durch kleine, lebendige Ortschaften über die Hügel folgen würde. Erst kurz vor dem Abstieg zurück ins Jordantal bog ich in einen kleinen Seitenweg, der mich zu meinem schönen, stillen Zeltplatz oberhalb eines Naturreservats geführt hat. Unter mir bewegt der Wind das Schilf, Frösche quaken, während die Hänge im letzten Licht der Sonne glühen.

Und bei einer kurzen Hintergrundrecherche zu Hänsel und Gretel hat sich unter das Quaken der Frösche auch mein herzhaftes Lachen gemischt. Denn ganz unten im Wikipedia-Eintrag zu den beiden Figuren finden sich ein paar „Schmankerl" aus der psychoanalytischen Schule nach C.G. Jung:

„Nach Hedwig von Beit tritt die nahrungsspendende Hexe als Große Mutter auf, hier zum Blendwerk in kindlichen Wunschphantasien. Ein Vogel leitet zu ihr, d. h. intuitives Hinausträumen. Die Wandlung erfolgt im inneren Feuer der Leidenschaft. Dabei ist der Ofen ebenfalls Symbol der Großen Mutter, sie vernichtet sich also selbst und damit ihr Gegenbild der versagenden Stiefmutter.

Laut Bruno Bettelheim passt die Ausgangssituation zur verbreiteten kindlichen Angst, von den Eltern verstoßen zu werden und verhungern zu müssen. Hänsels Wegmarkierung mit Kieselsteinen ist angemessen, doch beim zweiten Mal erliegt er oraler Regression. Alles dreht sich um Brot. Die Kinder fressen die Hexe um Haus und Hof. Dabei ist das Lebkuchenhaus auch ein Bild des (Mutter-)Leibes.

Nach Wilhelm Salber haben sich wiederholende Handlungsfigurationen mit Kontrolle des Überlebens zu tun, und werden durch Schwärmerei

(Hexenhaus) nur überdeckt, während neue Zufälle (Ente) echte Entwicklung einleiten. Immer wieder begegnende Grundbedingungen bringen ihre eigene Umwandlung mit sich.

Ortrud Stumpfe sieht in Hänsel und Gretel eine verflachte Fassung mit naturalistischen Requisiten: Die Kinder überlisten zwar die dumpfe Naturgewalt, aber kehren dann einfach ins Kindermilieu zurück. Eine Entfaltung fehlt."

(Quelle: Wikipedia, „Hänsel und Gretel", Fassung vom 25.2.2014):

Sollen diese Ausführungen gar ein ganz eigenes Märchen für phantasievolle Erwachsene sein? Der Leser entscheide selbst.

Tag 302 – 35 km (8186 km): Stempel

Nach fünf Tagen im Norden Jordaniens sollte es heute zurück nach Israel gehen. Von den Beamten mit dem Stempel hing es ab, ob ich die Pilger meiner ehemaligen Pfarrei in Galiläa treffen würde.

Mit diesem Gefühl der Unsicherheit brach ich das Zelt nach einer herrlich stillen Nacht im grünen Wadi ab und folgte dem Pfad ins Jordantal. Beim Check Point auf der jordanischen Seite wurde ich für ein paar hundert Meter in ein Taxi verfrachtet. Zu Fuß gehe das nicht, hieß es auch hier. Ausreisestempel. Ausreisetaxen. Busticket. Der Bus fuhr ein paar Meter, wurde dann mit Spiegeln und Hunden auf Sprengstoff untersucht, setzte sich für die nächsten paar Meter über die Brücke in Bewegung und hielt vor der israelischen Sicherheitsschleuse. Ich stand in der Reihe und legte mein Gepäck auf das Band. Alarm. Suspekte Blicke prüften meinen Rucksack. Man begann mit der Untersuchung und extrahierte vorsichtig meine Colaflasche. Nach einer kritischen Begutachtung, die diesem Produkt sonst wohl nur von einem Zahnarzt zugekommen wäre, wurde ich zum Schalter für die israelische Passkontrolle durchgewunken.

Sicherheitsfragen. Auflistung aller meiner Telefonnummern der letzten fünf Jahre. „Haben Sie ein Rückflugticket?" fragte die Dame durch das Sicherheitsglas. Ich kramte nach der Reservierungsbestätigung für das Frachtschiff, das mich von Haifa nach Zypern bringen sollte. Die Dame notierte sich alles und bedeutete mir, mich zu setzen. Ich schlenderte zu den Stühlen und begann mich häuslich auf eine lange Wartezeit einzurichten. Bald hatte sich der Terminal geleert. Nur ein jordanisches Ehepaar hatte noch ein Problem zu klären. Dann zogen auch sie ihre Rollkoffer über die spiegelnden Fliesen hinaus in die Freiheit. Ich blieb allein zurück und wippte mit den Füßen.

Nach einer Stunde wurde ich an den Schalter gewunken und bekam freien, 90-tägigen Eintritt nach Israel. Mein Vorhaben war auf Kurs.

Als ich kurz vor Mittag aus dem klimatisierten Gebäude trat, lief ich geradewegs gegen eine schwülheiße Wand. Hier, 250 Meter unter dem Meeresspiegel, zwischen den Verdunstungsbecken in der Ebene vor בית שאן (Bet-Shean), war es auch Ende Februar ziemlich unerträglich. Der wilde Senf stand hoch und blühte neben der Straße.

Ich richtete meine Schritte nach Norden. 25 Kilometer schaffte ich noch, pausierte länger an einer Tankstelle und später nochmals in einem Kibbutz. Schmerzen in der rechten, unteren Bauchhälfte machten mir etwas Sorgen. „Hoffentlich nicht der Blinddarm", dachte ich beim Stechen in der Seite. Aber schlimmer wurde es im Tagesverlauf zum Glück nicht.

Gegen Abend suchte ich einen Zeltplatz – nicht ganz einfach in der Grenzregion – und entschloss mich, in den Hügeln einer Kuhweide mein Glück zu suchen. Ich fand einen fast kitschig schönen Platz auf einer mit Blumen übersäten Kuppe außer Sichtweite des Verkehrs. Nur eine Sache stellte sich erst mit einbrechender Dunkelheit heraus: In diesen Kuhweidehügeln lebten jede Menge Schakale. Was hier am Abend nun an Geheul los ist, schlägt alles bisher Dagewesene. Ich beschloss selbst aktiv zu werden und heulte so gut ich konnte zurück. Und tatsächlich brachen die Tiere abrupt ab. Stille. Dann setzten sie wieder an. Heulen aus fünf Richtungen. Ich konterte. Neuerlicher Abbruch. Stille. Und für den Moment scheine ich den Sieg davongetragen zu haben.

Tag 303 – 49 km (8235 km): Der Gang über das Wasser ...

... bot sich natürlich heute beim Erreichen des Südufers des Sees Genezareth an. Das wäre der kürzeste Weg zu meinem Tagesziel עין שבע (Tabgah) im Norden gewesen. Für Kleingläubige hatte man trotzdem den Wanderweg Shvil Sovev Kinneret angelegt.

* * *

Die Nacht an meiner idyllischen Lagerstätte war durchwachsen gewesen. Im Laufe der Stunden war aus jeder Ecke – und ich spreche hier mindestens von einem Heptadecagon mit siebzehn Seiten – Jaulen in oberen Oktaven zu hören. Die Misstöne, die ich als Antwort von meinem Zelt aus in die Nacht hinaus erschallen ließ, konnten an die Erfolge von gestern Abend nicht mehr anknüpfen. Erst gegen Morgen – will heißen: gegen 6.00 Uhr und damit lange nachdem ich aufgestanden war – nahm der Lärm ein Ende.

Zurück auf der Straße folgte ich der Strecke nordwärts, wo ich bald auf einen Radweg und damit den ersten Vorboten des eingangs erwähnten Wanderweges traf. Die Temperatur war noch angenehm, als ich knapp zwei Stunden später ans Seeufer kam. Ich bog nach Osten ab, um im Schatten der Golanhöhen mit meiner Umrundung des Galiläischen Meers zu beginnen. Im Unterschied zum Westufer waren hier kaum Siedlungen und auf den vielen Zugängen zum See konnte man in den Pausen die Silberreiher im Schilf beobachten.

„Schilf“ ist auch das Stichwort für die zunehmend kreative Wegführung der Strecke in der Nord-Ost-Ecke des Sees. Dort hatte man durch die dicht gewachsenen, 4-5 Meter hohen Uferpflanzen eine Schneise für die Wanderer geschnitten und im Anschluss den Weg in ein Labyrinth aus Plantagen, Zäunen und Stacheldraht geführt. Von da an schien der Weg in alle Himmelsrichtungen zu gehen, außer in jene, in die man eigentlich wollte. Große Bögen, Kreise, hin und her zwischen Binsen, Feldern und Sumpf.

Ich war nach einer großen Schlammlacke noch dabei, durch Schüttelbewegungen meine Sandalen zu säubern, da bog ich um eine Ecke Schilf und stand vor einem Seitenarm des Sees. „Das ist nicht euer Ernst“, murmelte ich ungläubig,

als ich die Wegmarkierung am anderen Ufer erspähte. Ich blickte zurück auf mein Gepäck. Während ich noch grübelte, kam ein Brausen. Es war nicht ein Sturm, der nun das Wasser für mich teilte, sondern die Teilnehmer einer Geländebuggy-Safari, die sich von der anderen Seite mit quietschendem Gelächter an die Querung der schlammigen Furt machten. An dem, wie weit die Füße der Fahrer in den offenen Gefährten unter Wasser waren, konnte ich abschätzen, dass das trübe Wasser nicht viel tiefer als 60 oder 70 cm war. Carrix hoch und durch.

Nur einen Kilometer weiter stand ich vor dem nächsten zehn Meter breiten Loch. Diesmal bestand das Hindernis aus feinem, augenscheinlich tiefen Schlick unter einer Schicht von 30 cm Wasser. Ratlosigkeit. Ich wollte gerade vorsichtig den Untergrund testen, als auf der anderen Seite ein „Party-Jeep“ mit einer Ladung Touristen vorüberfuhr, die mich alle herzhaft anfeuerten in die „Falle“ zu tappen. Ich machte kehrt; suchte nach anderen Optionen.

Dabei stieß ich auf zwei junge Männer am Grundstück nebenan. Sie hatten das fruchtbare Land erst vor kurzem gekauft, um, wie sie mir erklärten, eine organische Permakultur zu errichten. Von ihnen erfuhr ich, dass es zwar einen anderen Übergang weiter hinten gab, ich aber auch dort bis zu den Knien in Wasser und Schlamm stehen würde. So beschloss ich, doch bei der ersten Furt mein Glück zu suchen. Ich trat an den Rand, blickte um mich und lauschte. Nachdem ich die Anwesenheit grölender Schaulustiger ausgeschlossen hatte, begann ich mit der Querung – zunächst testweise und ohne Gepäck. Das Vorhaben gelang, wenn auch mit Folgen für die Kolorierung meiner Kleidung. So stand ich einige Minuten später nach Verrenkungen und lauten Schmatzgeräuschen des flüssigen Bodens mit meinen Habseligkeiten am anderen Ufer.

Ich stapfte weiter. Kühe starrten mich aus einem gelben Meer von wildem Raps her an. Die kleinen Kuhreiher auf ihren Rücken zeigten sich unbeeindruckt. Die nächste Querung durch den Jordan wusch den Schlamm von mir ab und so kam ich nach fast 50 Kilometern müde, geschunden aber nicht völlig verdreckt in Tabgah an. Ich ging zum Tor des Klosters. Geschlossen. Ich blickte mich um. Dann folgte ich Schildern zu einem deutschen Pilgerhaus auf der anderen Seite der Bucht. Der Wärter am Zaun beäugte mich kritisch; der Rezeptionist noch kritischer. Er hob eine Braue und nannte die Tarife. 110 Euro für ein Einzelzimmer. „Danke, um dieses Geld baue ich mir mein eigenes Haus", befand ich und wandte mich um. Hinter mir war eine Pilgergruppe aus Deutschland eingetroffen. Ihr Reiseleiter, der vielleicht noch kurz zuvor die gepflegte Herberge der heutigen Nacht angepriesen hatte, musterte mich konsterniert. Ich nickte ihm müde zu und trat nach draußen. Zwei Minuten später zwängte ich mich jedoch nochmals an ihm vorbei. Ich wollte den Rezeptionisten fragen, wie man die Mönche kontaktieren könne. Er half und ich wurde durch den Hintereingang des Klosters geführt. Dort: Legendäre Benediktinische Gastfreundschaft. Deo Gratias!

Tag 304 – 30 km (8265 km): Die Hörner von Stieren und Hittim

Das Echo der Stimmen verhallte. Stille legte sich als weiche Decke über die Mosaike der ehrwürdigen Halle. In der Kirche, die den Ort markierte, wo Christus einst die 5000 speiste, schenkte mir der Gesang der Mönche Nahrung für die Seele. Um so viel bekömmlicher als meine übliche, einsame Smartphone-Laudes.

Nach einer Weile trat ich hinaus, steckte meine Nase ein letztes Mal in die betörend duftenden Zitronenblüten und begann meinen Weg auf dem „Jesus Trail." Üblicherweise wurde er in umgekehrter Richtung von Nazareth hierher zum See Genezareth gegangen. Und vielleicht war das einer der Gründe, warum ich mangels klarer Markierung schon bald zwischen Obstplantagen und Zäunen umherirrte, um einen Durchgang nach Magdala (heute: Migdal) zu finden.

Nach 700 Mangobäumen ging es rechts in die Schlucht, die unter den Klippen des Arbel lag. Ganz sicher war ich mir mit der Wegwahl nicht. Aber den Aufstieg in die Felsen wollte ich mit dem Carrix in jedem Fall vermeiden. Allerdings war das, was ich mir gemäß der Karte als eine unbeschwerliche

Alternative ausgemalt hatte, bald nichts als ein überwuchertes Steinfeld, später Bachbett, in dessen Lichtungen gewaltige Stiere mit ihren Hufen scharrten. Langsam und mit Respekt bahnte ich mir meinen Weg zwischen bovinen Ungetümen. Schnauben. Und vom polternden Carrix aus der Ruhe gebracht, setzte sich wenig später die Herde in Bewegung. Eine Art palästinensisches Pamplona. Ich mitten drin.

Nach vielen besorgten Blicken zu den Hufen vor und den Hörnern hinter mir, bog ich schließlich erleichtert vom Haupt-„Weg“ ab und folgte einer links aufgetauchten grünen Markierung.

Nun ging es trotz meines Vorsatzes die Klippen hoch, bis sich an einer

antiken Grabhöhle der Pfad zwischen Lupinen und in den jungen Disteln verlor. „Durchblutungsfördernd“ war daher die verbleibende Strecke querfeldein zur Straße hoch.

Oben angekommen, konnte ich nun sehen, dass etwas weiter vorne im Tal, ein bequemer Weg gewartet hätte. „Pfff. Bin ja Pilger!“, murmelte ich pflichtbewusst, aber mein Vertrauen in das Kartenmaterial und die Markierungen war nachhaltig gestört.

Zunächst schien jedoch der weiteren Navigation mehr Erfolg beschienen. Ich fand einen Weg zwischen den Feldern, kam gut voran, und machte meine erste Pause in einem Olivenhain. Dort legte ich die Füße hoch und genoss im Schatten der Zweige den Kuchen, den ich am Morgen bei einer Tankstelle für Wucher erworben hatte. Es war still über mir.

Von hier ging es wenig später eine imposante, von Blumen gesäumte Straße hoch. Kurz vor ihrem Ende wurde mir vor einem großen Tor Einhalt geboten. Ein drusischer Wachmann streckte die Hand aus und schüttelte den Kopf. Sein eindrucksvoller Schnurrbart zitterte. Er deutete in die Richtung, aus der ich gekommen war, und verschränkte die Arme vor der breiten Brust. Hinter ihm lag ein großer Gebäudekomplex; in der Tat das größte Heiligtum, zu dem die Drusen pilgern. Die etwas mehr als 100.000 Angehörigen dieser Religion, die in Israel in zwei Dutzend Dörfern leben, verehren hier die Grabstätte des Jitro – niemand Geringerer als Moses' Schwiegervater.

Die Geschichte der Drusen ist etwa tausend Jahre alt und zu kompliziert, um sie an dieser Stelle adäquat wiederzugeben. In jedem Fall sind sie historisch eine Abspaltung der ismailitischen Schia (der sogenannten Siebener-Schiiten), also einer Fraktion der Gemeinschaft, welche den kleineren Teil der zwei großen muslimischen Richtungen darstellt. Allerdings haben sich die Drusen religiös so weit von ihren Wurzeln entfernt, dass man bei den Drusen nicht mehr von einer bloßen Richtung des Islam sprechen kann. Sie kennen eine vorwiegend allegorische Koranauslegung, der etwas Neuplatonismus und Seelenwanderungslehre beigemischt ist. Weltweit, aber hauptsächlich im Nahen Osten, gibt es rund eine Million Anhänger dieser Religion.

Ihr Heiligtum durfte ich nicht besuchen. Soviel war klar. Gehorsam wanderte ich zurück in die mir gewiesene Richtung und bald sah ich den Wegweiser, den ich in der bunten Vegetation übersehen hatte. Zwischen Dornengestrüpp stieg ich in der Hitze des Mittags zu den Hörnern von Hittim auf. Hier hatten die Kreuzfahrer im brütend heißen Juli des Jahres 1187 jene schlimme Niederlage erlitten, auf die wenig später der endgültige Verlust Jerusalems gefolgt war.

Auf diesem geschichtsträchtigen Boden war ich kurz vor meiner eigenen – historisch freilich völlig unbedeutenden – Niederlage, als ich im oberen Teil der Strecke mit dem Carrix über ein brutales Steinfeld hoppeln und stolpern musste. Was sich das jüdische Pärchen, das hier oben den Sabbat mit herrlichen Aussichten verbrachte, beim Anblick meines Kampfes gedacht hat, war aus dem mitleidigen Lächeln unschwer zu erkennen: „Schau, ein Anfänger. Der ist sicher zum ersten Mal in den Bergen … und dann noch mit einer Schubkarre …" Dass mich die großzügige Schleife des markierten Weges praktisch zweimal in ihr Gesichtsfeld geführt hatte, muss diesen Eindruck nur verstärkt haben.

Nach dieser kraftraubenden Exkursion ging es auf besseren Wegen zum Kibbutz לָבִיא (Lavi). Doch auch hier gab es Diskrepanzen zwischen dem GPS-Track, der Markierung und den realen Möglichkeiten. So beschloss ich schließlich den Versuch aufzugeben, dem eigentlichen „Jesus Trail" zu folgen.

Befreit von den Zwängen der Gelb-Weißen-Markierung kam ich am Nachmittag zu einer Tankstelle, wo mich zwischen Hummus und Knäckebrot ein Anruf von Talel erreichte. Sie stammte unweit von hier und war gerade gemeinsam mit Noam, die ich ebenfalls in der Negev-Wüste kennengelernt hatte, auf dem

Weg aus dem Süden. Wir vereinbarten einen Treffpunkt am Abend unweit von طرعان (Tur'an).

Dort am Waldrand, zwischen den Müllresten arabischer Wochenend-Picknicker, endete dieser Tag mit einem gemütlichen Beisammensein bei Lagerfeuer und Bratkartoffeln. Das heißt, der Tag endete eigentlich erst mit

der darauffolgenden Zeltplatzsuche im Dunkeln. Aber schließlich fand ich zwischen jungen Kiefern im Licht des aufgehenden Mondes ein schönes, weiches Plätzchen.

Tag 305 – 20 km (8285 km): Ein Wiedersehen

Ich ließ mich von der Sonne wecken. Ihre Strahlen fluteten den Waldboden mit seinen zartrosa Inseln von Zyklamen.

Die heutige Wegstrecke war kurz und führte lediglich vier Stunden von meinem Zeltplatz hoch nach Kana und dann Nazaret. Von diesen letzten Kilometern bis zu einer einwöchigen Pause, die ich mit Gläubigen meiner ehemaligen Pfarrei verbringen werde, gibt es nicht viel zu berichten. Ich sparte die Schleife aus, die der Wanderweg um Nazareth zog, und folgte nach dem Besuch der Kirchen von Kana den stark befahrenen Straßen bis in die Heimatstadt Jesu.

Mit der Nachbarsiedlung נָצְרַת עִלִּית (Nazareth Illit) war das weitläufige urbane Gebiet über die letzten 50 Jahre auf 120.000 Einwohner angewachsen und hatte kaum mehr den Charme des Dörfleins, in dem es zur Zeit Jesu vermutlich um die 500 Einwohner gab. Zwischen Abgaswolken, hupenden Autos, schmutzigen

Straßen, dem Gedränge und dem allgemeinen Chaos war es nicht einfach, sich vorzustellen, wie in der Stille jener Zeit der Engel zu Maria kam. Auch die moderne Verkündigungsbasilika aus dem Jahr 1969 vermochte die Gedanken kaum in die Vergangenheit zu begleiten. Unter grobschlächtigen Betonstreben kniete ich eine Weile im Gebet. Der dumpfe Hall hunderter Pilger und Touristen ebbte in Wellen durch den riesigen Raum. Dann trat ich zurück hinaus in die grelle Sonne. Blinzelnd blickte ich ein letztes Mal die Fassade des eigenwilligen Gebäudes hoch. „*Hic caro verbum factum est et habitavit in nobis.*" (*Hier* ist das Wort Fleisch geworden und hat unter uns gewohnt) stand dort in großen Lettern. „*Hic et nunc*" (Hier und jetzt) wollte ich meinen Weg in die Heimat für eine knappe Woche unterbrechen.

Trotz mehrmaligem Anklopfen bei Pilgerunterkünften fand ich jedoch keine Möglichkeit, mein Gepäck und den Carrix zu verstauen. „Dann nehme ich eben alles mit" resignierte ich am Ausgang des letzten Klosters und machte mich auf die Suche nach einer Möglichkeit, die 30 Kilometer zurück zum See Genezareth zu fahren. Dort, in טְבֶרְיָה (Tiberias), würde ich am Abend dann achtzig Pilger aus der Heimat treffen.

Allerdings war es am Sabbat nicht einfach, einen Transport zu finden. Langstreckenbusse fuhren keine und die widersprüchlichen Angaben zur arabischen Version des Sherut (Sammeltaxi) führten nicht zum Erfolg. So beschloss ich in den arabischen Lokalbus Nummer 26 zu steigen. Der fuhr zurück nach Tur'an und das war schon einmal der halbe Weg. Ich erklärte dem Fahrer, dass ich von dort ein Taxi suchen wolle. Mein liebenswürdiger Chauffeur nickte ermutigend. Mit drei dünnen gewellten Haarsträhnen quer über die Glatze gekämmt, wirkte er fast wie eine schlanke, arabische Version von Homer Simpson.

Die nächsten 40 Minuten schob sich der Bus hupend durch den dichten Verkehr, gelangte endlich zur Schnellstraße und schließlich zur Abfahrt von Tur'an. Dort hielt der Fahrer, drehte sich zu mir um und lud mich freundlich ein, auszusteigen. Ich blickte unsicher in sein Gesicht und dann wieder durch die Schlieren der Frontscheibe hindurch auf die noch immer in einiger Entfernung liegende Stadt. „Wäre es nicht besser im Zentrum auszusteigen?" fragte ich. „Hier bekomme ich doch kein Taxi …" Er räusperte sich und sah nun die Zeit gekommen, mir freundlich zu erklären, dass es in dieser Stadt gar keinen Taxi-Service gibt.

Gestrandet zwischen Müllsäcken am Straßenrand. Die warmen Abgase wirbelten über meine Sandalen. Und eine Weile blickte ich dem Linienbus noch nach. Vielleicht war es eine klassische kulturelle Höflichkeitsgeschichte gewesen. Denn in manchen Ländern ist Vorsicht bei Orientierungsfragen geboten. Auf die Frage nach dem Weg würde man mancherorts nämlich nie antworten, dass man ihn nicht kenne. Nein, vielmehr würde man ahnungslos, aber „hilfsbereit" den Wanderer in irgendeine Richtung schicken. Hätte mir der Busfahrer gleich in Nazaret diese Erklärung gegeben, dann wäre ich gar nicht eingestiegen. So stand ich nun an der Stadteinfahrt und tat das einzige, das ich tun konnte: Daumen raus, beziehungsweise mit der Hand seltsam nach unten winken, wie es der hiesigen Gewohnheit zu entsprechen schien. In Rumänien hatte ich einst „Hunde gestreichelt" (Tag 60). Hier schien man sie gestenhaft zu schlagen.

Nun war ich gewiss eine überaus „interessante" Erscheinung am Straßenrand. Mancher Fahrer wurde sogar langsamer. Doch wohl mehr um mich zu studieren, als ernsthaft zu überlegen, einen bärtigen, schmutzigen Wandersmann mit sperrigem Gepäck ins Auto zu packen. Hier und dort ein apologetischer Blick à la „Sorry, hab keinen Platz" oder „Ich will sicher nicht dorthin, wo du hin willst". Aber ich nahm es den Fahrern nicht übel. So begann ich mich nach einer halben Stunde mit dem Gedanken anzufreunden, dass ich hier bis zum Sonnenuntergang und damit bis zum Ende des Sabbats stehen würde.

Vielleicht fragt sich mancher Leser, warum es überhaupt so schwer ist, an diesem Wochentag einen Bus in Israel zu bekommen. Nun, Sabbat ist der jüdische Ruhetag. Er dauert von Freitag- bis Samstagabend. Und an diesem Tag gelten eine Vielzahl von biblischen Verboten und Bestimmungen. Von Bussen steht freilich nichts im Alten Testament, aber vom Verbot, ein Feuer anzuzünden. Und da nun die üblichen Motoren aus Verbrennung ihren Antrieb ziehen, bleiben bei religiösen Juden an diesem Tag die Fahrzeuge in der Garage. Auch Ampeln, Straßenbeleuchtung, elektronische Fotoapparate, Mobiltelefone und Ähnliches dürfen je nach Strenge der Auslegung nicht verwendet werden. Nicht alle hielten sich sehr rigoros daran. Aber die staatlichen Transportunternehmen taten am Sabbat nur sehr eingeschränkt Dienst.

Dass ich dann doch nicht bis 21.00 Uhr – der Zeit, zu der die Busse wieder ihren Dienst aufnahmen – am Straßenrand stand, verdankte ich einem arabischen Kleinbus, der unerwartet diese Strecke fuhr. Er lud mich am späten Nachmittag in Tiberias ab. Kurz nach sieben war ich frisch geduscht am Eingang des Hotels. Ich spähte die Straße hinunter. Der warme Wind wiegte die Palmblätter. Vor zehn Monaten hatten mich die Triesenberger verabschiedet. Ich dachte zurück an jenen Tag, an den Ort, an die Stimmen, an die Menschen. Wie fern das alles war. Doch dann, als die zwei Busse vorfuhren und die bekannten Gesichter hinter den Scheiben auftauchten, schien es mir für einen Moment, als wäre ich nie weg gewesen.

2. und 3. Sonntag – Versuche von unten

Religion, ganz allgemein, ist ein „In-Beziehung-treten" mit Gott oder dem Göttlichen. In Beziehung treten kann man aber nur mit dem, was man kennt. Und damit sind wir bei der Suche des Menschen nach Gott. Wie ich schon versucht habe zu zeigen (Band 1, 1. Sonntag), entspricht diese Suche dem Wesen des Menschen. Seine besonderen Fähigkeiten sind Vernunft und Wille, mit denen er sich ausstrecken kann, die höchste Wahrheit zu erkennen und das höchste Gut zu lieben. Der Mensch ist in diesem Sinn ein religiöses Wesen, ein homo religiosus.

Diese Suche des Menschen nach Gott beginnt religionsgeschichtlich oft bei dem, was er nicht versteht; bei dem, was er nicht einordnen kann; bei dem, was sich seiner Kontrolle entzieht. Es ist dies die Geburtsstunde der Naturreligionen. Blitz und Donner sind gewaltig, nicht zu bändigen, für den einfachen Menschen nicht erklärbar, und so vermutet man bald eine höhere Macht, die sie regieren. Die Erde spendet Nahrung durch die Dinge, die sie unerklärlich wachsen lässt, wenn Regen fällt. Auch hier muss etwas am Werk sein, oben wie auch unten, und schon sprießen Fruchtbarkeitsgötter aus der Erde, wie der Mais selbst. Das Meer ist überaus wankelmütig, bald ist es glatt, bald aufgewühlt mit zerstörerischer Kraft. Was liegt näher, als zu meinen, dass jemand die Wassermassen bewegt? Und nach und nach füllen sich Himmel und Erde mit Göttern. Wie die Elemente selbst liegen diese Götter oft im Streit. Sie kämpfen, intrigieren, unterstützen ihre Partisanen und bestimmen das wechselnde Geschick des Menschen. Dieses Pantheon ist wahrlich ein Spiegel der Welt. Seine Götter sind so wie jene, die sie schufen, allzu menschlich. Nur mächtiger sind sie als der Mensch. Es sind die Supermänner der Steinzeit, die Wonderwomen der Bronzezeit, die Spidermänner der Antike. Manches in den gesponnenen Mythen mag zeitlose Wahrheiten und Prinzipien berühren, aber es sind Götter, geschaffen nach dem Bild des Menschen; Götter, die sich mit etwas Einsatz, Opfer und Kult auch in den Dienst des Beters nehmen lassen und so die Welt ein klein wenig berechenbarer machen.

Gegen diese Götter, welche die Kulturgeschichte des Menschen vielerorts regieren, regt sich schließlich Widerstand im Schatten des Olymp. Ihrer Intuition und der Vernunft folgend schwören griechische Denker diesen mächtigen „Geschöpfen" ab. Ihre Botschaft ist nicht Atheismus. Nein, vielmehr lautet ihr Vorwurf: Blasphemie! Das Pantheon der Götter sei eine Beleidigung des ersten und tiefsten Urgrunds dieser Welt; des einen göttlichen Prinzips, das Ursache für alles ist. Schon früh waren die Philosophen in ihrem Nachdenken über die Welt auf diesen Gott gestoßen. Eins, unteilbar, ewig, allgegenwärtig waren Attribute, die man von ihm erkannte. Und die Rebellion blieb nicht auf Griechenland beschränkt. Auch in anderen Teilen der Welt gab es immer wieder Versuche, die letzte Wirklichkeit von der Vernunft her zu erschließen. Die großen philosophischen Wege Asiens waren Ansätze in diese Richtung. Doch der Buddhismus, der Konfuzianismus und der Daoismus entstanden alle unter viel praktischeren Gesichtspunkten. Sie entwarfen mehr ein Regelwerk für inneren und äußeren Frieden, als dass sie versuchten, die letzte Wirklichkeit spekulativ auszuloten. Dies mag ein Grund sein, warum Buddhismus und Daoismus in lokalen Ausformungen (z. B. im tibetischen Buddhismus) oft mit der alten Götter- und Dämonenwelt verschmolzen.

All dies, die Naturreligionen und die philosophischen Entwürfe, beschreiben Versuche „von unten", in Beziehung mit Gott zu treten. Gerade die Naturreligionen zeigen die Tendenz, Götter nach einem menschlichen Bild zu erschaffen und damit die Lücken im Verstehen einer komplizierten Welt zu schließen. Diese Art der Religiosität ist auf dem Rückzug, wo Erkenntnis auf dem Vormarsch ist. Und mit dieser Erkenntnis ist nicht nur die Einsicht gemeint, die empirische Wissenschaft liefern kann, sondern, wie wir schon gesehen haben, auch jene, die Frucht des Denkens – der Philosophie – ist. Und mit diesen Früchten müssten wir uns begnügen, wenn dies alles wäre.

Doch was, wenn dieser erste Urgrund, der Eine, der Ewige, sich tatsächlich herab zum Menschen beugt? Dann gibt es eine Erkenntnis „von oben". Dann gibt es Offenbarung. Und dort beginnen wir die Spurensuche des christlichen Glaubens dann am nächsten Sonntag.

Tag 313 – 28 km (8313 km): Ein Abschied

Auf meinem Carrix-Packsack klebt seit meinem Aufbruch letztes Jahr ein Aufkleber der Gemeinde Triesenberg. Er hat Regen, Hitze, Schnee- und Sandstürme überdauert. Nur ein paar Falten, etwas Abrieb und ein Eselsohr im rechten Eck geben leise Auskunft über den langen, ereignisreichen Weg. Manchmal hatte ich während der Reise – trotz meiner Herkunft fernab vom Rheintal – eben diese Worte auf den Lippen: „Äns de scho!" (Das aber schon!) Acht Jahre und ein halbes im liechtensteinischen Walserdorf haben ihre Spuren hinterlassen.

Vor drei Tagen hatte ich dann der versammelten Gruppe mitgeteilt, dass ich nach meiner Rückkehr nicht an meine alte Stelle zurückkehren würde. Der Bischof hatte mich auf meinen Wunsch hin für eine neue Aufgabe freigegeben. Ich freute mich darauf und doch mischte sich gerade in diesen Tagen ein klein wenig Wehmut zu den Ideen und Visionen für die Zeit nach der Reise. Ich dachte an die letzte Woche, das herzliche Wiedersehen, die Gespräche, das Gebet an den heiligen Stätten, das gemeinsame Lachen, die fröhlichen und manchmal auch traurigen Nachrichten aus der Heimat.

Ich ließ den Blick durch das Hotelzimmer schweifen, knipste das Licht aus und schob den Carrix bis zum Aufzug. Während das leuchtende Ziffernblatt lautlos zu meinem Stock hochzählte, beugte ich mich noch einmal über den Aufkleber, bog das Eselsohr zurecht und atmete tief aus. Kurz darauf trat ich hinaus durch die große Drehtür des Hotels in die frühen Morgenstunden. Über Jerusalem hingen graue Regenwolken. Segen für ein ausgedörrtes Land. Die meisten Triesenberger schliefen noch. Für sie und mich begann heute die Heimreise.

Mein Weg führte durch verlassene, halbdunkle Straßen zur *Central Bus Station*. Wenig später war mein Kopf an das Fenster der Nummer 962 gelehnt. Ein letztes Mal zogen die Vororte Jerusalems an mir vorüber. Wehmut war zu spüren; Wehmut für eine Stadt, die mir mit ihrem Lärm und ihren Spannungen noch vor drei Monaten irgendwie Angst gemacht hatte.

Zwei Stunden später war ich in עֲפוּלָה (Afula), in der Jesreelebene südlich von Nazaret. Ich sollte umsteigen. Zwischen zahllosen Soldaten, die an diesem Sonntagmorgen in ihre Kasernen fuhren, stand ich am Busbahnhof. Dann folgte ein Hinweis auf Hebräisch und alle begaben sich geordnet zu den Ausgängen. Auf meinen fragenden Blick antwortete ein junger Gefreiter „Ein verdächtiger, alleinstehender Rucksack" und marschierte weiter. Bombenalarm. Routine in Israel.

Als ich eine Stunde später in Nazaret ankam, folgte ich der Straße durch die Vororte aufwärts, bis ich meinen Weg von letzter Woche kreuzte. Von dort ging es bergab in Richtung des nationalen Wanderweges „Schwil Israel", dem ich schon in der Wüste gefolgt war. Das Wetter im Norden war angenehm und die Sonne schien vom blauen Himmel, bis gegen Mittag auch hier Wolken aufzogen und sich immer tiefer auf die grünen Hügel senkten.

Ich kam vorbei an Sepphoris, einer Stadt, die in den Tagen Jesu „die Perle Galiläas" war. Davon zeugen heute die großartigen Mosaike zwischen den Ruinen der verwaisten Stätte. Mein Blick schweifte über die groben Steinhaufen und Gruben. Es war totenstill hier. Nur vom einst so unbedeutenden Dorf Nazaret drang über die Hügel der Lärm und der Puls des Lebens.

Ein paar schwere Tropfen fielen. Ich hob den Kopf, wandte mich von der verblassten Stätte ab und folgte weiter den Markierungen des Wegs. Als der Regen stärker wurde, hielt ich unter dem schützenden Laubdach eines Baumes an. Während ich hinaus in die fallenden Schleier starrte, sah ich zwei Gestalten den steinigen Pfad hochwandern. Mit ihnen – und zahllosen Stechmücken – teile ich mir nun am Abend die alte Ruine von Tahanat Hanezirim.

Maxim, ein ukrainisch-stämmiger Israeli, und Robin aus England waren am gleichen Weg in den Süden des Landes unterwegs und damit für eine Weile meine Gefährten auf dem sich auflösenden, schlammigen Weg. Zwei Stunden hatten wir uns gemeinsam durch den immer intensiver werdenden Regen gekämpft.

Für den Unterschlupf, in dem nun unsere nassen Sachen tropfen, mussten wir über ein zwei Meter hohes Absperrgitter an der Brücke klettern. Maxim versicherte uns, dass dieser Einstieg für die Besitzer völlig in Ordnung war. Sie seien dabei das Haus zu sanieren und den unteren Teil zu einer Herberge für Wanderer am „Schwil" zu machen. Unsere Nutzung sei also eine Art Testbetrieb, erklärte er in gebrochenem Englisch und nickte energisch. Blitze zuckten, Donner grollte. Und als Maxim hinter dem Zaun und der nächsten Mauer verschwand, sahen Robin und ich uns im strömenden Regen an und überwanden schließlich unsere Zweifel.

Im gewölbten, unsanierten Raum mit seinen zerschlagenen alten Fenstern war ein großer Picknicktisch. Bretter lagen in einer Ecke neben einem Haufen Schutt. An einer Wand hingen Informationstafeln zur Geschichte des Gemäuers. Es hatte tatsächlich einen kirchlichen Ursprung, wie der erhaltene Name noch verriet: Tahanat Hanezirim. „Mönchsmühle".

Am Beginn des 19. Jahrhunderts war der bei Rom geborene Architekt Carlo Casini in den Orden der Unbeschuhten Karmeliten eingetreten. Er hatte in späteren Jahren das zerstörte Kloster am Berg Karmel über Haifa wieder aufgebaut. Und diese Mühle hier war ein von ihm errichtetes Wirtschaftgebäude des Klosters gewesen. Bis vor etwa hundert Jahren hatte man sie auch betrieben. Seither war sie langsam verfallen.

Ich debattierte gerade innerlich, ob mich der kirchliche Ursprung der Mauern irgendwie beruhigen konnte, als die Besitzer mit ihrem Hund durch den Torbogen traten. Sie begrüßten Maxim als alten Bekannten und boten uns an, in ihrer Wohnung oberhalb zu duschen. Es war, wie Maxim gesagt hatte. Denn, wie sich herausstellte, war er schon vor zwei Wochen einmal hier zu Gast gewesen.

Am Ende eines gemütlichen Abends, mit Geschichten im Kerzenschein und Gerichten vom Gaskocher, liege ich nun im Schlafsack. Frösche quaken, Moskitos summen, der Regen trommelt und in der Ecke rechts schnarcht einer meiner Gefährten. Meine Gedanken wandern zurück an den Beginn des Tages. Ich bin am Heimweg. Heim nach Triesenberg. Und ich werde dort ankommen als Gast. Wie auch sonst? Wir sind nur Gast auf Erden.

Tag 314 – 20 km (8333 km): „You are definitely Israeli now!"

Ich blicke auf das Display meines Telefons und schmunzle über die SMS. Ein echter Israeli! Denn – so hatte mir Talel vor einigen Monaten erklärt (und gleich vorgelebt) – Israelis treffen unterwegs ständig Leute, die sie kennen. Und wenn sie einmal jemanden nicht kennen sollten, haben sie wenigstens einen gemeinsamen Bekannten.

So hätte ich mich eigentlich gar nicht wundern dürfen, als ich vor ein paar Tagen im schattigen Eingang des Qumran Nationalparks mit den Worten angesprochen wurde: „Are you Johannes?" Vor mir stand – von all den acht Millionen Bewohnern des Landes – ausgerechnet Talels Bruder, der mich

bis dahin nur aus den Beschreibungen seiner Schwester gekannt hatte.

Heute auf den letzten Kilometern nach Haifa, blieb dann ein Auto stehen und wieder hieß es: „Are you Johannes?" Im ersten Moment hatte ich schon gedacht, das sei nun Talels anderer Bruder, aber diesmal war es Ram. Ich hatte ihn vor drei Monaten in der Negevwüste getroffen. Wie wahrscheinlich war dieses Wiedersehen? Ein echter Israeli! Das bin ich scheinbar geworden. Und ich muss nochmals schmunzeln – an meinem letzten vollen Tag in diesem Land.

* * *

Am heutigen Morgen erwachte ich nach einer Nacht voll erbarmungsloser Moskitos zu einem heftigen Platzregen. Aufgrund der schlechten Wetterprognose entschlossen sich Max und Robin an diesem Tag zu pausieren. Ich hingegen

nutzte ein Wolkenloch am Vormittag, um aufzubrechen. Es waren nur mehr 20 Kilometer bis zum Mittelmeer und zum Hafen von חֵיפָה (Haifa), wo bereits morgen mein Frachtschiff nach Zypern ablegen würde.

Nach den ersten Kilometern verließ ich den „Schwil Israel" und wechselte auf Asphalt. Die starken Regenfälle, die mich auch heute wieder heimsuchten, hatten dem Wanderweg arg zugesetzt. Ständig blockierte der Schlamm das Rad des Carrix, sodass ich mit mehr als 25 kg totem Gewicht den braunen Sumpf umpflügte. Dies tauschte ich gerne gegen einen Spaziergang durch die reizlose Industriezone der drittgrößten Stadt Israels.

Haifa selbst war in biblischer Zeit nicht sonderlich bedeutungsvoll gewesen, aber auf dem Bergkamm südlich des Hafens konnte man die Grotte des Propheten Elija und den Ort seiner berühmten Auseinandersetzung mit König Ahab und den Priestern des Baal besuchen. Ich blickte zu den Hängen des Karmel hoch, die ich in meiner Zeit hier zweimal besucht hatte. Schwarze Wolken rollten vom Meer heran.

Morgen werde ich Israel verlassen. Zypern, das nächste Land meiner Reise, wird schnell durchschritten sein. Dann die Fähre in die Türkei. Der Wetterbericht dort macht mir ein ganz klein wenig Sorgen. Ich werde wohl noch einmal die Daunenjacke auspacken müssen, wenn es über das Taurusgebirge nach Kappadokien geht. Dort hat es aktuell noch immer Temperaturen unter Null. Brrr. Ich mag zwar nun „ein echter Israeli“ sein, aber den bereits sommerlich warmen Frühling dieses Landes werde ich nicht auf die weitere Reise mitnehmen können.

Tag 315 – 2 km (8335 km): Alle an Deck!

Gerade eben bin ich völlig fasziniert von der Vakuumtoilette zum Schreibtisch meiner Kajüte zurückgekehrt und schaue hinaus durch die milchigen Luken auf den Hafen. Ein Wirrwarr an Lichtern funkelt am Berghang über der Stadt. Nur das Gartenheiligtum der Bahai bringt strenge Geometrie in das nächtliche Chaos.

Ich bin auf der Alios und aufgeregt wie ein kleines Kind, das nicht Lokführer, sondern Kapitän werden will. Das Schiff der griechischen Reederei ist zwar nicht der riesige, bunte Legoturm an Containern, den ich mir vorgestellt hatte, denn es transportiert vor allem Lastwagen und Sattelschlepper, aber es ist das einzige Schiff, das von hier aus Passagiere mitnimmt. Und ist die Alios bei dieser Überfahrt auch fast leer, so ist es trotzdem etwas Besonderes, mit einem Frachtschiff zu reisen. Ich tue dies nicht alleine. Mit dabei sind ein Franzose, der seinen 24 Jahre alten Citroën vor der Verschrottung in Israel retten will, ein US-Israelisches Pärchen, das über das nächste Jahr mit Motorrädern in die Mongolei reisen will und ein Paar aus Zürich, das mit seinem Camper die letzten 16 Monate in Afrika unterwegs gewesen ist. Meine Mitreisenden werden drei Tage bis Griechenland schippern; ich hingegen morgen Vormittag im zypriotischen Limassol von Bord gehen. Doch kehren wir kurz an den Beginn des Tages zurück, selbst wenn es heute nicht allzu viel zu berichten gibt.

Bis 10.00 Uhr lag ich im Bett und lud Kartenmaterial für die kommenden Tage herunter. Gegen Mittag hatte ich mit Ram ein Treffen vereinbart.

Zum Abschied aus Israel wollte er mich beim besten Falafel-Imbiss im arabischen Teil der Stadt einladen. Mein Gastgeber, ein zahnstocherdürrer Architekt, bald 40, nahm sich derzeit ebenfalls ein Sabbatjahr. Er wollte nach dem „Schwil" nun ein paar Wanderwege in Europa unter die Füße nehmen. „Vielleicht sehen wir uns ja irgendwo in Griechenland" meinte ich scherzhaft. „Gut möglich. Du bist ja jetzt ein echter Israeli", gab er verschmitzt zurück.

Mit ausreichend Zeit und keinen weiteren Sehenswürdigkeiten im Programm, marschierte ich am frühen Nachmittag zum Hafen. Dort löste meine Ankunft am Gate 5 Nervosität aus. Das Sicherheitspersonal befahl mir mit heftigen Armbewegungen, zehn Meter vom Kontrollposten zurückzutreten. Dort saß ich in der Sonne und wartete. Die Wachen warfen mir und dem Carrix Blicke zu, während sie in die Funkgeräte nuschelten. Erst nach einer Stunde tauchte der Kontaktmann der Reederei auf und lud mich und die zwei Motorradfahrer Beth und Shalom, die zwischenzeitlich gekommen waren, in seinen Wagen. Im Auto des katholischen Arabers hing ein Rosenkranz am Rückspiegel. Rhythmisch pendelte er zur Seite und wurde bald vom emphatischen Kopfnicken des Fahrers begleitet. „Haifa ist viieeel schöner als die anderen Küstenstädte!" meinte er und brachte uns zur Passkontrolle. Keinerlei Schwierigkeiten. Gestern, als ich gekommen war um mein Ticket abzuholen, hatte man mir jedoch mitgeteilt, dass sich die Behörden schon nach mir erkundigt hatten. Man wollte wohl sichergehen, dass die Angaben, die ich vor zwei Wochen bei der neuerlichen Einreise nach Israel gemacht hatte, der Wahrheit entsprachen.

Nach der Erledigung der Formalitäten wurden wir zu Regalen unter bleichen Neonröhren gebracht – ein kleiner Duty-Free-Shop – und schließlich zum Schiff selbst. Dort wurden wir von der Crew empfangen und zu den Kajüten gebracht, wo ich nun nach dem matrosengerechten Abendessen (viel Fleisch) wieder sitze.

Eben starten die Motoren. Ich werde noch einmal auf das Oberdeck gehen, um meine Nase in den Wind zu halten – gen Zyprus.

Tag 316 – Ruhetag: „Mach das nicht ... "

... mit diesen Worten beendete der Zollbeamte seine Ausführungen. Es gab keinen Zweifel, was er von meinem Vorhaben hielt, Zypern nach Norden hin zu durchqueren. „Die Türken sind dort 1974 eingefallen und besetzen seither unser Land. Mich haben sie vertrieben", wiederholte der hagere zypriotische Beamte, „und jetzt wollen sie in die EU?! Mein Haus ist hinter einer Mauer und das letzte Mal, als ich es sehen wollte, habe ich in den Lauf eines türkischen Maschinengewehrs geschaut."

Lebewohl kompliziertes Israel. Hallo kompliziertes Zypern. Neues Land, neuer Konflikt.

* * *

Heute Morgen wachte ich zu etwas stärkerem Seegang auf. Und obwohl ich ein hart erprobter Seebär bin – dank meines Segelscheins vom Neusiedlersee – war das Gefühl im Magen etwas flau. Ich stand auf und ging hinauf zum Oberdeck. Dort blies eine steife Brise das Regenwasser über die stählernen Planken. Wenn ich mich in den Wind drehte, drückte es mir die Luft in die Lungen. Ein seltsames Gefühl.

Erfrischt und ausgelüftet kehrte ich in meine Kajüte zurück. Eine Stunde später traf ich im Aufenthaltsraum Beth, die US-Bikerin, die mit ihren eigenen „Gefühlen" zum bewegten Meer beschäftigt war. Wir unterhielten uns über unsere Reisen, während sich der Frachter gegen den Wind stemmte und nur langsam Limassol näher kam.

Erst um halb zwölf liefen wir im Hafen ein. Abschied von den anderen Reisenden und der Crew. Dann stand ich im Bauch des Schiffes und wartete auf meinen Reisepass, der mir beim Betreten abgenommen worden war. Rechtzeitig zum nächsten Regenguss stand ich wieder auf festem Boden – der bei geschlossenen Augen aber nun ebenfalls zu schwanken schien.

Die Einreiseprozedur war für mich als EU-Bürger schnell und unkompliziert – bis ich vor den erwähnten Zollbeamten trat. Dieser drückte mir nach seinem Vortrag zur Geschichte und Politik der Insel noch eine Karte, einen Reiseführer und ein

paar Ratschläge in die Hand. Dann verließ ich das Hafengelände.

Zwei Kilometer schaffte ich es vor dem nächsten heftigen Schauer. Ich flüchtete in den Windschatten eines verwaisten Bürogebäudes. Pfützen zur Linken, Finanzkrise zur Rechten. Warten auf ein Wolkenloch.

Eine halbe Stunde später erreichte ich die kleine Altstadt. Rustikaler Charme. Über mir neuerlich bleigraue Wolken und Regenschleier am Horizont. Als ich so zwischen schweren Tropfen am Hotel Mistral vorbeikam, überlegte ich nur kurz und trat dann durch den Eingang des Etablissements. Der Zimmerpreis war verhältnismäßig günstig und so beschloss ich, für den Rest des nassen Tages zu pausieren.

Mit einem uralten Fahrstuhl, kaum größer als die linke Seite eines Kleiderschranks, fuhr ich in den fünften Stock. Zimmer 503. Ich trat durch die Tür in das Jahr 1980. Nur der LCD-Fernseher in der Ecke neben der Klimaanlage musste ein späteres Update sein.

Ich bin keiner, der viel in die Röhre guckt – oder auf moderne Flüssigkristalle – aber für ein paar Nachrichten machte ich beim Auspacken meines Rucksacks den Fernseher an.

Äh, wie? Fast hätte ich die Fernbedienung fallen gelassen. Auf Programmplatz Nummer 1 wurden mir stolz die Abenteuer von Herrn Nackerbatzl und Frau Habnixan präsentiert. Hatte ich da etwas beim Einchecken übersehen, oder wo war ich hier gelandet? Ich habe mich ja auf dieser Reise schon ein paar Mal an eher zwielichtigen Orten wiedergefunden, aber Nackedeis statt News? Hm.

Ich verließ das Zimmer und zog durch die Straßen und den Regen. Zypern, „Insel der tausend Kirchen"… und armer, nackter Menschen im TV. Mit einem Eimer griechischen Joghurt und einem Glas Honig kehrte ich nach meiner Tour und dem Besuch der katholischen Kirche ins Zimmer zurück.

Den Fernsehabend werde ich wohl ausfallen lassen und versuchen, auf der minimalen Internetverbindung einen optimistischeren Wetterbericht für morgen zu finden. Drei Tage habe ich bis Famagusta einkalkuliert. Dann geht es zurück zum türkischen Festland. Oder soll ich bei Schönwetter ein paar Tage auf den Stränden im Norden bei den Wildeseln relaxen? Ich weiß noch nicht. Mal sehen, wie sich der Wetterbericht für den Taurus entwickelt, wo derzeit noch der Winter regiert.

Tag 317 – 40 km (8375 km): Geschichten aus Hinterzypern

Böjar zeigte mit einer resignierten Handbewegung aus dem Fenster auf den umgepflügten Hauptplatz des kleinen Dorfes hinaus. „Zwei Jahre ist die Baustelle schon so. Der Erste hat gepfuscht, die Abflussrohre nicht verbunden und ist mit dem Geld abgehauen; der Zweite merkte bald, dass eigentlich gar kein Geld mehr da war – er verabschiedete sich still an einem Wochenende. Ein Jahr später waren die Maschinen fort." „Und nach einem weiteren Jahr war dann unerklärlich das Baumaterial verschwunden?", fragte ich nach. Böjar nickte. Der Schwede, der seit 2006 über die Wintermonate in Καλαβασός (Kalavasos) Mountainbikes vermietet, zuckte mit den Achseln: „So ist das hier".

Böjar hatte mich in seiner Werkstatt telefonieren lassen, damit ich den Vermieter meiner Unterkunft erreichen konnte. Und nun, eine halbe Stunde später, sitze ich Österreicher nach dem Gespräch mit Böjar, dem Skandinavier, in einem Ferienhaus in Zypern, schmiere mir irische Butter auf meine israelischen Wanderhosen, um Ölflecken von einem griechischen Tanker zu lösen, während ich auf Schweizer Schokolade kaue. Die Welt zu Gast in Hinterzypern.

Dieses Land ist seltsam. Ganz warm bin ich mit der Insel noch nicht geworden – vielleicht kein Wunder bei den kühlen Temperaturen. Ich beschreibe zum Beispiel mal besser nicht, was mich heute um vier Uhr morgens aus dem Nachbarzimmer durch die hellhörigen Wände aufgeweckt hat. Hund war es keiner. Der jaulte nämlich am Balkon im Hochhaus gegenüber. Wo war ich hier gelandet?! Limassol. Hotel Mistral. Ich vergebe keine Sterne.

Wenigstens hatten sich in der Früh die Regenwolken verzogen und die Sonne kam für eine Weile durch. Eine kilometerlange Strandpromenade stand auf dem Programm und in Stadtnähe war um 8.00 Uhr morgens schon einiges los. Das Irritierendste daran war, dass ich mich als einer der ganz wenigen auf dem schmalen Streifen an die landesübliche Linksverkehrsregel hielt. Das machte ein paar chaotische Manöver durch Gruppen flanierender Touristen und Muskelschausteller nötig.

Nach etwas über einer Stunde kam ich nach Αμαθούς (Amathus), das – zum Klanggemälde der letzten Nacht passend – einst ein Zentrum des Aphroditekults gewesen war. Hier bog ich ab ins zypriotische Hinterland. Über mir begann die schlechte Wetterprognose dunkle Gestalt anzunehmen. Kalt und regnerisch war vorhergesagt. Kalt und

regnerisch sollte es nun werden. Seit Sonntag, also seit ich die Gruppe der Triesenberger verlassen hatte und wieder auf dem Heimweg war, hatte es jeden Tag geregnet. Die Symmetrie zum Beginn meiner langen Reise war kaum zu übersehen.

Und so ging ich durch die zunehmend graue Landschaft, vorbei an unzähligen „For Sale" Schildern, die wohl ein Erbe der jüngsten Bankenkrise waren. Die Preise, wo man sie angab, waren stolz – wie auch im Laden, wo für einen Liter Fruchtsaft (ohne echte Früchte) rund 2 Euro zu bezahlen waren.

Nach den Dörfern, Πύργος (Pyrgos), Μοναγρούλλι (Monagroulli) und Ασγάτα (Asgata) führte mein Weg in einen Graben. Die Strecke dort unten schien schöner und obendrein kürzer als die Straße, die hundert Höhenmeter über mir zahlreiche Kurven zog. Schilder gaben Auskunft über das Jagdverbot im dortigen Wildschutzgebiet. Und die unzähligen Patronenhülsen und Schusslöcher in den Schildern gaben Auskunft darüber, was die Zyprioten davon hielten.

So kam ich am frühen Nachmittag nass und etwas unterkühlt nach Kalavasos. In Anbetracht des Wetterberichts hatte ich hier bereits am Morgen online ein Zimmer reserviert. Als ich aber bei der Pension ankam, wurde dort noch die Saisoneröffnung vorbereitet. Meine Reservierung, so stellte sich heraus, hatte ich durch einen Fehler für den Donnerstag nächste Woche gemacht. Stornierung und kein Zimmer. Mehr kalt. Mehr Regen.

Leicht frustriert – aber noch immer mit würdevoller Ruhe – kehrte ich an den Hauptplatz (oder besser: die verwaiste Großbaustelle) zurück. In einem Eck davon gab es ein ganz schwaches offenes WLAN Signal mit dem ich – lange Wartezeiten im Seitenaufbau inbegriffen – meine Optionen auszuloten versuchte. Bis mich Böjar ansprach. Der nahm mich in seinen Laden mit und damit sind wir wieder am Anfang des heutigen Eintrags und an seinem Ende. Gute Nacht.

Tag 318 – 41 km (8416 km): Wiedergutmachung

Ein Hauch von süßer Butter liegt in der Luft – wenigstens in jener Luft, die sich zwischen mir und der Zeltplane bewegt. Beruhigendes Hundebellen in der Nähe. Und ab und zu ein Flugzeug, das vom Larnaca Airport zwei Kilometer entfernt gestartet, ungefähr auf meiner Höhe im Flugkorridor nach links abschmiert.

Das Thema des heutigen Tages war „Wiedergutmachung" – und zwar nicht für mich, sondern für Zypern. Nach den letzten zwei nass-grauen, halb bizarren Tagen hatte die Insel einiges in meiner Gunst aufzuholen. Ich will vorausschicken: Sie hat es im herrlichen Sonnenschein des heutigen Tages halbwegs hinbekommen.

Schon beim Hinaustreten vor die Tür grüßten mich zwitschernde Schwalben und flogen auf engstem Raum im Eingangsgewölbe des Hofs ihre Manöver. Dafür gab es Bonuspunkte. Ich mag Schwalben.

Ich verließ Kalavasos nach Süden hin, querte die Autobahn und marschierte zur Straße am Meer. Radfahrer in großen Rudeln (Schwärmen? Herden? Gruppetti?) flogen an mir vorbei. Rückenwind für sie, Gegenwind für mich – bis er sich zum Seitenwind hin besserte. Gleiche Bedingungen für alle. Nur die Bienen einer Kolonie, an der ich dann vorüber kam, hatten nun alle Mühe, ihre Stöcke zu erreichen. Sie standen trotz voller Leistung praktisch still in der Luft. Jede Böe warf sie wieder zurück. Nur jene, die zur Wiese auf der anderen Straßenseite hin unterwegs waren, kamen wie Geschosse daher. Meine Tagesweisheit für Wanderer: Mund zu. Hilft bei Bienen und Fliegen.

Kilometer um Kilometer mühte ich mich auf der Küstenstraße ostwärts. Es ging nur langsam voran, bis ich einen Feldweg entlang der Klippen

erreichte. Zypern konnte wieder punkten. Auf einem menschenleeren Strand hielt ich Mittagspause und löffelte einen Liter Joghurt. Wenn ich

gesagt habe „menschenleer", dann sind damit selbstverständlich die zwei Katzen ausgenommen, die sich ersatzweise um die mit Brettern zugenagelte Strandbar kümmerten. Sie ließen ihre Arbeit liegen, um den offerierten Joghurtbecher auszuschlecken. Ob dabei mehr auf den Katzenohren als den Schleckermäulern gelandet ist, vermag ich nicht zu sagen.

Mit dieser Ladung Proteine ging ich weiter. Das Meer warf sich gegen die Felsen und brandete an Schotterstrände. Entlang des reizvollen Weges standen die riesigen, abgestorbenen Blütenstände meterhoher Palmlilien.

Noch einmal machte ich eine Pause und hielt für ein Schläfchen unter dem Schilfdach eines leeren Kite-Surf-Camps. Am späten Nachmittag erreichte ich Κίτι (Kiti) und konnte mir am Ortsschild ein „Hello Kiti" nicht verkneifen. Ich unternahm den kurzen Versuch, mir ein Quartier zu organisieren, aber ohne SIM-Karte war ich auf Ortskundige und offene Netzwerke zur Kontaktaufnahme angewiesen. Kein Glück diesmal. So suchte ich einen Platz für mein Zelt im dicht besiedelten Gebiet.

Entgegen anfänglicher Befürchtungen wurde ich schließlich zwischen Vorstadtfeldern fündig. Es war zwar kein wirklich stiller Ort, da sich ein akustisches Karussell von Hund, Auto, Hund, Flugzeug und einem kleinen Kläffer immer weiter drehte, aber wenigstens war mein Lager zwischen den Olivenbäumen ein bisschen versteckt.

Ich blicke durch den Zeltausgang. Noch immer süßlicher Butterduft. Die Ölflecken habe ich mit der Buttermethode ganz gut aus der Hose gebracht. Allerdings wird mich, wenn in den nächsten Tagen keine gute Gelegenheit für das Waschen meiner Hosen finde, der Geruch von Butter noch weiter begleiten – ranziger Butter irgendwann.

Tag 319 – 41 km (8457 km): Der zypr-idiot-ische E4

Als ich vor etlichen Jahren, in den Anfängen meiner Krankenpastoral, durch die langen Gänge eines großen Spitals marschierte, waren meine Augen auf eine violette Linie am Boden fixiert. Würde ich dieser folgen, so käme ich auf die gewünschte Station, hatte man mir am Eingang erklärt. Kein schlechtes System für die riesigen Stationskomplexe unserer Zeit. Und für das verspielte Kind im bärtigen Manne war es zudem aufregend, um die Ecken zu biegen und zu sehen, wie sich die Farben nach und nach in weit verzweigten Korridoren verloren. Es war fast wie bei Tron – dem Sci-Fi Klassiker aus den 80ern – nur lief man hier nie explodierend gegen eine Wand. (Anmerkung: Wer diesen Satz nicht versteht, hat den Film nicht gesehen.) So ähnlich wie in den sterilen Gängen war das Wandern in Israel gewesen. Es waren meist so viele Markierungen auf Steine und Bäume gemalt, dass man praktisch entlang einer Linie quer durch die Landschaft lief. In Zypern war das anders. Auch hier gab es einen Weitwanderweg – sogar einen *Europäischen* Weitwanderweg (E4) – aber in Zypern setzte man nicht auf einfache Navigation für Wanderer, sondern auf „Kreativität". Wegweiser waren geradezu seltsame – da seltene – Erscheinungen. Und auch wenn man sie fand: Ob man richtig unterwegs war, ließ sich nicht immer sagen. Manchmal waren die Pfeile verbogen, manchmal lagen sie am Boden, manchmal gab es

Schilder ohne Angabe der Richtung. Und um das Ganze noch bizarrer zu machen, sah man als „Ausgleich“ zu diesen Mängeln zweimal am Tag eine derart riesige Hinweistafel für den E4, als sei sie für die Autobahn bestimmt.

So war es heute kaum verwunderlich, dass ich den E4 zunächst hoffnungsvoll ansteuerte, ihn schließlich ganz woanders fand, dann verlor, suchte und schließlich aufgab, nur um ihn am Schluss doch wieder zu finden.

Das erste Mal sah ich eine seiner Markierungen am Morgen unweit der Moschee am Salzsee bei Larnaca. Es soll das wichtigste muslimische Bauwerk im Süden der Insel sein, wurde aber seit der türkischen Besetzung der nördlichen Landesteile und der Verschiebung der Bevölkerung offensichtlich kaum mehr genutzt. Nur eine Unzahl von Katzen war zugegen und umkreiste die vielen Mülleimer, die dank der Touristen und Ausflügler ausreichend gefüllt waren. Ich selbst leistete mit zwei „Schokoverpackungen“ einen eher mageren Beitrag und erntete unzufriedene Blicke aus den Katzenaugen.

Auf einer staubigen Piste, zwischen einem wogenden Meer junger Getreidehalme, kam ich kurz darauf in eine kleine Senke. Ein ausgesprochen disziplinierter Hirtenhund schaffte es dort ohne Bellen die hundert mir neugierig zugewandten Schafe wieder ins Gras hinein zu steuern. Der Hirte unterdessen telefonierte mit so erregter Stimme und Gestik, dass ich vom Hügel gegenüber schon gemeint hatte, sein kommunikativer Einsatz gelte mir. Hund, Stab und Handy. Hirtenromantik 2014.

Nach dem Vorort-Dschungel von Larnaca, wo ich abermals die Spur des E4 verlor, dafür aber meine Lebensmittelvorräte auffrischen konnte, traf ich den Wanderweg etwas außerhalb wieder, in der Nähe einer schönen alten Antoniuskirche, die aber leider verschlossen war. Ein paar Kilometer lief ich dann weiter zwischen Feldern nach Osten, bis mich die Wegweiser bei der nächsten Gabelung abermals im Stich ließen. Ich beschloss, das Abenteuer E4 abzuschließen und auf eigene Faust einen Weg entlang der Küste zu suchen.

Auf dem Weg dorthin traf ich Christos, einen Musiker, der gekommen war, um in einem Pub vorzuspielen. Vor der trostlosen Kulisse eines verfallenden Ferienressorts, auf dessen vanillegelber Fassade die örtliche Anarchoszene ihr

„A" und den Slogan „Capitalism is the crisis" angebracht hatte, unterhielten wir uns eine Weile über Musik, Kunst, Brotlosigkeit, Osnabrück (Heimatstadt seiner Freundin) und seine Sehnsucht, eines Tages die gesamte Küstenlänge Zyperns (648 km) abzuwandern.

Die nächsten Kilometer verbrachte ich wechselweise auf dem Gehsteig, am Straßenrand und im Straßengraben. Es ging vorbei an den britischen Soldaten der Garnison in Δεκέλεια (Dhekelia) bis zur Abzweigung, die mich auf einen Feldweg entlang der Küste führte. Fünf Kilometer marschierte ich bei kräftigem Seitenwind, während rechts das Meer tobte und links, hinter einem schützenden Schilfgürtel, die ersten Erdäpfel des Frühlings geerntet wurden.

Die letzte Begegnung des Tages hatte ich mit einem Mönch aus dem Nachbarort. Allein schon an meinem wild im Wind wehenden Bart hätte er mich als Geistlichen erkannt, meinte er lachend aus dem Seitenfenster seines Wagens. Er bot mir seine Hilfe an. Ich aber lehnte dankend ab, da ich ein paar hundert Meter weiter schon einen schönen Lagerplatz für die Nacht ausgemacht hatte.

Im Schutz der Olivenbäume, hinter dem Schilf, steht nun mein Zelt. Der volle Mond spendet Licht, während ich vor meiner Behausung auf einem Plastik-Gartenstuhl tippe, den ich vor einigen Minuten aus dem Meer gezogen habe. Das ist angenehmer, als wie sonst, im Zelt liegend, mit der Reservekleidung unter die Brust geklemmt, diese Einträge zu verfassen. Es war mein zweiter schöner Tag in Zypern. Ich lausche dem Meer und summe eine leise Melodie.

4. Sonntag – Offenbarung

Im Versuch, die höchste Wahrheit und das höchste Gut zu erkennen, gibt es „Wege von unten", wie wir sie letzten Sonntag kennengelernt haben. Es gibt auch einen „Weg von oben" und mit diesem wollen wir uns heute befassen. Man nennt ihn Offenbarung. Offenbarung ist keine Projektion auf Kräfte, die dem Menschen größer scheinen als er selbst. Sie ist keine mythische Sinngebung für die Welt, verpackt in Sagen, zeitlosen Bildern und Aphorismen. Sie ist keine Herleitung des Gottesbegriffs aus der Philosophie. Offenbarung ist Begegnung; Begegnung mit Gott.

Offenbarung vermittelt Dinge „von oben", die der Mensch „von unten" vielleicht nur unvollständig, unter großen Mühen und vermischt mit Irrtümern erkennen kann. Mit der Offenbarung können Zusammenhänge deutlich werden, auf die man sonst kaum gestoßen wäre. Auch Dinge, welche die Vernunft schlicht übersteigen, können so dem Menschen zu verstehen gegeben werden. Das Geheimnis der Heiligen Dreifaltigkeit wäre ein konkretes christliches Beispiel dafür.

Offenbarung als Begegnung mit Gott ist jedoch ihrem Wesen nach immer etwas Geschichtliches und Erlebtes. Sie wird von Menschen erfahren und weitergegeben und hat daher die Schwierigkeit, dass sie nicht allgemein zugänglich ist wie die Philosophie oder eine Beweisführung der empirischen Wissenschaft. Aus diesem Grund kommt hier dem Zeugen, wie in anderen historischen Zusammenhängen auch, eine besondere Bedeutung zu. Es stellen sich die Fragen: Ist der Zeuge der Offenbarung glaubwürdig? Gibt er die Offenbarung richtig wieder?

Im ersten Band (5. Sonntag) habe ich die Frage nach dem „Warum" des Glaubens schon einmal aufgegriffen. Ich habe erklärt, dass bei einem Glaubenszeugen der Glaube in dessen Leben sichtbar werden muss. Und ich habe hinzugefügt, dass neben dieser „Konsequenz", mit der ja auch ein Sektenguru leben kann, bei einem echten Glaubenszeugen etwas „durchscheinen" muss von der Quelle, aus der er geschöpft hat. Sein Leben muss gleichsam „durchlässig" und „transparent" geworden sein für die göttliche Wirklichkeit und Wahrheit, die dahinter steht; für etwas, das andere in ihrem Innersten trifft und berührt, eben weil es von Gott und nicht von diesem Menschen selbst ausgeht. Es muss „stimmig" sein, und zwar im Sinne einer Konsonanz (Zusammenklang) und einer Resonanz (Widerhall). Es braucht die „Konsonanz" mit den anderen erkannten Wahrheiten. Und es braucht die „Resonanz" im Empfänger, die daher kommt, dass echte Offenbarung auch von dem kommt, der der Urgrund des Seins und der

Schöpfer des Empfängers ist. Diese Konsonanz und Resonanz sind der Grund, warum gerade auch heute inmitten von Bedrohung und Verfolgung (etwa im Nahen Osten) Menschen einen Weg mit Christus beginnen. Wenn hingegen im Westen das Christentum erlahmt, dann vielleicht, weil sich kirchliche Gremien mit ein bisschen Brauchtumspflege zufriedengeben, anstatt die Offenbarung freimütig zu verkünden und sich von ihr immer neu in Frage stellen zu lassen.

Was die christliche Offenbarung ausmacht und warum Gott sich überhaupt offenbart, will ich nächsten Sonntag untersuchen.

Tag 320 – 51 km (8508 km): Eine Tragödie ...

... und zwar nach Angaben der Theaterwissenschaft die älteste Tragödie der Welt (uraufgeführt 472 v. Chr.) hat Aischylos zu Papier gebracht – oder zu Papyrus. Im Landestheater Linz wurde das Drama rund um die Niederlage der Perser in der Seeschlacht bei Salamis Anfang der 90er inszeniert. Mit dabei auf der Bühne, in einer entbehrlichen Rolle als Jugendlicher am Königshof, ich selbst. „Die Perser" war für mich nicht ganz so einprägsam wie mein Auftritt bei „Götz von Berlichingen," wo ich als Sohn des Protagonisten Abend für Abend Goethes „Götz-Zitat" vom Off her hörte. Ich war schockiert und fasziniert zugleich, dass man derart derben Sprüchen applaudierte. Aber im Gedächtnis sind mir „Die Perser" vor allem durch den Monolog eines Darstellers geblieben, der gar drastisch die blutrot gefärbten Wasser vor Salamis beschrieb.

Das Salamis, durch dessen Ruinen ich heute spazierte, hatte mit diesen kriegerischen Grausamkeiten allerdings überhaupt nichts zu tun. Das ergab vor wenigen Minuten eine Online Recherche. Und damit ist meine lange Einleitung für die (zypriotische) Katz. Wenn überhaupt, lässt sie sich nur dadurch retten, dass die Küstenstadt Salamis die „Bühne und Kulisse" eines anderen bedeutsamen Auftritts war: Paulus und Barnabas landeten auf ihrer ersten Missionsreise in dieser Stadt. Und damit war Salamis einer der religiösen Höhepunkte meines Aufenthalts auf dieser Insel – zusammen mit der Grabstätte, an der die Tradition die Gebeine des heiligen Gefährten von Paulus verehrt.

* * *

Die Straßen in Richtung Άγιος Βαρνάβας waren am Sonntagmorgen erfreulich verwaist. Nur auf den Parkplätzen vor den Kirchen war Bewegung, wo sich die orthodoxen Gläubigen zur Liturgie versammelten. So passierte ich Dorf um

Dorf, Massey Ferguson um Massey Ferguson, dann eine britische Militärbasis und kam schließlich zum Stacheldraht, der die türkisch besetzten Gebiete seit 40

Jahren von der Republik Zypern trennt. Nur die Türkei anerkennt die TRNC (Turkish Republic of North Cyprus). Völkerrechtlich ist die Besetzung illegal. Ein bisschen Krim im Mittelmeer.

Die türkische Seite, auf der bald die Vororte für die Hafenstadt Famagusta begannen, atmete zunächst einen Hauch von High Noon im Wilden Osten. Straßenhunde, aufgelassene Fabriken, das ganze Programm. Aber als ich nicht ganz zwei Stunden später den Stadtkern erreichte, überraschte er mich mit Ruinenskeletten aus der europäischen Vergangenheit, die gespenstisch und gleichzeitig eindrucksvoll in den Himmel ragten.

Was einst als Fischersiedlung Ammochostos begonnen hatte, schwang sich im 13. Jahrhundert zur reichsten Stadt des östlichen Mittelmeeres auf. Der fränkische Kreuzritter Guido von Lusignan hatte hier nach dem Kauf der Insel (schon damals hing hier wohl irgendwo ein großes Schild „For Sale") seine Herrschaft begründet. 1291, nach dem Fall von Akkon und dem Untergang des Kreuzfahrerreichs im Heiligen Land, hatten sich Adlige, Ritter, Kaufleute und Kleriker aus Palästina auf der Insel angesiedelt. Die Stadt galt im Mittelmeer als östlichster Außenposten der römischen Kirche und „erlebte als Handelszentrum mit Verbindungen zu den Häfen des Nahen

Ostens und Italiens eine bedeutende wirtschaftliche, kulturelle und bauliche Entwicklung", schreibt Wikipedia.

Man baute große Befestigungsanlagen – darunter die Zitadelle am Hafen, in der sich jene Ereignisse abgespielt haben sollen, die Shakespeares Drama „Othello“ zu Grunde liegen. Hear ye! Hear ye!

Von 1291 bis 1373 wurde die Kathedrale St. Nikolaos im Stil der französischen Gotik erbaut. Heute ist dieses prächtige Gotteshaus mit großartigen kreuzförmigen Fenstermauerwerken eine Moschee. Am Nordturm hat man ein Minarett angefügt. Es ist seltsam, die Böden unter der vertrauten Formensprache mit Teppichen ausgelegt zu sehen und macht nachdenklich.

Für mich ging es in Famagusta zunächst zum Hafen. Da meine Fähre nur drei Mal die Woche ablegte, rechnete ich mit ein bis zwei erzwungenen Ruhetagen. Aber es stellte sich heraus, dass noch heute Abend ein Schiff nach Mersin auslaufen würde. Mir blieben 6 Stunden für eine 25 Kilometer lange Schleife zu den Heiligtümern im Norden der Stadt.

Den Carrix bei der Touristeninformation verstaut, ging es zuerst zum Grab des Hl. Barnabas und dann nach Salamis. Ich muss zugeben, ich bin aufgrund der Schließungszeiten der Touristeninformation, nach würdigender Stille am Grab des Heiligen, dann eher durch die Säulenreihen und Steinreste des drei Kilometer entfernten Salamis gehastet. Dem unschönen Stahlbeton hinter dem falschen bröckelnden Marmor nach zu urteilen hatte man die Relikte ohnehin sehr „preisbewusst“ rekonstruiert. Aber berühren konnte ich auch hier ein Stück biblischer Geschichte.

Im Laufschritt ging es dann nach Famagusta zurück. Es folgte die Heilige Messe in einem verwaisten Winkel der Stadtmauer. Gewagt, gebe ich zu, aber ich wollte nicht die Situation am Schiff abwarten. Und so war es, als schaute mir die Heilige Klara über die Schulter, als ich zwischen zwei Zinnen hoch auf den steinernen Mauern das Allerheiligste erhob. Wer ihre Lebensgeschichte kennt, wird diesen Verweis verstehen.

Nun, ein paar Stunden später, am Beginn der neuen Nacht, sitze ich in der tristen Hafenhalle. Fast ausschließlich Männer lehnen sich hier gegen Gitternetzbänke und vertikale Eisenträger, deren Farbe rostige Blasen formt. Der Rauch zahlloser Zigaretten zieht als grauer Nebel unter dem blassen Licht der Neonröhren

Kreise. Eine Nacht noch auf dem Schiff und ich werde das türkische Festland erreichen.

Tag 321 – 32 km (8540 km): Immer der Nase nach

Asterix' „Druiden-Kumpel" Miraculix – so nennt ihn hochnäsig *Die Welt* – schmolz einst beim Anblick der Nase von Kleopatra dahin. Die Literaturwissenschaft kennt dafür zwei Belegstellen: „Asterix und Kleopatra" (Seite 11) und „Der Sohn des Asterix" (Seite 47). Geschichtlich ist das mit der hübschen Nase aber gar nicht so gewiss. Plutarch, der das Treffen zwischen ihr und Marc Anton einst schwülstig beschrieb, spricht nämlich quasi von einer „Schönheit auf den zweiten Blick." Wie dem auch sei. Eines ist sicher. Getroffen haben sich die beiden damals in Tarsus, jener Stadt also, in die ich heute unterwegs war. Allerdings kam ich nicht, um einer Nase nachzuspüren, sondern dem Apostel Paulus, der in dieser Stadt geboren wurde.

Von Mersin, wo mein Schiff am Vormittag ankam, waren es gut 30 Kilometer. Aber drei Faktoren machten den heutigen Weg anstrengend.

Erstens, die Nacht. Im nur spärlich besetzten „Saloon" des Schiffs nahm ich gestern auf einem der Stühle Platz und verbrachte die nächsten acht Stunden mit experimentellen Kontorsionsübungen, in denen ich meinen Körper um die unbeweglichen Lehnen herum auf vier Sitzplätze zu verteilen versuchte. In Anbetracht dieses aufwendigen Unterfangens, bei dem immer wieder blutleere und nervenlahme Glieder „wachgeschüttelt" werden mussten, kann ich mit einem Schlafpensum von drei Stunden – verteilt auf mehrere ermüdende „Power-naps" – zufrieden sein. Aber ich habe die Schläfrigkeit am heutigen Tag deutlich gespürt.

Zweitens, ich begann meinen Marsch sehr spät. Beim Verlassen des Schiffs traf ich auf Tom, einen Belgier, der nach Asien radeln wollte. Tom war im Herbst 2012 zuhause gestartet und dann für mehr als ein Jahr in Zypern „hängen geblieben." Dort hatte er sich gemeinsam mit anderen Radreisenden in Form einer Kommune am einfachen Leben versucht. Neben der Ernte aus dem Garten lebte man von den Abfällen der Wohlstandsgesellschaft. „Dumpster-Diving" nennt man diese Bewegung neudeutsch. Tom selbst benutzte hingegen den Ausdruck „Free-getarian" für seinen Lebensstil.

Nach der unkomplizierten Einreise, bei welcher die Behörde die auf Toms Fahrradsatteltaschen montierten Eulenflügel (eines Unfallopfers vom Straßengraben) nicht kommentiert hatte, saßen wir in einem Park, verspeisten Brötchen (nicht aus dem Müll) und unterhielten uns über das Reisen, Gott, die Welt und den Unterschied von Spiritualität und Religion. Konkret ging es darum, ob es da *einen* Baum mit vielen Ästen gab, oder vielleicht doch eher einen ganzen Wald. Bis ich schließlich aufbrach, war es deshalb schon nach Mittag und damit, wie gesagt, ziemlich spät für einen unausgeschlafenen 30-Kilometer-Marsch.

Drittens, der Weg selbst. Von Mersin nach Tarsus führt eine kerzengerade, stark befahrene Autostraße. Rechts und links ist Industrie. Ich habe einige Male versucht, eine Parallelstraße zu nehmen, mit wechselndem Erfolg. Mal war es ein schöner Feldweg zwischen Orangenbäumen, dann eine Rohrbruch induzierte Schlammschlacht zwischen Baustellenschutt, Staub und Pfützen. Einmal musste ich dabei eine etwas abenteuerliche Querung über eine improvisierte Eisenkonstruktion wagen, von der ich nicht sicher war, ob sie für den Personentransport ausgelegt war.

Alles in allem war ich ziemlich müde und froh, als ich in der einbrechenden Dunkelheit beim alten Stadttor ankam, wo Kleopatra einst Antonius mit ihrer Nase betörte – oder eben nicht. Bei der Hotelsuche hatte ich in jedem Fall nicht den besten Riecher. Zwar waren die Besitzer freundlich, aber ich habe in der Türkei schon für die Hälfte des Preises besser gewohnt. Das lässt mich überlegen, aus dem für morgen geplanten Ruhetag mit dem Besuch der paulinischen Stätten, einen halben Wandertag zu machen und am Nachmittag nach Norden aufzubrechen.

Tag 322 – 40km (8580 km): Hundehimmel

Tarsus war eine kleine Enttäuschung. Denn der Aufdruck auf den Eintrittskarten zweier „Sehenswürdigkeiten" war praktisch das einzige Paulinische, das die Stadt zu bieten hatte. Dass der Apostel wirklich einmal am hastig ausgegrabenen „Paulusbrunnen" Wasser schöpfte, davon konnten mich die drei Lira Eintrittspreis nicht überzeugen. Und der Besuch der „Pauluskirche" – ein lieblos unterhaltener 150 Jahre alter Kirchenbau – kostete zwar zwei Lira Eintritt mehr, aber der blasse Raum war kein mystischer Begegnungsort mit dem Völkerapostel.

So scheint mir der Herkunftsort des Paulus im Nachhinein keine Reise wert und eigentlich auch keinen Umweg. Der rustikale, orientalische Charme in

einigen Ecken der heute 250.000 Einwohner zählenden Stadt entschädigte kaum. Nach so vielen Monaten im Nahen Osten war für mich wenig Neues zu entdecken.

Gemeinsam mit den hohen Quartierkosten erleichterte mir all dies die Entscheidung, den geplanten Ruhetag in Tarsus aufzugeben und das aktuell sonnige Wetter für den Marsch über den Taurus zu nutzen. Kalt wird es in den kommenden Nächten dort schon werden. Aber „kalt" ist unendlich besser als „kalt und nass".

Bevor ich jedoch Tarsus nicht nur wandernd, sondern auch beschreibend den Rücken kehre, muss ich noch zwei Dinge anfügen, die für Muslime von Interesse

sind. Asterix-Leser und Historiker kamen ja schon gestern auf ihre Kosten.

Nach einer Tradition des Islam ist der biblische Prophet Daniel hier begraben. Und man kann die Grotte der Siebenschläfer besuchen.

Die Geschichte der Siebenschläfer ist eigentlich eine fromme christliche Erzählung, nach der sieben junge Männer in der Verfolgung des Decius Mitte des 3. Jahrhunderts an ihrem Zufluchtsort von ihren Verfolgern eingemauert worden waren. Bis zu ihrer Entdeckung im 5. Jahrhundert sollen sie wundersam geschlafen haben – daher ihr Name. Die Siebenschläfer – nicht die Nagetiere – haben ihr Fest am 10. Juli (bzw. 27. Juni im julianischen Kalender) und stehen Paten für einige

Bauernregeln (etwa: „Wie das Wetter am Siebenschläfer sich verhält, ist es sieben Wochen lang bestellt").

Die christliche Tradition verbindet den Ort mit einer Höhle bei Ephesus. Der Islam entwickelte seine eigene Fassung der Geschichte und gibt sie als Teil des „göttlichen Diktats an Mohammed" in der 18. Sure des Koran wieder. Weil dort Ortsangaben fehlen, wurden im Islam unterschiedliche Plätze als mögliche Orte verehrt – einer davon in Tarsus.

Die muslimische Version hat für mich als vornehmlicher Hundegeschichtenerzähler ein nettes Detail. Hier schliefen die Männer, während sie ein Hund bewachte. Und er ist in der muslimischen Überlieferung ein Tier, das es in den Himmel geschafft hat – gemeinsam mit dem Widder von Ismail, dem Wal von Jona, dem Kamel von Mohammed und ein paar anderen Anwärtern für einen Platz im zölestischen Zoo.

Damit sind wir auch beim lyrischen Thema des heutigen Weges. Es gab Hunde, die mich ignorierten; Hunde, die mich anstarrten; Hunde, die mich verbellten; Hunde, die mir nachsetzten; Hunde, die an mir vorbeirasten (um ein vorbeifahrendes Auto zu erlegen); und Hunde, die mir treuherzig ihr Geleit anboten. Das Letztere tat etwa ein riesiger Rüde mit der Schulterhöhe eines Ponys. Er lief mir in einiger Entfernung nach, zögerte, kam näher, zögerte und trabte dann eine Weile neben mir.

Insgesamt waren die Kilometer des heutigen Tages im Unterschied zu gestern wirklich schön. Selbst die oftmals hässliche Stadtausfahrt war im Norden von Tarsus angenehm. Sie führte nicht durch endlose Industrie, sondern durch Reihen von Wohnhäusern mit bunten Geschäftszeilen im Erdgeschoss.

Am Stadtrand kam es kurz zu einem Leistungsduell mit einem alten Moped, dessen maximales Zuladungsgewicht mit Sicherheit mehrfach überschritten war. Der dröhnende Überholvorgang dauerte eine Minute. In der Tat schien lange ungewiss, ob ich als Fußgänger nicht doch den längeren Atem hatte – aller Abgase zum Trotz. Dann ging es 30 Kilometer durch hügelige Kulturlandschaft, wo das frische Grün der Weinstöcke sich mit Wiesen und sprießenden Feldern abwechselte.

Auf der kleinen Straße waren kaum Autos unterwegs. Nur gelegentlich kam ein Vehikel – wie jenes einer türkischstämmigen Engländerin, aufgewachsen in Deutschland, die besorgt anhielt, um den „verirrten Touristen" auf den rechten Weg zurückzubringen. Nach meiner Erklärung ließ sie mich ziehen und ihr Begleiter plünderte den eigenen Picknickkorb, um mir in dieser einsamen Gegend Fruchtsaft und Brötchen als Stärkung zu reichen.

Gegen Abend mündete mein kleines Band Asphalt in die alte Straße über den Taurus. Zwar ist sie nicht vergleichbar mit der Autobahn, welche unweit nun die Verkehrslast trägt, aber hier waren wieder deutlich mehr Fahrzeuge unterwegs. Und ich höre sie auch noch jetzt zu später Stunde, von der kahlen Aufschüttung aus, auf der ich hinter einem schützendem Erdwall mein Zelt aufgeschlagen habe.

Tag 323 – 46 km (8626 km): Um Hundes Willen!

Von weitem sah es aus wie eine Kuh. Dann, als ich näher kam, sah ich, dass es viel größer war. Es war ein Kilikischer Hirtenhund.

Was gestern als häufig bellende Begegnung am Wegesrand begann, kulminierte heute im Dorf Akçatekir in einer fast schon grotesken Dichte der Gattung *Canis*. Hunde, Streuner, überall. Die meisten davon in der Größe einer Giraffe – nur der Hals war etwas kürzer. Wenn meine Bilder davon nicht Rechnung tragen, dann nur, weil ich die meiste Zeit damit beschäftigt war, nicht gefressen zu werden.

Gut, das ist ein bisschen übertrieben. Aber es war ein Straßenfest der Straßenhunde und auf den zwei Kilometern durch das Oberdorf habe ich ungelogen mehr Hunde als Menschen gesehen. Die meisten davon waren nicht aggressiv, aber das war der dreibeinige armenische Hund, der Löcher in meiner Hose hinterlassen hatte, ursprünglich auch nicht. So schritt ich, wenn auch die meisten Hunde den Schwanz einzogen und zur Seite sprangen, mit etwas Unbehagen durch das „Meer". Das biblische Bild des Exodus versuche ich hier nicht zufällig im Leser zu verlebendigen. Dabei hatte der Tag mit wahren Hochgefühlen begonnen.

Schon das erste Licht des Tages zeigte mir die Silhouette der schneebedeckten Gipfel des zentralen Taurus. Kein Wölkchen. Großartig. Aber kalt.

Die alte Passstraße führte unaufhaltsam höher und nach einer Abzweigung zur modernen Autobahn war sie angenehm verwaist. Zwanzig Kilometer genoss ich immer neue Aussichten auf die Berge, und solange die Sonne vom

Himmel strahlte, war es durchaus angenehm – „Fleecepulli-angenehm." Ein bisschen erinnerte mich die Landschaft an die kalifornischen Berge um den Lake Tahoe. Föhren, Zedern, Nadelholz.

Gleich nach dem Schild, welches meinen Abschied von der Provinz Mersin ankündigte, bog ich links in den Wald, um ein Mittagsmahl und ein Schläfchen zu genießen. In der Ferne Hundegebell. Es war der erste akustische Vorbote des Eingangs beschriebenen Dorfes.

Nach dessen Durchquerung und weiteren zwei Stunden Marsch erreichte ich Pozantı am nördlichen Ende der Kilikischen Pforte. Hier war Alexander auf dem Weg zur Keilerei von Issos durchmarschiert. Hier war Paulus auf einer Missionsreise in den Norden gekommen. Und hier war für mich nach 46 Kilometern Schluss.

Auf Empfehlung des örtlichen Bäckers stieg ich im *Otel Tünel* ab – ein Ort, der nur erprobten Asienreisenden empfohlen werden kann. Sehenswert in jedem Fall: die großflächige Pilzkolonie an den Wänden der Gemeinschaftsdusche. „*Tünel*" (dt. Tunnel – was im Grunde nichts anderes ist als ein Loch) war also nicht nur Name, sondern Programm. Und konnte mich nach meiner langen Reise das Haus trotz allem nicht überraschen, so staunte ich doch kurz darauf, den Belgier Tom wieder zu treffen. Er hatte es ruhig angehen lassen und war mit einem weiteren Radler, ebenfalls ein Tom, erst heute über die Berge gekommen. Der zweite Thomas stammte aus Bonn. Nach seiner Pensionierung hatte er sich das Fahrrad geschnappt, seine verständnisvolle (noch arbeitende) Frau zurückgelassen und war der Leidenschaft für das Fernradwandern gefolgt. Er war unterwegs in den Fernen Osten.

Wir ließen den Abend in einem örtlichen Bistro ausklingen und machten noch einen Spaziergang unter den pulsierenden Leuchtreklamen der Kleinstadt in den Bergen. Dabei kam der erste Tom voll auf seine Kosten. Beim spontanen „Dumpster-dive" in den Mülltonnen eines Supermarkts ergatterte er Karotten, Tomaten, Joghurt und Eier. Ich will zugeben, dass es ein seltsames Gefühl war, jemandem über die Schulter zu schauen, der gerade durch eine Mülltonne wühlte. Aber die leuchtenden Augen und emsigen Hände im Container stimmten mich nachdenklich über die Unmengen an Essen, die wir verschwenden und wegwerfen. Davon konnte jemand leben. Und dieser Jemand stand neben mir.

Das war es dann aber auch schon mit den Abenteuern am heutigen Josefstag – mit einer Ausnahme. Die Messe musste ich erstmals *in* einem Schrank zelebrieren. Es war tatsächlich der einzige horizontale Platz in meiner heruntergekommenen Bleibe. Doch der „Altar" im Fach „fokussierte" irgendwie mein Gebet und ließ mich das Hupen und den Lärm der LKWs ausblenden, die draußen durch die Dunkelheit rauschten. Und sie rauschen immer noch kurz vor Mitternacht.

Tag 324 – 56 km (8682 km): Das Schöne und die Biester

Keine drei Meter vor mir türmte sich das weiße Ungeheuer auf – übersät mit Narben aus vergangenen Schlachten. Die linke Lefze hing tiefer und entstellte das Antlitz der Kreatur, die knurrte, ihre krummen Zähne fletschte und zu einem letzten Sprung ansetzte. Nicht Harpunen, sondern ein rostiges Nagelhalsband waren des Monsters grausiger Schmuck. War ich sein Ahab? Hatte ich gar ein Holzbein zu wenig?

* * *

Das Wetter am Morgen war strahlend schön. Um 6.45 Uhr trat ich hinaus in die klare, kalte Luft und arbeitete mich zunächst vier Kilometer am Pannenstreifen der Schnellstraße nach Norden vor. Dann kam die Abzweigung, die mir für die nächsten 140 Kilometer den Weg auf kleinen Nebenstraßen vorgeben würde.

Zunächst galt es, einen langen, steilen Anstieg zu meistern. Oben im Hochtal bei Kilometer 12 kam ich zum ersten Dorf und erwartete bei jedem Blick nach hinten, gleich von Tom und Tom überholt zu werden, die um 8.00 Uhr

von Pozantı hatten aufbrechen wollen. Aber die Straße blieb leer. Erst nach zwanzig Tageskilometern rollten die beiden in einer Abfahrt kurz vor Kamışlı an mir vorbei.

Wir nutzten das neuerliche Zusammentreffen für ein paar Gläschen Çay im Ort. Dann hieß es ein letztes Mal, Abschied nehmen und ich sah Team Tom-Tom hinterher. Sie wollten 35 Kilometer weiter, südlich von Çukurbağ, ein Camp am Rande des Aladağlar Nationalparks ansteuern. Mein eigenes Ziel hieß zunächst viel pragmatischer „Mittagspause“ nach dem Ortsende.

Aber bis ich schließlich ein gutes Plätzchen mit Aussicht und allem, was zu einem Rastplatz *en naturel* gehört, gefunden hatte, zeigten die Zeiger 13.00 Uhr. Es war zu diesem Zeitpunkt, nach 31 zurückgelegten Kilometern, dass ich erstmals mit dem Gedanken spielte, ebenfalls bis Çukurbağ durchzumarschieren. Verpflegung – auch für die kommenden Tage – hatte ich Dank guter Einkaufsmöglichkeiten im letzten Ort nun ausreichend und konnte mir einen Umweg über Carmadi sparen. Mal sehen. Eine Strecke von 55+

Kilometern an einem kurzen Wintertag, nach einem relativ späten Start, ging doch eher an die Grenzen des Möglichen. Nach dem Essen und einem kurzen Nickerchen im Sonnenschein brach ich auf.

Der ganze restliche Tag, die Strecke und die Landschaft, waren großartig. Jede Kurve eröffnete neue Blicke auf die schneebedeckte Welt. Sechzig Dreitausender ragten hier in den Himmel – der Höchste von ihnen kaum niedriger als der Großglockner. Berge, Täler, Licht und Farben. Kein Verkehr. Ein Pilgerparadies.

Als dann am Abend noch die Sonne die aufziehenden Wolken in Brand setzte, legte ich die Kamera kaum mehr aus der Hand. Verzückt drückte ich immer wieder auf den Auslöser und musste an das Gespräch mit (dem belgischen) Tom am gestrigen Abend denken.

Tom hatte erzählt, dass er praktisch jeden Abend ein Feuer mache. Ich verstehe, warum. Feuermachen ist männlich. Männer wissen, was ich meine. Ich glaube, Feuer ist auch der Grund, warum sich das haarige Geschlecht so oft heimlich aus den modernen Küchen verdrückt, während es sich die Grillzange nur mit roher Gewalt entreißen lässt. Denn seit damals in der Höhle ist Feuermachen Männersache – emotional wenigstens. Und seit damals in der Höhle ist – für Männer und Frauen gleichermaßen – das Lagerfeuer Fokalpunkt der abendlichen Unterhaltung. Ins Feuer konnte man stundenlang gucken. Caveman TV.

Wenn das Feuer nun wie „Fernsehen“ war, dann konnte das Meer als „Kino“ gelten – so meine These. Denn auch das Meer lud den Betrachter ein, sich im Betrachten zu verlieren. Tom hatte sich lachend dieser Ansicht angeschlossen und erklärt, das sei der Grund, warum er das Meer viel lieber habe als die Berge. Das Meer sei lebendig, die Berge hingegen starr und unveränderlich.

„Oh Tom, wie unrecht du doch hast", murmelte ich nun ehrfürchtig vor der gewaltigen Kulisse. Ein ständiger Wechsel im Licht, dramatische Wolkenfetzen, Farben loderten wie Flammen in den Wassern der Luft. Stiller als das Lagerfeuer und das Meer gewiss. Majestätisch nichtsdestotrotz. Ganz großes Kino für die Geduldigen.

Inmitten meiner Ekstasen wurde ich von zwei Männern am Wegrand aufgehalten. Mangels gemeinsamer Sprache für einen Austausch lächelten wir einander zu und blickten eine Weile stumm gemeinsam in die Berge. Schließlich zog einer der beiden die Schultern hoch, holte aus dem Auto eine Folie und reichte mir kalte Pizzastreifen. Dann ließen sie mich zurück mit den fabelhaften Lichtspielen dieser magischen Welt.

Auf den letzten Kilometern folgte ich einem kleinen Weg und kam zu geduckten Häusern, die eng am Rand eines Grabens standen. Nach einigen bellenden Begegnungen im Laufe des Tages auf unterschiedlichem Aggressionsniveau, hoffte ich inständig, hier ums Eck keinen Hund zu überraschen.

Ich passierte das erste Haus. Nichts. Das zweite Haus. Nichts. Ich ging vorbei an einem offenen Hoftor. Nichts. Ich ging die Böschung hinunter an zwei Nebengebäuden vorbei. Nichts. Ich kam zur Brücke. Kein Hund verstellte mir den Weg. Meine Anspannung begann sich zu lösen.

Aber dann. Etwas oberhalb auf der anderen Uferseite vernahm ich das Blöken von Schafen und wusste: Wo Schafe, da Hunde. Leise und vorsichtig schlich ich nach links, auf den Weg unterhalb des Stalls. Bei jedem Klappern des Carrix zuckte ich innerlich zusammen. Pausierte. Lauschte. Ich schien es fast geschafft zu haben …

Und damit sind wir bei bei den ersten Zeilen dieses Eintrages angelangt. Umzingelt von drei riesigen Hunden stand ich mit dem Rücken zum Zaun. Vor mir der Anführer, der Weiße, der vernarbte Veteran, mein Moby Dick.

Diesmal half die Geste des „Steinaufhebens" nicht. Ich brachte den Carrix schützend zwischen mich und die Biester und rührte mich nicht. Knurren. Bellen. Zähnefletschen. Ich versuchte alle drei in Schach zu halten, alarmiert durch die angespannten Muskeln, die zum Sprung bereit waren. Keine Sekunde zu spät kam der Hirt. Er schrie und schimpfte die Hunde zurück zu ihrer Herde. Der alte Weiße folgte den Befehlen nur widerwillig. Knurrend drehte er sich ein letztes Mal um: „Wir sehen uns wieder, Ahab" funkelte es in seinen Augen. Dann tauchte er im Meer aus Wolle unter.

Noch mit Gänsehaut und Schüben von Adrenalin bei jedem kleinen Geräusch hinter meinem Rücken, betrat ich kurz darauf das Bergsteiger-Camp am Fuß des Gebirges.

Team Tom-Tom war hier. Auch eine Gruppe von Tourengehern aus Bayern und Kärnten – war das vielleicht der Verwaltungsrat der Hypo? Ein großer, diesmal aber freundlich verspielter Hund warf sich sogleich gegen meine Füße. Für mich war in der gemütlichen Hütte am Ofen jedoch ein Katzenabend angesagt. Ein schnurrendes Bündel auf dem Schoß, verarbeitete ich therapeutisch streichelnd die Begegnung mit dem weißen Ungetüm. So kehrten langsam die anderen Bilder des Tages in mein Gedächtnis zurück – die vielen wunderbaren Bilder.

Tag 325 – 40 km (8722 km): Die bärtige Gefahr

Eine ausgestreckte Hand gebot mir Einhalt. Zwei weitere Männer ließen mit ernsten Mienen und Maschinengewehren keinen Zweifel darüber aufkommen, dass sie mich – die schreckliche Gefahr – wenn nötig durchlöchern würden.

Man deutete mir, dass ich den Carrix langsam zu Boden lassen solle, um mich dann – ohne abrupte Bewegungen – den Uniformierten für eine „Beamtshandlung" zu nähern.

Ich war einigermaßen überrascht, nicht nur über die fünf Personen, die sich aus dem kleinen Polizeiwagen „herausgeschält" hatten, sondern auch über die Tatsache, dass sie mir auf diesem Bergpfad nachstellten. Ich hatte die Straße für ein paar Filmaufnahmen mit schönem Hintergrund verlassen und eben, als ich mich umgedreht hatte, um zur Kamera zurückzugehen, schaukelte hinter mir ein uralter Polizeiwagen mit blinkenden Lichtern die steinige Strecke hoch.

Dass ich vor Monaten schon einmal für einen syrischen Freiheitskämpfer gehalten worden war, hatte ich damals durch die Nähe zur Grenze verstehen können, aber was bitte, stellte ich hier in den Bergen in den Augen der Beamten dar, wenn nicht einen Touristen mit leicht sonnenverbrannter Nase?

Ich wurde aufgefordert den Reisepass auszuhändigen und den Rucksack langsam zu entleeren. Dabei fanden die Polizisten vor allem Unmengen an „Metro"-Riegeln (Schokolade aus dem Hause Ülker). Eine Gabel und ein Schweizermesser waren die gefährlichsten Objekte, die ich aus dem Rucksack zaubern konnte – die Socken ausgenommen.

Zehn Minuten später erhielt ich meinen Pass zurück. Alles sei in Ordnung, hatte die Zentrale auf die Überprüfung meiner Passnummer hin durch das knackende, krachende Funkgerät verlauten lassen. Nur die Aufzeichnungen der Kamera, die das ganze skurrile Geschehen festgehalten hatte, musste ich vor den Augen des Kommandanten löschen. Dann zogen die *Jandarmen* ab.

Aber die Beamten waren nicht die einzigen, die mich heute Vormittag aufgehalten hatten. Ein eisiger Nord- und damit Gegenwind blies mir den ganzen Morgen über kräftig ins Gesicht. Im ersten langen Tal fand ich nur einmal kurz Schutz im Windschatten einer Tankstelle. Dann setzte ich meinen Kampf gegen das luftige Element weiter fort. Dem Wind kann man jedoch zugute halten, dass die Wolken der vergangenen Nacht nun weg nach Süden hin getrieben wurden und die anfangs noch eingehüllten Gipfel nach und nach wieder in der Sonne glänzten.

Zwei Kilometer wanderte ich auf einer langen Geraden, entschloss mich dann für die Beibehaltung des Kurses „Nord" und folgte einem breiten Tal mit flachen Kuppen zu beiden Seiten. Dürres Gras auf den Hügeln hatte eine Schattierung zwischen Braun und Grau. Blattlose Pappeln wurden von stürmischen Böen gepeitscht und gebogen. Vor mir am Horizont leuchteten in weiter Ferne Schnee und Eis des Erciyes Dağı.

Für meine Mittagspause suchte ich in einem Graben Schutz, drückte mich flach auf den Boden und ließ den kalten Wind über meine Kapuze pfeifen. Frierend kaute ich an einem alten Brot.

Am Nachmittag wurde aus dem Sturm ein Säuseln und die gefühlte Temperatur stieg in den Komfortbereich. Seit dem kalten Pass (1720 m) hatte ich zudem schon wieder einiges an Höhe verloren. Bäume standen hier in voller Blüte. Traktoren tuckerten emsig die Wege, Felder, Wiesen hoch und runter. Ich bog ab in das Dorf İçmeli, um meine Essensvorräte durch kalorienreiche Süßgetränke zu ergänzen. Ich unterhielt mich kurz mit der kleinen Versammlung am Dorfplatz und kehrte dann auf die Straße zurück.

Es war gegen 16.45 Uhr und die Sonne stand tief im Westen, da hatte ich ein Déjà-vu. Ein Polizeifahrzeug fuhr an den Rand und die nächsten Minuten waren ein Spiegelbild der Szenen vom Vormittag: das Stehenbleiben in Entfernung – damit ich mit meiner Schokolade niemanden verletzen konnte; das Abtasten nach Waffen; das Rucksackauspacken; die Inspektion meiner Kamera. Nur das mit dem Reisepass zog sich völlig unverständlich in die Länge. Mehr als 30 Minuten saß ich im Straßengraben und schüttelte (verzweifelt) lachend den Kopf. Was dauerte so lange? Die müssten meine Unterlagen doch mittlerweile schon als Verknüpfung auf dem Desktop haben, so oft, wie sie mich in der Zentrale abrufen müssen. Die Chance auf ein gemütliches Ausspannen vor dem Zelt im letzten Licht der Sonne verschwand mit der roten Scheibe hinter den Hügeln.

Weil einer der Beamten bei meiner Befragung mit einer Handbewegung Richtung İçmeli wissen wollte, was ich dort im letzten Dorf gemacht hatte, stieg in mir die Vermutung auf, dass mich wie damals an der syrischen Grenze, Einheimische der Polizei gemeldet hatten. Alles, was in der Türkei nicht am Meer in einer Badehose herumläuft oder mit einer Kamera um den Hals an einer Kulturstätte, war anscheinend suspekt und höchstwahrscheinlich auch gefährlich – wegen der Schokolade und so ...

30 Minuten später. Immer noch saß ich im Graben. Es dauerte mit dem Rückruf aus dem Polizeihauptquartier. Die Beamten, die ausgezogen waren, um mich festzusetzen, waren nun praktisch selbst festgesetzt. Zu dritt gammelten wir am Straßenrand, bis die übergeordnete Stelle endlich Entwarnung gab: „Der mag zwar stinken, aber er ist nicht sonderlich gefährlich", war wohl das abschließende Urteil. Mir blieben nur ein paar Minuten Restlicht, um ein Lager zu finden.

Am Ufer eines Baches zwischen kahlen Bäumen steht jetzt mein Zelt – den abschließenden Warnungen der Beamten vor Wölfen zum Trotz. „Danger" (engl. für „Gefahr" – allerdings in diesem Fall ausgesprochen wie der Lendenschurz) hatte einer der Polizisten mehrfach wiederholt. Aber was wollen die Wölfe machen? Mich kontrollieren, ob ich Rotkäppchen bin?

Tag 326 – 48 km (8770 km): Überirdisch unterirdisch

Am heutigen Morgen war das Zelt steif gefroren. Und wenn ich dem gleichen Schicksal entgangen bin, dann wohl weil ich die Daunenjacke in meinem Schlafsack angelassen habe. Damit ging es. Es war eine kalte aber ruhige

Nacht. Gurgelndes Wasser im kleinen Bach. Keine Hunde. Keine Wölfe. Keine Polizeikontrolle – noch nicht.

Als ich im Liegen den Reif vom Eingang des Zeltes klopfte, war die Sonne noch nicht weit in den Himmel gestiegen. Sie blinzelte gerade so zwischen den kargen Zweigen durch, als jener Teil des Tages begann, der bei diesen Temperaturen am meisten Überwindung kostet: raus aus dem Schlafsack, rein in die eiskalten Schuhe. Derinkuyu, der Ort über der unterirdischen Stadt, die einst 10.000 Menschen beherbergt haben soll, war das knapp 50 Kilometer entfernte Tagesziel.

Heute blies dankenswerterweise kein heftiger Wind und die Lerchen stiegen über den Feldern jubilierend in den Himmel. Angenehm war auch, dass ich schon bald den Asphalt zurücklassen konnte und über einfache Wege durch die schlafende Landschaft schritt. Schafe hier. Hirtenhunde da.

Als ich nach gut 13 Kilometern eine größere Straße querte, wäre ich fast lachend in den Graben gekippt. Wer stand da am Rand mit Blaulicht?

„Nummer Drei" deutete ich mit gespreizten Fingern, während ich zum offenen Fenster des Polizeifahrzeugs ging. Aber diesmal sollte es nicht lange dauern. Zwischenzeitlich hatten nämlich zwei weitere Autos angehalten und ein ganzer Haufen Männer war ausgestiegen und redete auf die Beamten ein. „Avusturya" war eines der Worte, die ich verstand und es gab einige engagierte Handbewegungen in die Richtung, aus der ich gekommen war.

Es stellte sich heraus, dass die freundlichen Männer gestern Zeugen meiner Amtsmisere geworden waren und nun der Streife zu erklären versuchten, dass dieser bärtige Österreicher bereits mehr als ausreichend überprüft worden war. Diese Intervention schien zu helfen. Im Nu hatte ich meinen Pass zurück und wurde diesmal „dank sachdienlicher Hinweise aus der Bevölkerung" wieder auf den Weg geschickt. Ich bedankte mich herzlich bei meinen Helfern, deren zufriedenes Lächeln die Ecken der Schnurrbärte nach oben wandern ließ.

Als nächstes kam ich nach Edikli, wo ich unter großer Anteilnahme der Bewohner meine Einkäufe erledigte. Edikli war ein Dorf aus dem Massey

Ferguson Werbekatalog – Anno 1975. Sogar die Kinderwägen, Fahrräder und Pferde trugen praktisch irgendwo ein Logo des anglo-kanadischen Konzerns. Am Rand des Dorfes sah es jedoch leider so aus wie in der Umgebung der meisten Siedlungen hier. Plastikmüll flatterte im Wind, Schutt bildete Hügel, verbogene Gestänge rosteten, Abfall lag verstreut. Irgendwo dazwischen wühlten verwilderte Hunde.

Dabei gab die Hochebene gerade hier einen großartigen Blick auf den knapp 4000 Meter hohen weißen Vulkankegel des Erciyes Dağı frei. Der griechische Geograph Strabo hatte einst berichtet, dass man an einem klaren Tag von seinem Gipfel sowohl das Schwarze Meer als auch das Mittelmeer sehen könne. Und wenn die erste dokumentierte Besteigung auch keine 200 Jahre her ist, haben Funde am Berg eine frühere menschliche Präsenz belegt. Mönche scheinen eine der Höhlen direkt unter dem Gipfel erweitert zu haben.

Ich malte mir das monastische Leben auf dem Gletscher aus und lehnte mich für eine Pause gegen die Steinwand eines Schafpferchs. Aus irgendeinem Grund tat mir heute der Rücken weh. Unter den wärmenden Strahlen der Sonne schloss ich meine Augen.

Am frühen Nachmittag kehrte ich auf den Weg zurück und kam einige Stunden später an den Rand des Plateaus. Von hier führte ein sandiger Weg 200 Höhenmeter in die tiefer gelegene Ebene hinab. Dabei passierte

ich ein verlassenes, namenloses Dorf. Meine Neugierde war geweckt. Und in der Tat! Wie an den berühmten Stätten Kappadokiens führten die Häuser in den dahinter liegenden Berg. Ich erkundete die Höhlen und stieg hoch bis zur geschwärzten Kirche im Felsen über dem Weiler.

Von der Größe her war diese unterirdische Anlage natürlich nicht mit der Stadt zu vergleichen, die ich morgen in Derinkuyu besuchen wollte. Aber hier, ohne Eintrittskontrolle und Touristenwege, war ich wieder der kindliche Entdecker und Abenteurer, der vor 30 Jahren in die Wälder der Heimat ausgezogen war.

Mit der Euphorie einer gelungenen Expedition wanderte ich leichtfüßig die letzten fünf Kilometer bis zu meinem Tagesziel. Im *Otel Ünfa* fand ich eine günstige Unterkunft und eine dringend notwendige Duschgelegenheit. So kreiste der Staub der Jahrhunderte bald um den Ausfluss und verschwand im Kanalsystem – wie schon damals im mystischen Mühlviertel.

5. Sonntag – Warum es die Welt gibt

Eine Offenbarungsreligion wie das Christentum hat als ihr Fundament eine „Theologie von oben". Das bedeutet nicht, dass die menschlichen Versuche, Gott „von unten" zu verstehen, nutzlos sind oder alle komplett in die Irre gehen. Auch in ihnen gibt es Einsichten in die Wirklichkeit. Doch die Fülle dessen, was der Mensch über Gott und den letzten Grund des Seins zu erkennen vermag, zeigt sich, so die christliche Überzeugung, in der Offenbarung, die Gott schenkt.

Nun ist die Frage berechtigt, warum Gott sich überhaupt offenbart. Ja viel grundlegender noch könnte man fragen, warum es überhaupt die Welt gibt, der er sich offenbart. Gott ist doch das höchste Gut. Er ist vollkommen. Er braucht keinen Kosmos.

Die Antwort des christlichen Glaubens auf diese Frage schöpft aus einem Text der Offenbarung: „Gott ist Liebe" (1. Joh 4, 16). Weil Gott frei ist, weil er vollkommen ist, weil er sich selbst genügt, braucht er keine Welt. Es gibt keinen zwingenden Grund für diese oder irgendeine andere Schöpfung. Doch welche Eigenschaft hat die Liebe? Schon in unserem eigenen Leben erkennen wir, dass uns die Liebe drängt zu teilen. Wenn wir etwas Großartiges erleben, wünschen wir, dass jene, die wir lieben, bei uns wären. Wir wollen, dass sie am Schönen, das wir erleben, Anteil haben. Ein Stück weit ist das übrigens der Grund, warum es in sozialen Netzwerken die Knöpfe zum „Teilen" gibt. Man will Andere teilhaben lassen am eigenen Glück.

Gott braucht die Welt nicht, wie wir gesagt haben. Aber wenn Gott die Liebe ist, dann sehen wir darin vielleicht den Grund der Welt. Sie ist geschaffen, nicht aus Notwendigkeit, sondern damit sie teilhat am höchsten Gut, das Gott selber ist. Darum gibt es die Welt, aus Liebe.

Warum, nun, offenbart sich Gott dieser Welt? Alles, was der Schöpfer geschaffen hat, spiegelt seine Erhabenheit, seine Vollkommenheit, seine Weisheit wider und hat darin Anteil am Sein, das von Gott kommt – jedes Geschöpf, vom leblosen Stein bis zum höchsten Engel, auf seine Weise. Alles ist und existiert auf Gott hin, der Ursprung und Ziel aller Dinge ist. Unter den vielfältigen Geschöpfen gibt es nun manche, die durch Vernunft und Wille mit Gott in Beziehung treten können. Der Mensch ist so ein Geschöpf. Und damit sind wir beim Grund für die Offenbarung angelangt. In der Offenbarung kommt Gott dem Menschen entgegen. Die Offenbarung schenkt dem Menschen eine tiefere Einsicht. Sie dient ihm, das voller zu erreichen, wozu er in der Schöpfung gerufen und bestimmt ist. Er erlangt durch sie Anteil an der Güte Gottes, ja am Leben Gottes selbst – nicht automatisch oder weil er ein Anrecht darauf besitzt, sondern als freies Geschenk und nach dem gnädigen Maß des Schöpfers.

Darin also, in der selbstmitteilenden Liebe Gottes, sieht der christliche Glaube den Grund der Welt und den Grund, warum Gott sich ihr offenbart.

Allerdings offenbart sich Gott einer Welt, die unvollkommen ist; einer Welt, in welcher der Wille des Schöpfers verzerrt wird; einer Welt, die in Sünde gefallen ist. Diesen Sündenfall will ich nächsten Sonntag betrachten.

Tag 327 – 42 km (8812 km): Willkommen in der Surrealität

Da ich gestern zu spät für die einzige Attraktion der Dorfes angekommen war, stand heute der Besuch der unterirdischen Stadt am Programm. So pünktlich war ich vor dem Gatter, dass der Hausmeister unter Entschuldigungsrufen noch über den Rasen zum Sicherungskasten laufen musste, um Licht ins 8-Stockwerk-tiefe Dunkel zu bringen. Dann stieg Derinkuyus erster und

vorläufig einziger Besucher an diesem Tag in die Unterwelt hinab.

In grauer Vorzeit angelegt und von Christen während der Verfolgungswellen als Zufluchtsort ausgebaut, war das Labyrinth unter der Erde auch ein steinerner Glaubenszeuge samt Kirche. Ich muss gestehen, dass ich mit meinem Körperbau wohl nicht den Höhlenforscher in den Genen habe. Gebückt kam ich im untersten für Besucher zugänglichen Level an und rieb mir den Rücken. Was ich sah war nur ein Bruchteil der gewaltigen Anlage, von der es sogar einen acht Kilometer langen Verbindungsgang zu einer unterirdischen Stadt im Norden gab.

Was hier baulich geleistet wurde, steht außer Zweifel, aber wie man es vor der Erfindung der künstlichen Beleuchtung hier länger aushalten hatte können, ist mir trotz all der großartigen Belüftungsschächte ein Rätsel. Rußig von den Flammen der Öllichter muss es gewesen sein, das Leben unter Tage.

Mit dieser Erkenntnis aus der Tiefe kam ich zurück an die Oberfläche, holte mein Gepäck aus dem Hotel und begann meinen Weg ins Herz von Kappadokien.

Weitere Dörfer mit Höhlen lagen auf meinem Weg. Aber so richtig aufgeregt wurde ich erst, als ich meine ersten *peri bacaları* (Feenkamine) sah – also jene seltsamen Gesteinsformationen, für die Kappadokien berühmt geworden ist. Das Kind im Manne hatte Glück. Im größten Steinkegel aus Tuff, der in der

ersten Gruppe in den Himmel ragte, gab es einen verlassenen Taubenschlag, den man mit etwas Kletterei erreichen konnte. Im Schatten dieser bizarren Steintürme machte ich im Anschluss hoch zufrieden meine Mittagspause.

Danach brach ich in Richtung Ürgüp auf. Der Weg dorthin zog sich in die Länge – wegen all der Fotopausen, die ständig einzulegen waren. Ürgüp selbst war ein nettes Städtchen, dessen alter Kern sich an einen mit Höhlen durchlöcherten Felsen schmiegte. In einem Hotel, das ebenfalls in den Berg hineingebaut war, bezog ich dank dem Manager („So, what´s your budget?") ein stark ermäßigtes Zimmer in den letzten Tagen der Vorsaison. Den Abend genoss ich bei einem Spaziergang durch die Altstadt.

Ja, die Gegend hatte was. Sie war einst christliches Kernland und Heimat großer Söhne und Töchter. Gregor der Erleuchter zum Beispiel war hier aufgewachsen (in Caesarea, heute Kayseri). Er wurde zum Apostel der Armenier und seinen Spuren bin ich im letzten September überall begegnet. Allen voran aber tragen drei Theologen die Landschaft im Titel: Basilius der Große, sein Bruder Gregor von Nyssa und Gregor Nazianzus sind als die Kappadokischen Väter bekannt. Glanzvolle Lichter waren sie ihren Herden und sie leuchten immer noch – selbst im Dunkel unserer Zeit.

Tag 328 – 25 km (8837 km): Ein Bild sagt mehr als ...

... als kein Bild. Soviel ist gewiss. Und weil das Ganze heute trotz der 25 Kilometer eigentlich als Ruhetag (und damit „Tagebuch-frei") konzipiert war – lasse ich einfach Bilder sprechen. Denn im Rausch meiner anhaltenden Begeisterung über diesen Fleck der Welt habe ich ohnehin ständig auf den Auslöser gedrückt. So spare ich mir die tausend Worte und warne vorneweg: Wer Steine gar nicht mag, der kommt heute nicht auf seine Kosten.

Tag 329 – 42 km (8879 km): Frederick und das Licht der Welt

Ein Buch, das in keiner literarischen Sammlung zwischen Kuscheltieren und Legobausteinen fehlen darf, ist „Frederick“ (der Mäuserich). Ich kann mich nicht mehr an mein genaues Alter erinnern, als ich diesen Klassiker aus dem Jahr 1967 das erste Mal studierte, aber ich weiß noch, wo es war. Ich war kaum einen Meter groß, saß im x-ten Stockwerk des Linzer Brucknerkonservatoriums auf einer reduktionistischen Ledercouch im ausklingenden Bauhausstil am Gang-Ende, unter dem Fenster mit undichtem Alurahmen. Ein paar Türen weiter schloss meine Mutter ihre Gesangsausbildung zur staatlich geprüften Opernsängerin ab.

Passend zu diesem künstlerischen Ambiente blätterte ich nachdenklich durch „Frederick“ und war fasziniert von der Fragestellung zum sozio-ökonomischen Wert nicht-materieller Güter in einer uniformen auf Nützlichkeit fixierten post-kapitalistischen Leistungsgesellschaft.

Ich erinnere mich dezitiert, dass ich – gleich einem unterstützenden kindlichen Aufschrei – mit Kugelschreiber „nutzlose“ Schmetterlinge auf die Einbandinnenseite malte – „Metterschlinge“, wie ich schon als Dreijähriger in Rebellion gegen die Konventionen des dominanten Sprachgebrauchs zu sagen pflegte.

Warum ich diese sensiblen autobiographischen Details hervorkrame? Nun, weil sie mir in den Sinn kamen, als ich heute das Einkaufszentrum in Nevşehir verließ. In „Frederick“, wo alle Mäuse fleißig für den Winter Vorräte einlagern, „sammelt“ der Protagonist Sonnenstrahlen und Farben, deren Wert für die Gemeinschaft erst am Ende des langen, dunklen Winters ersichtlich wird. Und genau daran musste ich denken, als ich aus dem Konsumtempel trat. Für das kommende Wochenende waren 10 Grad unter Null angekündigt. Ich blickte auf den Plastiksack in meinen Händen. Hätte ich doch besser Sonnenstrahlen sammeln sollen? Mir wurde bewusst, dass ich eben mit diesem wunderschönen, kindlichen Blick auf die Wirklichkeit gebrochen hatte. Denn trotz des unvergleichlichen Nutzens gesammelter Sonnenstrahlen hatte ich mir für die kommenden Tage einen zusätzlichen Pullover gekauft. Sorry, Frederick.

* * *

Doch kehren wir zurück an den Beginn des Tages. Ich brach erst zur 4. Stunde (10.00 Uhr) auf, nachdem ich einen netten Morgen in der Gesellschaft zweier italienischer Studenten verbracht hatte. Ein letztes Mal wanderte ich danach durch die märchenhafte Landschaft und stieg das Taubental hinauf nach Uçhisar, zur weithin sichtbaren „Emmentalerfestung".

Dann richtete ich meine Schritte gegen Westen. In der Provinzhauptstadt Nevşehir, einige Kilometer weiter, lud ich, wie beschrieben, neue Kleidung zu und sammelte, so gut es ging, trotzdem ein paar letzte Sonnenstrahlen. Die hatte ich bereits am späteren Nachmittag bitter nötig, denn mit dem kalten Gegenwind war der Frühling der letzten Tage verflogen.

Ich stemmte mich gegen die Böen und zog mich in die Welt der Gedanken zurück. Heute Morgen hatte ich die Heilige Messe nicht auf dem extrem niedrigen Nachttischkästchen zelebriert, sondern mich der Hoffnung hingegeben, dass ich in der kappadokischen Landschaft noch eine geeignete Höhle – vielleicht sogar eine Höhlenkirche finden würde. Und nun schien es tatsächlich, dass ich am Abend die Ortschaft Tatların erreichen würde, deren Zentrum dem üblichen Käsemuster der Region entsprach. Neben einer weiteren Untergrundstadt mit großartigen Kapellen und Fresken sollte es sogar zwei frei zugängliche Höhlenkirchen geben. Ich sah mich bereits beim feierlichen Introitus in eine andere Zeit einziehen, als ich zu einer Straßenkreuzung kam. Entgegen meinem Instinkt folgte ich dem beschilderten Weg. Es war zwar laut meinem Kartenmaterial der längere, aber ich wusste ja nicht unbedingt, an welchem Ende der weit gestreuten Siedlung sich die Höhlen befinden würden.

Ich marschierte mit eingezogenem Kopf in den Westen, wo langsam das diffuse Tageslicht erlosch. So war es schon ziemlich dunkel, als ich – vom Gegenwind gebremst – den Ort erreichte. Leider fand ich mich nun am falschen Ende wieder. Dort hinten, drei Kilometer entfernt, wo Laternenmasten als Kette schwacher Punkte auszumachen waren, meinte ich die Silhouette des Hügels mit den Höhlen zu erkennen. Ich blickte auf die Karte. Die andere Straße hätte direkt daran vorbeigeführt.

In Anbetracht meiner Möglichkeiten zog ich es vor, den Ort zu verlassen. Ich wollte mein Zelt irgendwo außerhalb aufbauen, solange noch ein bisschen

Restlicht verfügbar war. Im Windschatten einer Feldbaracke fand ich ein geeignetes Plätzchen. Einmal mehr feierte ich dann die heilige Messe – heute jene zum Hochfest der Verkündigung – im Zelt. Der Wind rüttelte zur Wandlung an den Wänden.

„Et verbo caro factum est ...“ Ich kam zum Ende des Johannesprologs und schloss die Augen. Im Geiste sah ich die Fresken von Tatların, das Bild der *Nikopeia,* in dem Maria am Thron den Heiland präsentiert. Hier leuchtete etwas stärker – viel stärker als die Erinnerung an Sonnenstrahlen.

Tag 330 – 46 km (8925 km): Hinter dem Hinterland

Um halb sechs warf die Morgensonne die ersten Lichtspiele auf mein dünnes Dach. Der Wind, der in der Nacht eingeschlafen war, frischte wieder auf. Zwei Schokoriegel zum Frühstück, alles eingepackt und ich war zurück auf meinem kleinen anatolischen Güterweg. Es war kalt. Eisige Böen, die über die

deckungslose Landschaft fegten, warfen mich hin und her. Ich zog die Kapuze meines neuen Pullovers tief ins Gesicht. In regelmäßigen Intervallen kam ich an kleinen Bauerndörfern und großen Hunden vorbei.

In Bölükören waren Schüler und ein paar ältere Herren rund um Moschee und Schule versammelt. Zwar konnte ich auf die fragenden Gesten nicht viel zu meinem Vorhaben erklären, aber als ich grinsend mit dem türkischen Wort „at“ (Pferd) den Carrix nahm und wiehernd los trabte, begleitete mich das Gelächter der Kinder zum Ortsausgang.

Dort fror mir dann das Lächeln ein. Ein großer Hund erhob sich. Ich war auf alles vorbereitet. Allerdings hielt er nur seine Nase in den Wind und folgte mir ein Stück. Hunde erzeugen in mir eigentlich keine Angst, aber nach einigen Erlebnissen auf diesem Weg schenke ich ihnen sehr wohl erhöhte Aufmerksamkeit. Die Vierbeiner konnten sich sehr unterschiedlich verhalten und gerade in Gruppen schienen manche zu meinen, sie müssten den anderen etwas beweisen. Dieser freundliche Geselle hingegen machte keinen Mucks und wedelte entspannt. Ich war 200 Meter weit gekommen, da begann er zu bellen, allerdings in eine andere Richtung gewandt, aus der ein Dorfbewohner kam. Hundelogik.

Die nächsten Kilometer waren unauffällig. Nach den fantastischen Felsgebilden Kappadokiens war die Landschaft hier fast ein wenig wie „Fasten". Es war monoton. Es war ruhig. Für das Gebet am Weg war das nicht hinderlich.

Eine vorgezogene Mittagspause hielt ich im Windschatten eines Felsenturms, nachdem mir im Dorf davor zwei Jungs eine saftige, geschälte Orange gereicht hatten. Und da nun der Magen ein klein wenig zu tun bekommen hatte, verlangte er natürlich mehr. *Ekmek* mit Frischkäse, Tomaten und Gurken. Der Klassiker.

Ein paar Stunden später in Çatin, als meine Flüssigkeitsreserven fast aufgebraucht waren, bot der kleine Laden, Schrägstrich, Werkstatt, Schrägstrich, Sanitärbetrieb, Schrägstrich, Fluglotsenausbildungszentrum, Schrägstrich, Schreinerei nur Cola in 3-Liter Flaschen an. Ich lud eine davon auf und lehnte mich einige Minuten später auf einer Weide, neben Bach und Straßenrand, an einen Baum. Ein Deutschtürke aus Hannover hielt für ein Pläuschchen und zeigte mir stolz die Walnussbäume, die sein Vater hier gepflanzt hatte.

Am Ende des Tages und nach einer kurzen Polizeikontrolle, bei der die Beamten jedoch mehr am Lohn eines Priesters als an dessen Reisepass interessiert waren, lag die Kleinstadt Ortaköy. Ich bezog nach harten Preisverhandlungen mein „Loch" für 9 statt 15 Euro. Dann ging ich einkaufen.

Am Weg durch die Straßen wurde ich von einem weiteren Deutschtürken an einen Tisch gewunken und auf eine Runde Çay eingeladen. Nach ein paar Geschichten vom Weg beteuerte er, dass die Welt gefährlich sei und ich verrückt. Ich schüttelte lachend den Kopf, verließ die Menschentraube, die sich dort gesammelt hatte und kehrte in mein Quartier zurück.

Die Gemeinschaftsdusche und das WC waren direkt vor meiner dünnen Sperrholztür. Als gegen 23.00 Uhr ein Gast geräuschvoll seinen Hals entleerte und ich vor meinem geistigen Auge schon seine Lunge im schmutzigen Waschbecken sah, war ich kurz davor die türkische Notfallnummer zu wählen. Vielleicht war sie ja doch gefährlich diese Welt, für Raucher ohne jeden Zweifel.

Tag 331 – 62 km (8987 km): Dauerlauf

62 Kilometer liegen heute hinter mir – 62 Kilometer, die natürlich so nicht geplant gewesen waren, sonst wäre ich früher aufgestanden. Der Grund für die längste Winter-Etappe bisher war der Blick auf die Uhr um halb vier, als schon 40 Kilometer hinter mir lagen. Da überlegte ich dann das erste Mal, ob ich nicht vielleicht einfach bis zur Kleinstadt Şereflikoçhisar weitergehen sollte – der heißen Dusche wegen.

* * *

Mein „Loch" in Ortaköy war am Morgen bald zurückgelassen. In der Teestube im Erdgeschoss des *Otels* frühstückten die wenigen lokalen Gäste. Anscheinend war der lautstarke Auswurf am Vorabend nicht von Organen begleitet worden. Es gab keinen Kreideumriss am fleckigen Teppich und die Anwesenden atmeten normal. Aller Blick war in die Ecke oben links gerichtet. Im Fernsehen lief eine Aufzeichnung der Wahlkampfrede Erdoğans – vielleicht erklärte er darin, warum er nach Twitter nun auch Youtube in der Türkei hatte abschalten lassen.

Ohne Antwort auf diese Frage ließ ich die Häuser hinter mir und tauchte in eine Landschaft ein, die jener vom Vortag glich. Felder, Wiesen, Hunde, Dörfer, Hunde, Schafe, Wiesen, noch mehr Hunde. Mittendurch führte mein kleiner Güterweg, der all dies zu gleichen Teilen links und rechts von mir zerschnitt.

Auch heute war es kühl und windig. Lediglich als ich für ein paar Kilometer einem kleinen Flusslauf folgen konnte, war es etwas wärmer. Dort machte ich nach 21 Kilometern um 10.30 Uhr eine Pause. Ich breitete meine Zeltunterlage aus, legte mich in die wärmende Sonne und begann mir ein Tomaten-Feta-Gurken-*Ekmek* herzurichten. Der Wind hatte nachgelassen, und das war wohl auch das Signal für unzählige sieben Millimeter große Käfer, über meinem Picknickplatz zu schwärmen. Von da aus versuchten sie gezielt in meinem Essen zu landen. Der Bauer, der auf der anderen Seite des Feldes pflügte, wird

sich seinen Teil über den fuchtelnden, bärtigen Mann gedacht haben, der einen aussichtslosen Kampf zu führen schien. (Anmerkung: Wie aussichtslos der Kampf tatsächlich gewesen war, sollte ich erst am nächsten Tag bemerken, als ich beim Brechen eines Brotlaibs in die kleinen dunklen Augen eines dieser Quälgeister starrte. Was soll´s. Pilger brauchen Proteine.)

Dann ging es weiter – die Landschaft und der Weg unverändert. Ich kann mich, da ich diese Zeilen mit etwas Verspätung tippe, nicht mehr erinnern, was ich die nächsten 20 Kilometer gesehen oder gedacht habe. Ich stemmte mich gegen den Wind, als er über die Hügel wiederkam, schob meinen Carrix über den rauen Asphalt, zuckte zusammen, wenn ein spitzer Stein seinen Weg durch die ausgedünnte Sohle meiner Laufschuhe fand und wanderte langsam über das anatolische Plateau.

Bei der nächsten Pause um halb vier, als ich das Tagessoll von 40 Kilometern bereits erfüllt hatte, kam dann, wie gesagt, der Gedanke bis zur nächsten Kleinstadt in 22 Kilometern Entfernung weiterzugehen. Ein neuer, auf meinen Karten noch nicht verzeichneter Straßenverlauf, hatte eine kürzere Wegstrecke geschaffen, und die Aussicht auf eine heiße Dusche schien als Motivation auszureichen.

So nahm ich die Beine in die Hand, wehrte mehrfach Hirtenhunde ab und kam kurz nach Einbruch der Dunkelheit in die Straßen von Şereflikoçhisar. Standesgemäß wurde ich dort von einem Rudel Straßenhunde empfangen, bevor ich die Türe zum Hotel aufstieß und verschwitzt den überraschten Rezeptionisten aus seinem Handychat riss.

Da bin ich nun, in einem winzigen aber neu renovierten Zimmer. Der Carrix hat gerade so vor der Badezimmertüre Platz. Das aber ist egal. Die Dusche, ja die heiße Dusche, war die 62 Kilometer wert gewesen.

Tag 332 – 51 km (9038 km): „Ihr seid das Salz der Türkei ...

... wenigstens 63% von dem in der Türkei konsumierten Speisesalz", erklärte ich den ahnungslosen Kristallen am Ufer, als ich heute den Tuz Gölü überquerte – eines der größten hypersalinen Binnengewässer der Welt.

Ich war früh am Morgen unter einem wolkenverhangenen Himmel von Şereflikoçhisar gestartet. Das fahle Licht tauchte die Stadt am nordöstlichen Rand des Sees in unsympathische Grautöne. Ein Hauch von Verfall lag in der Luft.

Zehn Kilometer führte die schlaglochübersäte Straße von dort in einer geraden Linie nach Westen. Die Landschaft war flach, fiel jedoch ganz sanft in Richtung des Sees hin ab. Die Traktoren, die mich gelegentlich überholten, konnte ich noch 20 Minuten später in weiter Entfernung über den Weg rumpeln sehen.

Bei der Salzmine am Ufer angekommen, führte der Weg dann kurz um eine Industrieanlage. Und genau in diesem Moment bliesen mir heftige Sturmböen die beißende, brennende Ladung ins trockene Gesicht. Aber so plötzlich der Sturm gekommen war, so plötzlich war er dankenswerterweise auch wieder vorbei – zunächst wenigstens.

Für mich ging es weiter über einen aufgeschütteten Steg durch das Gewässer. Links von mir war der See vom Frühjahrsregen gefüllt – aber auch hier angeblich kaum mehr als zwei Meter tief. Rechts hingegen zeigte sich eine Landschaft von Salzkristallen und seichten Pfützen, die an einem sonnigen Tag herrliche, spiegelnde Bildmotive abgegeben hätten. Sonnig war es jedoch nicht. Ich zog

die Kapuze ins Gesicht und stapfte weiter. 90 Minuten später erreichte ich das andere Ufer.

Die Landschaft westlich des Tuz Gölü war flacher als jene der vergangenen Tage, aber ansonsten eine Fortsetzung der baumlosen Hügellandschaft, die ich durchwandert hatte.

Ohne markante Anhaltspunkte verschwimmen im Rückblick schnell die zurückgelegten Kilometer – nur ein paar Dinge sind mir im Gedächtnis geblieben. So schritt ich etwa beim Abkürzen eines spitzen Winkels in der Straße über das frische Grün auf dem kargen Boden. Der Rückenwind in diesem Abschnitt trug mir in der Folge den wunderbaren, intensiven Geruch von Kräutern hinterher, die ich unter meinen Schuhen zerrieben hatte.

Das andere, was sich vom heutigen Tag eingeprägt hat, ist das Gewitter, das mich kurz vor der letzten Kurve (ganze 12 Kilometer vor dem Ziel in Kulu) einholte. Im Windschatten eines alten Lehmstalls ließ ich den heftigen Schauer vorüberziehen. Eine Stunde später pausierte ich nochmals unter dem schützenden Vordach eines landwirtschaftlichen Gebäudes, während Blitz und Donner den Himmel zerrissen.

So kam ich trockener in der 20.000 Einwohner zählenden Kleinstadt an, als ich es nach der schlechten Wettervorhersage erwartet hatte. Ich fand ein günstiges Hotel und beschloss in Anbetracht der fallenden Temperaturen hier einen Ruhetag einzulegen.

Blitze zucken auch jetzt wieder, spät abends, über das schwarze Firmament. Ich blicke zurück auf die letzten Tage. Auch heute hatte ich mehr als 50 Kilometer zurückgelegt. Von Dienstag Vormittag bis Freitag Nachmittag hatte ich damit über 200 Kilometer geschafft. Das alte Konstantinopel rückt in Reichweite. Ich sollte es, so Gott will, zur Feier des Österlichen Triduums in die katholische Gemeinde Istanbuls schaffen.

Tag 333 – Ruhetag: 3-3-3 bei Kulu große Lungerei

Noch nicht oft habe ich auf dieser Reise einen „Wettertag“ eingelegt. In der Slowakei einmal. Heute war es draußen (noch) nicht ungemütlich, aber ich wusste, die kommende Nacht würde kalt – sehr kalt. Und darum gönnte ich mir einen faulen Herumliege-Tag, um nicht halb-erforen in den vierten Fastensonntag zu starten. Ein bisschen *Laetare* war da ja mehr als angemessen. So habe ich Blogeinträge nachgeholt, die ich ob der klammen Finger manchmal ausgelassen hatte. Ich habe Wäsche gewaschen, auf meinem blau-rosa Bett herumgelegen und Audiobücher gehört. G.K. Chestertons großartiges Werk „Everlasting Man“ ist eines davon. Mehr gibt es vom heutigen Tag nicht zu berichten.

6. Sonntag – Die Welt geht verloren

Der christliche Glaube bekennt, dass der Kosmos, in dem wir leben, eine gefallene Welt ist; eine Welt, die jenen ursprünglichen Zustand verloren hat, in dem sie einst geschaffen wurde. Eindrücklich beschreibt das biblische Bild vom Garten Eden die göttliche Harmonie und kurz darauf ihren Verlust.

Und all das wegen eines Apfels? Konnte der Wille und Plan des allmächtigen Gottes durch eine so geringe Kreatur wie den Menschen und dessen Griff nach einer Frucht wirklich derart frustriert werden?

Wir würden an der tiefen Bedeutung des ersten Buches der Bibel „vorbeilesen", wenn wir meinten, die Affäre drehe sich um eine Sorte Obst. Es geht nicht um Äpfel – die zudem mit keinem Wort erwähnt werden. Stattdessen wird hier in bildhafter Sprache das Problem der menschlichen Freiheit zum Ausdruck gebracht. Wenn Gott Geschöpfe geschaffen hat, die fähig sind, ihn zu erkennen und zu lieben und dadurch in Beziehung mit ihm zu treten, dann ist die reale Kehrseite dieser Fähigkeit die Möglichkeit, dass solche Geschöpfe ihn ablehnen können. Liebe bedingt Freiheit. Das sehen wir klar in unserem Leben: Ich kann einen anderen nicht zwingen, mich zu lieben. Niemand kann etwa ernsthaft glauben, man könne einem anderen den Arm so lange umdrehen, bis man von ihm geliebt wird. Vielleicht könnte man so die Worte „Ich liebe dich" herauspressen, aber ein Akt des Herzens, ein Akt des Willens wird das nicht. Liebe kann nicht erzwungen werden, sie ist ein Geschenk, eine Selbsthingabe, die daher Freiheit voraussetzt.

Um diese Freiheit und den ersten Schritt des Menschen in eine von Gott losgesagte Autonomie geht es in der Erzählung vom Baum der Erkenntnis. Am Anfang der Geschichte der Menschheit ordnet sich der Mensch, der in einem Akt der Liebe von Gott geschaffen wurde, nicht in einer Antwort auf diese Liebe zurück auf Gott hin, sondern er setzt sich selbst als letzten Bezugspunkt seines Seins. Er ordnet die Dinge auf sich hin, worin gemeint ist, dass er „so sein will wie Gott" (Vgl. Gen 3, 5-6).

Hierin liegt der Fall des Menschen, dessen Folgen dramatisch sind, und die in vielsagenden Bildern auf den ersten Seiten von Genesis geschildert werden.

Gott wird gezeigt, wie er durch den Garten geht und Adam sucht: „Wo bist du?" Damit soll nicht gesagt werden, dass Gott Schwierigkeiten bei der Ortung seiner Geschöpfe hat. Vielmehr wird hier die Entfremdung zwischen Gott und dem Menschen zum Ausdruck gebracht, die sich nicht zuletzt darin zeigt, dass der Mensch sich vor Gott versteckt. Es folgt ein Dialog, in dem der Mensch die Möglichkeit zur Einsicht, Reue und Umkehr nicht nutzt. Stattdessen schiebt er die Schuld von sich. Ja, mehr noch, er schiebt sie letztlich Gott selbst zu.

Der Mensch verliert die Freundschaft mit Gott, verliert Gottes Nähe im Garten. Verbannt ohne Reue, findet er sich in der Fremde, wo die erste Sünde neue Sünden gebiert. Dass etwa Adam seine Frau nun benennt, ist nach Ansicht vieler Theologen schon ein Zeichen einer Überordnung, die ihre Schatten vorauswirft auf Knechtung und Unterdrückung in der Familie. Und nur wenige Zeilen später folgt der Brudermord (Kain und Abel). Die Ordnung ist verloren und mit ihr die Gnade, die den Menschen mit Gott verbunden hat. Mehr noch: nicht nur der Mensch scheitert im rechten Gebrauch seiner Freiheit. Auch einige der anderen vernunftbegabten Geschöpfe (Engel) fallen ab von der Liebe zu Gott und wählen den Weg der selbstbestimmten Eigenliebe. Von ihnen, so der Kirchenlehrer Augustinus, ist in Genesis die Rede, als Gott das Licht von der Finsternis schied (Gen 1, 4).

Eine Dunkelheit legte sich über die Schöpfung. Und doch, inmitten dieses Dunkels spricht Gott bereits seine erste Verheißung des Heils (Gen 3, 15). Mehr dazu am nächsten Sonntag.

Tag 334 – 44 km (9082 km): Hier kommt Kurt

Der Name des Musikers Frank Zander stand auf keinem Schallplattencover, keinem Mixtape und keinem CD-Sampler im Regal meines Teenager-Zimmers. Und dennoch kenne ich ein Lied von ihm. 1990 wurde der Titel „Hier kommt Kurt" die Radiostationen hoch und runter gespielt. 22 Wochen, so habe ich nachgelesen, war er damit in den Charts. Ich gestehe, damals, als eingebildeter Connoisseur des Classic Rock, empfand ich die ironische Deutschpop-Schlager-Nummer als einen gemeinen Anschlag auf die Musikkultur. Im Unterbewusstsein wurde sie trotzdem archiviert und so kam mir heute dieses Lied in den Sinn, als der Tankwart des letzten kleinen Örtchens Güzelyayla die nun schon oft gehörte Warnung aussprach: „kurt" (Wolf). Doch anstatt großer haariger Schatten begleitete mich nun die verbleibenden Kilometer ein nerviger Refrain. Aber kehren wir zuerst an den Beginn des Tages zurück.

* * *

Der Morgen war eisig. Und den ganzen Tag über stieg die gefühlte Temperatur nie in den Plus-Bereich. Dass der Wind aus Nordwest kam – die Richtung, in die mein Weg meist führte – verschlimmerte die Lage. In den zwei Pausen, die ich unterwegs einlegte, kühlte ich so schnell aus, dass ich nach wenigen Minuten zitternd auf den Weg zurückkehrte. Ich hatte noch zusätzliche Kleidung im Rucksack, aber ich wollte etwas für die Nacht aufheben und trocken halten, denn schwitzen kann man leider auch bei Kälte.

Mit Haube, Kapuze und Buff vermummt – mit so etwas wie Tunnelblick ging – ich durch die kahle Landschaft. Kaum Dörfer heute. Keine Bäume. Kein Windschutz. Felder, noch mehr Felder und trockene Wiesen.

Auch den Hunden dürfte es zu kalt gewesen sein. Von dem knappen Dutzend, deren Weg ich heute kreuzte, machte sich nur einer die Mühe zu bellen – halbherzig, wie ich fand.

Und das war es auch schon von diesem Tag. Meine diffusen Gedanken zu tippen schaffe ich in den eisigen Temperaturen nicht mehr. Ich kann die Finger kaum bewegen. Nur eine Frage beschäftigt mich noch und mit ihr liege ich wach: Was ist schlimmer: Frank Zanders Ohrwurm oder die Elstern, die seit einer halben Stunde über meinem Kopf so hässlich schnattern. „Kurt“, schreie ich aus dem Zelt, aber es hilft nichts. Auch die Elstern haben keine Angst vor dem Wolf – oder vor Frank Zander.

Tag 335 – 42 km (9124 km): Buuuhuuu. Buuuhuuu.

Als besondere „Belohnung“ und zur allgemeinen Erheiterung habe ich in den letzten Jahren als Religionslehrer am Ende der Stunde hin und wieder dem Wunsch meiner Schüler entsprochen und in meinen Heimatdialekt gewechselt. Die Höflichkeitsform der Bitte um Stille lautete dann: „A Rua is!“ (grob übersetzt: Möge Stille ausgebreitet sein über diesen Raum und Andacht in eurem Innersten). Erfolgserlebnisse im Sinne einer geradezu ergreifenden Abwesenheit von Lärm habe ich damit allerdings nur äußerst selten erlebt.

Was bei Schülern scheiterte, scheint bei den hochintelligenten türkischen Eulenvögeln für klare Verhältnisse zu sorgen. Denn heute Nacht, als die Elstern endlich abgezogen waren, tönte es in den Ästen über meinem Zelt plötzlich mit beeindruckender Beharrlichkeit „Buuuhuuu. Buuuhuuu.“

Die von mir vorgetragene Beschwerde wurde ignoriert. Erst als ich schon eher resignierend „Geh, a Rua is!“ anfügte, war es plötzlich mit einem Schlag still.

Zufall, meinen jene, die an der Intelligenz der Vögel und ihrer Kapazität für das Mühlviertlerische zweifeln, aber das Gleiche wiederholte sich ein zweites Mal in dieser Nacht.

Damit ist allerdings nur ein Teil der nokturnen Geräuschkulisse geschildert. Zum „Buuuhuuu Buuuhuuu“ kam noch wildes Bellen und Heulen. Ob es sich dabei um ein Zusammentreffen von *köpek* (Hund) und *kurt* (Wolf) gehandelt hat, kann ich als Laie nicht sagen. In jedem Fall war es keine ruhige Nacht gewesen. Und zudem kalt. Brrr.

Als ich am Morgen meine Sachen zusammenpackte, war mein Zelt gefroren. Auch Wasser und Cola in den Flaschen waren zu Klumpen aus Eis geworden. Mit vielen Kleidungsschichten hatte ich die Minusgrade im Sommerschlafsack gut überstanden, aber aufgrund der Verfügbarkeit von festen Quartieren über die letzten Nächte hatte ich ganz vergessen, dass ich kurz vor Ortaköy meine aufblasbare Unterlagsmatte punktiert hatte. So verringerte sich stündlich der Abstand zwischen mir und dem kalten Boden. Dreimal musste ich sie in der Nacht neu aufblasen. Am Morgen machte ich mich dann auf die Suche nach dem Leck, fand ein kleines Loch und konnte es flicken. Die kommende Nacht wird zeigen, ob ich damit erfolgreich war.

Später als gewöhnlich war ich heute zurück auf der Piste, denn vor den ersten wärmenden Sonnenstrahlen wollte ich nicht starten. Aber als die goldene Scheibe in den wolkenlosen Himmel stieg, spürte man, dass es heute wärmer werden würde. Das war auch dem Wind zu verdanken, der schwächer geworden war und nun aus Südost – also mehr oder weniger von hinten – kam.

Landschaftlich gab es zunächst allerdings wenig Neues zu berichten. Seit ich die Felstürme von Kappadokien zurückgelassen hatte, sah die Umgebung praktisch immer gleich aus. So war ich fast ein bisschen aufgeregt, als gegen Mittag eine felsige Schlucht zu meiner Linken auftauchte. Sie verlor sich allerdings schon bald in der Ebene dahinter.

In der zweiten Tageshälfte konnte ich für sieben Kilometer einem schönen, einsamen Feldweg folgen. Als Kompensation wurde dieser dann von einem ebenso langen Stück mit türkischem Killer-Asphalt abgelöst. Es war Fastenzeit.

Zeit für Opfer. Und das Opfer waren meine Füße. Mit schmerzverzerrten Lippen humpelte ich mit meinen abgelaufenen Sohlen über die mörderischen Steinspitzen. Sie wurden mehr aus Alibigründen mit ein paar Tropfen Teer zusammengehalten. Möglich auch, dass jemand im Verkehrsministerium einen Reifenhandel hatte.

Im letzten Dorf konnte ich bei freundlichen Bewohnern (mit unfreundlichen Hunden) meine schwindenden Wasservorräte auffrischen. Dann ließ ich mich hinter einer Geländekuppe auf einem Stoppelfeld nieder. Ein Idyll. Ich genoss die letzte Stunde Sonnenschein, und flickte eine lose Naht am Zelt. Gebrauchsspuren nach 335 Tagen. Dann blickte ich in die Ferne. Links von mir wand sich eine kuriose Schlange von Maulwurfshügeln und verlor sich irgendwo am Horizont. Alle Meter ein Erdhaufen. Ein Wühler mit Schluckauf? Die Sonne sank in den Westen und ich packte mich in den Schlafsack.

Elstern kamen keine. Aber in der Dämmerung rollte ein Traktor heran und pflügte das übernächste Feld. Er tut es immer noch. Es ist 20.17 Uhr und finster. Hmmm. Wenn er um neun immer noch lärmt, dann werde ich es mit einem „A Rua is!“ versuchen.

Tag 336 – 46 km (9170 km): April, April

Ich habe eine Weile überlegt, ob ich diesen Eintrag mit einem Aprilscherz beginnen soll. Aber ich erspare dem Leser eine fiktive Geschichte über das Krankenhaus, in dem ich nach einer Hundeattacke liege; die Schlucht, in die ich gefallen bin; oder die Schafherde, die ich jetzt gemeinsam mit Mustafa und vier Nagelhalsbandhunden nach einem Karrierewechsel hüte. Die Wirklichkeit ist bekanntlich ohnehin meist „seltsamer als die Fiktion“.

Am gestrigen Abend bin ich nach dem Abzug des ackernden Arbeitsgeräts noch eine Weile wach gelegen und habe dem Sternbild des Orion bei seiner langsamen Wanderung über das Himmelszelt zugesehen. Den Bogen stets gespannt zog er Richtung Westen. Den Bogen gespannt seit Urzeiten. Herr Orion mit der Ladehemmung.

Auch diese Nacht war wieder kalt, weit unter dem Gefrierpunkt. So wartete ich abermals auf die Sonne, die jetzt nach der Zeitumstellung um etwa 6.30 Uhr am Horizont auftauchte. Ich sah ihr, gut eingewickelt, durch den Spalt zwischen Zelt und Boden zu. Mit ihrer Wärme begannen die Eisblumen an der Zeltplane zu schmelzen – für mich das Signal, die ersten Dinge aus dem Zelt zu räumen, damit sie trocken bleiben.

Wenig später brach ich auf, fühlte mich nach einem Coco-Couscous-Frühstück (C4) aber nicht besonders kraftvoll. Langsam wanderte ich über die Kuppe zur Straße hoch, dann am rauen Asphalt vorbei an einer großen Herde, in der junge Lämmer hüpften. Ihr Hirte hatte mich schon aus der Ferne beobachtet, die Hand als Schild im Gegenlicht gehoben. Er kam von der Einsamkeit seines Hügels zur kleinen Straße herunter und begann ein engagiertes Gespräch auf Türkisch, bei dem ich versuchte, die Fragen zu erraten und passende Antworten darauf zu geben: Avusturya. Istanbul. Mersin. Ob das im Kontext Sinn ergab, weiß ich natürlich nicht. Er aber nickte langsam und hielt währenddessen fünf große Hunde mit einem Stock in Schach; vier weitere bellten vom Hügel gegenüber. Neun Hunde. Das ist auch schon eine Herde. Wer braucht da noch Schafe?

In der ersten Tageshälfte beschäftigten mich meine knapp gewordenen Lebensmittel- und Wasservorräte. Wasser konnte ich schließlich bei Kilometer 10 auffüllen. Aber viel Essen hatte ich nicht mehr dabei.

Mein Weg führte weiter durch ein umzäuntes Areal, in dessen Mitte auf einem staubigen Platz ein großes Stallgebäude stand. Ich lauschte. Es war still. Aber um eine mögliche Konfrontation mit Hunden zu vermeiden, umging ich den Zaun und kämpfte mich über unebenes, steiniges Terrain. Ich keuchte einen Hang hoch und plötzlich stand ein riesiger Hund vor mir. Allerdings schien er arbeitslos und ohne Pflichten. Er zog den Schwanz ein und trollte sich. Es war seltsam, dieses Tier fliehen zu sehen, für das ich nicht mehr als eine Zwischenmahlzeit gewesen wäre.

Nach gut 19 Kilometern, von denen ich die meisten eher schleppend absolviert hatte, machte ich meine Mittagspause. Schon gestern hatte ein lästiger Käfer meine Rast gestört. Heute war er mit Familie und Freunden wieder unterwegs: ungeschickte Flieger, die brummend in meinem Essen landeten oder trunken den Verschluss der Wasserflasche solange umkreisten, bis sie unkontrolliert mit einem *Wumps* dagegen stießen. Ich hielt die Pause mit alten Crackern und Streichkäseresten kurz.

Nach einem netten Feldwegabschnitt kam ich in ein Dorf und fand nun endlich einen Laden. Schwarzes Zuckerwasser. Brot. Schokolade. Als ich wieder nach draußen trat, hatte sich auf der Veranda davor schon eine kleine Menschenmenge versammelt und lud mich zum Çay. Auch hier gab es eine lustige Konversation mit Handzeichen, in der sich Verwirrung und Erkenntnis in etwa die Waage hielten.

Als ich weiterzog, war der Rucksack schwer mit neuem Proviant, doch die Müdigkeit verflogen. Zur neuen inneren Leichtigkeit kam auch ein Landschaftswechsel. Farbige Hügel und schroffe Felskronen brachten Leben ins Blickfeld. Ich zog Schleifen um leuchtende Felsen, querte Flüsse, wanderte entlang von Feldern mit sattem jungen Grün. Und irgendwo dazwischen fand ich kurz vor Sonnenuntergang einen netten, leicht schrägen, aber versteckten Zeltplatz. Doch was kam dann, wie gestern, sobald das Zelt in der Einsamkeit stand? Natürlich ein Traktor, um in Sichtweite zwei Felder weiter zu pflügen.

Mittlerweile hat er die Arbeit eingestellt und ist nach Hause gefahren. Es ist halb neun. Recht hat er. Und auch ich werde alle Tätigkeiten einstellen. Eine gute, stille, gesegnete Nacht. Nun bellt ein Hund in der Ferne. Natürlich!

Tag 337 – 45 km (9215 km):

Professor Fedoryka ging im Auditorium ein Stück nach links. Dann hielt er inne, zupfte an seinem Bart und wandte sich mit einem Mal an die weiblichen Hörer im Saal: „Wie muss euer Traummann sein?" Nach anfänglichem Zögern und ein bisschen Gekichere kamen die Antworten: „Sensibel", „Verständnisvoll", „Gutes Haupthaar" – Gelächter. Weitere Antworten kamen aus den Reihen.

Der Professor blickte in die Runde. „Liebe Damen, würdet ihr nicht einen *Master of the Universe* bevorzugen?" „Einen wie Schwarzenegger? Bestimmt nicht!", kam es zurück. Zustimmung unter den Frauen. Prof. Fedoryka wartete kurz und fuhr dann fort: „Zwei Männer treten an im Wettkampf um den Titel Master of the Universe. Sie bekommen eine Aufgabe gestellt, nämlich, durch eine Tür zu gehen – eine verschlossene Tür.

Kandidat 1 tritt zum Portal, sieht das Problem, kramt in seinem Rucksack, blickt triumphierend auf und knetet etwas Weißes zurecht. Plastiksprengstoff. Den klebt er an den Türrahmen, platziert die Drähte und zehn Sekunden später: „Kawooommm!" Holzsplitter regnen auf den Kandidaten, der nun siegessicher durch die „Türe" tritt – oder das, was von ihr übrig ist.

Nun Kandidat 2. Er steht eine Weile vor der Tür und sieht sie sich an. Dann lächelt er. Er sieht den unscheinbaren Schlüssel im Schloss, dreht ihn vorsichtig und mit Gefühl und öffnet die Tür.

Beide haben die Aufgabe gelöst. Aber wer nun hat sich als *Master of the Universe* erwiesen?" Der Professor blickte in die Runde.

Diese Anekdote aus einer Philosophievorlesung fiel mir heute ein, als ich den „Phrygischen Weg" (*Frig Yolu*) betrat. Dieser neue türkische Weitwanderweg beginnt etwas weiter nördlich im alten Gordion – einer Stadt, die man vielleicht aus dem Geschichtsunterricht kennt. Denn hierher kam Alexander der Große, Feldherr und Krieger, und löste die Wirren des berühmten Gordischen Knotens einfach mit dem Schwert. Eine kühne Tat am Weg zur Weltherrschaft. Menschen fielen in den Staub und küssten seine Füße. Sieg und Unterwerfung.

Als echten Gegenentwurf dazu gibt es ein anderes Bild: Maria Knotenlöserin. Das Original von Johann Georg Melchior Schmidtner findet sich in der Wallfahrtskirche St. Peter am Perlach in Augsburg und hat sich von dort aus in der ganzen Welt verbreitet. Die Jungfrau des Gnadenbilds trägt kein Schwert. Mit Geduld und ohne das Band zu zerstören, ist sie dabei, das Wirrwarr zu lösen. Erweist sie sich darin nicht viel mehr als der Krieger Alexander, als wahrhaft herrschende (Himmels-)Königin?

Wahre Stärke in einer Beziehung – aber auch anderswo – zeigt sich nicht darin, dass der andere überwältigt (gleichsam zerstört) wird, sondern darin, dass sie den anderen zu dem macht, was er erst durch den Partner sein kann. „Man aktualisiert das Potential (zum Guten) im Anderen" könnte man in der Sprache der Philosophen sagen. Dies finden wir im Kern einer gesunden Ehe. Wir finden es in der Vater- und Mutterschaft. Und noch weit über diese Bereiche des Lebens hinaus.

In diese Gedanken versunken wanderte ich durch das alte Phrygien. Karge, weiße Felsen und mäandrierende Schluchten zeichneten neue Konturen in das Land. Auch neue Hirtenhunde gab es hier. Heller, schmaler und kleiner. Aber, *mein lieber Pilger*, jene beiden, die mir heute begegnet sind, lassen die bisherigen Vierbeiner als zahme Welpen erscheinen.

Mit vier Hunden noch von der alten Sorte hatte ich es heute gleich auf den ersten Kilometern zu tun. Ich wanderte gerade durch ein weit gezogenes Kurvenrund, da schossen die Vierbeiner bellend über die Wiese. Kein Hirte, keine Herde in Sicht. Mittlerweile packt mich jedoch – je nach Situation – auch schon mal der Mut, und ich trat der Meute schreiend, fuchtelnd und mit lautem Knurren entgegen. Die vier waren so verblüfft, dass zwei von ihnen noch mitten im Sprung kehrt machten. Die anderen zwei „Helden“ hielten Abstand und wagten noch nicht einmal mehr, zu bellen. Schmunzelnd notierte ich: Pilger: 1. Hirtenhunde: 0.

Drei Kurven später ein neues Szenario: Zwei Hunde links. Schafe rechts. Der Hirte irgendwo beim Fluss unten. Ein Esel als unparteiischer Zuschauer. Die Hunde rasten knurrend und schnaubend auf mich zu, hoch zur Straße. Der größere der beiden blieb am Rand stehen, hielt die Nase in den Wind, stellte das Bellen ein und damit war die Vorstellung zu Ende. Es lag wohl noch mein Triumph von vorhin in der Luft.

Mein tapferer Einsatz wider die Kreaturen wurde im nächsten Dorf jedoch nicht mit einer Einkaufsmöglichkeit belohnt. Die Häuser waren verlassen. Ruinen aus Lehm. Damit war klar, dass ich für die nächsten 20 Kilometer mit einem Liter Wasser und kläglichen Jausenresten würde auskommen müssen. Ich hoffte auf einen Brunnen – und sollte erfolglos hoffen.

Dunst lag an den Himmelsrändern in der Luft. Trotz Sonne war es nicht sonderlich warm. Kalter Gegenwind ließ mich die Kapuze tief ins Gesicht hinunter ziehen.

In der Mittagspause verzehrte ich meine restlichen Vorräte und nippte an der halbleeren Flasche. Sechs Kilometer hatte ich noch bis zum nächsten Dorf. Dort *musste* ein Laden sein.

Aber im nächsten Dorf war kein Laden. Ich wanderte durch die verwaiste Siedlung am Rand eines Sumpfgebiets. Keine Menschenseele. Ich probierte einen letzten Straßenzug und dort kamen mir endlich freundliche Bauern zu Hilfe. Unter ihren staunenden Blicken ließ ich den ersten mir gereichten Liter Wasser gleich wieder – und ohne Absetzen – in meinem Schlund verschwinden. Ich bedankte mich herzlich, füllte die Flaschen und zog weiter.

Die nächsten fünf Kilometer wanderte ich entlang einer schlechten, kleinen Straße bis nach Kurtseyh. Hügel aus weißem Gestein, das wie Schnee von den kahlen Kuppen leuchtete, säumten den Weg. Im Dorf fand ich einen Laden.

Geschlossen. Hier war meine letzte Verpflegungsmöglichkeit für den Tag und ich war noch nicht bereit aufzugeben. Ich blickte um mich und wanderte die Straße hoch. Dort begegnete ich einem Schüler, der den Besitzer des Geschäfts für eine Sonderladenöffnungszeit herbeiholte. Der Knirps stand dann auch mit offenem Mund neben mir, als ich mein Ritual begann: „Ich packe in meinen Rucksack … sechs Schokoladenriegel … zwei Brotlaibe … 5 Liter Flüssigkeit … ein Liter Eis …" Immer wieder wandte er sich um zur Tür. Er wunderte sich wohl, wo meine Gefährten blieben.

Unweit vom Laden traf ich auf die ersten Wegweiser und Markierungen der *Frig Yolu*, denen ich nun die nächsten Tage folgen will. Und noch etwas traf ich im Dorf von Kurtseyh, das vielleicht besser Kurtseyt heißen sollte (kurt: Wolf; seyt: Dämon). Denn am Dorfausgang stand mir gegenüber: die neue Sorte Hirtenhund. Welch aggressive Bestie! Ein veritabler Teufelswolf! Den hätte wohl auch eine gordisch verknotete Leine kaum zu halten vermocht. Mit dem Herz in der Hose und Steinen in den Händen schob ich mich langsam an seinem Revier vorbei, vorbereitet auf das Schlimmste, das mir die fletschenden Zähne bereiten wollten. Einen Kilometer weiter, immer noch mit erhöhtem Puls, setzte ich mich auf die Böschung und verspeiste meinen Liter Eis.

Zwei Stunden später errichtete ich mein Zelt am Flusslauf hinter Binsen. Nebendran sind Schafspuren. Ich rechne damit, morgen früh von einem Hund geweckt zu werden. Ich hoffe, es ist einer von der alten Sorte.

Tag 338 – 49 km (9264 km): Die Blähungen der Lerche

Es ist mir nicht klar, warum es gerade die Lerche in den derben österreichischen Dialektausdruck vom „Lercherlschas" geschafft hat. Zwar kann ich nachvollziehen, dass der Darmwind eines Singvogels figurativ eine „Kleinigkeit" zum Ausdruck bringen will, aber ich für meinen Teil habe bei den Lerchen, die heute zu Hunderten über den Feldern aufstiegen, weder eine Geruchs- noch eine ungewöhnliche Geräuschbelästigung wahrgenommen.

Von ihrem schönen Gesang wurde ich jedoch bei Kilometer 3 kurz abgelenkt. Am Rande von Buzluca hatten Schafherden einen Golfplatz in die Ebene gefressen und wanderten nun auf dem 3-Millimeter-Rasen in diversen Herden mit Hirten und Hunden von Green zu Green. Viele Augen und Stimmbänder waren auf mich gerichtet, aber es kam zu keinen nennenswerten Zwischenfällen.

Die nächsten acht Kilometer folgte ich der *Frig Yolu* auf einem ungeteerten Weg nach Norden. Der feine weiße Staub, der hier überall lag, war Resultat der aktuellen Straßenverbreiterungsaktion, der auch die eine oder andere Wegmarkierung zum Opfer gefallen sein muss.

Nachdem ich mit der E90 die größte Straßenverbindung seit Wochen gequert hatte, folgte ich ihrem Verlauf ein kurzes Stück bis zu einer Tankstelle, wo ich eine Stunde pausierte, um meine fast erschöpften Batterien neu zu laden. Dann kehrte ich auf den Wanderweg zwischen den Feldern zurück.

Hier stand ich bald zum ersten Mal vor einer „Kurvenmarkierung", hielt den Kopf schief und fragte mich, wie sie auszulegen war. Ganz durchdacht war das System offensichtlich nicht. Oder die türkische Wandersektion war beim Aufmalen überfordert gewesen. Denn je nachdem, von wo aus ich die „Kurve" betrachtete, schickte sie mich in eine völlig andere Richtung. Aber nicht nur die Markierungen waren auf den nächsten Kilometern bisweilen ein Rätsel, auch der Weg selbst war … nun, nicht immer ein *Weg*. Ein frischer Acker quer über die Spur gepflügt war da noch das einfachste Hindernis.

Nach meiner kurzen Mittagspause auf einem blauen Anhänger, der einsam zwischen den endlosen gelben Feldern stand, fand die *Frig Yolu* bei einer T-Kreuzung ein jähes Ende – wenigstens für mich, der ich die weitere Routenführung nicht kannte. Mag sein, dass hier einmal eine Wegmarkierung gewesen war – auf einem Stein, den jemand in den Boden gepflügt hatte – aber nun musste ich meine Satellitenbilder studieren. Trotzdem, oder gerade deshalb, stand ich eine Weile später im Schilfmeer eines Feuchtgebiets. Hier ging es nicht weiter. Ich musste eine lange Schlaufe ziehen, bis ich eine Brücke fand. Ich war zurück auf der winzigen,

verkehrsfreien Straße, die ich vor einer Weile für den Weg in die Felder verlassen hatte. Anatolische Kreise schlossen sich.

Am späten Nachmittag zog Regen über die Berge im Süden und ein Gewitter streifte mich kurz. Als die ersten Tropfen fielen und ein stürmischer Wind aufkam, suchte ich „Schutz" zwischen kahlen Bäumen. Skeptisch blickte

ich die Pappelreihen hoch. Als Jugendlicher wäre ich am Tennisplatz einmal fast von so einem Riesen erschlagen worden. Nur wenige Minuten zuvor hatte ich den roten Sand verlassen, wo dann zerborsten der Baumstamm lag.

Ich war immer noch unschlüssig und blickte zu den Wasser pumpenden Generatoren auf den Feldern gegenüber, als ich feststellte, dass das Gewitter mehr oder weniger weitergezogen war. Mir blieb eine Stunde Licht, um einen neuen Platz zu suchen.

Unweit eines alten Dorfes, dessen einfache Häuser aus Lehm und Stroh gemauert waren, liege ich nun auf den alten Stoppeln eines Feldes. Lerchen sind jetzt keine mehr zu hören – weder ihr Gesang, noch die ihnen so frech unterstellte Flatulenz.

Tag 339 – 42 km (9306 km): Meister Eder

Unter meinen Besitztümern im Kinderzimmer war einst eine Pumucklkassette. Eine Kassette – das sei hier kurz für die jungen Leute erklärt – ist etwa so groß wie ein iPhone und hat durchschnittlich Platz für 12-16 Lieder. Nein, die konnte

man nicht per Knopfdruck überspringen. Da musste man vorspulen und warten bis das Magnetband an der richtigen Stelle war. Magnetband? Egal …

Bei der Pumucklkassette war das mit dem Vorspulen aber – frei nach Meister Eder – „Wurscht", weil man natürlich die *ganze* Geschichte hören wollte. Auf der A-Seite meiner Kassette war etwas über Kirschen und Bauchweh gewesen; auf der B-Seite eine Episode über das Wandern. „Pumuckl geht in die Berge" oder so. Und der Meister Eder hat natürlich zwischen dem Schabernack des Kobolds den obligaten Bildungsauftrag erfüllt: „Nicht viel trinken beim Wandern, weil das muss man alles wieder herausschwitzen", belehrte er den Rotschopf – und uns Hörer vor den Kassettenspielern. Dieser

Satz war es, der nachhaltig mein Vertrauen in die Serie erschüttert hat. Denn wahr ist: Trinken, Kinder! Trinken!

Das Ganze erzähle ich aber nur, weil mir heute mitten im alten Phrygien die türkische Inkarnation von Gustl Bayrhammer, also der örtliche Meister Eder, über den Weg gelaufen ist. Und diesen Eindruck hat seine kleingewachsene Frau noch skurril verstärkt, indem sie ein rötliches Kopftuch trug.

Fasziniert stand ich vor dem Paar und starrte gebannt auf die belebten Gesichtszüge, Augenbrauen und den Schnauzer meines Gegenübers. Ich meine, so wie er im Gespräch – von dem ich nichts verstand – auf den Wegweiser hinter mir gezeigt hatte, war er erfreut, dass jemand diesen neuen Wanderweg benutzte. Vielleicht hat er mir aber auch nur erklären wollen, dass ich nicht viel trinken solle, denn das müsse ich alles wieder ausschwitzen. Aber zurück an den Beginn des Tages.

* * *

Die Nacht heute war wieder kalt gewesen. Einmal mehr war das Zelt beim Erwachen gefroren. Aber es war still gewesen. Keine fallenden Bäume. Kein Lärm von Generatoren.

Nach der ersten Stunde auf dem Weg kam ich nach Arslanlı und zurück auf die eigentliche Route der *Frig Yolu*. Aber ich verließ sie sogleich wieder, weil ich meine Reserven im Nachbarort aufstocken wollte. Birnbäume blühten hinter schützenden Mauern. Bienen surrten um die dichten weißen Stände.

Eine Stunde später kam ich nach Kadıkuyusu. Schon am Eingang des Dorfs sank meine Hoffnung. Zerfallende Lehmgebäude säumten die Straße. Keine Menschenseele. Ein oder zwei Hundeseelen. Hier war der perfekte Drehort für ein Drama über Landflucht in Anatolien. Aber Laden war hier keiner. Auch der Teesalon im Zentrum war verwaist. Gespenstisch.

Mit einem letzten Schokoriegel im Gepäck machte ich mich auf den 18 Kilometer langen Weg nach Han. Zur Halbzeit legte ich mich in den Schatten einer Zeder – genauer: Ich legte mich *neben* den Schatten einer Zeder, denn es war auch um die Mittagsstunde immer noch empfindlich kühl. Ich versuchte Sonnenstrahlen zu sammeln, wie einst Frederik. Der Magen knurrte. Das Wasser gurgelte. Und wenig später brach ich wieder auf.

Kraftlos folgte ich den Wegmarkierungen. Unter solchen Umständen hilft sich mein Körper oft mit einem partiellen „Shutdown“. Die Bewegung wird rhythmisch, automatisiert, der gesenkte Kopf leer. So schenkte ich der schöner werdenden Landschaft zunächst kaum Beachtung. Erst Meister Eder (Meister Ödör?) holte mich aus diesem komatösen Zustand zurück. Voll mit Kindheitserinnerungen und einem Schmunzeln kam ich eine Stunde später in Han an.

Auch hier war der Laden am Hauptplatz zu. Aber rundherum war Leben. „Gerade geschlossen, wegen dem Freitagsgebet“, erklärte man mir im Teesalon nebenan.

Dort bekam ich Çay, unterhielt mich ein wenig und wartete. Als die Männer aus der Moschee (eine ehemalige Kirche?) zurück kamen, leerte ich die Regale des kleinen Geschäfts und aß auf der Bordsteinkante davor den gekauften Liter Eis. Die Augen der Teetrinker weiteten sich beim Anblick meiner „Fähigkeiten“ und ich lauschte, wie sie sich über den seltsamen „Australier“ unterhielten. Ja, das geografische Problem gab es noch immer – aber ich hatte aufgegeben, den angeblichen *Aussi* in mir zu verleugnen. Dann wollte die Männerrunde die Fahrtauglichkeit des Carrix probieren, testete das Gewicht meines Rucksacks – nun gefüllt mit Brot und Lebensmitteln – und ließ mich schließlich winkend weiterziehen.

Einige hundert Höhenmeter hatte ich im Tagesverlauf schon gewonnen. Jetzt, nach einem weiteren Anstieg, wanderte ich über schöne Almen. Zedern standen vereinzelt auf den Weideflächen. In diesem Abschnitt war es etwas schwieriger, den Wegweisern zu folgen. Manche waren wohl absichtlich, andere durch Unachtsamkeit zerstört worden.

Fehlten auch die Markierungen, mangelte es nicht an Hirtenhunden. Über die letzten beiden Tage habe ich begonnen, ein völlig passives Verhalten gegenüber den Tieren zu kultivieren. Es gab einfach zu viele *köpekler*. So werden sie jetzt einfach ignoriert. Das klappte ganz gut. Auch am Nachmittag, als eine Hundemutter ihre drei „Jährigen" in die Aufgabe des Pilgerverbellens einführte, ließ ich sie einfach links (und rechts) liegen. Nur dem Hundevater muss die bellende Angelegenheit etwas peinlich gewesen sein. Er kam geduckt, wedelte mit dem Schwanz und war stummer Zeuge der Übung.

Auf einem grünen, herrlichen Hügel,
unter Bäumen mit Ästen wie Flügel,
beschloss ich mein Zelt zu errichten,
im Schatten von Zedern, nicht Fichten.

Das reimt sich ja! Und was sich reimt ist gut, hat uns ein gewisser Kobold beigebracht.

Tag 340 – 42 km (9348 km): Von Höhlen, Störchen und Menschen

Beim Blick auf die vergangenen Einträge stelle ich fest, dass ich den Leser über die letzten Tage auf eine *tour de force* durch mein Kinderzimmer genötigt habe. Biographisches von Zander bis Pumuckl. Kurz habe ich überlegt, die Aufzeichnungen davon zu bereinigen, aber nun denke ich, dass das die Reiseerfahrung verfälschen würde. Denn während meine Füße durch die karge, monotone Landschaft schritten, gingen eben auch meine Gedanken auf Reisen. Ihr Ziel war nicht Istanbul, sondern der bizarre Fundus alter Erinnerungen, so tief vergraben, dass ich nicht zurückdenken kann, wann sie mir zuletzt in den Sinn gekommen waren. Soviel zur Verteidigung. Den heutigen Text will ich trotzdem wieder etwas nüchterner beginnen.

Die ganze Nacht über hatten heftige Böen mein Zelt geschüttelt. Ein paar Stunden Schlaf. Mehr habe ich nicht bekommen. Um halb acht verließ ich die Kuppe in Richtung Yazılıkaya. Hier, wo im 8. vorchristlichen Jahrhundert das religiöse Zentrum der Phrygier gewesen war, blickten jetzt nur mehr ein paar Kühe desinteressiert durch die Löcher in den Mauern eines krümelnden Dorfes auf eine kolossale Kulisse. Der Kontrast zwischen den verfallenen Häusern, dem Plastikmüll und den alten Renault Toros auf der einen Seite und den uralten

Hinterlassenschaften einer untergegangenen Hochkultur auf der anderen, hätte spannungsreicher nicht sein können. Irgendwie, finde ich, hätte diese Stätte eine reine, unberührte Landschaft verdient, oder eine pulsierende Großstadt auf ihren Fundamenten. Aber das nicht. Hier stand, verschlafen am frühen Morgen, das Dorf Yazılıkaya und gähnte respektlos in Richtung der beeindruckenden Monumente.

Beim Eingang zur alten Stadtanlage, die auf einem Felsenturm errichtet worden war, grüßte mich ein freundlicher Herr, drückte mir eine Fotokopie des Plans in die Hand und schickte mich alleine auf eine einstündige Entdeckungstour. Tempelfassaden, Opferaltäre, Zisternen und Grabmäler. Ich war der einzige Besucher auf dem Gelände. Zu abgelegen ist es wohl für die meisten Reisenden und gemessen an anderen Attraktionen dieses Landes vielleicht nicht spektakulär genug für Kurzurlauber. Man nennt die Gegend „Kleinkappadokien“, und das ist das Problem. Wer will schon „klein“ wenn er „groß“ haben kann? Für mich war es dennoch eine spannende Entdeckungsreise und willkommene Abwechslung nach der langen, strengen anatolischen Landschafts-Diät.

Am Ende meiner Tour blickte ich noch einmal die große Fassade des Kybele-Tempels hoch. Sie war mit geometrischen Formen und phrygischen Schriftzeichen übersät. „Midas mit den Eselsohren“ hat man den damaligen König und Urheber dieses Bauwerks laut einer Erklärungstafel genannt. Vielleicht hatte er einfach nur eine kleine Nase? Doch noch ein Problem soll er gehabt haben. Man sagt, alles, was Midas anrührte, wurde zu Gold. Der Arme! Man stelle sich vor, er wollte einfach nur einen Schluck Wasser trinken ... *Klonk*

Beim Stichwort „trinken“ sind wir beim Kiosk am Dorfausgang angelangt, wo mich ein Hund mit viel zu großem Kopf (oder waren die Ohren zu klein?) überredete, zwei Cola zu bestellen. Er tat sein Bestes mir in der Folge ein paar Butterkekse abzubetteln. Offensichtlich nicht mit seiner Ration zufrieden, entschloss er sich nach meinem Aufbruch, mir zu folgen. Einen Kilometer weiter: „Schu! Schu!!" Ich wiederholte mich einige Male. Mit verständnislosen Blicken blieb er stehen und ließ mich ziehen.

Grabstätten säumten meinen Weg – kaum eine davon nach all meinen Ruinenstätten eindrucksvoll genug, um mich zu einem Umweg oder einer längeren Erkundung zu bewegen. Ich folgte dem Wanderweg in spärlich bewaldete Hügel. Schafherden. Vergessene Ruinen. Felsenklosterbauplätze.

Langsam begannen sich die Hügel zu senken und in ein Tal zu weiten, zu dessen beiden Seiten immer wieder Löcher in die Felsformationen geschlagen waren. In einem davon fand ich eine schöne Felsenkirche, deren Fresken leider vollständig zerstört waren. Auf einem Stein vor diesem Denkmal christlicher Vergangenheit beschloss ich meine Mittagspause einzulegen.

Schafe, dann Hunde und zuletzt zwei Hirten zogen an mir vorüber. Der jüngere der beiden Männer blickte mitleidig auf mein Schweizermesser, mit dem ich gerade Schafskäse auf meinem Brot verteilte. Er ließ es sich nicht nehmen oder ausreden, mir eines seiner zwei Taschenmesser zu schenken. „Größer!

Zur Selbstverteidigung", erklärte er mit Handbewegungen. „Für Brotlaibe", entgegnete ich pantomimisch. Dann deutete er nach Westen und winkte mir, ihm zu folgen. Wir kletterten über Felsen auf ein kleines Plateau, auf dem,

versteckt von Blicken aus der Ebene, archaische phrygische Werke in den Stein gehauen waren. Seltsame Schächte und Treppen zu unterirdischen Kammern einer anderen, längst vergessenen Welt. Inmitten der abgestorbenen Vegetation des langen Winters, unter dem diffusen Licht eines in Schleier gehüllten Himmels, lag das Schweigen von tausend Seelen wie ein schwerer Mantel über den Monumenten. Verlassene Altäre für tote Götter.

Nach einer Weile kehrten wir zurück an den Fuß der Felsenburg, wo die Hunde das Hüten der Schafe und des Carrix übernommen hatten. Wir verabschiedeten uns und der Hirte wies mir den Weg – eine Abkürzung, die mich weiter nach Nordwesten brachte als ursprünglich geplant. Es war ein Glücksfall, denn als ich etwas später die Blicke in den Himmel richtete wurde ich Zeuge eines großartigen Spektakels.

Ich sah hunderte „V"s über den Himmel ziehen. Rückkehrer aus Afrika, die sich dann über mir zu einem Storchentornado zusammenzogen, um den Aufwind zu nutzen und im Gleitflug an Höhe zu gewinnen. Beeindruckend.

Als ich nach einer Stunde im Dorf Karaören einlief, suchte ich den örtlichen Laden und gab dabei dem „Eis-Mann" die Klinke in die Hand. Ich war durch meinen bekanntlich hohen Konsum an kühlen Köstlichkeiten einer seiner besten

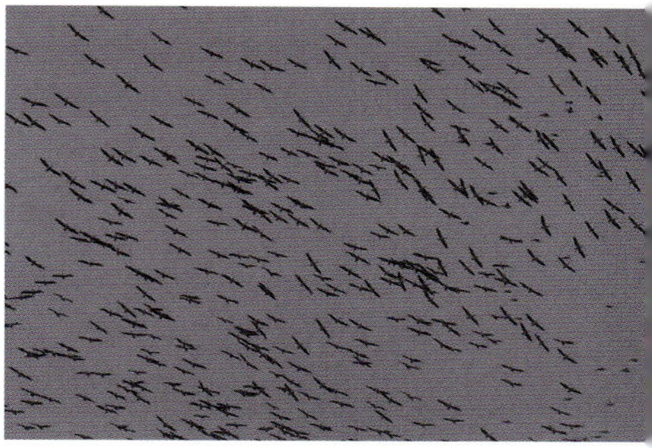

Kunden, was er nicht wusste, mich aber dennoch freute. Mein Lächeln wurde mit ein paar Brocken Englisch erwidert. Er entschuldigte sich für die schlechten Straßen und die Armseligkeit des Dorfes. Nach meiner bisherigen Erfahrung, erklärte ich, wog dies nicht schwer. Denn die eigentlichen Reichtümer der Türkei seien freundliche Menschen, großartige Landschaften und viel alte Kultur. Er strahlte wie ein weißes Milcheis und übersetzte mein Lob für die Tee-Runde der älteren Herren, die neugierig von einem Balkon herunterspähten. Gezogene Hüte und Applaus.

Nach neunzig Minuten entlang einer größeren Straße kam ich nach Kırka. Ein freundlicher Herr lud mich zum Tee, während ich in der Bäckerei auf mein *Pide* wartete. Und leider zeigte er mir kurz darauf die andere Seite, die im Menschen schlummert. Als ich bei der Erklärung meiner Route Israel erwähnte, wurde er sehr abschätzig und wischte es mit einer klaren Geste von der Karte. Er war stolz auf den Islam, stolz auf sein Land und stolz auf seine Feindbilder. Nach all meinem Lob nur so kurze Zeit zuvor, war dieses Gespräch ernüchternd. Ich wurde einmal mehr erinnert: Menschen sind wir und mehrdimensional. Freundlichkeit und Feindseligkeit schließen sich in uns nicht aus. Ich fühlte mich unwohl und entschied mich zu gehen und unterwegs zu essen.

Auf den letzten Tageskilometern ging es vorbei an einem riesigen Tagebau, in dem Bor gefördert wurde. Ich traf auch die offizielle Route der *Frig Yolu* wieder, folgte ihr und fand zwischen den Feldern einen Platz für die Nacht.

Hundeheulen begleitet nun den Muezzin. Nur in der Tonlage sind sie sich nicht einig.

7. Sonntag – Die Heilsgeschichte

Die Heilsgeschichte beginnt unmittelbar nach dem Sündenfall. In der Tat ist selbst das harte Los, das den Menschen fortan ereilt, ein heilsamer Weg, der ihm seine Begrenztheit und Endlichkeit vor Augen führt; ihn erkennen lässt, dass er als Geschöpf verwiesen ist auf Gott. Und während die Welt in die Sünde sinkt, erweist Gott doch dem seine Huld, der ihn sucht; rettet den, der auf ihn vertraut. Anhand großer Gestalten, die keine Helden der Vorzeit, sondern stets fehlbare Menschen sind, werden Gottes Erbarmen, seine Treue, sein Eifer für Gerechtigkeit sichtbar. In menschliche Sprache wird gefasst, wie sich das Wirken Gottes zeigt.

Abram wird im Vertrauen auf Gott zu Abraham, zum Vater vieler Völker. Sein Glaube ist es, der ihm als Gerechtigkeit angerechnet wird. Mose führt die Nachkommen Abrahams, die Israeliten (benannt nach Abrahams Enkel), aus der Sklaverei in das verheißene Land, und das Volk verpflichtet sich auf einen Bund mit Gott. Bald schon wird dieser gebrochen. Zu verlockend sind die Götter, die man sich dienstbar machen kann, indem man ihren Bildern opfert. Auch sehnt sich das Volk nach einem König, wie es ihn bei den umliegenden Völkern sieht.

Wechselhaft und oft leidvoll ist die Geschichte des Gottesvolkes in den Jahrhunderten, die folgen. Triumphe werden abgelöst von Niederlagen, Vertreibung, Gefangenschaft, Exil. Propheten mahnen zur Treue, rufen auf zur Umkehr. Sie werden geehrt, öfter noch verfolgt und getötet.

In der Heilsgeschichte finden wir keine Heldensagen. Uns begegnen Heiligkeit und Sünde – oft in derselben Person. David ist lange ein König nach dem Herzen Gottes, doch seine Leidenschaft macht ihn zum Mörder. Salomon begehrt zunächst Weisheit, so wie es Gott gefällt, und wird doch noch zum Tor vor den Götzen.

Zwischen den Zeilen dieser Geschichte von Heiligen und Sündern offenbart sich Gott. Er spricht nicht nur durch die Propheten. Die Pädagogik Gottes entfaltet sich anhand der ganzen Geschichte des Volkes.

Und die Menschen begreifen langsam, wer Gott ist, läutern und reinigen ihr unvollkommenes Verständnis. Sie beginnen zu verstehen, dass es nicht nur die Sklaverei in Ägypten gab, sondern, dass es auch die Sklaverei der Sünde gibt; dass es auch hier einen Exodus braucht. Sie begreifen, dass das „Gelobte Land" nur ein schwaches Abbild sein kann für die wahre himmlische Heimat. Ja, sie erkennen, dass trotz aller Mühe das Gesetz den Menschen nicht gerecht machen kann; dass Gottes Handeln dafür notwendig ist. Sie begreifen, dass es einen Erlöser braucht – einen Retter von oben, der das Herz des Menschen erneuert.

Das ganze Alte Testament ist letztlich eine Vorbereitung auf das Kommen dieses Retters; Ausdruck der Hoffnung auf einen neuen, universalen Bund; das sehnsüchtige Warten auf die Wiederherstellung der verlorenen Ordnung; der Anfang der Rückkehr in die Gemeinschaft mit Gott. Und als schließlich die Zeit erfüllt war, sandte Gott seinen Sohn. In ihm stiftete er das Heil und einen Neuen Bund.

Tag 341 – 45 km (9393 km): Wie die Fliesen nach Kütahya kamen

„A Rua is!", brüllte der Sultan und fuhr sich mit der Hand über die Augen. „Jeden Tag das Gleiche! Es ist genug!!", fügte er mit zornig zitternder Stimme hinzu. „Jede von euch bekommt jetzt ein eigenes Bad. Ich kann den Zank am Morgen nicht mehr hören!" Die Augen der zahllosen Frauen und Nebenfrauen leuchteten. Dann warfen sie sich lächelnd Blicke zu. Sie hatten es geschafft. Sie hatten den unbeugsamen Sultan, dem die Geschichte die Namen „Selim der Grausame" und „Selim der Grimme" gegeben hat, in die Knie gezwungen. Und weil es damals noch keine Baumärkte gab, wo man all die vielen Badezimmerfliesen hätte kaufen können, zog Selim in den Krieg gegen die Perser, eroberte Tabriz und übersiedelte die berühmten Handwerker der Fliesenkunst nach Iznik und Kütahya. So ist das gewesen.

Dieser Bericht ist freilich unter Historikern nicht unumstritten. In der Geschichtsforschung ist er erstmals für die erste Aprilhälfte des Jahres 2014 durch Aufzeichnungen eines Jerusalempilgers belegt. Aber ich finde, er erklärt am besten, warum auch heute, 500 Jahre später, in meinem Tagesziel Kütahya Porzellan an jeder Ecke klebt.

* * *

Aufgebrochen in die geheime Hauptstadt der Fliesenleger bin ich heute Morgen zur gewohnten Stunde. Es war grau und ich erwartete Regen. Alles Wichtige in Plastiksäcken verstaut, wanderte ich nach Ikizoluk. Von dort ging es weiter auf einer rauen Straße.

90 Minuten und zwei Fahrzeuge später bog ich auf einen Feldweg ab, der in Föhrenwäldern durch die Hügel führte. Am höchsten Punkt (auf rund 1450 m) konnte ich schon Kütahya in der Ferne sehen. Der Himmel im Süden hellte etwas auf, als ich den langen Weg ins Tal begann.

In Gedanken versunken setzte ich einen Fuß vor den anderen und bemerkte zuerst gar nicht, dass ein weißer Jeep neben mir hielt. Erst beim letzten Quietschen der Bremsen wandte ich mich zur Seite. In diesem Moment versuchten gerade alle drei neugierigen Insassen

sich gleichzeitig aus dem Beifahrerfenster zu lehnen, um mich zu betrachten. Es wäre fast ein „*Three-Stooges*"-Moment daraus geworden, hätte der eine nicht ein sperriges Gewehr in der Hand gehalten und damit das Herauspurzeln der drei verhindert. Jäger.

Nach zwei zerfallenen Dörfern und einer Reihe von Hunden machte ich meine Mittagspause. Brot. Tomaten. Frischkäse (*Beyaz Peynir*). 16g Proteine hat der auf 100g. Sehr gut!

Der verbleibende Weg in die Provinzhauptstadt war unspektakulär. Nur das dramatische Gewitterwolken-Sonnen-Spiel war beeindruckend und verlieh mir einen schnelleren Schritt. Im Grand Cinar Hotel stieg ich für zwei Nächte für je 24 Euro ab. Morgen wird ein Ruhetag.

Als nach acht Tagen endlich wieder heißes Wasser von meinem Bart tropfte – das nicht von einem randvollen Glas Çay, sondern einer Dusche kam – entwich mir ein leiser Seufzer. Ich ließ meine Hand über die Fliesen des Badezimmers gleiten und dachte an das ferne iranische Tabriz.

Tag 343 – 42 km (9437 km): Nein, bitte niiiicht!

Vor langer Zeit, als die Reisenden noch nicht mit Bluetooth Tastaturen ihre Berichte in Smartphones hämmerten, um sie dann in virtuelle Welten hochzuladen, lebte Evliy Çelebi. Seine Aufzeichnungen, die er im späten 17. Jahrhundert während zahlloser Reisen im osmanischen Reich zu Papier gebracht hatte, zählen seit 2013 zum Weltdokumentenerbe – eine Anerkennung, die ich mir für meine eigenen Geschichten über Hunde selbstverständlich nur wünschen kann.

Eine seiner Reisen, seine Hajj nach Mekka, soll wenigstens teilweise in einem neuen Weitwanderweg nachgezeichnet worden sein. Und dieser „Evliy Çelebi Way" bot sich mir nun als günstiger Streckenverlauf nach Istanbul an. Die Route, so hatte ich recherchiert, sei noch nicht durchgängig markiert, aber freundlicherweise hatte ich GPS Daten von jemandem erhalten.

Weil der Weg einen unschönen Knick im Tal vor Kütahya machte, beschloss ich *direttissima* in die Berge zu gehen, um erst morgen auf die offizielle Strecke zu stoßen.

Der Wetterbericht für die letzten Tage hatte sich leider etwas verschoben. Eigentlich hätte es gestern, am Ruhetag, regnen sollen, aber da blieb es weitgehend trocken. Heute Morgen, als ich aufbrechen wollte, goss es hingegen in Strömen. Mit der für den Vormittag angekündigten Besserung beschloss ich zuzuwarten und startete etwas später als gewöhnlich. Als ich loszog, tat ich es trotzdem mit der Kapuze tief ins Gesicht gezogen. Regen bis zur Stadtausfahrt.

Vielleicht waren es die Regentropfen, vielleicht die vielen Pfützen, vielleicht mein seltsamer körperlicher Zustand jedesmal nach einem Ruhetag – auf jeden Fall war ich noch keine drei Kilometer vom Hotel und es drängte mich schon ein dringendes Bedürfnis. Zwei zunehmend quälende Kilometer später kam ich endlich zum Stadtrand und sah die ersten Büsche. Hier wollte ich ... Nein, ein Traktor und ein Arbeiter am Feld ... Noch einmal 200 Meter. Da vorne sind Bäume!

Und dann überholte mich ganz langsam (im doppelten Schritttempo) ein Polizeiauto. „Jetzt nicht!", schrie ich innerlich. „Keine Kontrolle, ich fleh' euch an!" Mit leichten Verrenkungen tänzelte ich so unauffällig wie möglich am Straßenrand. Ich konnte jetzt nicht abbiegen, nicht in die Büsche springen, sonst würden sie mit Sicherheit stehen bleiben, mich aufhalten, mich – ein zuckendes Wrack – befragen. Ich sah klar die beiden Möglichkeiten, wie sich die Geschichte dann entfalten konnte. In Szenario 1 würde ich mich losreißen, zu den Bäumen eilen, gefolgt von Schüssen und Projektilen; in Szenario 2 würde ich mich der Inkontinenz ergeben und von den Beamten weinend zur Untersuchung in eine Anstalt eingeliefert werden. Ich wog diese Alternativen ab. Für beide sprach etwas.

Nervös blickte ich also nach vorne. Das Gesicht des Beamten tauchte im Rückspiegel auf, um mich zu studieren. Bremslichter. „Nein, bitte!!"

Und dann geschah es, das Wunder von Kütahya. Die *Polis* hielt nicht an! Zwar fuhren sie weiterhin unangenehm langsam – unangenehm sowohl für mich, als auch für einen nachkommenden PKW, der damit in die ewig peinliche Situation gebracht wurde, ein Polizeiauto zu überholen – aber sie blieben nicht stehen. Die längsten 50 Sekunden. Dann Büsche. Erleichterung. Kindliches Lachen. Jubilieren. Freiheit. Die Leichtigkeit des Seins.

Eine Stunde später kam ich in die Hügel. Es blieb kühl, aber das Wetter klarte etwas auf. Das, was nach der letzten Abzweigung als „Asphaltfleckerlstraße" begonnen hatte, wurde schon bald zu einem netten Feldweg. Mittagspause nach 20 Kilometern.

Leider mündete mein Idyll in eine schlechte Straße mit Verkehr. Hier mangelte es dermaßen an Teer, dass die lockeren Steine bisweilen von den LKWs einer nahen Industrieanlage „auf die Reise geschickt wurden". Mit voller Wucht wurde ich von einem solchen Geschoss auf der Brust getroffen. 10 Zentimeter weiter unten und mein Handydisplay wäre ein Scherbenhaufen gewesen. 20 Zentimeter schräg nach oben und mir würden vier, fünf Zähne fehlen. Ich biss mir auf die Lippen, beim Gedanken an den Schmerz.

Nachdem ich die rauchenden Schlote und eine Schürfgrube mit einem Kranbagger (die Führerkabine in der Größe eines Einfamilienhauses und eine Schaufel wie eine LKW-Ladekippe) passiert hatte, wurde die Landschaft wieder schöner. Das weiche Licht des Nachmittags tauchte die regennassen Szenerien in frische, kräftige Farben.

Im vorletzten Dorf des Tages, Darıca, traf ich auf zwei Jungs, die nicht fassen konnten, dass ich kein Türkisch sprach – oder sie konnten das Mühlviertlerisch nicht fassen, mit dem ich ihnen antwortete, nachdem meine paar Vokabel erschöpft waren.

Nun liege ich zwischen Föhren auf einer Lichtung in einem Waldstück. Ich versuche meine Kekse langsam und leise zu essen, denn neben meinem Zelt singt eine Amsel. Wunderschön. Aber bitterkalt. Ich muss mich warm anziehen für die kommende Nacht.

Tag 344 – 50 km (9487 km): Der Türkische Hamster

Eigentlich hatte ich für den heutigen Blogeintrag schon tagsüber eine Überschrift im Kopf: Die Wildsau aus dem Staatsballett.

Wenige Kilometer nachdem ich von meinem eisigen Ruheort aufgebrochen war, raschelte es nämlich im Straßengraben und heraus trat ein Schwein der wilden Sorte. Es trabte in so vollendeter Grazie 30 Meter vor mir über den Weg, dass ich – wäre es mit einem pinken Tutu bekleidet gewesen – gemeint hätte, es sei dem russischen Staatsballett entsprungen. Und zwar nicht aus der Abteilung für modernen Ausdruckstanz, sondern einem Klassiker wie Schwanensee – hier wohl besser: Schweinensee.

Aber aus der Überschrift wurde nichts, weil ich für die Leser das Foto mit den Tatzen erklären muss. Ja, das Ganze sieht aus wie eine ziemlich große Bärenspur. Aber bevor sich jetzt jemand Sorgen macht, wo ich doch mittlerweile ohne Pfefferspray herumlaufe, kann ich alle beruhigen. Mit größter Wahrscheinlichkeit stammen die abgebildeten Spuren von einer sehr scheuen türkischen Hamsterart, dem sogenannten Ürsüshamster.

In einer fantastischen Entwicklung hat dieses kleine, hochintelligente Nagetier gelernt, täuschend echte Bärenspuren in den Schlamm zu zeichnen.

Der Ürsüshamster verwischt damit seine eigenen Abdrücke und narrt seine Fressfeinde, so die gängige Theorie der (wenigen) Experten.

Aber unterbrechen wir an dieser Stelle die biologischen Ausführungen. Zwischen dem tanzenden Wildschwein und den „Bärenspuren" lagen ganze 30 Kilometer, die ich natürlich nicht verschweigen möchte.

Zum einen gab es da eine herrliche, rote Naturfahrbahn, die geradezu für das Pilgern geschaffen war. Als mein ganz persönlicher „roter Faden" zog sie sich fast 25 Kilometer durch die hügelige Landschaft. Es war kühl, aber sonnig. Um die blühenden Bäume war emsig summender Betrieb.

Ich kam vorbei an einer Art türkischem Heididorf, komplett mit Großvater und Geißen-Achmet. Nur Heidü fehlte. Dann, am Ende des roten Weges, erreichte ich Cucurka, wo ich mich kurz vor dem mittäglichen Ausruf des Muezzins und damit Ladenschluss, mit neuen Lebensmitteln eindeckte.

Kurz hinter dieser Siedlung sollte mein 70 Kilometer langer „Zustieg" auf die Çelebi-Route sein Ende finden. Ich fand den Wegpunkt, der auf der Karte verzeichnet war, aber einen tatsächlich gangbaren Weg, der wenigstens in der Nähe der weiteren Punkte lag, fand ich nicht. Und über die nächsten Kilometer wurde ich den Eindruck nicht los, die Erfinder des Wanderwegs hätten die Strecke einfach auf Google „abgesteckt" – bei schlechter Auflösung noch dazu. Das war enttäuschend, aber mit meinem GPS kein unlösbares Problem. Ich wäre ja ohnehin irgendwo hier über die Berge gegangen. Also begann ich nach Kurzem wieder damit, die Satellitenbilder zu studieren.

Ein paar Kilometer weiter und wir sind bei den Bärensp… äh … Hamsterspuren angelangt.

Die Abdrücke waren ganz frisch. In jedem Fall nicht älter als der letzte Regenschauer gestern.

Scheuer Hamster hin oder her. Ich griff zur Methode, die auch in Gebieten mit hoher Bärenpopulation dem Wanderer empfohlen wird: Lärm machen. Das geschieht in den USA zumindest durch das wiederholte Ausrufen von „Hey Bear". Kein Witz. Ob sich Bären durch den Gruß freundlich stimmen lassen, ist nicht bekannt. Ich entschloss mich zu einer frommeren Variante und sang das Ave. In das „Jetzt und in der Stunde unseres Todes" legte ich besonders viel Gefühl und marschierte auf dem einzigen Pfad aus dem Tal in den dichten Wald hinein.

Wieder und immer wieder erscholl so in den Domaniç-Yirce-Bergen der englische Gruss. Mit Opernstimme. Kilometer um Kilometer sah ich dabei die gleichen Spuren vor mir am Boden. Dann endlich trennten sich unsere Wege. War es mein Gesang gewesen? Ich war erleichtert und ein ganz klein wenig gekränkt. Banause!

Eine weitere Stunde, ein kleines Dorf und einen steilen Anstieg später, stand ich nach 39 Tageskilometern an der Autostraße, die das Gebirge zerschnitt. Ich blickte auf die Karte. Die lange Straße hinunter in die Ebene wollte ich nicht nehmen. Aber unweit von hier sollte nach meinen Informationen der Çelebi-Weg über die Berge führen. Ich beschloss der Wanderroute eine letzte Chance zu geben, querte das dünne Band Asphalt und stiefelte auf der anderen Seite wieder in den Wald hinein.

Nach ein paar hundert Metern passierte ich Waldarbeiter. Ich hätte gerne gesagt, dass ich ihre Gesten und Gebärden nicht verstanden hätte, aber das, was sie

mir sagen wollten, hatte anscheinend mit großen Hamstern zu tun.

Dann begann sie, meine Suche nach dem Wanderweg. Einmal mehr wurde ich enttäuscht. Dort, wo die Wegpunkte waren, gab es keinen Weg, der sie verband. Ich irrte herum, suchte, probierte. Es wurde dunkler. Es wurde kälter. Ich hatte die Nase voll von Çelebis Phantom und stapfte und rutschte schließlich durch das tiefe Laub zwischen Schneeresten den Hang hinunter. Ich wollte dringend Höhe verlieren und damit Wärme gewinnen. Ich erreichte einen Waldweg, den ich von oben ausgemacht hatte und folgte ihm in vielen Kurven immer tiefer. Kurz vor Einbruch der Dunkelheit erreichte ich eine Lichtung, und beschloss dort zwischen gefällten Baumstämmen und Holzresten mein Lager aufzuschlagen.

Ich lag im Schlafsack, die Augen weit geöffnet und lauschte in die Nacht …

Tag 345 – 38 km (9525 km): Heulende Schatten

Baumskelette streckten ihre dürren, verkrümmten Finger in den Himmel. Zwischen ihnen verlor sich der Rauch. Der halbvolle Mond tauchte die Lichtung in kaltes, silbernes Licht. Nur wo die Flammen des Feuers tanzten und wilde Schatten warfen, war eine Insel warmen Lichts.

Eine halbe Stunde zuvor war ich im Zelt gelegen. Ich war bereit gewesen für eine Nacht in der einsamen Wildnis; bereit für die üblichen Geräusche des Waldes; für all das, was ich hundert Mal auf diesem Weg erlebt hatte. Wie oft hatte ich – die Warnungen von Hirten, Bauern und Tankstellenbesitzern über Wölfe und Bären noch im Ohr – mein Zelt an einem einsamen Flecken aufgestellt. Wie oft hatte ich lächelnd abgewunken. Ich war im wilden kaukasischen Osten gewesen, im Land der Bären und Wölfe. Dies würde eine Nacht wie jede andere werden. Okay, ich hatte am Weg kurz vor der Lichtung noch große Hundespuren (?) gekreuzt. Aber die Nacht würde vergehen wie hunderte zuvor. Alles war gut.

Dann kam das Heulen.

Ich lag im Zelt, hielt die Luft an, spürte mein Herz klopfen und Adrenalin in die Adern schießen. Das war keinen Steinwurf weit entfernt. Wieder Schakale? Oder war das Heulen tiefer? Ein Wolf?

Nach regungslosen Sekunden befreite ich ruckartig meine Arme aus dem Schlafsack, suchte mein Handy, tippte auf die Playlist meines Smartphones und suchte die lauteste Rock-Melodie, die ich finden konnte. Play. Das einsame Heulen stoppte. Ein Klassik-Fan vermutlich. Ich horchte. Herzklopfen. Stille. Dann brüllte ein Rehbock seinen Warnruf – von mir oder etwas anderem aufgeschreckt. Vögel der Nacht stießen Schreie hervor. Ich beschloss, das einzig Männliche zu tun, das man(n) in so einer Situation tun konnte: Feuer machen.

So saß ich um die tanzenden Zungen. Was für eine Geborgenheit, welche die gezähmte Urgewalt seit ewigen Zeiten nicht nur Pilgern vermittelt.

Stunden zogen ins Land. Der Mond wanderte über den Himmel, sein Licht immer wieder gespenstisch von Wolkenschleiern aufgesogen und gedämpft. Ich starrte in die Flammen und die Glut. Wenn etwas in der pechschwarzen Welt jenseits der Lichtung raschelte oder knackte, schlug ich zwei dicke Stöcke aneinander. Das Echo hallte durch den Wald. Dies war mein Revier, mein Ort, meine Festung.

Erst als ein beträchtlicher Haufen Holz – dank den Forstarbeitern ausreichend vorhanden – zu glühender Kohle und schließlich weißer Asche geworden war, zog ich mich in den frühen Morgenstunden in mein Zelt zurück. Einmal noch hörte ich das Heulen, aus einer anderen Richtung. Danach war Ruhe, bis mich am Vormittag der Gesang der Vögel weckte.

Müdigkeit war in meinen Knochen. Aber wie verwandelt sah mein Lager nun in den Strahlen der Sonne aus. Frühlingsboten. Licht. Leben.

Eine halbe Stunde später begann ich den langen Abstieg ins Tal. Vieles hier erinnerte mich an meinen zweiten Pilgertag, an dem ich kilometerlang die Forststraßen bis nach Nenzing hinuntergelaufen war. So wie damals am 2. Mai vor einem Jahr, war es auch hier ein Abstieg durch die Jahreszeiten; ein Abstieg in die vibrierende, pralle Welt des Frühlings. Oben waren die Bäume noch winterlich kahl gewesen, aber über die nächsten 1000 Höhenmeter, die ich in die Ebene stieg, wurde es grüner und immer grüner. Ich liebe dieses satte, frische Buchengrün und wenn die Sonne durch die jungen Blätter schimmert.

Beim Ortseingang von Hacıkara stand dann etwas, mit dem ich nicht gerechnet hatte. Hier, weit abseits der GPS-Wegpunkte meiner Karten stand ein Schild für den Çelebi-Weg. Zufällig und unverhofft war ich scheinbar zurück auf dem offiziellen Weg.

Für die nächsten acht Kilometer versuchte ich nochmals der Route zu folgen – mehr oder (meist) weniger erfolgreich. Bald fand ich mich auf unmöglichen Abwegen entlang des Flusslaufs im Tal und kämpfte mich durch das Gestrüpp.

Als ich Hamamli erreichte, stockte ich meinen Proviant auf und beschloss, mir wieder meinen eigenen Weg durch die Felder zu suchen. Kleine Cumuli zogen hastig über den Himmel. Die blühenden Bäume unter ihnen leuchteten weiß im Wechsel von Licht und Schatten. Vor mir am Horizont immer wieder der 2500 Meter hohe Uludağ („Der Erhabene Berg“).

Dieser höchste Gebirgszug der Marmara-Region trug bis 1925 den Namen Keşiş Dağı („Berg der Mönche“) und wird von der lokalen Bevölkerung meist immer noch so genannt. Seit frühester christlicher Zeit bewohnten Mönche seine Flanken. Joannicius der Große (752-846) etwa, eine der wichtigsten monastischen Gestalten des christlichen Ostens, lebte als Einsiedler auf diesem Berg.

Am frühen Abend kam ich nach İnegöl, zog an holzverarbeitenden Betrieben am Stadtrand vorbei bis in die Altstadt und von dort weiter bis zu einem nördlichen Vorort. Regen und Sturm kündigten sich an. Ich suchte Schutz in einem Hotel und sank auf das weiche Bett.

Heute war der erste Tag seit Tarsus (vor 22 Tagen), an dem ich eine Strecke von 40 Tageskilometern unterschritten hatte. Aber ich war müde wie schon lange nicht mehr – müde, aufgrund der vergangenen Nacht; aufgrund der Urängste, die mich auch nach all dieser Zeit im Zelt scheinbar noch einholen können.

Tag 347 – 26 km (9551 km): Nicht mal eine Überschrift ...

... fällt mir ein. Nach dem gestrigen Ruhe- und Schlechtwettertag, den ich für Erledigungen und zur Planung der weiteren Route nutzte, war heute ein kurzer und ereignisloser Tag. Ich weiß kaum, was ich berichten soll.

Es war regnerisch, als ich aufbrach. Das Wetter scherte sich also zunächst rein gar nicht um die viel bessere Prognose. Mit der Kapuze tief ins Gesicht gezogen, stapfte ich entlang der Straße Richtung Nordosten. Ein ständiges Band von Autos und LKWs brauste an mir vorbei. Frühverkehr am Weg nach İnegöl. Idylle sieht anders aus. Daran konnten auch die Störche nichts ändern, die auf den überfluteten Feldern neben dem Fluss mit ihren Schnäbeln herumstocherten.

Ich war froh, die zunehmend enge Straße nach rund zehn Kilometern endlich verlassen zu können, auch wenn ich etwas sorgenvoll auf den nun beginnenden Feldweg blickte. Er war von den gestrigen starken Regenfällen aufgeweicht. Aber im Unterschied zu vergangenen Etappen war der Boden sandiger. So kam ich zwei Stunden später praktisch ohne Probleme zur Stadteinfahrt von Yenişehir. Irgendwo zwischen den Feldern hatte sich auch das Wetter gebessert, sodass nun zwischen dunklen Wolken auch hin und wieder die Sonne zum Vorschein kam.

Kurz nach dem Ortsschild stand ein Esel unverrückbar auf der Fahrbahn, während sein vierbeiniger kleiner Freund eifrig bellend zwischen den hupenden Autos und Traktoren hin und her sprang. Der Esel? Unberührt und offensichtlich taub. Denn selbst das ohrenbetäubende akustische Signal eines LKWs blieb ohne nennenswerte Folgen für seine Standfestigkeit. Als ich auf der langen Geraden nach einigen Minuten näher kam, wandte er lediglich seinen Kopf in meine Richtung. Ich erwiderte schmunzelnd seinen Blick und erinnerte mich, wie ich vor ein paar Wochen in der Südtürkei hoch-romantisch von der Anschaffung eines Esels geträumt hatte. Nein, dann wäre ich wohl noch nicht sehr weit auf meinem Weg …

Nach der Durchquerung von Yenişehir bezog ich am nördlichen Stadtrand ein günstiges *Otel* und ließ den für Nachmittag angekündigten Regen an mein Fenster trommeln.

Ich gebe zu, dass es mir schwerfällt, heute schon wieder so „untätig" herumzusitzen, aber die Zeitvorgabe für den Aufenthalt in Istanbul steht und es macht keinen Sinn, 50 Kilometer im Regen nach İznik zu gehen, nur um dann dort am morgigen Tag erst recht wieder zu pausieren. So bleibe ich hier in Yenişehir.

8. Sonntag – Das Kommen des Erlösers

Der Retter, auf den das Volk mit Sehnsucht gewartet hatte, kam in die Welt in Jesus von Nazaret. So bekennen es jene, die sich Christen nennen. Er kam anders, als viele ihn erwartet hatten. Er war kein gewaltiger Feldherr, kein politischer Herrscher, kein Revolutionär, kein überlebensgroßer Prophet. Wenn er sprach, so sagen seine Jünger, sprach nicht ein Mensch über den unfassbaren Gott, sondern der unfassbare Gott selbst, fassbar geworden in menschlicher Gestalt, sprach zu den Menschen. Und er verkündete Frieden, inmitten der Unterdrückung. Er liebte wider den Hass. Er schenkte Leben, indem er starb. Darin, in der Gottessohnschaft, liegt der radikale Anspruch seiner messianischen Sendung und nur in ihr erhalten seine Werke ihre heilbringende Kraft.

Das Leben und Handeln Jesu, seine Worte und Gleichnisse, sind aufgezeichnet in den vier Evangelien des Neuen Testaments. Und diese Texte offenbaren nicht nur den Messias, sondern das Wesen Gottes in einer neuen Tiefe. War in der Heilsgeschichte die Einheit Gottes stets mit Nachdruck betont worden, um Israel abzugrenzen von der Vielgötterei und den Götzen der Nachbarvölker, offenbart Jesus Gott, den Einen, als wesenshaft dreifaltig. Der eine Gott, so lässt es Jesus erkennen, ist Vater, Sohn und Heiliger Geist. Nicht so, als würde der eine Gott unter drei Gestalten wie mit Masken auftreten. Nicht so, als gäbe es drei Götter. Nicht so, als wären Sohn und Geist überragende Geschöpfe, die dem Vater zugeordnet sind. Sondern der eine Gott ist seinem Wesen nach eins und zugleich eine Gemeinschaft der Liebe dreier göttlicher Personen.

Diese Offenbarung ist ein bleibendes Geheimnis. Konnten große Denker in der Geschichte der Theologie auch immer wieder Licht darauf scheinen lassen, so ist der eine Gott, der zugleich in drei Personen ist, doch ein Mysterium, das letztlich unseren Verstand übersteigt. Wir müssen uns damit begnügen zu sagen, wie Gott nicht ist und anerkennen, dass all jenes, was wir über ihn aussagen können, hinter der Wirklichkeit zurückbleibt.

Und doch, um uns diesen Gott zu offenbaren, nach dem Maß, wie wir ihn fassen können, und uns den Weg zu öffnen hinein in das göttliche Leben der Dreifaltigkeit, in die Liebesgemeinschaft, die Gott selber ist, dazu kam Jesus in die Welt. Er ist der ewige Sohn des Vaters, der Logos, das Wort, das Ebenbild des Vaters gekleidet in menschliche Gestalt. Er ist wahrer Gott und wahrer Mensch. Der menschlichen Natur nach kommt er aus dem Volk Israel und doch ist seine Botschaft dazu bestimmt, an die Enden der Erde getragen zu werden.

Tag 348 – 32 km (9583 km): Kleine Konzilsgeschichte

Ossius von Cordoba stand auf, strich sich über den langen Bart und meinte dann: „Ich geh´ Windsurfen". Victor und Vincentius, die beiden päpstlichen Legaten, sprangen auf und rannten dem wortgewandten, spanischen Verteidiger der Gottheit Jesu hinterher. Währenddessen erklärte Eusebius von Caesarea nochmals die Regeln für Wasserball.

„Na, was ist los, Arius?" fragte Kaiser Konstantin und streckte seine Glieder nach der langen dogmatischen Sitzung des Vormittags. Der alexandrinische Presbyter, der schmollend in einer Ecke saß, erwiderte säuerlich: „Nichts! Ich habe meine Badehose vergessen … und außerdem sind alle anderen doof!"

Zugegeben, dass es sich damals im Jahre 325 beim ersten Konzil von Nicäa genau so zugetragen hat, steht nirgends in den Protokollen. Doch als ich heute frohgemut im Sonnenschein über die Bergkuppe wanderte und unten im wunderschönen Tal das alte Nicäa (heute: İznik) am Rand des blitzblauen İznik Sees sah, drängte sich diese Vision förmlich auf. Hier hatte die bischöfliche *crème*

de la crème des vierten Jahrhunderts das große Glaubensbekenntnis formuliert. Eine ernste Sache, aber nicht unvereinbar mit Wassersport.

So wie gestern hatte ich am heutigen Palmsonntag keine besonders lange Etappe im Programm. Einen Großteil der Strecke legte ich auf schönen Feldwegen mit herrlichen Ausblicken zurück. Ich hatte einen Olivenzweig am Carrix aufgesteckt und genoss den Tag als feierliche Prozession. Schildkröten jubelten vom Wegrand Hosianna – oder war es leises Fauchen? Egal.

Nur das allerletzte Stück war etwas unangenehm. Die Zahl der Ausflügler bei diesem Wetter war groß; die Uferstraße schmal. Und so gingen Fahrer zwar auf Tuchfühlung, aber nicht vom Gaspedal. Dennoch schaffte ich es ohne Schramme bis zur alten Stadtmauer, die einst von 100 Türmen gekrönt gewesen sein soll.

In İznik besuchte ich zunächst die Aya Sofia im Zentrum, also jenen Kirchbau, in dem das Zweite Konzil von Nicäa im Jahre

787 tagte. Das Gebäude, das bei einem Erdbeben vor gut 1000 Jahren schwer gelitten hat und später in einem Feuer noch einmal Schaden nahm, wird heute sowohl als Museum, als auch – seit 2011 – neuerlich als Moschee genutzt.

Ich wollte natürlich auch den Ort des *ersten* großen Konzils besuchen. Dazu hätte ich wohl einen kleinen Markt, eine Teestube und ein Hotel westlich vom „Istanbul Stadttor" betreten müssen. Sie stehen dort, wo sich einst der Kaiserpalast befunden haben könnte. Aber es gibt keine Ausgrabungen und damit keine Sicherheit.

Schade. Ich hätte gerne gesehen, wo sich damals Arius – das war der, ohne Badehose – die Wange gerieben hat. Warum? Nun, dazu gibt es die folgende Geschichte. Ganz authentisch ist sie vermutlich nicht, aber auf vielen Ikonen des Heiligen Nikolaus verschlüsselt dargestellt.

Also, der allseits bekannte, verehrte und geliebte hl. Nikolaus – gemeint ist ausdrücklich nicht der adipöse Klops im roten Plüsch, sondern der historische Bischof von Myra – soll nach einer alten Erzählung beim Hören der Irrlehre des Arius nicht nur rot angelaufen sein. Nein, er stand auf, schritt zum Rednerpult, wo Arius eben wieder die Gottheit Jesu leugnete, und klatschte dem Arius (vielleicht zu den Worten: „Ho! Ho! Homoousios!"), politisch völlig inkorrekt, eine ins Gesicht. Die Hitzköpfigkeit des Heiligen hatte Folgen. Nikolaus verlor die Stola und damit das Recht, auf dem Konzil zu sprechen. In den unterschiedlichen Fassungen erschien dann etwas später dem mittlerweile reumütigem Nikolaus Maria mit der Stola (manchmal auch Jesus mit dem Evangeliumbuch, das Nikolaus dann in seiner Zelle studierte). Nikolaus wurde daraufhin rehabilitiert.

Nun will weder diese Geschichte noch ich behaupten, dass man einer Irrlehre am besten mit geballten Fäusten begegnet. Aber ein bisschen Wehmut habe ich schon, wenn ich sie lese. Ich wünsche den Theologen und Bischöfen wenigstens das Kribbeln in den Fingern, wenn es um den Glauben oder eben Irrglauben geht. Ich wünsche ihnen freilich auch die Beherrschtheit, die Finger nicht zur Faust zu ballen. Aber was ist Theologie ohne echte, brennende Leidenschaft für die Wahrheit? Hier in Nizäa rufe ich inbrünstig: St. Nikolaus, bitt´ für uns!

Tag 349 – 45 km (9628 km) : Super Marios Widersacher

Ich bin in den 80ern groß geworden. Wenn wir von Computerspielen geredet haben, dann ging es nicht um Ego-Shooter, Rollenspiele und virtuelle Welten, sondern um Pac-Man (aka „Mampfer"), Digger (presented by Furchi) oder die völlig unverständliche CGA- Vierfarbenwelt von Alley Cat. Auf den portablen Geräten, wie den „Tric-o-tronics" versuchten wir pfadfinderhaft, einem verzweifelten Frosch über die Fahrbahn zu helfen oder den Fässern eines Riesengorillas auszuweichen.

Anfang der 90er kam dann der Nintendo Gameboy, und einer meiner Schulfreunde hatte so ein Ding. Wichtig dabei war auch, dass sein Besitzer, Roland „Ratzi" Ratzenböck, einer von der großzügigen Sorte war. Er teilte nicht nur unzählige 300g Bensdorp Schokoladetafeln mit mir – eine Schuld, die ich viele Jahre später mit einem Sack Schweizer Schokolade zu tilgen versucht habe – sondern er ließ mich auch tagelang mit seinem Gameboy in der Gestalt des Super Mario durch pixelierte Welten hüpfen. Und dort wimmelte es von Schildkröten (Ja, sie hießen *„Koopas"*, aber mal ehrlich … Eben! Schildkröten!).

Heute muss nun der Tag gewesen sein, an dem ich zum ersten Mal mehr Schildkröten gesehen habe als damals am kleinen rechteckigen Bildschirm auf der Couch. Schon gestern raschelten sie überall am Wegesrand. Heute noch mehr. Schildkröten, Level 2, sozusagen.

Dabei begann der Tag ganz normal mit Hunden. Die „Gang", die ich schon am Vortag gesehen hatte, war heute Morgen vor meinem Hotel auf Patrouillendienst und markierte geschäftig jedes zweite sich nicht bewegende Objekt.

Die „besten Freunde des Menschen" blieben ein lyrisches Motiv, auch auf den ersten Kilometern zwischen frühlingshaften Olivenhainen und blühenden Obstbaumreihen. Ich stieg hoch zum nördlichen Rand des Talkessels. Hinter mir glänzte der See im morgendlichen Dunst, vor mir breiteten sich sattgrüne, mit Blumen übersäte Hügel aus. Gelegentlich traf ich auf Wegweiser des Çelebi-Wegs, auch wenn ich es aufgegeben hatte, ihm zu folgen. Herrliches Wandern auf Güterwegen.

Die zahlreichen Kurven mit ihren „verschwendeten Kilometern" verleiteten mich einmal zu einer – wie sich herausstellen sollte – gewagten Abkürzung, steil hinunter, vorbei an unzähligen Schildkröten. Unten im Graben, belächelt von einem weiteren frivolen Panzertier, stand ich in einer Sackgasse zwischen Schafen und einem bellenden Hund. Der herbeigeeilte Hirte wies mir jedoch einen gerade noch gangbaren Weg und so kämpfte ich mich auf der anderen Seite mit dem Carrix über Felsen und steile Wiesen wieder nach oben.

Auf und ab ging es dann auch weiterhin bis nach Kızderbent, wo ich von einem sehr artigen jugendlichen Empfangskomitee zu einem Laden begleitet wurde. Jeder meiner Einkäufe wurde eingehend und gruppenintern diskutiert. Danach erfolgte die Aufstellung zwecks fotovisueller Dokumentation für die Posteriorität. Ein lieber Haufen.

Etwas später war es ein jugendlicher Mopedfahrer, der beim mehrmaligen Überholmanöver mit seinem breiten Grinsen auch mich zum Lachen brachte. Das gab ich wenig später an die Hundemutter weiter, die ihre Kleinen über die Straße eskortierte. Dass sie nicht lächelte, sehe ich ihr nach, denn das echte Lächeln ist tatsächlich eine jener wunderbaren Eigenschaften, die dem Menschen vorbehalten sind.

Nach 45 Tageskilometern bog ich von meinem kleinen Sträßlein ab, errichtete mein Zelt und lächle immer noch – nicht wegen der umliegenden Moscheen, deren abendlicher Gebetsruf sich nicht harmonisch mischte; nicht wegen dem Jaulen der Schakale oder dem erwarteten Hundebellen vor einer Weile in der Ferne. Nein, ich lächle, weil nun, kurz vor Mitternacht, der ganze Graben, in dem ich liege, erfüllt ist mit den Stimmen der Vögel. Nachtigallen! So hell scheint der Vollmond diese Nacht. Eine Nacht der nicht enden wollenden Dämmerung. Eine Nacht des Gesangs. So wunderschön, dass ich nicht schlafen will.

Tag 350 – 31 km (9659 km): Zum Goldenen Horn

Kondenswasser tropfte heute Morgen auf mich herab. Vorsichtig musste ich mich deshalb aus dem Eingang zwängen, um den Schlafsack und die Ausrüstung nicht einem kleinen Regenguss auszusetzen. Vor der „Tür" grüßten mich die warmen Strahlen der Sonne, die eben über den Hügel im Osten kamen.

Ich war bereit für die letzten Kilometer, die mich von der nächsten großen, geschichtsträchtigen Stätte meines Weges trennten: dem Zentrum des alten byzantinischen Reichs. Mit 14 Millionen Einwohnern ist das heutige Istanbul bei weitem die größte Metropole auf meinem Weg. Und weil ein 70 Kilometer langer Marsch durch die östlichen Industrieviertel und Vororte nur minder verlockend klang, hatte ich geplant, mit der Fähre über die Enge von Marmara zu setzen und so mitten im historischen Zentrum zu landen.

Bis zum Hafen von Yalova waren es nur 20 Kilometer. Diese führten mich zunächst über grüne Hügel und dann durch zunehmend urbanes Land. Von diesem Weg gibt es nicht sonderlich viel zu berichten. Und weitere Studien zum Verhalten der Gattung *canis lupus familiaris* spare ich mir an dieser Stelle.

In Yalova kurz nach Mittag angekommen, blieb mir ausreichend Zeit, das Zelt vor dem Betreten der Fähre am Hafen zu trocknen und über das Meer von Marmara zu blicken. Dort drüben im Dunst lag die legendäre Hauptstadt Ost-Roms. Heute breitet sie sich über den Bosporus hinweg in alle Richtungen aus, mit Brücken, die Kontinente verbinden. Dort drüben ragte die einst größte Kirche der Christenheit in den Himmel. Dort drüben werde ich Ostern feiern, in der Basilika von Sent Antuan.

Voller Erwartungen saß ich deshalb wenig später am Vorderdeck, den Fahrtwind konstanter 21 Knoten im Gesicht. Die Konturen der Altstadt begannen sich zu schärfen. Das Meer hingegen schien geradezu unwirklich glatt, marmoriert mit sanften Linien des Lichts.

Und dann tauchten in Klarheit und voll Farbe aus den blassen Schleiern auf: die Blaue Moschee, die Süleymaniye und die ehrwürdige Hagia Sophia, am sagenumwobenen Goldenen Horn.

Ich verließ das Schiff und betrat Geschichte, am Pier des alten Hafens von Yenikapı.

Tag 350-355 – 25 km (9684 km): 127 Stunden – Das Istanbul-Protokoll

Das folgende Protokoll ist eine lückenhafte Rekonstruktion meines Aufenthalts im alten Konstantinopel. Alle Angaben ohne Gewähr oder Gewehr – außer jene über die Waffenkammer des Topkapı-Palasts.

Dienstag der Karwoche

16.49 Uhr: Ich verlasse die Fähre. Nach fast genau acht Monaten in Asien betrete ich wieder europäischen Boden. Auf dem europäischen Boden wimmelt es von Menschen. „Taksi?", schreit mir einer davon zu. Ich lächle, schüttle den Kopf und beginne meinen knapp zehn Kilometer langen Marsch durch die Stadt bis in den Norden von Fatih, wo ich ein Zimmer gebucht habe.

17.31 Uhr: Ein heruntergekommenes Holzhaus mitten in der Stadt zieht meinen Blick auf sich.

18.14 Uhr: Da stehen viele herabgekommene Holzhäuser, von denen die Farbe blättert. Charme. Den kann man Istanbul nicht absprechen.

18.53 Uhr: Vor der grünen Tür der „Educa Suites" stehe ich und frage: „Wo ist hier die Klingel? Ah."

18.57 Uhr: Auf einer engen Holztreppe versuche ich, mit dem Carrix nicht stecken zu bleiben. Mein Zimmer ist unter dem Dach. Badezimmer wird geteilt ... hmm, das stand nicht in der Buchung. „Eigenes Bad" ist es wohl nur, wenn ich gerade drinnen bin. Aber das Viertel, in dem ich wohnen werde, ist nett. Authentisch. Kinder lärmen in der Gasse.

18.58 Uhr: Das erste von ungefähr 478 Flugzeugen, die über die nächsten Tage blockweise über das Dach fliegen werden, kreischt jetzt über meiner Kammer.

Mittwoch der Karwoche

9.38 Uhr: Ich stehe vor der verschlossenen Erlöserkirche. Mittwoch Ruhetag. Meine Vorfreude auf die berühmten und mir seit Jahren so vertrauten Darstellungen des Pantokrators wird enttäuscht. Ich muss mich vorläufig mit der Außenansicht der Kirche begnügen.

9.43 Uhr: Verschleierte und bekopftuchte Damen laufen ihre Runden in einem kleinen Stadion. Auf der Brüstung, von der ich hinunterblicke, liegt als Zeichen des leisen Widerspruchs eine Katze. Sie ist der Inbegriff entspannter Faulheit.

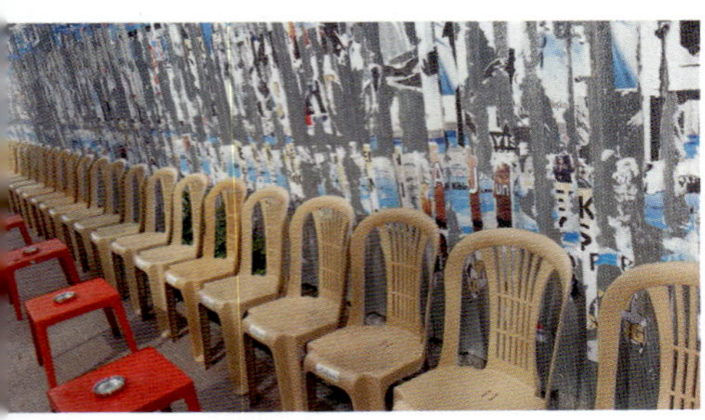

10.12 Uhr: Meine Sandalen verbreiten, trotz der Verwahrung im Plastiksack, ihren auf langen Kilometern erworbenen Geruch. Ich stehe barfuß auf dem Teppich und richte die Kamera auf die Innenkuppel der Fatih Moschee.

10.30 Uhr: Hmm. Muss ich hier rechts, oder links ...

10.31 Uhr: Istanbul, sonnig, windig. Die Frisur hält.

10.51 Uhr: Wieder den Plastiksack mit meinen Sandalen in der Hand. Wieder eine Kuppel über mir. Habe die Süleymaniye Moschee gefunden.

11.10 Uhr: Ich laufe durch das überdachte Wirrwarr des großen Basars, gefühlsmäßig nach Süden. Es ist alles groß, bunt, laut und es gibt Socken im Sonderangebot schräg rechts von mir.

11.33 Uhr: Eine rote Katze liegt wie eine Fußmatte vor einem Ladeneingang und zeigt sich absolut unbeeindruckt von einem sich nähernden Kunden. Er muss über sie hinweg steigen. Frau Katze bewegt sich keinen Millimeter.

11.37 Uhr: Links ist die Hagia Sophia mit einer elend langen Ticketschlange. Istanbuls unumstrittener Goldesel. Ich biege rechts zur Blauen Moschee ab, damit ich es vor dem Mittagsgebet schaffe.

11.45 Uhr: Vor mir stehen Engländer in der Schlange für den Eintritt. Die Herren der Familie sind bemüht, sich die kurzen Hosen über das Knie zu ziehen um „pässlich“ zu werden.

11.50 Uhr: Mit meinem Plastiksackerl … So, ja, da hat sich jemand aber wirklich Mühe mit dem Bau gegeben. Die Blaue Moschee ist das schönste und prächtigste muslimische Gebetshaus in Istanbul.

12.31 Uhr: „Die Natur des Bösen …", beginne ich meine Erklärung im Schatten eines Baumes vor der Hagia Sophia. Mir gegenüber sitzt ein junger Mann, der mir zunächst einen Teppich verkaufen wollte, dann mit einem stolzen „Many BumBum with German Girls" geprotzt(?) hatte, bevor er zum glühenden Muslim und deklarierten Gotteskrieger wurde. Er würde die Hagia Sophia wieder zur Moschee machen. Mich, den „Katolik Papas", wollte er für den Islam begeistern. Deshalb gibt es nun einen kurzen Exkurs zum Bösen und zum Wesen Gottes, den ich mit den Worten: „Nun bleib mal auf dem Teppich …", begonnen hätte, wenn das für ihn verständlich gewesen wäre.

13.12 Uhr: Mein Gesprächspartner erklärt, dass er den Koran trotz meiner Anfragen für authentisch hält, weil das im Koran so steht. Hier schließt sich der Kreis – in gleich mehrfacher Weise.

13.27 Uhr: Vor mir in der Schlange für die Tickets zum Topkapi Palast streitet ein Pärchen seit drei Minuten, ob die Schlange, in der wir uns anstellen, die langsamste ist oder nicht. Ich will mich nicht einmischen, aber ich habe die Antwort. Die Schlange, in der *ich* mich anstelle, ist immer(!) die langsamste. Das ist ein Gesetz. Ich seufze.

14.31 Uhr: Beim Barte des Propheten! Hier in der persönlichen Reliquienkammer der Sultane gibt es Barthaare von Mohammed. Es gibt auch noch behaupteterweise den Stab des Mose (ein Ästlein) und ein paar andere Artefakte alttestamentlicher Figuren. Auch ein (weiterer) Kopf meines Namenspatrons ist hinter der Vitrine.

14.33 Uhr: Vor mir wird ein Unterschied zwischen Mohammed und Jesus präsentiert. Ich stehe vor dem Schwert und dem Bogen, mit dem der Prophet des Islam die „Ungläubigen“ geschlachtet hat. Andächtiges Erschaudern in den Gesichtern rings um mich – dort wenigstens, wo es ein Schleier nicht verhüllt.

14.58 Uhr: Ich bin im Harem, wo Murat III – Inbegriff großzügiger Familienpolitik – 112 Kinder zeugte. Nett sieht es hier aus. Es gibt keine Playstation und keinen Tischtennistisch, aber man hatte es nicht so schlimm als einer von Murats Söhnen – wenn man nicht gerade wegen Thronfolge-Dingen umgebracht wurde.

15.23 Uhr: Die Kirche der Hagia Eirene ist zweifelsfrei nüchterner als der Harem.

15.54 Uhr: Mit meiner 72-Stunden-Museumskarte bin ich geradewegs an den Schlangen vorbei in die Hagia Sophia spaziert und stehe nun mit offenem Mund unter der Kuppel der einst größten Kirche der Christenheit.

15.59 Uhr: Mein Mund steht immer noch offen.

16.07 Uhr: Ich schließe kurz meinen offenen Mund, weil er trocken geworden ist.

16.15 Uhr: Ich stehe mit neuerlich geöffnetem Mund vor dem großartigen Mosaik des Pantokrators.

16.38 Uhr: Ich verlasse das ehemalige Gotteshaus und überhöre einen türkischen Führer, der seiner Gruppe erklärt, dass alle christlichen Kirchen vor dem 9. Jahrhundert so waren wie Moscheen – nämlich ganz ohne Bilder. Bilder in Kirchen hätte man erst später erfunden. Ich schüttle den Kopf.

16.41 Uhr: Ein Mann möchte mir einen Teppich verkaufen. „Very cheap. Good quality.“ „Nur wenn er fliegen kann ...“, gebe ich zu Antwort.

16.54 Uhr: Erwartungsgemäß ohne fliegenden Teppich stehe ich in der riesigen „Basilika Zisterne" – Schauplatz einer Szene im Bondfilm „Liebesgrüße aus Moskau". Ich halte den Kopf schief und blicke auf den verkehrten Medusakopf an der Basis einer Säule. Warum der so verbaut wurde, ist nicht bekannt. Ich für meinen Teil kann mir als einfache Erklärung den folgenden Dialog aus der Bauzeit vorstellen. Der Meister schreit den Lehrling an: „Ja, gibt´s denn das! Da geht man mal kurz einen Döner essen und was machst du ...!! Wir können nur hoffen, dass das niemand merkt!"

17.11 Uhr: „Do you want buy carpet?", werde ich höflich gefragt. Ich lächle.

Gründonnerstag

9.33 Uhr: Die Chora Kirche mit ihren Mosaikfragmenten und Malereien ist zweifelsfrei ein Höhepunkt. Unglaublich, diese Bilder nun endlich nicht mehr in einem Buch, sondern erstmals im Original zu sehen.

15.12 Uhr: Ich bin auf dem Weg zur katholischen Antoniuskirche und gehe über eine neu errichtete Brücke. Laut Google Maps, das die Brücke noch nicht kennt, gehe ich über das Wasser. Ein virtuelles Wunder, sozusagen.

16.18 Uhr: Die Istanbuler Version der „Mariahilferstraße" ist gestopft voll mit Menschen.

16.20 Uhr: Ich betrete erstmals die Kirche Sent Antuan, in der ich das Triduum mitfeiern werde.

16.58 Uhr: Fischers Ahmet fischt frische Fische an der Galatabrücke.

19.50 Uhr: In einem Hinterzimmer der Sakristei höre ich Beichte und schlage ich das Kreuz: „Ego te absolvo …"

20.17 Uhr: Ich sitze im Altarraum in Sent Antuan. Die Glocken läuten ein letztes Mal.

Karfreitag

15.19 Uhr: Kreuzweg in Türkisch mit englischen und italienischen Elementen.

16.31 Uhr: Beim Verlassen der Kirche spricht mich ein in Deutschland geborener Türke an. Seine Familie stammte ursprünglich aus Tarsus, erklärt er. Er ist Konvertit und so, wie die meisten Gemeindemitglieder, sehr engagiert. 18 Taufbewerber gibt es derzeit, erzählt er. Sent Antuan ist die vielleicht lebendigste katholische Gemeinde der Türkei. Das habe ich schon in den Gottesdiensten festgestellt.

18.30 Uhr: Ich breche vom Hotel auf. Mein Weg zur Kirche dauert jedes Mal rund eine Stunde zu Fuß.

20.04 Uhr: Gemeinsam mit den Franziskanerbrüdern liege ich ausgestreckt am Boden der Kirche. Die Feier vom Leiden des Herrn beginnt in einer übervollen Kirche.

21.51 Uhr: Ich spende Kommunion. Die Menschen treten andächtig heran und öffnen ihren Mund. Ein Ministrant steht mir mit der Patene zur Seite. Auf der anderen Seite flankiert mich ein Aufpasser, der von Besuchern im Zweifelsfall ein „Amen" und ein Kreuzzeichen als „Nachweis" für das Bekenntnis zu Christus verlangt. Denn die Türen zum Vorhof neben der vielbesuchten Einkaufsstraße stehen auch beim Gottesdienst offen, und ungebrochen ist der Strom neugieriger Besucher, gleich welcher Herkunft und Religion.

Karsamstag

14.52 Uhr: Ich passiere die türkische Version von Schönbrunn und höre geistig die Worte: Sisi! Franzl! Sisi! … Kemal? Der Straßenrand ist eine weitere Huldigungsmeile für Atatürk, mit riesigen Fotografien.

21.08 Uhr: Viel länger kann ich die Osterkerze nicht mehr halten. Das Ding ist riesig, wiegt einen Zentner und rutscht mir langsam aus den Händen. Bitte …

23:43 Uhr: Die Vigil endet mit den Worten: *Mesih dirildi! Hakikaten dirildi!* (Der Herr ist auferstanden! Er ist wahrhaft auferstanden!)

Ostersonntag

0.47 Uhr: Ganze Busse von Griechen, die für die Vigil zum Patriarchat ins ehemalige Konstantinopel gekommen sind, verlassen die Liturgie mit brennenden Kerzen. „Christos anesti!“, nicke ich ihnen zu.

1.39 Uhr: Ich bette mich zur Ruhe.

7.20 Uhr: Ich beginne meine Sachen zu packen.

9.17 Uhr: Vorstadtwandern

11.31 Uhr: Highway-Hiking

14.45 Uhr: Check-in nach 25 Kilometern am Stadtrand von Istanbul im „Hampton (by Hilton) Hotel“. Ja, zu Ostern, da gönne ich mir das.

18.16 Uhr: Der Zelebrationsaltar für die Ostermesse hat eine modische Schräge. Das Hotel ist kaum belegt und gut isoliert. Ich singe meine Lieblingssequenz: *Victimae paschali laudes Immolent Christiani. Agnus redemit oves; Christus innocens Patri Reconciliavit Peccatores Mors et Vita duello Conflixere mirando; Dux vitae mortuus Regnat vivus …*

9. Sonntag – Das Ostergeheimnis

Gesetze sind etwas Großartiges. Sie sind klar. Sie zeigen die einzuhaltenden Grenzen auf. Sie sorgen für Recht. Sie haben nur einen Nachteil: Wir Menschen halten sie nicht. Wenn es geht, winden wir uns heraus, rechtfertigen uns dafür und wenn es uns einmal keine Mühe macht sie zu halten, geben wir uns gern mit dem Minimum zufrieden. Gesetze sind etwas Äußeres, solange sie uns nicht ins Herz geschrieben werden; solange wir sie also nicht aus einem inneren Antrieb heraus erfüllen. Hier liegt, wie andernorts schon gesagt, der Kern der christlichen Ethik. Sie ist kein Gesetzeskatalog, sondern muss eine Antwort der Liebe sein, auf die Liebe, mit der Gott uns zuerst geliebt hat. Und der Augenblick, in dem sich diese Liebe Gottes auf das Höchste zeigt und wirksam wird, sind die österlichen Tage: Leiden, Tod und Auferstehung Jesu Christi.

Im Opfer Christi am Kreuz wird das Trennende der Sünde aufgehoben. Wie funktioniert das? Nun, Sünden sind ein Mangel. In der Sünde fehlt etwas, das eigentlich da sein sollte. Ungerechtigkeit ist ein Mangel an Gerechtigkeit. Neid ist ein Mangel an Großherzigkeit. Im Letzten ist die Sünde immer ein Mangel an Liebe gegenüber Gott oder seinen Geschöpfen. Wie behebt man nun einen Mangel? Man behebt einen Mangel mit dem, was fehlt. Wenn die Sünde ein Mangel an Liebe ist, behebt man diesen Mangel mit einem Akt der Liebe.

Unsere menschliche Liebe jedoch reicht nicht aus, um die ganze Tiefe der Undankbarkeit und Lieblosigkeit gegenüber Gott aufzuwiegen. Es bedarf einer größeren, vollkommeneren Liebe. Und genau so eine Liebe hat Christus. Er ist der Sohn Gottes. Seine Liebe ist nicht nur die Liebe eines Menschen, sondern die Liebe der zweiten Person der Heiligen Dreifaltigkeit. Diese Liebe ist unendlich groß und sie zeigt sich im Akt der Selbsthingabe am Kreuz. Dieser Akt der Liebe hat die Kraft, alle Sünden aller Menschen aller Zeiten aufzuwiegen. Am Kreuz wird die objektive Unordnung der Sünde aufgehoben. Die Sünde, die den Menschen von Gottes Liebe trennt, wird durch die sühnende Liebe Christi überwunden.

Diese Heilstat Christi kommt einer Neuschöpfung des Menschen gleich. Durch die versöhnende Liebe Christi ist dem Menschen ein neues Leben möglich; ein Leben aus der Gnade; ein Leben, das dann versuchen kann, auf die Liebe Gottes mit der eigenen Liebe zu antworten. Nicht länger stellt sich dem Gläubigen dann die Frage, ob er dieses oder jenes tun *muss* („Muss ich am Sonntag in die Kirche gehen"), sondern er hat – trotz all der verbleibenden Schwachheit – einen inneren Antrieb, einen Impuls der Liebe, aus dem heraus er nun sein Leben nach dem Vorbild und der Weisung Jesu gestalten *will*. Aus dem Geschehen von Ostern (objektive Erlösung) erwächst der österliche Mensch (subjektive Erlösung). Und diesen österlichen Menschen, wollen wir ab dem nächsten Sonntag betrachten.

Tag 356 – 40 km (9724 km): Heels not Wheels

Im letzten Jahr habe ich mit großer Wahrscheinlichkeit mehr Schuhe gekauft als die meisten Damen, die ich kenne. Im Moment habe ich rekordverdächtige fünf Paar gleichzeitig auf meiner Reise mit dabei. Das will ich in einem Gruppenfoto festhalten und sie kurz mit Namen vorstellen – wer das nicht versteht, muss den Eintrag von Tag 3 nochmals lesen.

Von links nach rechts: Rajesch und Lustafa. Sie sind am längsten dabei und begleiten mich seit Van in der Osttürkei – immerhin 4000 Kilometer. Dass sie noch nicht durchgelaufen sind, hängt damit zusammen, dass schon nach 20 Kilometern die Zehen zu schmerzen beginnen. In dieser Schuhgröße sind sie leider vorne zu eng. Nichts für meine Füße auf langen Strecken. Die beiden bleiben dabei, bis ich jemanden finde, dem ich sie schenken kann oder ich mich durchringe, sie aufzuschneiden und als „Cabrios" durchzulaufen.

Neu dazugestoßen sind in Istanbul hingegen die schwarzen Brüder Röbürt und Lüleyman aus dem Hause Merrell. Sie kennen bislang nur ihre Heimatstadt, wo ich in den Kartagen und über Ostern immerhin knapp 90 Kilometer mit ihnen herumgelaufen bin.

Die nächsten zwei sind Ruben und Levin aus Jerusalem. Ursprünglich als Trainingspartner für den Tel Aviv Marathon gekauft, sind die Gebrüder Saucony wahre Arbeitstiere und stehen kurz vor ihrer Pensionierung. Die weiche Sohle im Bereich des Vorderfußes war über weite Strecken Anatoliens die ideale Antwort auf den türkischen Killer-Asphalt. Nun ist der Unterboden nach 1500 Kilometern so dünn geworden, dass demnächst Steine von unten in die Schuhe kommen.

Ebenfalls aus Israel stammen Rehab und Lachabaeus. Sie habe ich noch vor Jerusalem in בְּאֵר שֶׁבַע (Be'er Scheva) aufgelesen. Zwar gaben sie nach den beengenden Wanderschuhen meinen Zehen die Freiheit zurück, aber wirklich gute Freunde sind wir nie geworden. Trotzdem waren sie zehn Wochen in allen

Gassen Jerusalems dabei und noch hält die Vibramsohle, die jetzt vielleicht 700 Kilometer hinter sich hat. Leider ist das Fußbett nicht sehr komfortabel, sobald die Strecken länger werden. Vielleicht laufe ich sie mit weichen Einlagen fertig, wie einst das armselige Paar aus Yerevan.

Das schrille Duo ganz rechts trägt die Namen Rasha und Lütfü. Als Vorjahresmodelle waren diese beiden kurz davor, ihren Job in einer Istanbuler Auslage zu verlieren. So habe ich mich ihrer angenommen und sie in die Welt hinaus genommen.

Man muss Schuhe dann kaufen, wenn man eine Auswahl hat. Istanbul war vorläufig die letzte große Stadt und das ist auch der einzige Grund für diese

irrsinnige Anzahl an Tretern. Doch nun genug davon. Ich entschuldige mich für diesen ganzen *Schunfug* und kehre zurück zum heutigen Ostermontag.

Ich verließ mein Zimmer und gab die Codekarte bei der Rezeption ab, wo nach meiner gestrigen Vorauszahlung um 10 Lira extra gefeilscht wurde. Verstanden habe ich es nicht, aber ich hatte keine Lust zu streiten. Ich schob den Schein über die Theke und verließ die eigenartige Siedlung an Istanbuls Stadtrand mit ihrem American Style Mall, Dominos Pizza, einer U-Bahn-Endstation und Zäunen. Zäune überall. Nach erfolglosen Versuchen in so ziemlich alle Himmelsrichtungen fand ich endlich ein Schlupfloch und war auf meinem Weg zu den alten Industriebetrieben, die in meiner Richtung lagen.

Ein paar Kilometer weiter in Samlar hätte ich eigentlich auf einen Weitwanderweg treffen sollen. Der „Sultan´s Trail", der in friedlicher Absicht die Route von Süleymans Kriegszug gegen Wien nachzeichnen soll, hätte an dieser Stelle nicht viele Möglichkeiten gehabt, anders zu verlaufen. Schließlich gab es nur eine Brücke über den See. Markierungen fand ich trotzdem keine. Nur Hunde. Und einer davon begleitete mich eine ganze Stunde lang.

Nachdem mich mein freundlich wedelnder Schatten wieder verlassen hatte, traf ich völlig unerwartet doch auf Markierungen. Aber sie waren so verschwenderisch sinnlos alle 50 Meter auf meinem Weg ohne Abzweigungen aufgemalt, dass ich mir ziemlich verspottet vorkam, als ich dann später vor einer Wegkreuzung stand, wo natürlich keine Markierung mehr vorhanden war. Ich pokerte und muss mich falsch entschieden haben. Denn ein paar Kilometer weiter kam ich zu einer Straße, hatte aber keine weiteren Anhaltspunkte. Was blieb mir übrig, als einen „Sultan´s Trail im Eigenbau" zu beschreiten.

Am späten Nachmittag, nach ziemlich exakt 40 Kilometern, stolperte ich auf dem unebenen Gehsteig in Subaşi an einem Hotel vorbei. Ich überlegte kurz, blickte auf die Karte, überlegte nochmals und trat schließlich durch den Torbogen der Unterkunft. „Kleopatra" war der Name der Bleibe, die gewagt Holz mit Wellblech, dicken roten Farbschichten und abstrakten Strichen und Punkten kombinierte. Auch innen war die letzte Renovierung wohl zu jener Zeit geschehen, als die berühmte Patin noch Ägypten regierte. Aber irgendwie haben für mich solche Quartiere einen ganz eigenen – vielleicht auch etwas morbiden – Charme.

Tag 357 – 48 km (9772 km): Bärentöter und Wildschweinwüter

Für jemanden, der über viele Jahre mit Marionetten sein Taschengeld auf der Straße verdient hat, mag folgendes Bekenntnis etwas überraschend klingen: Ich hab´s nicht so mit Puppen. Ich mochte die Fraggles nicht und weigerte mich beharrlich, mir deshalb ein „Loch ins Knie" zu bohren. Kermit und Miss Piggy? Nein, die sah ich mir nicht freiwillig an. Und vom gelben Riesenvogel und seinen Freunden der Sesamstraße fange ich am besten gar nicht an.

Nur der blauen Henson-Puppe „Grobi" bin ich nicht entkommen. „Grobi hat einen schlechten Tag" habe ich meiner kleinen Schwester dutzende Male vorgelesen. Das ist nun schon lange her und den Inhalt kann ich trotz oftmaliger Rezitation nur ungenau wiedergeben. Aber in jedem Fall lief für Grobi an jenem besagten „schlechten Tag" so ziemlich alles schief – einschließlich der Sache mit dem Eis, die auf dem Buchumschlag abgebildet war. Betreten stand dort Grobi mit gelben Gummistiefeln, hielt eine leere Waffeltüte, während zu seinen Füßen die Eiskugel im Regen zerfloss. Ja, Grobi hatte einen schlechten Tag.

Zur Mittagszeit war ich bereit, zu sagen: Johannes hat einen schlechten Tag. Zwar war mir nicht so Entsetzliches widerfahren wie Grobis Malheur mit dem Eis, aber trotzdem lief es heute irgendwie nicht rund. Ich war ungeduldig, gereizt und hatte nicht die leiseste Ahnung warum.

* * *

Mein Tag begann später als geplant. Ein paar hundert Meter die Straße in Subaşi runter, sonnten sich Hunde in umfunktionierten Traktorreifen. Der Greißler, bei dem ich das Essen für den Tag besorgte, verlangte einen satten Touristenaufschlag. Ich kaufe meist mehr oder weniger dasselbe und kenne nun die Preise ungefähr. Aber gut. Halb so wild.

Der erste emotionelle Härtetest war die enge Straße ohne Fahrbahnrand. LKWs drängten mich in Dornen auf der Seite. Jeder Kilometer nagte an meinem durchlöcherten Nervenkostüm.

Die angebliche Alternative zum Asphalt, der „Sultan´s Trail", blieb weiterhin nur ein Phantom. Zwar hatten die Einheimischen des nächsten Dorfes offensichtlich vom Weg gehört, aber sie wiesen mir, trotz meiner Beteuerung, nach „Bulgaristan" zu wollen, stets und voller Eifer den Weg in die andere Richtung nach Istanbul. Ich endete schließlich auf einer Route, die zwar nicht der offizielle Weg sein konnte, aber in einer langen Schlaufe durch die stillen bewaldeten Hügel in die richtige Richtung führte. Etwas Entspannung.

Acht Kilometer weiter war ich zurück auf der ungeliebten engen Straße. War nun auch weniger Verkehr als am frühen Morgen, gab es doch wie gestern ein derart riskantes Überholmanöver zweier LKWs, dass ich vor Schreck in den linken Straßengraben purzelte. Ich riss die Fäuste nach oben und rang um meine Fassung. Johannes hat einen schlechten Tag.

Nach der Mittagspause, in der ich auf der Böschung neben der Straße zunächst lustlos ein *Ekmek* kaute, hob sich meine Stimmung. Warum, kann ich nicht sagen. Mein Unmut verflog so grundlos, wie er am Morgen gekommen war. Auch der Weg wurde bald besser. Ich konnte endlich die Straße verlassen und lief auf schönen, sandigen Waldwegen nach West-Nordwest.

Nach 48 Tageskilometern kam ich zu einer kleinen Lichtung im Wald. Als ich den „unnatürlich“ geformten Flecken zuvor auf der Karte entdeckt hatte, war ich besorgt gewesen, dass dies der Müllabladeplatz eines nahen Dorfes sein könnte – schmutzig und mit einem Rudel Hunde. Ein Rudel Hunde war dann tatsächlich dort, aber kein Müll.

Fünf Vierbeiner bewachten die Zufahrt zum kleinen Viereck Gras – wobei sie dabei keinen allzu großen Eifer an den Tag legten. Im Gegenteil. Ich schien ihnen überaus willkommen. Zwei von Ihnen wurden von der Gruppe als meine persönlichen Begleiter abgestellt und überwachten den Zeltaufbau.

Sie liegen noch immer neben meiner Behausung und haben bislang noch kein einziges Mal gebellt – was sie mir sehr sympathisch macht. Ich hoffe, das bleibt so in der Nacht. Ich nenne sie ob ihres niedlichen Aussehens „Bärentöter“ und „Wildschweinwüter“.

Hatte ich vor sieben Stunden noch lamentiert: „Johannes hat einen schlechten Tag“, genoss ich nun die Stille, die Gesellschaft und den lauen Abend.

Tag 358 – 47 km (9819 km): Von Hunden und Menschen

Ich warf einen Blick zurück durch die Heckscheibe und sah mein einsames Zelt in der Dämmerung verschwinden. Ich schüttelte stumm den Kopf. „Das ist die Türkei.“ Und mehr wusste ich dazu nicht zu sagen.

* * *

Na, das ist doch mal ein Einleitungsparagraph, der alles offen lässt. Die Auflösung dazu gibt es wie immer weiter unten.

Der Tag begann ohne Heckscheiben, dafür mit einer erbarmungswürdigen Abschiedszeremonie. Meine kurzbeinigen Beschützer hatten tatsächlich kein einziges Mal in der Nacht gebellt. Eine Sensation, wie ich meine, die mein Wohlwollen gegenüber diesem ungleichen Rudel nur verstärkte. Lediglich drei Mal in den frühen Morgenstunden hatte sich einer der beiden – der mit der großen schwarzen „Augenbraue" – veranlasst gesehen, knurrend um mein Zelt zu laufen – wohl, um dreiste Weinbergschnecken einzuschüchtern. Und einmal, um vier, sah ich seine Silhouette gegen den grauen Himmel vor meinem offenen Zelt wachsam in die Nacht hinausspähen.

Um 6.20 Uhr dann ein kurzes Bellen, das mir als Weckruf diente und, wie ich sah, die Ankunft der großen drei Hunde ankündigte. Fünf treuherzige Augenpaare überwachten nun das Packen meiner Sachen. Als es wenig später los ging, ließen sie es sich nicht nehmen, mich zurück zur Forststraße zu begleiten. Dann noch ein Stück den Weg entlang … und noch ein Stück … und noch …

Zwei Kilometer weiter. Mein Gefolge war noch da: zuvorderst die zwei Kleinen, dann zwei Beagle-Schlappohren und zuletzt ein dem Anschein nach „ausrangierter" weißer Hirtenhund.

Schweren Herzens begann ich den Vierbeinern zu erklären, dass bulgarische Grenzbeamte kaum Freude mit dem Import von Straßenhunden haben würden. Verständnislose Blicke. Ein schiefer Kopf. Halbherzig und ebenfalls ohne Erfolg machte ich verscheuchende Handbewegungen. Das kleine weiße Weibchen, das mit seinen kurzen Beinen bereits Ordentliches geleistet hatte, legte sich auf die Straße. Diskutieren konnte man schließlich auch im Liegen. Ich ging weiter. Die Hunde folgten.

In der Meinung, damit zum Wohl dieser lieben Vierbeiner zu handeln, mimte ich die nächsten fünf Minuten über immer wieder aggressive Gesten und hatte schlussendlich Erfolg. Aber freuen konnte ich mich darüber nicht. Ich sah ihnen nach, als sie mit gesenkten Köpfen zurück in Richtung ihrer Lichtung trotteten.

15 Kilometer ging es auf schönen Wegen durch niedrige Eichenwälder. Dann setzte ich mich auf eine Böschung, aß und starrte gedankenversunken auf den Boden. Zwei Mistkäfer waren eifrig dabei, eine Kugel zu rollen – allein über die Richtung schienen sie keine gemeinsame Vorstellung zu teilen. Nach etwas hin und her nahm ihnen das Gelände die Entscheidung ab. Nicht vorwärts. Nicht zurück. Es ging nach rechts runter – und beide Käfer purzelten über das Gefälle, ihrer Mistkugel hinterher. Ich hob meinen Blick von der Erde, ließ ihn über saftige, hochgewachsene Wiesen mit Kornblumen gleiten und spähte eine Weile in die Richtung, aus der ich gekommen war. Nein, die Hunde waren nicht mehr zu sehen. Ich seufzte erleichtert und wehmütig zugleich. Manchmal ist es still hier draußen und Gespräche mit geschäftigen Käfern gestalten sich sehr einseitig.

Der Rest des Tages bestand aus einem Wechsel von Dörfern und Feldwegen, Aufforderungen zu Çay und den üblichen Blicken. Es ist ein Segen für die Bevölkerung dieses Landes, dass „jemanden anstarren" soziale Akzeptanz genießt.

Gegen Abend, als ich die Karte nach einem geeigneten Flecken für die Nacht absuchte – nicht einfach im nahtlosen Aneinander der Felder – entdeckte ich etwas am Horizont und steuerte den sanften, bewachsenen Hügel zwischen zwei Dörfern an. Doch als ich dort ankam, sah ich, dass hier zwischen den Bäumen ein großer Friedhof war – für eine Übernachtung so geeignet, wie die anderen kleinen Erhebungen, die ich auf den letzten Kilometern gesehen hatte. Wenn ich mich nicht täusche waren es Grabhügel thrakischer Stammesfürsten, die hier vor mehr als 2.000 Jahren regierten.

Ich blickte nochmals auf die Karten, überlegte und bog dann in einen Feldweg ein. Irgendwo musste es hier schließlich ein kleines Fleckchen der Ruhe für mich geben.

Einen Kilometer weiter hatte ich das ausgesparte Eck eines Feldes entdeckt. Ich sah mich um. Die letzten Traktoren waren vor zehn Minuten ins Dorf gefahren.

Es war still. Ich wartete. Es war kurz vor Sonnenuntergang und es blieb still. Heute würde niemand mehr kommen.

Zeltaufbau. Routine. Jeder Handgriff ist nach so langer Zeit automatisiert. Die Abfolge immer gleich. Wenig später lag ich in meiner kleinen Behausung, entspannte mich und steckte die Füße in den warmen Schlafsack. Leise tuckerte in der Ferne ein Traktor. Soso, jemand war also noch spät auf dem Weg nach Hause, dachte ich.

Aber das Geräusch wurde nicht leiser sondern lauter. Lauter. LAUTER. „Ja gibt´s denn das? Kam jetzt ein Traktor ausgerechnet meinen Feldweg hoch?! Huch. Nein, wie ich gleich sehen sollte, kam er *durchs* Feld und sprühte Pestizide! Als ich mich aus dem Schlafsack wurstelte und den Eingang aufriss, sah ich auch schon die lange Leiste mit den Düsen über meinem Zelt auftauchen. Hasan, der Traktorfahrer, bemerkte mich im gleichen

Moment. Wir konnten vermutlich beide nicht glauben, was wir sahen. „Aber es war doch ruhig hier ...“, dachte ich. „Aber das ist doch mein Feld hier ...“, dachte er. Hasan stieg aus und griff sich an den Kopf. „Was macht der da?!“ ist wohl die türkische Übersetzung seiner Gedanken, deren wortreiche Artikulierung ich über die nächsten Minuten nicht verstand.

Was tun in solchen Fällen? Hasan griff zum Telefon, sprach kurz mit jemandem und legte auf. Wir blickten uns an. Der Bauer versuchte es nochmals auf Türkisch, brach ab und kratzte sich am

Kopf. Stille. Dann, nach ein paar Minuten, schaukelte ein Auto den Feldweg hoch.

Es war nicht die Polizei. Es war der Bürgermeister, erkennbar an seiner Anstecknadel. Und er brachte einen jungen Mann namens Mehmet aus dem Dorf, der in den letzten vier Jahren bei seiner Arbeit in Istanbul auch etwas Englisch gelernt hatte. Er dolmetschte und klärte die Situation. Das Ergebnis: Hasan erteilte mir die Erlaubnis, zu übernachten, wendete den Traktor und fuhr mit seiner Arbeit fort. Ich hingegen wurde ins Dorf eingeladen. Widerrede duldete man nicht.

Eine Weile später saß ich mit Çay, Brot und Grillwurst im *Ofis* des Bürgermeisters. Und das nicht etwa auf der Couch oder dem Stuhl für Gäste.

Ich musste auf den Chefsessel aus Leder. Zwischen den Bissen schüttelte ich den Kopf und musste grinsen. Türkische Gastfreundschaft, sie ist etwas Besonderes.

Es war finster, als man mich zurück zu meinem Zelt brachte. Es stand noch. Und vielleicht war es jetzt etwas resistenter gegen Pilzbefall.

Tag 359 – 49 km (9868 km): Unter grauen Schleiern

Ein paar Regentropfen waren in der Nacht gefallen, aber am Morgen war das Zelt vom Wind getrocknet. Beim Blick in den Himmel aus meinem mobilen Schlafgemach versuchte ich, den Gang der Wolken zu lesen. Nordostwind. Das war günstig. In der Richtung, aus der er blies, sah es bedeutend freundlicher aus. Aber kaum hatte ich alles verstaut und meine ersten Schritte nach Westen gemacht, kam dennoch der Regen. Er war nicht heftig, aber unangenehm. Und er kam – etwas bizarr – aus südwestlicher Richtung, also schräg von vorne.

Mit dem ersten Dorf, durch das ich lief, stand eine Richtungsänderung im Zickzack nach Westen auf dem Programm. Das würde endlich etwas Entspannung für die Gesichtsmuskulatur und die zusammengekniffenen Augen bringen freute ich mich. Aber wenig später hatte sich der Wind angepasst und blies mir die grauen Schleier nun von der anderen Seite zu. Es schien als würde mich den ganzen Tag ein und dieselbe Regenwolke – geradezu „cartoonhaft" – begleiten.

Nach dieser Lehrstunde über meteorologische Wankelmütigkeit – der ich mich bemühte, tugendhaft zu begegnen – setzte sich doch noch eine Windrichtung durch. Ostwind. Der blies mir angenehm in den Rücken und im Tagesverlauf kam sogar die Sonne durch.

Ich spulte viele Kilometer auf festen Wegen ab, ohne Asphalt oder Verkehr. In regelmäßigen Abständen passierte ich dabei kleine Dörfer. In einem davon wurde ich von einem ehemaligen türkischen Gastarbeiter (aus München) angesprochen. Er stellte meinen Weg in Frage und wollte mich zur Autobahn im Süden schicken. Rechtfertigend zog ich mein GPS aus der Tasche und er kommentierte dies mit einem beinahe legendären „Guckst du, GPS!", für seine umstehenden Kollegen. Mit einer Warnung vor Hunden ließ er mich ziehen.

Hunde gab es heute viele. Vom Welpen, mit dem ich mir eine Baustelle bei einem Regenguss als Unterstand teilte, bis zu einem kleinen Hundekind, das mir wenig später durch die Gassen eines Dorfes folgte. Es gab Hirtenhunde und Straßenhunde. Es gab einen weiteren jungen Hund, der beschloss, mir statt seinem Herrchen zu folgen. Ich musste stehen bleiben und seinen „Abtransport" am Halsband abwarten, weil alles Pfeifen und Schnalzen nichts half. Unter den vielen Gerüchen, die ich nach ein paar Tagen im Zelt verströme, ist der Geruch des Abenteuers mit Sicherheit der anziehendste.

Zum Schluss gab es dann im magischen Dreieck einer Müllhalde, einer Hühnerfarm und einer Siedlung die vermutlich größte Ansammlung an Streunern dieser Reise. Nicht, dass sie sonderlich aggressiv gewesen wären, aber ich freue mich nicht unbedingt, dass ihr „Revier" nun am Abend nicht ganz so weit von meinem Lager am Waldrand ist. Noch überwiegt nach dem Surren der Gelsen das laute Quaken der Frösche. Aber in der Nacht könnte das Bellen, das jetzt schon in der Ferne zu hören ist, näher kommen.

Tag 360 – 38 km (9906 km): Mit vollem Maule bellt man nicht

„I´m going in!" Zosimus kappte die Verbindung, schmiegte sich an den riesigen Turm und begann zu klettern. Es war dunkel. Aber Zosimus war noch nie in seinem Leben auf Licht angewiesen gewesen. Er operierte mit Infrarot-Wärmebildern und arbeitete sich ohne Schwierigkeiten nach oben vor. Er wusste, er war geboren für diese Mission. An einem Platz, der ihm geeignet schien, griff er zu seinen Werkzeugen und führte eine Probebohrung durch. Okay. Etwas weiter links. Erfolg. Er setzte die Haken, rührte den Klebstoff und verlegte völlig ruhig nach dem Handbuch seine Leitung.

Warum Zosimus, die Zecke, gerade 12 cm über meinem Herzen zu saugen begann, kann ich nicht sagen. Leider kann ich auch nicht sagen, wann er damit begonnen hatte. Sagen kann ich nur, dass ich in meinem Leben noch nie so eine große Zecke gesehen habe. Sie war etwa halb so groß wie eine extrem kleine, vierjährige Kuh. Dass ich keine Blutkonserven als Nachbehandlung brauchte, ist entweder ein Mirakel, oder eben dem Umstand zu verdanken, dass Zosimus noch nicht wirklich lange bei der Arbeit war.

Glücklicherweise ist die Türkei kein FSME-Risikogebiet und ich werde die Stelle für etwaige Borreliose-Wanderröte in den nächsten Tagen beobachten (Nachtrag: die Symptome haben sich vier Tage später noch nicht eingestellt).

Die ersten Kilometer heute Morgen sollten eine Abkürzung werden. Doch ein Flusslauf, wie es ihn hier alle 500 Meter zwischen den sanften Bodenwellen gibt, machte die Sache zunichte. Durch die trübe Brühe wollte ich nicht und ging schließlich das Eck bis zur Brücke aus.

Dieser Weg führte natürlich vorbei an eifrigen Hunden, die bei meiner Ankunft aus der Einfahrt des Hauses schossen. Vier weiße, ein schwarzer. Letzterer muss schnell festgestellt haben, dass die blutleere Erscheinung die ich war, nicht vorhatte, Schafe in den Rucksack zu stopfen. Er stellte das Bellen ein und begann, als seine Kollegen noch immer dümmlich keiften, dem vordersten meiner Verfolger ins Bein zu beißen. Das Ergebnis dieser rein erzieherischen Maßnahme mutierte zu einem seltsamen Tanz, der mich beim Blick über die Schulter laut lachen ließ.

Störche stiefelten über die Wiesen. Ich persönlich hätte sie an das sumpfige Flussufer gestellt, aber meine klischeehafte Zuweisung kümmerte sie nicht. Der Trend geht offensichtlich weg von Fröschen und hin zu Eidechsen.

In einem der Dörfer, die ich passierte, stieß ich auf eine riesige Hinweistafel zum „Sultan's Trail". Offensichtlich waren die Wegmacher der Ansicht, ein großes Schild alle 10 Kilometer ersetze die lästigen kleinen Markierungen zwischendurch.

Am späten Nachmittag studierte ich die Karte und wählte eine der letzten Gelegenheiten für einen Zeltplatz zwischen niedrigen Büschen. Ich begann nach dem Abendessen gerade meinen Bericht zu tippen, als ich im Augenwinkel eine Bewegung und dann eine Gestalt wahrnahm. Ich spähte durch das Fliegengitter. Ein großer Kangal Rüde stand verwirrt und höchst aufmerksam zwei Meter vor dem Zelt. Er starrte auf den Bogen der grauen Plane. Ich starrte hinaus. Als ich mich kurz bewegen musste, war das Resultat eine höchst amüsante Kombination aus einem Sprung, bei dem alle vier Beine den Boden verließen, einer vollen Kehrtwende und obligatem Bellen. Das rief zunächst einen und dann zwei weitere Hirtenhunde lärmend auf den Plan. Sie alle trugen Halsbänder, waren also keine Streuner. Den Gebärden nach hatten die drei aber noch nie ein schnittiges Einmannzelt gesehen. Sie waren hin- und hergerissen zwischen bellender Pflichterfüllung und staunendem Wunder.

Ich beschloss die Stimmung mit Keksen aufzulockern. Dabei musste ich sie ihnen sehr vorsichtig hinwerfen, um den Eindruck zu vermeiden, es seien Steine. Zwei der Hunde hatte ich damit im Nu in der Tasche und die beiden buhlten mit treuherzigen Gesichtsverrenkungen um den nächsten Brösel. Der Rüde jedoch, der mich als erster entdeckt hatte, wusste nicht, ob er wedeln, davonlaufen, fressen oder bellen sollte. Er entschloss sich alles möglichst gleichzeitig zu tun. Ich habe nicht wenig gelacht über meine *Kangal Warriors*, bevor ich die Fütterung beendete. Nach zwei Minuten hoffnungsvollem Geschnuppere rund ums Zelt lag ich wieder alleine da. Das Pilgerleben. Geschichten über Hunde. Und manchmal Zecken.

Tag 361 – 37 km (9943 km): Hundsmiserabel

Der heutige Tag war, was die verbleibenden Kilometer in die Grenzstadt im Dreiländereck Türkei-Bulgarien-Griechenland anbelangt, nicht sonderlich abwechslungsreich. Über weite Strecken ging es einfach geradeaus durch die Felder. Das gab mir die Möglichkeit, über meine lange Zeit in der Türkei zu reflektieren. Von den bald 10.000 Kilometern, die nun hinter mir lagen, bin ich ein gutes Drittel in diesem riesigen Land unterwegs gewesen. Ich dachte zurück an die letzten Monate und stieg in Gedanken auf zu Felsenklöstern unter den Grasbergen des Pontischen Gebirges. Mir wurde von großen Hunden nachgestellt und von anderen das Herz gebrochen. Ich wurde zu Çay eingeladen und wieder zu Çay eingeladen. Ich wurde abermals zu Çay eingeladen und noch einmal zu Çay. Jemand winkte zum Çay, ein anderer offerierte Çay. Çay. Çay. Çay. Ich stand an den Ufern des Vansees und blickte über das Meer von Baumwollfeldern. Ich stand vor jahrtausendealten Tempeln und saß zwischen jahrhundertealten Olivenbäumen. Ich trat ein in uralte christliche Stätten und blickte auf in die Kuppeln des Islam. Ich jammerte über Killer-Asphalt und spazierte über stille Hochebenen. Ich hörte den Muezzin rufen und die Schakale heulen. Hirten spähten aus nach mir und ich spähte aus nach ihren Hunden. Ich wurde eingeladen zu Festen und genoss die Einsamkeit der Berge. Ich erfuhr großherzige Gastfreundschaft und den beklemmenden Vormarsch des Islamismus.

Die Türkei war voll von großen Überraschungen und manch kleiner Enttäuschung. Eine der Enttäuschungen war freilich ich selbst. In der Zeit, die ich hier verbracht habe, hätte ich gehofft, mehr Türkisch zu lernen. Ich hatte sogar einen kleinen Türkisch-Kurs all die Kilometer im Rucksack mitgeführt. Allein, meine Sprachkenntnisse sind auch nach all den Kilometern auf bloß wenige Wörter und Phrasen beschränkt. Mein Türkisch ist hundsmiserabel und wenn ich dies sage, weiß ich nicht, ob ich damit nicht den Hunden unrecht tue.

Ein ganz amüsantes Beispiel, das erst vor wenigen Tagen ans Licht kam, ist meine türkische Zahlenlehre. Irgendwo unterwegs hatte ich von einem Jungen aufgeschnappt, dass „bir“ offensichtlich nicht nur „eins“, sondern auch „tausend“ bedeuten konnte. Denn wenn ich auf die Frage nach den *Nüfus* (Einwohner) einer Stadt „on-bir“ (zehn-eins) als Antwort bekam, dann konnte es sich ja kaum um 11 Einwohner handeln. Das mussten „zehn“-“tausend“ sein.

Diese Zahl schien nun, da ich mich der 10.000 Kilometermarke näherte, ein brauchbares Vokabel zu werden. Und wenn mich jemand in den letzten Tagen nach Details zu meinem Weg gefragt hatte, hatte ich selbstsicher „onbir kilometre“ geantwortet. Dass dann kaum jemand von der gewaltigen Strecke (von „11 Kilometern“) beeindruckt gewesen war, kann ich nun im Nachhinein sehr gut verstehen. Grinsend stellte ich mir die dörflichen Dialoge vor: „Guckst Du, Ahmet? Der Typ ist seit 11 Kilometern unterwegs.“ „Dafür sieht er aber ziemlich abgekämpft aus.“ Also, nun am letzten Tag in diesem Land lerne ich: „onbin“ wäre richtig gewesen.

In Erinnerungen versunken kam ich am Nachmittag in Edirne an. Das einstige Adrianopel, für knapp 90 Jahre sogar Hauptstadt des Osmanischen Reiches, ist mein letzter großer Ort am Weg durch die Türkei.

Ich betrat mein Hotel. Während ich auf den Schlüssel wartete, ließ ich den Blick durch die Lobby schweifen. Gleich neben der Rezeption hing ein Plakat mit den 50 letzten Gewinnern des Kırkpınar. Dieser jährliche Wettkampf soll laut dem Guinness Buch der Rekorde als älteste laufende Sportveranstaltung gelten. Seit 1346 übergießen sich dabei Männer mit Olivenöl und treten in Lederhosen auf der Wiese vor der Stadt zum Ringkampf an. Wer seinen Gegner am Boden fixiert oder ihn über seine Schultern hebt, gewinnt und bekommt dann vermutlich auch irgendwann ein Bild auf einem Plakat.

Im *Hotel Saray* waren um diese Jahreszeit aber keine öligen Männer zu Gast. Vielmehr waren fast alle Zimmer mit kopfbetuchten Frauen belegt. Ich bezog meine Kemenate und ging dann nochmals in die Stadt, um die Selimiye Cami zu sehen. Diese Moschee zählt zum Weltkulturerbe und gilt als schönstes Bauwerk jenes Architekten, der später die meisten großen Prachtgebäude und Gebetshäuser in Istanbul entworfen hat.

Dem kulturellen Beitrag folgte noch ein kulinarischer (Dürüm). Dann kehrte ich in das Hotel zurück. Schon bald fand ich mich mit folgender Feststellung im hellhörigen Zimmer liegen: Kopftücher bedecken den Kopf, aber nicht den Mund. Die weiblichen Kommunikationsgeräusche, zwischen Kichern, Lachen und Kreischen, untermalten meinen Abend. Ich versuchte die weitere Route festzulegen und war mir nicht ganz sicher, wie ich morgen gehen würde, als ich das Licht ausmachte. Immer noch hochfrequentes Lachen und Lärmen von mindestens *onbir* Damen. Ich seufzte. Oder waren es *onbin*?

10. Sonntag – Der österliche Mensch

Wenn man den Wert einer Sache, wie üblich, über den bezahlten Preis bestimmt, dann wird in der Heilstat Christi auch der Wert des Menschen auf eine neue Weise deutlich. Nicht Leistung, Einfluss oder Besitz definieren ihn, sondern das Gott-geschenkte Fundament einer viel tieferen Würde, die allen Menschen in gleichem Maße zukommt, weil sie in der Liebe Gottes zu einem jeden Menschen wurzelt.

Es ist nun die Berufung und Aufgabe des Menschen, im Glauben an Christus auf diese Liebe zu antworten und dieser Würde mehr und mehr zu entsprechen. Dies geschieht durch den Weg der Jüngerschaft und Nachfolge. Durch sie werden Menschen in Christus, dem Sohn, zu Söhnen und Töchtern Gottes. Sie werden hineingenommen in das Leben Gottes selbst.

Das Instrument dieser Umgestaltung ist die Gnade. Gnaden sind Gaben Gottes, die dem Heil dienen. Es gibt verschiedene Arten. Die wichtigste ist zweifellos die heiligmachende Gnade. Sie hat eine verwandelnde Kraft in unserer Seele.

Diese Verwandlung kann man sich verschieden vorstellen. Zum Beispiel als Kräftigung, mit der wir nun wirklich die Werke Gottes vollbringen können. Oder als Licht, das uns am Weg zu Gott leuchtet. Je heller das Licht, desto klarer können wir den Weg zu Gott erkennen – mit all den Wegkreuzungen und Hindernissen. In einem weiteren Bild wird die heiligmachende Gnade mit Schmuck für die Seele verglichen, der sie zu einer würdigen Wohnstatt Gottes macht. Und damit sind wir bei einem entscheidenden Punkt: durch die heiligmachende Gnade wird die menschliche Seele derart bereitet, dass der Heilige Geist, die dritte Person der Heiligen Dreifaltigkeit, in ihr Wohnung nimmt. In der Heiligen Dreifaltigkeit ist der Geist die Liebe zwischen dem Vater und dem Sohn. Durch den Heiligen Geist werden wir hineingenommen in diese Liebe, also in das Leben Gottes selbst. Durch seine Kraft und seine Gaben erhält das christliche Leben einen neuen Antrieb. Man kann es vergleichen mit dem „Upgrade" von einem Ruder- zu einem Segelboot.

Die Gnade sorgt somit für eine Erhebung des Menschen und seine neue Hinordnung auf Gott. Ihre Quelle ist die Heilstat Christi am Kreuz. Durch die Gnade hat der Mensch Anteil an einem übernatürlichen Leben und verkostet eine innere Freude und einen inneren Frieden.

Doch die Gnade kann verloren gehen in der Abwendung von Gott – in der schweren Sünde – bis sie ihm neuerlich geschenkt wird, in aufrichtiger und echter Umkehr.

Das Ziel des österlichen Menschen ist es, die Gnade in seinem Leben zu vermehren und ihr in seinem Leben Raum zu geben. Dadurch tritt er tiefer ein in das Leben Gottes, an dem er durch die Gnade schon jetzt in diesem Leben Anteil hat. Der Tod ist zwar ein Abschied aus der Welt, aber im Grunde nur ein Übergang in die Fülle des Lebens, das in der Gnade bereits begonnen hat.

Tag 362 – 48 km (9991 km): Aufbruch nach Bulgaristan

Mit den neuen feuerroten Schuhen aus Istanbul bin ich heute losgetrabt. Rund 20 Kilometer waren es bis zur Grenze und dabei folgte ich den breiten Straßen und Schildern nach „Bulgaristan". Die Strecke am Asphalt war kein landschaftliches Highlight, aber mir ging es zu Fuß mit Sicherheit besser als den geschätzt 350 LKWs, deren Schlange sechs Kilometer vor dem Schlagbaum begann. Mitleidig passierte ich die Fahrer. Nur einmal löste Schmunzeln kurz das Mitleid ab. Auf einem gelben Truck war in großen Lettern zu lesen: „Discordia" (dt. Zwietracht, Streit). Der Name der Speditionsfirma, eine Kampfansage an den Kunden?

An der Grenze stellte ich mich in die Reihe der Personenkraftwagen und wurde ohne langes Warten oder Kontrollieren durchgewunken. Damit war ich zurück in der EU.

Auf der bulgarischen Seite der Grenze traf ich Ivan aus Serbien, der mit dem Fahrrad auf dem Weg nach Tadschikistan war. Aus der kurzen Begegnung zweier Fernreisender wurde ein 90-minütiges Gespräch über die UN, Gott und die Frage nach der Wahrheit.

Nach dieser Pause zu mittäglicher Stunde setzte ich meinen Weg nach Westen fort und musste dabei meist am engen Straßenrand wandern. Der Schwerverkehr hüllte mich in Staub und Ruß. Gelegentlich schielte ich auf die neue Autobahn, die parallel zu meiner Straße auf ihre Eröffnung wartete. Als ich bei einer gesperrten Zufahrt an einem Polizeiwagen vorbeikam, fragte ich die Beamten, ob ich nicht dort auf den leeren Spuren meinen Weg fortsetzen könne. Ich war fast ein wenig überrascht, als ich mit „може" die Erlaubnis bekam.

Die nächsten Kilometer war ich einsamer Geistergeher auf der linken der vier Spuren und genoss die Freiheit, den Platz und das höchst eigenartige Gefühl, mitten auf einer verwaisten Schnellstraße unterwegs zu sein. Es war wie eine Szene aus einem postapokalyptischen Drehbuch.

Nach gut zwei Kilometern im „Geschwindigkeitsrausch" war der Spaß jedoch vorbei und ich musste zurück auf die Bundesstraße. Hier war mittlerweile zwar weniger Verkehr, aber die Fahrbahn mit dem „grünen Rand" blieb eng, gefährlich und ohne große Ausweichmöglichkeiten. Denn die einzigen, die hier Hecken, Büsche und Bäume „trimmten", waren die Verkehrsteilnehmer selbst. Nicht nur optisch entstanden dadurch veritable Wände und manchmal grüne Tunnel. Platz für Pilger blieb da wenig.

Nach Свиленград (Svilengrad) mit seiner 500 Jahre alten Brücke, die sich in zahlreichen Bögen über den vom Regen angeschwollenen Fluss spannte,

blieben ein paar lange Geraden bis zu meinem Tagesziel. Hier konnte ich meine ersten bulgarischen Eindrücke verarbeiten.

Erstens, Hunde: Es gab entgegen der mythischen Reputation Bulgariens kaum Straßenhunde – wenigstens in dieser Ecke des Landes. Dafür keiften Deutsche Schäferhunde und viele kleine Vierbeiner durch die Lücken in den Gartenzäunen.

Zweitens: Mit den Gartenzäunen sind wir schon beim nächsten Unterschied zur Türkei. Die Bulgaren pflegen ihr Gemüse hinter Holzlatten. Das verleiht den Dörfern im Vergleich zu den anatolischen Nachbarn ein anderes Aussehen. Denn in islamischen Ländern wird oft der ganze Lebensbereich der Familie mit einer höheren Mauer umgeben.

Drittens, der Asphalt: Wenn manchmal auch von Büschen arg begrenzt, ist die Qualität der Straßen bislang wirklich gut. Aber Bulgarien ist ein Wanderland und ich hoffe in den nächsten Tagen noch öfter auf angenehme Fußpfade wechseln zu können.

Nach 48 Kilometern kam ich nach *Любимец* (Lyubimets), einem bäuerlich geprägten Dorf. Hier fand ich eine Unterkunft und bin dankbar dafür. Hat das Wetter auch bislang gehalten, soll bereits diese Nacht eine unbeständige, regnerische Zeit anbrechen.

Tag 363 – 43 km (10034 km): Die Zehntausend und der Zuhälter

„Zehn Frauen schaffen für mich an", erklärte der kleine untersetzte Mann stolz. Seine orange Warnweste flatterte im Wind. „Und die zehn Männer hier," wie ein General musterte er dabei seine Mannen, „fahren für mich Lastwagen." Zuhälter *und* Baustellenleiter. Der Herr mit breitgefächerter Berufsbildung hatte mich kurz zuvor mit autoritärer Stimme zu sich gerufen, als ich gerade den neu geteerten Zubringer der künftigen Autobahn entlang gelaufen war. Über die nächsten Minuten schlüsselte er mir mit obszönen Gesten auf, mit wievielen Damen – und Herren – er bereits selbst verkehrt und wieviel Geld er damit verdient hatte. Es war eine Beichte. Aber eine Beichte ohne Reue. Und seine Prahlerei

nahm eher noch zu, als ich ihm wenig beeindruckt offenbarte, dass ich Priester sei. „попа“ (Popa) oder so ähnlich hatte er mit einem staunenden Laut und Daumenwink für die anderen Arbeiter ausgerufen, die nicht Deutsch sprachen wie er. Dann fuhr er mit seinen Geschichten fort. Der Weg ist voller Begegnungen. Menschenskinder.

* * *

Der online-Wetterbericht hatte für den heutigen Morgen Regen und eine Besserung ab Mittag angekündigt. In der Früh berichtete dieselbe Seite, dass nun die erste Tageshälfte trocken bleiben würde und erst dann der Regen zu erwarten sei. Der Blick aus dem Fenster lieferte keine Erkenntnisse. Grauer Himmel. So packte ich meine Sachen und brach auf. Nach zehn Minuten begann es zu regnen.

Aufgrund der starken Niederschläge in der Nacht beschloss ich die Feldwege zwischen Äckern, die ich gestern als mögliche Route ins Auge gefasst hatte, wegen der Schlammgefahr zu meiden und die Straße zu nehmen. Aber der Verkehr war nervenaufreibend. Zu schnelle Autos auf zu schmaler Straße mit zu wenig Rand. Etwas grimmig zog ich die Kapuze ins Gesicht, stapfte durch die Pfützen und vergaß dabei völlig mein fünfstelliges Jubiläum.

Zwanzig Kilometer weiter hatte ich die Möglichkeit, so wie gestern, auf die unfertige Autobahn zu wechseln. Und mit dieser Entscheidung trat ich also in das Leben eines unbußfertigen bulgarischen Zuhälters.

Nachdem dieser seine seltsame Ruhmesrede beendet hatte, folgte ich der künftigen Schnellverbindung zwischen София (Sofia) und Istanbul. Im Nieselregen wanderte ich westwärts, bis ich nach einigen Kilometern von einem Arbeiter gebeten wurde, die Baustelle zu verlassen.

So suchte ich ab dem kleinen Dorf Поляново (Polyanovo) auf Feldwegen mein Glück. Zunächst waren diese sandig und gut zu begehen. Dann kam ein Abschnitt mit hohem, nassen Gras und großen „Feuchtgebieten“. Schließlich stand ich doch im Schlamm und kämpfte mich leise schimpfend weiter bis zu einer Straße der 4. Ordnung. Kaum breiter als das, was zwischen zwei Seitenspiegel passt, gab es nun einige gefährliche Momente mit fahrenden Verkehrsteilnehmern, die mit höllischer Geschwindigkeit über die Kuppen und um die Kurven rasten.

Südlich von Александрово (Aleksandrovo), durch das ich wenig später marschierte, lag ein thrakisches Hügelgrab. Seit fünf Jahren lockt ein modernes Museum dort Besucher. Die Grabkammer ist berühmt für seine leuchtenden, 1700 Jahre alten Wandmalereien. Und für lokale Zuhälter vielleicht besonders interessant: das Motiv des fülligen, nackigen Königs, der mit einer Doppelaxt durch das Gewölbe hüpft.

Als Kontrapunkt zur modernen Infrastruktur des Ausstellungsorts für die Toten, war der Dorfplatz für die Lebenden „gestaltet". Rostende Spielgeräte, deren alter, gebleichter Lack Blasen schlug, waren vor ein heruntergekommenes Kaffeehaus gestreut. Das Etablissement doubelte auf einem seiner Tische als Supermarkt. Letzte Einkäufe. Kekse und Zitronenfanta.

Ein paar Kilometer weiter beschloss ich nochmals, die Hauptroute zu verlassen und bog ab in den Wald. Die kleine Straße begann mit einer kapitalen Schlaglochpfütze und dem erfolglosen Versuch, mich in den Dornen links davon vorbei zu schummeln. Danach allerdings war der Weg angenehm zu gehen und dank der sandigen Bodenbeschaffenheit auch nicht schlammig.

Auf einer schönen Lichtung baute ich mein Zelt auf und liege nun hier. Bulgariens Schakalpopulation – die größte Europas – singt mich in den Schlaf. Statt Schäfchen zähle ich im Geiste Lastwagen und frisierte BMW-Boliden, die mich am Straßenrand das Fürchten lehren.

Tag 364 – 50 km (10084 km): Politische Wandernadel

Mein Tag begann in Schattierungen von Grau. Nebel lag über dem Wald. Und als ich zwei Stunden später die riesigen Industrieanlagen von Димитровград (Dimitrovgrad) passierte, schien es fast so, als hätte ich den Grund für die schlechte Sicht gefunden. Vor mir ragten Schlote und Wasserkühltürme in die Höhe, die Dampf und gelbes Abgas husteten. Bulgariens Wolkenfabrik. Cumuli braucht das Land!

Als ich die Chemischen Anlagen in Richtung Stadtzentrum hinter mir gelassen hatte, bemerkte ich, dass ich irgendwo unterwegs meinen vier Wochen alten

türkischen Pullover verloren hatte. Zwar war mein Plan immer gewesen, ihn jetzt, am Beginn der warmen Zeit als Kleiderspende abzugeben, aber nicht so und nicht irgendwo am Straßenrand. Ich kann nur hoffen, dass er im letzten Dorf vom Carrix abgesprungen ist, denn dort gab es jede Menge Menschen, die ihn wohl hätten brauchen können. Ich bin hier in Europa, in der Europäischen Union, aber ich kann nicht umhin, ein Europa zweiter Klasse wahrzunehmen, das zugleich Erbe des Kommunismus und Frucht des darauffolgenden Ellbogenkapitalismus ist. Während sich dieser Tage alle für die Europawahl rüsten, meine ich, so mancher Politiker täte gut daran, dieses Europa, dessen Menschen er vertreten soll, abseits der Sehenswürdigkeiten kennen zu lernen – zu Fuß, im Idealfall, und vielleicht durch eine Stadt wie Dimitrovgrad. Hier leben Menschen, keine Zahlen. Ich sage das nicht als Vorwurf an die Politik. Es scheint mir nur, man muss begreifen, wer diese Menschen sind und wie sie leben, bevor man im Wahlkampf den bunten Slogan: „Europa – Friedliches Miteinander von 500 Millionen Menschen" an Wiener Hausfassaden pinselt.

Am anderen Ende der Stadt wechselte ich nachdenklich auf kleine Nebenstraßen, die nun erstmals diese Bezeichnung nicht nur aufgrund der Straßenbreite verdienten. In der zunehmenden Schwüle zog ich vorbei an Störchen, Rindern und ab und zu einem kleinen Dorf. Nur selten begegneten mir Fahrzeuge auf den

Schlaglochpisten. Auf halbem Weg blieb dann eines davon stehen – ein großer weißer Eislieferwaren. Der Fahrer bedeutete mir zu halten, stieg wortlos aus, öffnete eine Klappe am Ende des Fahrzeugs und drückte mir ein Eis in die Hand. Ich bedankte mich, er aber winkte ab, stieg in seinen Wagen und fuhr wortlos weiter. Hilfsbereitschaft und Großzügigkeit mit der ganzen Distanziertheit, die mir seit der Grenze schon aufgefallen war.

Als ich in Първомай (Parvomay) hielt und die Karte studierte, um mein Hotel zu finden, wurde ich von einem Mann angesprochen. Drei Minuten später saß ich ein paar Häuser weiter in der Gartenlaube seiner Mutter und plauderte auf Deutsch. Заприян (Zapryan), mein Gastgeber, hätte sich noch gerne länger unterhalten, musste jedoch noch einen dringenden Termin wahrnehmen. So verabredeten wir uns auf ein Bier zwei Stunden später.

Kurz vor halb neun holten er und seine Frau Недялка (Neli) mich von der Hotellobby ab. Wir fuhren ins Nachbardorf und nahmen auf den Plastikstühlen vor dem Lebensmittelladen eines Bekannten der beiden Platz. Ich genoss den gemütlichen Teil bulgarischer Lebenskultur – etwas, das auch für die beiden Auswanderer rar geworden war. Sie lebten nun südlich von Stuttgart, wo Zapryan als Arzt arbeitete. Nach nur zwölf Monaten war sein Deutsch hervorragend.

Als wir uns spät in der Nacht verabschiedeten, wünschte ich ihnen und ihrem kleinen Töchterchen still alles Gute im geeinten Europa – einem Europa der vielen Gesichter. Nur manche dieser Gesichter – ich dachte zurück an Dimitrovgrad – schien man gerne zu vergessen.

Tag 365 – 48 km (10132 km): Der Prophet im Fiat

Vom Prophet im eigenen Land ist sprichwörtlich bekannt, dass er nichts gilt. Soll man dann fern von der Heimat dem runden Gesicht eines Mannes vertrauen, das sich aus dem Fahrerfenster eines türkisfarbenen Fiat streckt – einem Fiat, der eben mit hohen Tönen des Getriebes im Retourgang zurückgefahren war und dessen Fahrer nun mit Sprache, Hand und Fuß bedeutete, man sei hier völlig falsch?

Ich will keine allgemein gültige Regel für Propheten in italienischen Importwagen aufstellen, aber ich für meinen Teil, hätte dem guten Mann Gehör schenken sollen. Schließlich war ich gerade erst von meinem Quartier aufgebrochen und hatte nach einer regennassen Nacht die Richtung eines kleines Dorfes eingeschlagen, an dessen Ende keine Straße, sondern ruhige Feldwege warteten. Ich war nach 365 Tagen ja kein Anfänger mehr. Ich wusste, was das bei dieser Witterung bedeuten konnte. Aber ich hatte genug von den LKWs und riskanten Überholmanövern. Mein Weg war da draußen – draußen in der agraren Wildnis, und vielleicht war es ja nicht so schlimm.

Татарево (Tatarevo), das ich ein paar Kilometer später erreichte, war ein netter Häuserhaufen mit Kopfsteinpflaster, alten blühenden Kastanienbäumen und einigen Schaulustigen, die bislang in Bulgarien nur selten lächeln.

Am Dorfende ging es planmäßig in die Felder. Und zunächst war der Weg noch gut zu gehen. Nach einer Weile blieb dann nur ein dünner Streifen Gras zwischen den Spurrinnen, der mir half, den Schmutz zu meiden. Schließlich jedoch war ich mittendrin im Schlamm. Zähneknirschend zog ich

das vom Schlamm blockierte Rad des Carrix mit 20 Kilo totem Gewicht über die aufgelöste, nackte Erde. Meine Sandalen unterdessen waren zu erdigen Plateau-Schuhen mutiert.

Ich war mir in jenem Moment stark bewusst, wie sehr meine innere Reise von der tugendhaften Antwort auf diese dreckige Herausforderung abhängig war. Wie ist es mir ergangen? Nun, ich will den Leser nicht mit meinem Seelenleben langweilen – es reicht, wenn mein Beichtvater bald von diesen Stunden hören muss …

Langsam und mühsam war das Fortkommen ganze zwei Stunden lang. Das Jesusgebet war mein letzter Ausweg, die Contenance zu bewahren und dämmte schließlich meinen Unmut ein.

Endlich zurück auf festem Untergrund gelobte ich selbigen bis Пловдив (Plovdiv) nicht mehr zu verlassen. Ich folgte kleinen Straßen durch ruinöse Dörfer bis Болярци (Bolyartsi), wo ich meine Richtung änderte und auf eine Straße stieß, die bald verkehrsreicher war als mir lieb. Je näher ich der zweitgrößten bulgarischen Stadt kam, desto mehr Autos drängten auf das schmale Band Asphalt.

Verschiedentlich rasten dunkle deutsche Luxuswagen mit solch unerträglich mörderischer Geschwindigkeit an mir und anderen Verkehrsteilnehmern (Pferde eingeschlossen) vorbei, dass sich mir die wunderbare Möglichkeit bot, in der Feindesliebe zu wachsen. Wie das ausgegangen ist, ist wohl auch eher eine Sache für den Beichtstuhl …

Nach tristen Kilometern durch Plovdivs Vororte kam ich im Stadtzentrum an. Die griechisch-römische Vergangenheit des alten Philippopolis, seine grünen steilen Hügel und die nette Altstadt lassen die 370.000 Einwohner zählende Stadt in diversen Auflistungen oft als sehenswert gepriesen werden. Im einsetzenden Regen hatte ich jedoch nur mäßiges Interesse an diesen Vorzügen. Ich steuerte geradewegs eine Unterkunft in der Fußgängerzone an und buchte dort zwei Nächte. Morgen, an meinem ersten Jahrestag, nehme ich mir die Zeit, um Freunde im 140 Kilometer entfernten Sofia zu besuchen – mit dem Bus und nicht zu Fuß. Die Hauptstadt Bulgariens liegt nämlich nicht auf meiner Route. Nach meiner Rückkehr wird es dann von hier aus in die Berge gehen. Kurs Südwest, gen Griechenland.

Tag 367 – 43 (10175 km): In den Bergen des Orpheus

Orpheus mag beim *Schifferlfahren* im Boot der Argonauten mit seiner Lyra das wütende Meer besänftigt haben, aber das dunkle Wolkenmeer über meinem Kopf schien – als ich mich heute anschickte in die bergige Heimat des Helden aufzubrechen – keinesfalls beruhigt. Lyra trug ich keine und meine unbeholfenen Instrumentalübungen hätten ohnehin nicht nur den Himmel weinen lassen.

In der Nacht hatte es heftig geregnet. Stürmisch war es auch im Hotel gewesen, wo sich ein paar Lehrer offensichtlich vergeblich bemüht hatten, den Kindern einer Schulklasse Stille ans Herz zu legen. Auch das wäre vielleicht ein Job für Orpheus gewesen.

Als ich aufbrach, war es schon spät. Ich war noch immer unentschlossen welchen Weg ich nun durch die Rhodopen nehmen wollte. So wählte ich zu Beginn eine Straße, die mir für die ersten Kilometer wenigstens zwei der Möglichkeiten offen ließ.

Nach fünf Kilometern durch die Stadt landete ich einmal mehr auf einer schmalen Straße mit viel zu viel Verkehr. An eine Flucht auf die Feldwege zwischen den Äckern wollte ich nach den bisherigen Erfahrungen nicht denken. Schon der Rand der Straße war so weich und schlammig, dass ich ihn meiden musste. Allerdings nahm mir der Verkehr die Entscheidung hinsichtlich meiner weiteren Route ab. Ich entschloss mich für die Variante, die als erstes von der

Straße abbog. 20 Kilometer genoss ich daraufhin die relative Ruhe zwischen kleinen Dörfern.

In Кричим (Kritschim), am Ende der Oberthrakischen Tiefebene, erwischte mich ein Regenschauer, den ich unter den Vorsprüngen des alten und stillgelegten Hotels abwartete. Dann begann der Aufstieg in die Berge. Die kleine Straße wand sich mit mäßiger Steigung in einer Schlucht bergan, während sich die Felsen rechts und links in imposante Höhen türmten.

Ich kam vorbei an einem kleinen Kloster – keine historische Anlage, sondern eine Mönchszelle jüngeren Datums. Die Tore waren verschlossen.

Als Nächstes passierte ich drei Männer, die bei einer Wasserquelle grillten. Ich grüßte und füllte meine Flaschen, wurde jedoch weder eines Blickes, noch eines Wortes gewürdigt. Nach der Türkei fühlt sich das fast ein bisschen wie Ablehnung an, aber ich habe die reserviertere Art der Bulgaren ja schon kommentiert.

Dann, nach einem kurzen Tunnel, wanderte ich über die Staumauer des Kritschimsees und begann mich langsam nach einem flachen Plätzchen für mein Zelt umzusehen – nicht gerade einfach in einer Schlucht.

Schließlich entschloss ich mich ein paar Kilometer weiter für eine kleine Plattform neben der Straße. Hinter spärlichem Gebüsch war der Platz nicht ganz so gut versteckt, wie ich es mir gewünscht hätte. Aber wenn die Fahrer der wenigen Autos, die hier vorbeikamen, so reserviert waren wie die drei Grillmeister von vorhin, dann würde ich hier auch ohne Sichtschutz eine ungestörte Nacht verbringen.

Mit meiner Entscheidung, das Zelt zu errichten, begann der Regen von neuem. Im Wettlauf mit den schweren Tropfen stellte ich meine Behausung auf. Oh weh. Oh ach. Wenn Orpheus an diesem Abend im Wald seiner Kindheit gesungen hat, dann war es ein trauriges Lied von Eurydike in der Unterwel. Ich weinte, bei aller Sympathie, nur um meinen schönen Seeblick im witterungsbedingt geschlossenen Zelt.

Tag 368 – 40 km (10215 km): Kopfschütteln

Nächtliche Geräusche gibt es viele im Wald. Dass ich soweit abseits von jedem Dorf auch hier mit Hunden konfrontiert war, lag zum einen an der Fischfarm flussabwärts, die natürlich einen bellenden Bewacher hatte, zum anderen an einem wandernden Streuner, der in der Nacht nur ein paar dutzend Meter entfernt geräuschvoll an meinem Zelt vorbeimarschiert war. Aber das Gebell mit seinem fünffachen Echo in der Schlucht gab mir ein Gefühl der Geborgenheit. Dieses wurde vielleicht auch noch dadurch verstärkt, dass ich gestern ungünstiger Weise über einige nicht weit zurückliegende Geschichten der Gattung „Bär-frisst-Mensch-beim-Schwammerlsuchen-beziehungsweise-Holzsammeln" aus der Provinz gestolpert war. Seit ich vor ein paar Wochen den Fußspuren des türkischen Bären – des *Hamsters*, meine ich natürlich – gefolgt bin, lache ich nicht mehr ganz so selbstbewusst, wenn mir jemand erklärt, es gäbe wilde Tiere hier.

Aber in der Nacht war da noch ein anderes Geräusch gewesen, 20 Zentimeter rechts von meinem Kopf. Was ich zuerst für eine Maus gehalten hatte, stellte sich bei Examination mit der Taschenlampe als freche Schnecke aus dem Hause Weinberg heraus, die über das papierartige Material meiner Unterlage raspelte. So bin ich vermutlich einer der Ersten, die Grund haben, sich über die Lärmbelästigung einer Schnecke zu beschweren.

Zum Frühstück gab es zwei Packungen 3-Minuten-Nudeln. Dann marschierte ich los, den Stausee und Fluss zur Rechten; zur Linken steile Hänge. Im engen

Tal der Schlucht war auf den ersten Kilometern vom Himmel nie mehr zu sehen als ein schmales Band. Doch erfreulicherweise war dieses Band mehr blau als grau.

Ich passierte die obere Staumauer am Fluss, die mit 144 Metern die höchste des Landes ist. Hier weitete sich nun der Blick über den großen See, auf dem eine alte Fischfarm zu sehen war. Dieses südbulgarische „Venedig“ komplett mit Bäumen, Brücken, und einem knallgelben Häuschen versprühte einen rustikalen Charme.

Nach zwölf Kilometern kam ich zu einem Hotel mit Restaurant. Über den vollbesetzten Tischen des Gastgartens stand auf einem Felsen eine kleine Kapelle, geweiht dem Hl. Nikolaus. Dort fand ich etwas Ruhe und Zeit für eine Andacht.

Dann zogen sich unendlich viele Schleifen entlang des Wassers hinein in die vielen Seitentäler. Bis heute Abend würde meine Gesamtstrecke von knapp 40 Tageskilometern in der Luftlinie nicht mehr als 20 Kilometer messen. Der Verkehr war trotz des verlängerten bulgarischen Wochenendes mit seinen Ausflüglern sehr erträglich. Lastwagen rollten nur selten an mir vorbei – und dank der engen Kurven taten sie es ausnahmsweise mit geringer Geschwindigkeit.

In meiner Mittagspause lehnte ich mich eine Stunde gegen einen Erd- und Steinhaufen, packte Feta und eine Tomate in den Brotlaib und blickte den grünen Berghang hoch. Ich tat dies nicht ohne Grund, denn wegen mir war dort allerhand los. Riesige bulgarische Hirtenhunde (Karakatschan) liefen entlang des Abhangs hin und her und kommentierten brüskiert bellend meine freche Anwesenheit. Diese Rasse wirkt, wie ihr rumänisches Pendant, durch den dichten, langen Pelz besonders groß (und wuschelig). Wie weich und wuschelig genau, werde ich vielleicht in den nächsten Tagen einmal feststellen, wenn mich nicht wie heute ein Graben vor ihrem ausgeprägten Herdenschutzinstinkt bewahrt.

Nach 30 Kilometern lief ich im ersten Dorf des Tages ein. Mein Essensbeutel im Rucksack war leer, aber der Laden geschlossen. Zehn Kilometer weiter nahm ich deshalb einen Umweg in Kauf, um in Лясково (Lyaskovo) Proviant aufzustocken.

Ein paar hundert Meter hinter der Abzweigung zum Ort wollte ich die Gelegenheit ergreifen und mich versichern, dass es dort einen Laden gäbe.

„магазин?“ fragte ich. Der Mann, den ich ansprach, schüttelte den Kopf und deutete mit der Hand in Richtung des Dorfzentrums.

Für einen Moment stand ich perplex am Straßenrand und versuchte die unterschiedlichen Signale der Körpersprache zu einer sinnvollen Botschaft zu verknüpfen. Dann fiel mir ein, was ich erst kürzlich über Bulgarien gelesen hatte. Dieses Land am Balkan ist eines der wenigen, wo Kopfschütteln „Ja“ bedeutet und nicht das uns vertraute Nicken. Ich überlegte kurz, auf welche Fragen ich in den letzten Tagen vielleicht gedankenlos mit mir vertrauter Gestik geantwortet hatte und so mein Gegenüber vielleicht genauso verwirrt stehen hatte lassen, wie ich nun auf der Zufahrtsstraße nach Lyaskovo stand. Ich lächelte dankbar, *schüttelte* bewusst den Kopf und marschierte weiter.

Im ersten Laden kaufte ich frische Vorräte und begann auf einem Bänklein vor der Tür auch sogleich mit dem Verspeisen der großen Mandel-Vanillekipfel aus lokaler Produktion. Während die Kipfel in meinem Mund und die Brösel in meinem Bart verschwanden, zog das Leben des Dorfes an mir vorüber. Da war ein alter Mann, der sich auf einen krummen Holzstock stützte; eine Frau die im Hof dahinter auf einer Decke am Boden saß und Grünzeug sortierte; ein Hund, der unsicher war, ob er nun bellen oder schweigen solle. Da war ein Schimmel und sein Fohlen; noch ein Pferd mit seinem Fohlen; ein Pferd, dem man einen urtümlichen Pflug auf den Rücken gebunden hatte, auf der Heimkehr vom Feld. Da waren gebückte alte Damen mit bunten Kopftüchern und Hacken über die breiten Schultern geschwungen. Und da war wieder der fahrende Gemüsehändler, dem ich zuvor an der Kreuzung begegnet war. Er hielt vor meiner Holzbank und reichte mir einen Sack mit einer Gurke und drei Tomaten.

Ich verstand nun, warum ein Blogger auf seiner Liste *„Things to do in Bulgaria“* nicht nur Sehenswürdigkeiten aufgelistet hatte, sondern auch empfahl: „Setz dich auf eine Bank (im Dorf)“. Es war ein echtes Highlight des heutigen Tages.

Im Anschluss befragte ich kurz das Orakel von Мтел (also den bulgarischen Internetprovider) über Gästehäuser in der Umgebung und stand fünf Minuten später vor der Pension Росенови. Die Familie empfing mich überaus freundlich und …

Zwei Stunden später.

Eben bin ich aus der urigen Gaststube zurückgekehrt. Der freundliche Hausherr hatte es sich nicht nehmen lassen, mich zum Essen einzuladen. Andere Gäste waren gekommen; die Stimmung wurde ausgelassen heiter. Und als der Sohn des Hauses dazustieß und die Гайда (Sackpfeife) blähte, mussten alle – ich eingeschlossen – im volkstümlichen Kreuzschritt durch die Stube, das Bad und das Vorzimmer tanzen. „In Bulgarien ist das so", hatte man mir unter Lachen erklärt, während ich hochkonzentriert versuchte, nicht über meine geborgten Filzpantoffel zu stolpern.

11. Sonntag – Die Erhöhung des Menschen in der Gnade

Der österliche Mensch wird in der heiligmachenden Gnade erneuert und gestärkt. Damit geht einher, dass auch die Akte der menschlichen Seele erhöht werden. Damit wir verstehen, was das bedeutet, müssen wir uns einen kurzen Überblick über die Akte der Seele verschaffen.

Also, der Mensch hat verschiedene Fähigkeiten oder Seelenkräfte: Er hat die Vernunft; er hat den Willen; er hat eine Strebkraft, die ihn Schwieriges meistern lässt; und er hat eine Strebkraft, die sich auf das für die Sinne Begehrenswerte richtet.

Was bedeuten diese Kräfte für unser Handeln? Nun, die Vernunft – hier die praktische Vernunft – fragt: Was ist gut? Was soll ich tun? Der Wille hingegen strebt nach dem, was die Vernunft als gut erkannt hat. Die Strebkraft für Schwieriges richtet sich auf Dinge, die schwer zu erreichen sind, oder auf Hindernisse, die es zu überwinden gilt. Zum Beispiel: ein guter Schulabschluss. Die Strebkraft für das sinnlich Begehrenswerte hingegen richtet sich auf Dinge, die uns Genuss geben. Zum Beispiel: eine Tafel Schokolade.

Für sich genommen, sind alle diese Seelenkräfte gut – und auch die Gefühle, die mit ihnen zusammenhängen: Mut, Angst, Freude, Sehnsucht, Trauer, Abneigung ... Aber es ist dabei wichtig, dass alle Seelenkräfte samt den Gefühlen wohl geordnet sind und unter der Führung der Vernunft stehen. Diese Ordnung erreichen wir nun durch die Übung der Tugenden. Klugheit vervollkommnet die Vernunft. Gerechtigkeit vervollkommnet den Willen. Starkmut (Tapferkeit) vervollkommnet die Strebkraft für Schwieriges. Und Mäßigung vervollkommnet die Strebkraft für das sinnlich Begehrenswerte.

Diese vier Tugenden nennt man Kardinaltugenden oder Haupttugenden. Wir erlangen sie durch Übung. Mäßigung erreiche ich also zum Beispiel, wenn ich viele Akte setze, in denen ich Maß halte; Gerechtigkeit erlange ich, wenn ich stets versuche, anderen das zu geben, was ihnen zusteht ...

Die Tugenden helfen dem Menschen, seine natürliche Vollkommenheit zu erreichen.

Nun hat der Mensch jedoch nicht nur ein natürliches Ziel, sondern in der Gnade auch ein übernatürliches Ziel, nämlich die Gemeinschaft mit Gott. Und damit er dieses Ziel genauso sicher und gut erreichen kann wie sein natürliches Ziel, werden zum einen die Haupttugenden durch die Gnade erhoben und auf Gott ausgerichtet (eine neue Klugheit, eine neue Gerechtigkeit ...). Zum anderen, und noch wichtiger, werden dem Menschen mit der heiligmachenden Gnade die drei sogenannten göttlichen Tugenden geschenkt: Glaube, Hoffnung und Liebe. Der Glaube vervollkommnet die Vernunft. Im Licht des Glaubens erkennt der Mensch seine Berufung völlig neu und kann sein Leben auf Gott hinordnen. Die Hoffnung stärkt den Willen, damit wir nicht verzweifeln, ob des erhabenen und hohen Ziels, das uns der Glaube offenbart. Die Liebe hingegen stärkt den Willen und verbindet uns schon jetzt mit Gott. Darum ist die Liebe auch die größte der drei göttlichen Tugenden. Der Glaube wird vergehen, wenn wir die unverhüllte Herrlichkeit Gottes erreichen. Die Hoffnung wird vergehen, weil sie bei Gott ihre Erfüllung findet. Nur die Liebe wird nicht vergehen, sondern vollkommen werden. (Vgl. 1 Kor 13,13)

Zusammen mit den Gedanken des letzten Sonntags haben wir damit eine kurze Zusammenfassung von dem, was Gnade im Menschen bewirkt. Die Quelle der Gnade ist die österliche Heilstat Christi. Nächsten Sonntag werden wir uns fragen, wann dieses Leben der Gnade im Menschen beginnt; wie und worin der österliche Mensch geboren wird.

Tag 369 – 51 km (10266 km): Von Seebären und Tanzbären

Bei gutem Wanderwetter verließ ich heute Morgen das Dorf. Vogelgezwitscher begleitete mich bis zum Ortsausgang, bevor ich in einen schwarzen Schlund spazierte. Es war nicht Orpheus' Unterwelt, sondern ein Straßentunnel, der in den Süden führte. Und doch brachte mich die lange, kühle Röhre in eine völlig neue Landschaft. Nachdem ich den ganzen gestrigen Tag in einem mehr oder weniger engen Tal zugebracht hatte, weitete sich nun der Blick und ich marschierte auf einer exzellenten, verwaisten Bergstraße über die Wellen eines buchengrünen Hügelmeers.

Nach einer Weile begann sich die Straße dem Talboden bei Девин (Devin) in vielen Kurven anzunähern. Dort angekommen machte ich meine erste kurze Pause, fettete meine Füße neu ein und setzte zwei bulgarische Schokowaffeln später meinen Weg nach Süd-Westen fort.

Die Straße war zunächst nicht mehr ganz so angenehm wie in der ersten Morgenhälfte. Es gab mehr Verkehr, der hauptsächlich aus Devin kam oder dorthin unterwegs war. Touristen und Ausflügler füllten die Autos an diesem Sonntagmorgen, um einen der zahlreichen schönen Flecken in den Rhodopen zu besuchen. Hinweistafeln zu Tropfsteinhöhlen säumten den Weg – leider alle außer Reichweite für mich. Aber sie erwiesen sich dennoch als nützlich, weil sie wenigstens einen Teil der Fahrzeuge von meiner Straße, in die tiefen Schluchten und Seitentäler lockten. So wurde es mit der Zeit wieder ruhiger auf den verschlungenen Wegen durch die Berge; in den tiefen Schluchten aus weißem Kalk.

Wolken zogen sich zusammen. Die Sonne verschwand hinter dunklen Türmen. Kurze, teils heftige Schauer begleiteten mich die nächsten zwei Stunden, vor denen ich, wenn möglich, unter einen Baum oder Dachvorspruch flüchtete.

Bei einer solchen Regenpause traf ich Inga und Ivan. Die beiden Abenteurer aus Belgien waren eine Weile mit dem Rad zwischen Indien und Nepal unterwegs gewesen und nun seit Istanbul wieder im Sattel. Während der Regen in dünnen Fäden vom Himmel fiel, erzählten sie Geschichten aus der Ferne. Zu den Lieblingsausdrücken von Inga gehörten „f*#@!k" und das adjektivisch gebrauchte „f*#@!king." Im Satz „Die Typen haben mir meinen Teddy und die Lampe vom Fahrrad geklaut", wurde beispielsweise keines der Substantive ohne diese qualifizierende Eigenschaft belassen. Fluchen wie ein Seemann? Auch die Herren zwischen Segel und Schiffsdeck wären vor Inga wohl noch rot geworden.

Ich überließ den beiden den kleinen hölzernen Unterstand und brach in einer Regenpause auf. Als sie mich ein paar Kilometer weiter überholten, knipsten wir in der durchbrechenden Sonne Bilder. „F*#@!k!, wo zum f*#@!k ist meine f*#@!king Kamera. F*#@!k. F*#@!k. F*#@!k. F*#@!k. F*#@!k." schimpfte Inga dabei. Oder spinne ich hier ausnahmsweise Seemannsgarn?

Eine halbe Stunde später kam ich hingegen gerade recht zu einem authentischen: „F*#@!k!" Inga und Ivan standen gemeinsam mit zwei Franzosen, die ebenfalls mit Fahrrädern unterwegs waren – nach Singapur – am Straßenrand. Ich winkte kurz, wanderte weiter und begann im dichten Nadelwald die letzte große Steigung des Tages.

In Доспат (Dospat) hatte ich schon im Voraus eine Unterkunft reserviert. Sie war nicht zu übersehen – und auch nicht zu überhören. Eine Hochzeitsfeier mit modernen Rhythmen war dort im Gange und bot durch die Lautstärke auch den anderen Bewohnern des Dorfes die Gelegenheit zur feierlichen Anteilnahme. Ich hoffte auf ein Zimmer in einer stillen Ecke und bekam eines direkt über dem Veranstaltungssaal. Umza. Umza. Umza. Umza. Die Fenster vibrieren.

Nun, wenn ich gestern schon zum bulgarischen Volkstanz gezwungen worden war, konnte ich heute ja gleich wieder die Beine schwingen …

Tag 370 – 45 km (10311 km): Steinspalter

Heute früh im kleinen Laden des Ortes war es so eng, dass ich mit dem Rucksack zwischen den Regalen nicht wenden konnte. Mit entschuldigendem Gesichtsausdruck, den natürlich niemand hinter mir sehen konnte, tappte ich rückwärts vom Brotregal zurück zur Kassa am Eingang. Ein paar Leva wechselten die Hände und ich trat hinaus in die frische Morgenluft. Dospat lag auf 1250 Metern und es war kühl an diesem Tag.

Dafür, dass ich schnell ins Schwitzen kam, sorgte der erste Anstieg des Tages. Auch ein junger Stier war nicht ganz unbeteiligt an meinem hastigen Schritt. Ich hatte mich kurz zuvor einer Kuhherde mit freundlichen – und zugegeben, kindischen – „Muuh-Rufen" genähert. Eine Antwort bekam ich prompt und das Geleit eines kleinen, gefleckten Bullen. Er trabte den Feldweg zu mir herunter auf die Straße und ich musste lachend und doch schon etwas verzweifelt versuchen, ihn über die nächsten Minuten wieder loszuwerden. Ein Schauspiel für entgegenkommende Autofahrer. Erst als ich anhielt, eine Weile wartete und dann mit kreisenden Armen schreiend auf ihn zulief, drehte er verwirrt und beleidigt ab. Ich hingegen verschwand schleunigst zwischen den Bäumen.

Die Wälder, die ich auf der kleinen Straße durchschritt, hatten sich seit gestern Abend verändert. Das frische Grün der Buchen war den dunklen Nadeln von Fichten und Föhren gewichen. Hie und da waren winzige Felder auf Lichtungen zu sehen. Auf einem davon werkte ein altes Ehepaar. Die Frau hielt sich den Rücken und blickte zu mir auf die Straße hoch. Die Arbeitsweise, mit der die Dorfbewohner weit von den Häusern entfernt hier mit Pferd und Pflug die Furchen zogen, war wohl seit Jahrhunderten dieselbe geblieben.

Auf den ersten Kilometern begegneten mir nur wenige Fahrzeuge. Erst als ich aus dem Naturschutzgebiet kam und begann, größere Wiesen zu queren, wurde es rundum lebendiger. Kleine Farbflecken stiefelten in allen Richtungen wie Störche durch das Gras, den Kopf gesenkt. Sie beugten sich bei Büschen und Birken und füllten Körbe und Säcke. Es waren Pilzsammler, die nach den Regenfällen der letzten Tage ausschwärmten. Einer, nahe am Straßenrand, zeigte mir freimütig seine Beute.

Mit dem kurvigen Weg in tiefere Lagen veränderte sich einmal mehr die Landschaft. Aber auch die Gestalten am Rand bekamen ein neues Gesicht. Hatte es oben auf den grasigen Höhen von Schwammerljägern gewimmelt, saßen nun alle paar hundert Meter Männer mit Spitzhämmern und brachen Schiefer in dünne Scheiben. In provisorischen Verschlägen aus Holz und Plastikplanen, zum Schutz vor Sonne und Regen, klopften sie, warfen mir kurze Blicke zu und schichteten die fertigen Steine auf Paletten. Ware für die Baumärkte im Westen.

Am späten Nachmittag kündete leises Quietschen hinter mir eine Überraschung an. Ivan und Inga bremsten ihre Fahrräder. In den letzten 24 Stunden war ich zu Fuß weiter gekommen, als die beiden mit den Drahteseln. „F*#@!k!" meinte Inga anerkennend. Ich schmunzelte und ließ sie ziehen. Sie wollten heute noch über den griechischen Grenzübergang, den ich erst morgen passieren würde.

Ich blickte in den Himmel. Schwarze Gewitterwolken rollten aus dem Osten heran. Es war Zeit, einen Platz für das Zelt zu suchen. Doch als die ersten schweren Tropfen fielen, war ich immer noch am Straßenrand und hielt vergeblich Ausschau nach einem möglichen Ruheort. Erst ein paar Kilometer weiter, als es bereits kräftig regnete, fand ich etwas Geeignetes. In unmittelbarer Nachbarschaft hob sich eine löchrige Blechdachpyramide über einem steinernen Picknicktisch – ein mäßiger Schutz für meine Sachen, bis das Zelt errichtet war.

Dann lag ich im Schlafsack. Der Regen trommelte auf die dünne Haut. In Gedanken ließ ich den Tag vorüberziehen.

Draußen im Dunkeln ein Geräusch. Ein dumpfer Schritt im Gras. Stille. Etwas streifte mein Zelt. Ich lauschte. Stille. Dann bewegte sich etwas nur Zentimeter von meinem Kopf. Ich fuhr hoch und knipste das Licht meiner Stirnlampe an. Mein Atem hüllte mich in Wolken in der feuchten Luft. Es dauerte ein paar Augenblicke, bis sich die Augen an das grelle Licht gewöhnt hatten. Dann sah ich den nächtlichen Besucher. Eine fette Kröte hatte unverschämt unter dem Vordach meiner Behausung auf dem Carrix Platz genommen. „Und was soll das?", fragte ich. Sie schluckte und starrte unbewegt in eine Richtung. Eine Antwort blieb sie mir schuldig.

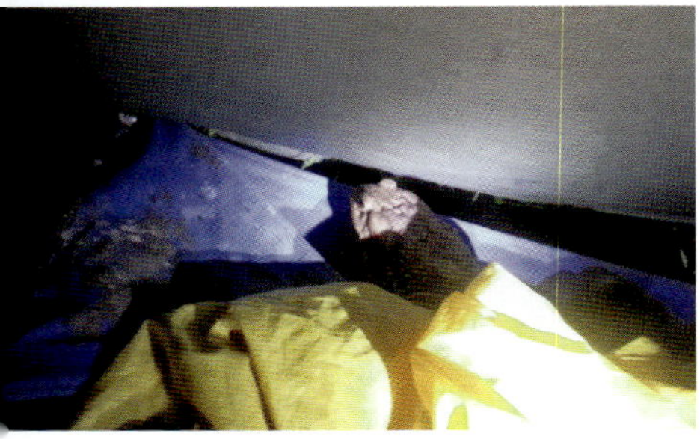

Tag 371 – 42 km (10353 km): Der Hippie und der Priester

Der Wecker läutete um 6.00 Uhr. Mit einer kurzen Wischbewegung über das Handydisplay war wieder Ruhe im Zelt. Ich schob die Daunenjacke als Kissen zurecht und drehte mich für ein Mehr an Schlaf nochmal zur Seite.

Das ängstliche Schnauben eines Pferdes weckte mich eine halbe Stunde später. Sein Besitzer mühte sich, das Tier am grauen Buckel meiner Behausung vorbei zu lotsen. Die Bauern waren auf dem Weg in die Felder. Zeit, aufzustehen. Wenig später war ich unterwegs nach Süden.

Das Rad des Carrix hinterließ Schlangenlinien auf aufgeweichten Wegen, während ich versuchte, dem gröberen Schlamm und den zahlreichen Pfützen auszuweichen. Und im Dorf Хвостяне (Hvostyane) musste ich Bögen auch um Hunde ziehen, die meist ruhig und ziemlich unbeeindruckt mitten auf dem Weg standen.

In Хаджидимово (Hadschidimovo) betrat ich meinen letzten bulgarischen Laden vor der Grenze, kaufte Feta, Tomaten und Schokolade, unterhielt mich etwas auf Russisch und trat die verbleibenden Kilometer nach Griechenland an. Der Asphalt war, wie so oft schon in Bulgarien, von ausgezeichneter Qualität, kein Klappern des Carrix war zu hören.

Im kurzen Tunnel, der die EU-Nachbarländer trennte, passierte ich in der dunklen Mitte die beiden Fahnen und erreichte so das 17. Land meiner Reise. Die griechischen Grenzbeamten waren neugierig, als sie meine Erscheinung aus dem dunklen Loch kommen sahen, aber nicht so neugierig wie die arme Kreatur, die ein paar hundert Meter weiter an einem Rastplatz auf mich wartete. Schnuppernd näherte sich der Beagle und wedelte vorsichtig. Ich ließ mich von dem Rippengestell und dem schwelenden linken Auge erweichen und gab mehr als die biblischen Krumen, die bekanntlich für Hunde unter den Tisch zu fallen pflegen. Dankbarkeit sprach aus dem guten Auge und der nunmehr unbändige Schwanz verbarg kaum die Hoffnung auf mehr. Ich gewährte. Dass ich nach der Pause ohne Hundeanhang weiterziehen konnte und dies auch nicht mit falschen Drohgebärden erkämpfen musste, ist das Geschenk, das ich im Gegenzug erhielt.

Nur wenige Autos waren auf der löchrigen, griechischen Seite der Strecke unterwegs. Darum fiel mir auch das Schweizer Kennzeichen eines entgegenkommenden über und über bemalten Vehikels sofort ins Auge. Der Fahrer winkte, wendete zweimal über die Straßenmitte und stand wenig später wieder vor mir. „Kaffee? Oder willst du eine rauchen?“, fragte Simone aus dem Fenster. Und weil Tee ebenfalls im Angebot war, saßen wir kurz darauf im „Bauch“ des aufgeräumten Busses.

Das Wasser dampfte in der silbernen Doppelkanne am kleinen Gasherd. Simone, Schweizer mit italienischen Wurzeln, zog zwei bauchige Gläser aus einer Lade und begann sie zu reinigen. „Vor bald 10 Monaten bin ich von zuhause losgefahren, über Bulgarien, die Türkei, den Iran und Pakistan nach Goa, Indien. Jetzt geht´s zurück.“ erklärte er und reichte mir die Zuckerdose.

Simone und ich waren Jahrgänger. Aber das Leben hatte uns in den letzten 36 Jahren sehr unterschiedlich mitgespielt. Wir saßen und unterhielten uns. Der Schweizer und der Österreicher, der Autofahrer und der Fußgänger, der Jünger der Krischnabewegung und der konservative Katholik, der Hippie und der Priester. Beide geboren im Jahre des Herrn 1978, knapp 50 Tage auseinander. Nach einer Stunde verabschiedeten wir uns. Seine persönliche Geschichte und seine Suche nach Gott begleiteten mich für den Rest des Tages.

Äußerlich begannen die letzten Stunden des Weges die ersten zu spiegeln. Abermals zwischen Feldern und riesigen Pfützen versuchte ich trockenen

Fußes nun durch den Talboden hinter Κάτω Νευροκόπι (Kato Nevrokopi) zu navigieren, bis ich bei Περιθώριο (Perithorio) wieder festen Boden unter die Füße bekam. In diesem Dorf machte ich meinen Einkauf und Bekanntschaft mit den heftigen Preisen in den griechischen Regalen. Ein Eimer Joghurt lag trotzdem im Budget.

Und diesen Eimer habe ich eben zur Hälfte im Zelt verspeist, das ich zwischen den Feldern in unmittelbarer Nachbarschaft einer kleinen Kapelle aufgeschlagen habe.

Tag 372 – 44 km (10397 km): Von Wildschweinen und Bienen

Wir sahen uns tief in die Augen und verharrten regungslos. Dann schnaubte die Wildsau im Straßengraben zweimal kurz und ich bewegte mich langsam rückwärts aus dem Blickfeld des Schweins. Bilder schwammen vor meinen Augen vom Grundschulbesuch in Kremsmünster mit dem Tassilokelch und dem Grabmal des Herzogssohnes Gunther, der auf der Wildschweinjagd sein Leben verloren haben soll. Auf einer Steinplatte liegt dort heute seine kunstvoll gehauene Figur, Hund und Eber zu Füßen. Dass ein Schwein – und sei es ein wildes – so etwas anrichten kann, hatte ich als Schüler immer leicht in Zweifel gezogen, aber nun – *en face* mit dem großen schwarzen Borstentier – hatte ich gewiss nicht den Leichtsinn, meine kindlichen Thesen nach ihrem Wahrheitsgehalt zu überprüfen. Nein, Wildschweine und ihre Hauer verdienten zweifelsfrei Respekt. Gedenke Gunther! Gedenke dem Sohn des Tassilo!

Ansonsten verlief die Traverse des Bergrückens nördlich von Σέρρες (Serres) ohne Zwischenfälle. Da waren zwar noch riesige Hausschweine – ohne Häuser wohlgemerkt – und Rindvieh in großer Zahl, aber sonst war auf der kleinen Bergstraße, welcher auch der Europäische Fernwanderweg 6 zu folgen schien, nicht viel los.

Ein einsamer Motorradfahrer verdient vielleicht noch Erwähnung, weil er mich zum Tritt in mein erstes griechisches Fettnäpfchen begleitete. Dies geschah mit der eher unschuldigen, auf Englisch gestellten Frage: „Wohin gehst Du?“ „Thessaloniki und dann Mazedonien, Albanien …“ gab ich als Antwort. Trotz Helm konnte ich die Grimasse sehen, die er nun zog. „*Das* hier ist Mazedonien! Das andere ist Skopia!“, entgegnete er scharf und begann mit einer kurzen Einführung in das sensible Thema der Geschichte …

Am späten Nachmittag lief ich in Serres ein, bezog das erstbeste Hotel und wanderte durch die Straßen. Die meisten Läden waren geschlossen. Manche wegen der Krise, andere, weil das am Mittwochnachmittag wohl hier so üblich war. Als ich endlich einen offenen Supermarkt gefunden hatte, packte ich sogleich zwei Liter Joghurt in meinen Korb und begann, die Regale nach Honig abzusuchen. Da war Marmelade. Nutella war gleich daneben. Wo war der Honig?

Ich fragte eine der Verkäuferinnen auf Englisch. Als Antwort gab es ein scheues Lächeln. Ich versuchte es noch einmal – pantomimisch. Dazu entschied ich mich für eine Erklärung in zwei Teilen. Zuerst: die klassische „Ich-schmier-mir-was-aufs-Brot-Bewegung“. Dann: Arme abwinkeln, die Hände zur Schulter bringen und mit den Handflächen in einer Flügelsimulation auf- und abwedeln. Absolut eindeutig, wie ich finde. Aber weil das Gesicht meines Gegenübers noch eine gewisse Hilflosigkeit zum Ausdruck brachte, fügte ich ein summendes „ssssss“ hinzu. Das war zwar nun keine astreine Pantomime mehr, aber schließlich spielten wir hier nicht nach den Regeln von *Activity*.

Das Gesicht der Verkäuferin hellte auf und ich folgte ihr zu einem Regal. Dort waren fein säuberlich gestapelt … Putzutensilien.

Nun hatte *ich* ein fragendes Gesicht. War mein naturgetreues Sumsen etwa verwechselbar mit dem Brummen eines Geschirrspülers?!

Da ich aber offensichtlich keine Gläser waschen wollte, brachte mich die Dame zu einer Kollegin an der Kasse. Und dort, bei den Zigaretten war er, der Honig. Aha. Wieder was gelernt. Fast noch wichtiger: Jetzt konnte ich den Abend gemütlich mit einem Eimer griechischen Joghurts samt Honig ausklingen lassen.

Tag 373 – 45 km (10442 km): This. is. Sparta(n beer)!

Am Morgen war im Straßengewirr von Serres bedeutend mehr los als gestern Nachmittag bei meiner Ankunft. Bei strahlendem Sonnenschein zog ich den Carrix vorbei an Menschen, die zur Arbeit gingen, auf dem Balkon einen Kaffee schlürften, oder mir auf dem Weg zur Schule mit großen Augen hinterhersahen. Die Straßenhunde lagen entspannt über die Gehsteige verstreut und ließen sich von den warmen Strahlen den Pelz wärmen.

Am südlichen Ende der Stadt nahm ich die Fahrbahn Richtung Σκουτάρι (Skoutari), die ich mir leider im vorgelagerten Industriegebiet mit vielen Autos teilen musste. Nett war, dass manche Betriebe – und war die Fabrikhalle auch aus schäbigem Beton – bei der Einfahrt ein kleines schönes Kapellchen mit Türmen und Gewölbe stehen hatten.

Nachdem ich in Skoutari meine Vorräte aufgestockt hatte, nahm ich eine kleine Nebenstraße und verließ diese schon bald wieder für den Feldweg entlang eines Kanals. Dort begegneten mir die artigsten vier Hirtenhunde meines bisherigen Weges. Waren die türkischen Kangals bei ihrer Herde, um Wölfe zu vertreiben und die rumänischen Hunde hauptsächlich da, um Pilger zu fressen, sah ich nun zum ersten Mal einen Hirtenhund, der die Herde nicht bewachte, sondern geschickt steuerte. Die anderen drei Vierbeiner am rechten Außenflügel hatten nur Nebenrollen im pastoralen Stück. Der Hirt ging

mit sichtlichem Stolz weit vorne und animierte mich, ein Bild seines Hundes zu knipsen.

Nach etwas mehr als 21 Kilometern legte ich mich in den Schatten eines Mandelbaums und streckte die Beine aus. Mohnblumen schaukelten im Wind. Mein Anblick am Straßenrand muss jedoch erbärmlich gewesen sein, denn ein vorbeikommender PKW bremste, setzte zurück und der Fahrer fragte aus dem Seitenfenster, ob alles in Ordnung sei. Ich lächelte und zeigte mit dem Daumen hoch. Der Fahrer nickte, kramte kurz auf der Rückbank und warf mir dann gekonnt eine Dose Bier in den Graben.

Nach 25 Kilometern im flachen Tal wartete ein sieben Kilometer langer Anstieg mit etlichen Höhenmetern. Durchschnittlich lag die Steigung bei 10%, aber einzelne Rampen waren wesentlich steiler. In den vom Regen ausgewaschenen, steinigen und unebenen Rinnen hing das Gewicht des Carrix wie Blei an meinen Armen.

Völlig durchgeschwitzt und erschöpft setzte ich mich bei Kilometer 30 auf den Weg. Ich hatte noch eine Flasche Cola und führte meinem Körper mit zwei-, dreimal Absetzen einen Liter davon zu. Zehn Minuten später brach ich wieder auf und hatte nun die Energie für die nächsten 15 Kilometer. Wundermittel Zuckersaft.

Es wurde flacher und tierischer. Immer wieder kam ich auf dem Rücken des Berges an Kuhherden vorbei, die sich offensichtlich frei bewegen konnten. Und diese Freiheit nutzten sie meist, um mit weit aufgerissenen Augen vor mir in die Büsche zu fliehen. Ein Pferd und ein Maultier, offensichtlich in Eile, galoppierten etwas später an mir vorbei. Schildkröten gammelten derweil leger am Wegesrand. Dazu gab es jede Menge Raupen, die an seidenen Fäden von den Bäumen hingen. Es sah aus, als würden die Eichen angeln, und ich muss sagen, dass ich ein paar Mal fast angebissen hätte – unabsichtlich natürlich. Wir lernen: Singen am Weg, wie ich es auch heute nicht ganz unterdrücken konnte, hat seine Gefahren.

Kurz vor dem ersten Dorf auf der Südseite der Bergkette suchte ich mir einen moderat schrägen Platz für mein Zelt. Von hier höre ich Hunde und die Kirchglocken, die alle halbe Stunde die Zeit angeben.

Blitze zucken. Donner grollt im Westen. Doch über mir prangen Mond und Sterne.

Tag 374 – 55 km (10497 km): Meeting the Genius

Viele in meinem Umfeld wissen, dass meine intensive Arbeit an katechetischen Projekten wie dem „3 Minute Catechism“ und die daraus resultierenden endlosen 100-Stunden-Wochen, ein ausschlaggebender Grund dafür waren, auf diesen Pilgerweg zu gehen. Keine Beziehung gedeiht ohne Kommunikation – sie kann für eine Weile „funktionieren“, aber gedeihen und wachsen kann sie nicht. Nachdem nun auch der zölibatäre Priester in einer Beziehung lebt, die droht, lediglich etwas Funktionierendes zu werden, schien es notwendig, nach dem vielen Reden über Gott, nun wieder das Reden mit Gott ins Zentrum zu stellen.

Das bedeutet nicht, dass ich meine Arbeit nicht gerne gemacht habe. Das tat und tue ich. Ich bin jedes Mal dankbar, wenn es nunmehr aus der halben Welt Rückmeldungen über „Früchte“ gibt. Aber zu ernten wäre da vermutlich wenig, wenn ich nicht im November 2011 auf den griechischen Zeichner Christos gestoßen wäre, der sein One-Man-Animationsstudio von seiner winzigen Wohnung in Thessaloniki aus betreibt. Nach all diesen Monaten der Zusammenarbeit freute ich mich darauf, heute Abend mein Versprechen einzulösen und auf ein Bier vorbeizuschauen. Dass ich bis dahin noch ein paar hässliche Straßenkilometer vor mir hatte, trübte deshalb meine gute Laune nicht.

Nachdem mein Zelt, gerollt und gepackt auf dem Carrix verstaut war, und ich durch das erste Dorf des Tages ging, hörte ich an einer Kreuzung „Oy!“ Ich ging weiter, schließlich musste das „Oy! „ ja nicht zwingend an mich gerichtet sein „Oy!“ tönte es nochmal und dann ein zweites Mal von jemandem anderen dicht hinter mir. Ich wandte mich um und ordnete die „Oys!“ den beiden Straßenarbeitern zu. Einer von ihnen stand an der Kreuzung und winkte mit der Hand in die andere Richtung. Nachdem ich kurz zuvor mein GPS befragt hatte, lächelte ich, bekräftigte meine Routenwahl mit einem Wink und ging weiter. „Oy!“ kam es wieder. „Saloniki“, fügte der Mann diesmal unterstützend hinzu und insistierte auf seiner Empfehlung. „Oy!", kam es dann plötzlich vom Fleischermeister, der in diesem Moment aus seinem Geschäft ins Freie trat. Und dieses „Oy!" galt dem Straßenarbeiter, dessen allein seligmachende Richtung offenbar nicht unumstritten war. Binnen Sekunden kam noch jemand hinzu und nun beratschlagten vier Männer auf Griechisch, wohin sie mich am besten schicken sollten. „You want to go Thessaloniki?", fragte einer der vier in gebrochenem Englisch. „Yes, and I have a GPS. I prefer to walk on little roads. So for me it is better to go this way." Ich deutete in die Richtung, die ich eingeschlagen hatte. Nochmals steckten die vier ihre Köpfe zusammen und berieten. Dann nickten sie. Ich dankte für ihre Bemühungen und winkte zum Abschied. Fast hätte ich dazu noch „Oy!" gerufen, aber ich verkniff es mir grinsend.

200 Meter später kamen Hunde – kein Bellen, kein „Oy!" – dann ein älterer Herr, dem ich höflich einen „kali mera" wünschte. „Thessaloniki?", fragte er mich und fuhr fort mir mit Händen und sehr viel Griechisch den besten Weg zu erklären. „Oy?", lag auf meinen Lippen, aber ich blieb ernst und zog dankend weiter, ohne ein Wort verstanden zu haben.

Nach ein paar Kilometern über Feldwege, vorbei an lauten, aber feigen Hirtenhunden, kam ich auf die Straße und musste dieser nun für eine Weile folgen, bevor es am Ende des Tals nochmals über einen Bergkamm auf steilen Feldwegen und dann in die Vororte Thessalonikis hinunterging.

Zahllose Straßen und Gassen weiter kam ich im Zentrum an und bezog mein Quartier. Dann traf ich mich mit Christos.

Christos ist älter als ich. Exakt zwei Tage. Und unsere ersten Computer hatten beide eine monochrome bernsteinfarbende Herkulesgraphik, die frustrierender Weise damals für PC-Spiele nichts taugte. Das war nur eine der Gemeinsamkeiten, über die wir beide lachen konnten – Kinder der 80er und 90er, die wir waren. Nur künstlerisch hat er wesentlich mehr auf dem Kasten als ich. Und nur darum gibt es jetzt den 3MC.

Tag 375 – 20 km (10517 km): Ruhehalbtag

Um ein paar Kilometer habe ich auch am heutigen Ruhe(halb)tag meinen Pilgerweg verlängert. Nach einem späten Frühstück und einer Tour zu den

Kirchen Thessalonikis (besonders zum Grab des Hl. Demetrius) ging ich am Abend noch den Weg bis zum Stadtrand. Den größten Teil des Tages jedoch verbrachte ich in der winzigen Wohnung von Christos – gemeinsam mit ihm, seiner Freundin Maria und Melda, dem seidenweichen Spaniel. Gepräche über Gott, die Arbeit sowie Geschichten und Bilder von meinem Pilgerweg füllten den Nachmittag; chinesisches Süß-Saures füllte die Mägen. Ich freue mich auf unsere weitere Zusammenarbeit und neue Ideen und Projekte.

12. Sonntag – Die Taufe: Geburt des österlichen Menschen

Der Mensch, der von Gottes Liebe und seiner Erlösungstat berührt worden ist, macht sich auf einen Weg der Verwandlung. Er will Jesus nachfolgen und ihm ähnlich werden. Aber Jesus ähnlich wird man nicht, indem man in Sandalen herumläuft, lange Gewänder trägt und sich Bart und Haare wachsen lässt, sondern, indem man sich von Gott in Jesus Christus zu einem neuen Menschen umgestalten lässt.

Diese Umgestaltung geschieht durch die Gnade. Und diese Gnade vermitteln und vermehren vorrangig die sieben Sakramente. Sakramente sind von Jesus eingesetzte, heilige Zeichen, durch die Gott an unserer Seele wirkt. Sie sind wie Kanäle, mit denen seine Liebe in unser Herz gegossen wird. Dort entfaltet die Gnade ihre Kraft und macht uns zu neuen Menschen.

Die Taufe ist das erste Sakrament. In der Taufe stirbt gleichsam der alte Mensch – er geht im Wasser unter – und der neue Mensch ersteht zum Leben – er taucht aus dem Wasser auf. Durch die Taufe haben wir Anteil an Christi Tod und Auferstehung und werden durch die Gnade geheiligt. So beginnt unser Leben als neuer Mensch. Die Taufe ist die Geburtsstunde des neuen, österlichen Menschen.

Leider kommt der alte Mensch der Sünde immer wieder zum Vorschein. Es ist ein meist lebenslanger Prozess, bis wir tatsächlich neue Menschen sind und unsere Antwort der Liebe immer vollkommener wird. Deshalb gibt es noch weitere Sakramente, die uns auf diesem Weg heilen, stärken und die Gnade wachsen lassen. Mehr dazu später.

In der Taufe erhält der Mensch also „Anteil am Tod und der Auferstehung Christi". Das wird nicht nur zeichenhaft im Untertauchen und Auftauchen dargestellt, sondern vollzieht sich wirklich in der Seele des Menschen – eben weil Gott in der Taufe am Menschen handelt. Dass in der Taufe ein neues Leben beginnt, wird auch in anderen Zeichen bei der Tauffeier ausgedrückt.

Zum Beispiel bekommt man in der Taufe seinen Namen. Selbst wenn sich ein Erwachsener taufen lässt, kann er einen Taufnamen auswählen. Es ist der Name, mit dem Gott uns ruft, als wahre Kinder Gottes zu leben. Auch bekommt man bei der Taufe ein neues Gewand – ein ganz weißes. Es steht für die Gnade der Taufe. Man soll fortan ein reines Leben führen und den Schmutz der Sünde meiden.

Und drittens bekommt man bei der Taufe eine Kerze. Ihr Licht, das an der Osterkerze – Symbol für Christus – entzündet wird, steht für die Gnade, die man in der Taufe erhalten hat. Mit dem Licht der Gnade können wir den rechten Weg zu Gott erkennen und beginnen, diesen Weg zu gehen.

Mehr noch als an den Geburtstag, soll man sich oft und dankbar an die Geburt zum österlichen Menschen erinnern. In der Tat sollen wir jedes Mal, wenn wir beim Betreten und Verlassen einer Kirche oder eines Hauses uns mit Weihwasser bekreuzigen, uns vor Augen stellen, dass wir zu einem Leben als neue Menschen berufen sind. Ganz feierlich tun wir dies in jeder Osternacht, wenn wir unser Taufversprechen erneuern. Man tut es dort mit einer brennenden Kerze in der Hand und es ist schön und ausdrucksvoll, wenn man dazu jene Kerze nimmt, die einst bei der Taufe entzündet wurde.

Tag 376 – 52 km (10569 km): Im Schatten des Olymp

Die Eifersüchteleien und Intrigen in der griechischen Götter-WG – nichts anderes als das „Dschungelcamp" der Antike – mit denen die Poeten die Klatschseiten ihrer Dichtungen füllen konnten, habe ich nie ganz verstanden. Zugegeben, Chesterton spricht in „The Everlasting Man" von dieser göttlichen Vorstellungswelt etwas vornehmer und mein Unverständnis ist an seiner Wurzel ganz sicherlich nur Ignoranz. Aber soviel kann ich sagen: Ein ganzer Tag im Schatten des Olymp hat mich nicht weiser gemacht. Bei weitgehend klarem, blauem Himmel war das Göttermassiv südlich von meiner Route nämlich gut auszumachen.

Mein Weg führte zunächst über Feldwege, dann vorbei an verstreuten Industrieanlagen und großbäuerlichen Betrieben.

Schon die letzten Tage über hatte ich bemerkt, dass ich derzeit vormittags öfters müde bin. Zugegeben habe ich die letzten Nächte nicht immer viel geschlafen, aber bislang war es mein Ziel gewesen, die erste Rast um 12 Uhr, nach wenigstens 20 Kilometern, anzusetzen. „Die großen Strecken macht man am Vormittag", war stets meine Losung. Aber heute saß ich um halb eins unter einem Feigenbaum und hatte nur 18 Kilometer zu Buche stehen. Das klingt nach keiner dramatischen Abweichung, aber in Wahrheit hatte ich schon ab Kilometer 15 nach einem Ruheort Ausschau gehalten. Eher schleppend hatte ich mich weitergekämpft. Am späten Nachmittag hingegen hatte ich, wie zuletzt schon öfters, einen Kräfteschub – das Aufputschmittel Cola mit Zucker und Koffein war daran vielleicht nicht unbeteiligt. Diese körperlichen Zustandsbeschreibungen sind keine besondere Entwicklung, aber ich dokumentiere sie hier für spätere Analysen.

Aus den Begegnungen des heutigen Tages möchte ich – alter Mann, der ich nun bin – die griechische Jugend lobend hervorheben. Mir ist auf den

letzten 10.000 Kilometern viel begegnet. Immer wieder war ich auch mit jener sonnenbebrillten Coolness konfrontiert, die sich als Kraftbeweis für die eigenen Peers über meine seltsame Erscheinung mokieren musste. Das gehört zum Gebaren unreifer Teenager und stört mich nicht wirklich. Die griechischen Jugendlichen, die mir heute begegneten, waren hingegen angenehm anders. Sie waren deutlich reifer. Sie sahen mich, konnten mich nicht zuordnen und kamen dann einfach von der anderen Straßenseite, um mich zu fragen, wer ich sei und was ich mache. Das Ergebnis war zweimal ein sehr nettes Gespräch – einfach weil wir Menschen sind.

Gegen Ende des Tages begann die Suche nach einem Zeltplatz, die sich zwischen den Feldern nicht ganz einfach gestaltete. Schließlich bog ich in einen kleinen Weg und von dort in eine Obstbauminsel mit hohem Gras.

Gelsen surren. Truthähne kollern. Und nun stimmen die umliegenden Hunde mit ein.

Tag 377 – 48 km (10569 km): Fliederfarbenes Sakko

Ich habe den Eurovision Song Contest das letzte Mal 1989 gesehen. Thomas Forstner, der österreichische Beitrag, trat in einem fliederfarbenen Sakko auf, das einige Jahre später in einer UNO-Resolution fast als Menschenrechtsverletzung geächtet worden wäre. Seit damals hat mich der seltsame Schlagerwettstreit nicht mehr wach gehalten – nicht einmal mit den bissigen Kommentaren von Stermann & Grissemann auf FM4. Ich musste tatsächlich bis in ein unscheinbares nordgriechisches Dorf in einen Supermarkt gehen, um nach all diesen ruhigen Jahren von der Misere eingeholt zu werden. „Where you from?“, hatte die Kassiererin gefragt, als ich meinen Einkauf in den Rucksack stopfte. Unbedarft nannte ich mein Heimatland. Darauf folgte Lachen, große Augen, Handbewegungen in Richtung meines Bartes und irgendwie meinte ich, die griechische Übersetzung für „Eurovision Song Contest“ aus den blubbernden Worten zu hören. Es stellte sich dann heraus, dass ein gewisser Herr Wurst aus Österreich dieses Dings mit Bart und Frauenkleidern gewonnen hatte. So konnte ich es am Abend in den Nachrichten lesen.

Bizarrer Freudentaumel auf der einen, erhitzte Gemüter auf der anderen Seite. Ich habe die Darbietung nicht gesehen, kenne nicht den künstlerischen Wert und irgendwie ist mir diese Eurovisions-Sache ja ziemlich – man verzeihe mir – Wurst. In einer Welt, in der Friedensnobelpreise an kriegsführende US-amerikanische Präsidenten verliehen werden, mag man in der Darbietung eines Travestiekünstlers auch gut und gerne den „Sieg der Toleranz“ bei einem Sängerwettstreit feiern – egal, ob dies nun tatsächlich die beste musikalische Darbietung war oder nicht, oder ob Europa in den drei Minuten bärtigen Gesangs im Abendkleid tatsächlich „toleranter“ geworden war – was immer das heißen mag. Aber darum geht es ohnehin nicht.

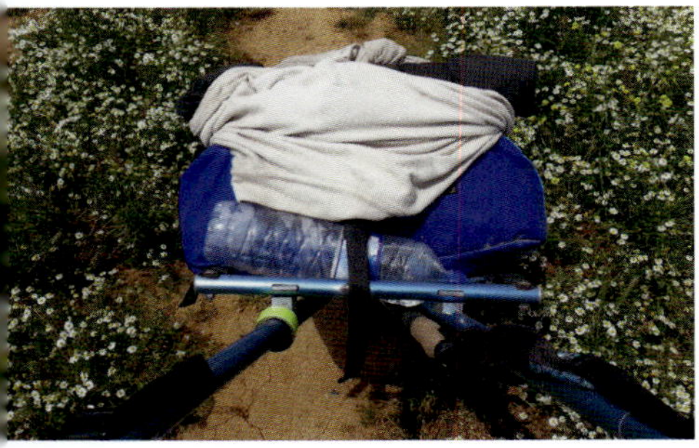

In diesen Gesten zelebriert man weniger eine Person oder eine bestimmte Leistung, sondern das, was man „Fortschritt“ nennt, und öfter noch das, was man bloß für Fortschritt hält. Man feiert ein „neues“ Menschenbild. Man schafft Ikonen – Ikonen für neue Altäre und neue Götter. So wird dann selbst ein müder Sängerwettstreit zum Instrument im Kulturkampf einer neuen Politik.

Christen können und müssen für ein christliches Menschenbild einstehen. Aber sie müssen es auf christliche Weise tun. Einstimmen in Spott und Häme, wie manche Reaktionen zeigen, wird es wohl kaum treffen. Kritik darf sein. Kritik muss sein. Doch auch im Frust und Zorn darf man den Menschen nicht vergessen. Denn es geht wie immer nicht darum, sein Gegenüber zu besiegen, sondern zu gewinnen.

Die Geschichte im Supermarkt war übrigens nicht das einzige Mal, dass ich heute mit dem österreichischen Gesangsbeitrag in Dänemark konfrontiert wurde. Eine griechische Männerrunde am Nachmittag hat mich als Österreicher ausgelacht und mir dann als Wiedergutmachung ein Bier spendiert. Und bald schon wurde in den Gesprächen Herr Wurst von Herrn Alexander (dem Großen) abgelöst und erklärt, warum sich nur die Griechen Makedonier nennen dürfen und nicht die Menschen der kleinen Republik nördlich von hier. Menschenskinder.

Ansonsten verlief mein Weg heute weitgehend ereignislos. Zwischen Γιαννιτσά (Giannitsa) und Έδεσσα (Edessa) navigierte ich auf Feldwegen durch Pfirsichplantagen, Pflaumenbaumreihen und vorbei an den ersten reifen Kirschen. In Edessa, wo das Wasser über die felsigen Klippen der Stadt in einem großen Wasserfall in die Tiefe rauscht, waren die Herbergen zu voll oder zu teuer und so kamen am Abend noch ein paar Kilometer zum Pensum hinzu.

Nun liege ich auf einem netten, flachen Plätzchen neben einem steilen Anstieg. Etwas weiter über mir muss eine Schafherde oder ein Bauernhof sein. Hunde bellen. Unter mir im Graben rauscht der Bach.

Tag 378 – 42 km (10659 km): Gruppenbilder

Nachdem ich zum Frühstück die Schokoladenkekse gemäß römischer Sitte – d. h. in liegender Haltung – genossen und die Brösel vom Schlafsack abgeschüttelt hatte, massierte ich meine Zehen und blinzelte in die aufgehende Sonne. Die grasige Waldterrasse, auf der mein Zelt stand, war geostet und damit ein herrlicher Balkon über dem morgendlichen Tal. Das machte das Aufstehen zwar nicht unbedingt leicht, aber auch nicht leidvoll.

Der erste Kilometer brachte mich zum kleinen Dorf Άγρας (Agras). Katzen sonnten sich und streckten ihre Glieder neben Hunden, die es ihnen gleich taten. Bellen? Dafür war dieser Morgen eindeutig zu schön. Mit der Melodie des Hymnos Akathistos auf den Lippen folgte ich schmalen Straßen Richtung Νησί (Nisi). Hatten gestern endlose Reihen von Pfirsichbäumen den Weg gesäumt, wanderte ich heute durch Kirschplantagen. In grünen Paaren hingen die Früchte noch unreif auf den Ästen. Die 300 Meter Höhenunterschied im Vergleich zu gestern spürte die Natur.

Steil ging es von Nisi auf einer kleinen geteerten Straße in die Berge hoch, zum ersten Pass des

Tages. Autos begegneten mir keine, nur ein paar Traktoren, die auf dem Weg zu ihren Bäumen waren. An der Stelle, wo ich wieder in einen Feldweg abbog, wurde ich von neun Hunden in allen Größen und Formen „begrüßt“. Galant und mit freundlichen Worten bahnte ich mir meinen Weg durch die Meute.

Auch das nächste Tal war voller Kirschbäume. Im Gegenlicht glänzte ein See vor dunklen Kuppen. Und hier musste ich wohl oder übel auf die Autostraße Nr 2, die E86 wechseln. Welch eine Überraschung. Was nach der Karte zu urteilen eine Autobahn über die Berge hätte sein können, war in der Tat nur ein durchschnittlich breiter Güterweg mit gebrochenem Asphalt und ohne Verkehr. Bis auf einen offenen Geflügel-LKW, an dessen Heck ein Käfig mit sehr entspannten Enten baumelte, hatte ich die Straße für die nächsten drei Stunden praktisch für mich allein.

Für die Mittagspause fand ich ein schönes Plätzchen unter einem Weidenbaum am Bach. Nur die weißen Flocken, die sich bei jedem Windstoß als Ballaststoffe auf meinem Feta-Tomaten-Gurken-Brot niederließen, störten meinen Frieden.

Nach der Pause begann ich den Anstieg zum zweiten Pass. Es war heiß, schwül und die Straße steil. Erst kurz vor dem Pass brachten Wolken Kühle – und dann auch gleich noch etwas Regen. Grund genug, den Schauer in der nächsten Taverne auszusitzen und dann erst zum Dorfladen weiterzuziehen. In den hohen Regalen mit wenig Zwischenraum, in denen man von A wie Anisschnaps bis Z wie Zylinderkopfdichtungsringe so ziemlich alles finden konnte – Brot leider ausgenommen – stockte ich meine Vorräte auf. Zwei Jungs ließen ihren Fußball draußen liegen und folgten mir neugierig in den Laden. Zurück auf der Straße musste ich ihre Fragen beantworten und als Beweis meiner langen Reise Kamelbilder vorlegen.

Die restlichen sechs Kilometer ging ich über Stock und Stein – vorwiegend Stein – und schlug schließlich mein Zelt zwischen ein paar Bäumen auf.

Am Horizont hinter den Hügeln dampft der riesige Kühlturm des Kohlekraftwerks unweit von Μελίτη (Meliti). Morgen werde ich dieses Dorf erreichen. Es ist ein Abbild für die komplexe Geschichte dieser Region.

Nach der muslimischen Eroberung war es vorwiegend von Bulgaren und Türken bewohnt. Nach den Balkankriegen vor hundert Jahren kam es nach Griechenland, bevor im Bevölkerungstausch die verbleibenden Türken ausgewiesen und vertriebene pontische Hellenen aufgenommen wurden. Keine zwei Jahrzehnte später suchten die südslawischen (makedonischen) Bewohner nach der Niederlage Griechenlands gegen die Nazis, in wechselnden Allianzen zwischen Nationalsozialisten und Kommunisten, ihr Heil. Heute noch ist die Lage bisweilen angespannt. Identität, Blut und Wunden. Habe ich auf meiner langen Reise je ein Gebiet durchquert, das frei von Kämpfen war? Wenn es so schien, dann wohl nur, weil ich ahnungslos taub für die Schreie seiner Geschichte war.

Tag 379 – 45 km (10704 km): Anglerlatein

Ich habe in meiner Kindheit einige Fische aus dem Wasser gezogen: Rotaugen aus dem Feldkirchnersee mit Furchis patentierter Sackerlmethode und fette Karpfen mit Angel und Haken aus dem Statzlteich. Aber nie in meinem Leben habe ich nur halb so elegant gefischt wie mein griechischer Fährmann heute.

* * *

Nach einer regnerischen und stürmischen Nacht setzte ich am Morgen den Weg zur Grenze der Republik Makedonija (FYROM) fort. Einsame Feldwege verbanden kleine Dörfer. Dabei stand die Verbindung auch gerne mal 40 Zentimeter unter Wasser. Schon öfter war mir in dieser Gegend aufgefallen, dass die infrastrukturelle Querung eines Flusses den Ingenieuren des tiefen

Tiefbaus überlassen wird. Brücken sind so … aufwendig.

Allerdings war ich nicht alleine an der Furt. Mitten im schnellen Wasser des angeschwollenen Flusses stand ein Traktor, aus dessen Fenster doch tatsächlich eine Angelrute hing. Noch bevor ich meine Schuhe ausgezogen hatte, um durch das Wasser zu waten, drehte sich der Angler nach mir um und deutete auf seine kleine Ladefläche. Dann holte er seine Leine langsam ein – bedauerlicherweise ohne Fisch – und schob zurück zum Ufer, um mich aufzunehmen. Grinsend nahm ich nach seinem auffordernden „Opppaaa" auf dem Balken Platz und ließ mich die 20 Meter durch den Fluss kutschieren. Am anderen Ufer dankte ich meinem Fährmann. Er lächelte mich mit seinen zwei verbliebenen Zähnen an. „Petri heil", wünschte ich ihm still, als er seinen *John Deere* zurück in das „Revier" manövrierte.

Ein paar Kilometer weiter wurde ich wieder vom Wasser gestoppt – diesmal jedoch von den Fluten, die von oben drohten. Blitze zuckten, Donner grollte, Windböen warfen mich fast vom Weg. So suchte ich Zuflucht unter dem Balkon eines verlassenen Gebäudes und wartete das Gröbste ab. Dann ging es weiter zur Grenze.

Auf der griechischen Seite wurde mein Reisepass genau unter die Lupe genommen. Man zog weitere Beamte hinzu, telefonierte und schloss das kleine spiegelnde Sichtfenster vor meiner Nase. In diesem, meinem zweiten Reisepass befinden sich wohlgemerkt nur die paar Stempel vom Rückweg. Warum dauerte das so lange? Schließlich bekam ich das Reisedokument doch zurück und die mazedonischen Beamten jenseits der EU hatten mich in ein paar wenigen Sekunden abgefertigt.

Mir blieben rund 20 Kilometer bis nach Битола (Bitola), der zweitgrößten Stadt des kleinen Landes. Unten begleitete mich üppiges Grün auf beiden Seiten, über mir ballten sich neuerlich schwarze Wolken, und gelegentlich füllten Regenschleier den Raum dazwischen. Die Straße, auf der ich ging, war nicht die befürchtete Autobahn und der Verkehr bis kurz vor der Stadt sehr erträglich.

Mein Hotel bezog ich etwas außerhalb, schon in Richtung meines nächsten Zieles Охрид (Ohrid). Hier sind die Preise wieder günstig und ein Schwalbennest im Fensterstock gab´s ganz umsonst. Nur das Wetter für die nächsten Tage sieht nicht rosig aus. Das Tief, das über dem Balkan zu hängen scheint, wird der schönen Landschaft nicht gerecht, aber mal sehen …

Ich bin nun erstmals seit ewigen Zeiten wieder in der gleichen Zeitzone wie meine Heimat. Sonnenaufgang aktuell damit nun um 5.18 Uhr. Sonnenuntergang um 19.45 Uhr.

Tag 380 – 40 km (10744 km): Nummer 19

Ich verließ mein Hotel in Bitola um 7.45 Uhr. Dunkle Wolken eilten auch heute über den Himmel. Bäume bogen sich nach Osten. Hatte mich gestern fast den ganzen Tag kräftiger Rückenwind durch die Landschaft geschoben, musste ich mich nun gegen das wütende Balkantief stemmen. Gut, dass ich auf den ersten Kilometern der alten Straße folgen konnte, die parallel zur Hauptverbindung im Graben zwischen Bäumen verlief.

Autos gab es hier kaum. Lediglich zwei kleine, uralte Minis brummten in der ersten halben Stunde vorbei. Hunde machten sich an einem Müllsack am Straßenrand zu schaffen. Sie bemerkten mich und begannen zu bellen. In diesem Moment hielt ein stotternder Kleinbus. Ein Mann stieg aus, und begann schreiend und fuchtelnd die Hunde zu verscheuchen – um meine Sicherheit zu gewährleisten. Zufrieden machte er den Daumen hoch und stieg zurück ins Auto. „фала" (Fala) dankte ich ihm und fügte lächelnd „нема проблем" (Kein Problem) hinzu. Wenn der wüsste, wie viele Hundebegegnungen in den letzten 12 Monaten schon hinter mir lagen. 12.000?

Nach acht Kilometern änderte sich der Straßenbelag und für die nächsten drei Stunden holperte ich über Kopfsteinpflaster entlang der Grenze des Pelister

Nationalparks. Es war immer noch windig und kalt. Mein vom Passanstieg durchgeschwitztes Shirt klebte klamm an meinem Rücken. Ich zog die Kapuze der Regenjacke ins Gesicht und stapfte weiter, um nicht auszukühlen.

Nach 25 Kilometern flüchtete ich vor dem Regen in eine Ruine am Wegrand. Mittagspause. Hier hatte eine alte Straßenkreuzung einst für Leben gesorgt. Mit dem Neubau der Verbindung ein paar hundert Meter weiter, war in diesem ehemaligen Gastbetrieb zuerst Ruhe und dann der Verfall eingekehrt. Müll lag in den Räumen verstreut. Ich setzte mich nach draußen auf die Treppenstufen, wo der großzügige Dachvorsprung Schutz vor der Witterung bot. Ich blickte hinüber zur Bergkette, die ich überschreiten wollte. Bis tief herab war sie in Wolken gehüllt. Oben lag mit Gewissheit Schnee. Ich studierte die Karten und traf eine Entscheidung. Ich würde nach Süden ausweichen und morgen im Nebel auf der schmalen Passstraße mein Glück versuchen. Es war ein Umweg von 20 Kilometern – dafür mit Aussicht, die nächste Nacht irgendwo am Ufer des Prespa Sees in der Wärme eines Gästezimmers zu verbringen.

Die restliche Strecke ging ich mit gesenktem Kopf. Der Wind hatte etwas nachgelassen, aber der Regen kam immer noch von vorne. Als ich nach Отешево (Oteshevo) meinen Blick einmal hob, weil ein Loch in den Wolken entstanden

war, tauchte die Sonne das Schilfmeer der Bucht für einen Moment in kräftige Farben – und Licht fiel auch auf ein Banner des *Lakeview* Hotels. Hier sitze ich nun – nicht auf dem Balkon mit Seeblick, sondern in meinem Zimmer, dessen in die Jahre gekommener Charme gegenüber dem Wetter draußen vor der Tür sich immer noch königlich ausmacht.

Am Schluss dieses Eintrages bin ich wohl noch die Erklärung des heutigen Titels schuldig: „Nummer 19". Nun, jemand hatte heute den ganzen Weg entlang immer wieder die 19 in einem Kreis gemalt. Warum, kann ich nicht sagen. Auch nicht, warum der Vandale selbst bisweilen vandalisiert worden war und jemand die 19 zu einer 18 übermalt hatte. *Mysterium Macedoniensis*.

Tag 381 – 45 km (10789 km): Auf nach Jerusalem – im Balkan

Graue Schleier hüllten heute Morgen die verlassene Uferpromenade ein. Es war düster und ein adäquater Hintergrund für Titos verfallene Sporthotels, die ich nach den ersten Kilometern passierte. Die Ruine des *Hotel Evropa* – ein Sinnbild gar für die Werte der Union? Ich will mir politische Kommentare sparen, hab' ich doch schon genug damit zu kämpfen, hier ein paar Erinnerungen zu Papier zu bringen.

In Kurven ging es nach der ersten Kreuzung auf löchrigem Straßenbelag zum Sattel hoch. Die zahlreichen Hinterlassenschaften von Ziegenherden machten deutlich, wer hier Vorfahrt hatte. Und in der Tat begegnete mir auf den nächsten 20 Kilometern nur ein einziges Auto. Es quälte sich voll bepackt in den hohen Tönen des ersten Ganges die steile Straße hoch.

Um meinen sich großzügig schlängelnden Weg abzukürzen, bog ich bei der ersten Gelegenheit in einen Waldweg ab. Nach 100 feuchten Metern stand ich jedoch wenig erfreut am jähen Ende des Pfades. „Ach, weit kann es nicht mehr sein", dachte ich zweckoptimistisch und bückte mich unter die tiefhängenden, tropfenden Zweige. Komplett durchnässt stand ich keuchend und leider später als erhofft wieder auf der Straße. Nun galt es zu bilanzieren: Einen Kilometer gespart.

Mit nassen Socken jeglichen Tragekomfort der Schuhe eingebüßt. Fazit: für heute keine Abkürzungen mehr.

Oben am Sattel wandelte sich der Nieselregen kurz in Schnee, der ohne romantisches Gestöber und tanzende Flocken eisig in mein Gesicht klatschte. Ein Aussichtspunkt lud zum Verweilen, allein verweilen wollte man bei diesem

Wetter natürlich nicht. An sonnigen Tagen wäre der Blick über die Berge des Balkan gewiss wunderschön gewesen. So schränkte sich meine Sicht nach dem Verlassen der Passstraße – alle guten Vorsätze zum Abkürzen bereits wieder leichtsinnig in den kalten Wind geschlagen – im dichter werdenden Nebel immer weiter ein. Ich sah kaum mehr als ein paar schlammige Meter vor meinen Füßen und beim Blick zurück Rutschspuren mit akrobatischem Verlauf.

Unten am See gönnte ich mir mit dreckigen Hosenbeinen eine kurze Verschnaufpause in einer kleinen orthodoxen Kapelle und stiefelte dann an der Uferstraße die restlichen Kilometer bis Ohrid.

Die Stadt wird auch das Jerusalem des Balkans genannt, ist hier doch die Wiege der Kyrillischen Schrift und ein altes Zentrum der slawischen Orthodoxie. Der Heilige Klemens grüßte mich mit bronzenen Händen segnend am Eingang der Fußgängerzone. Mein günstiges Hotel fand ich im zweiten Anlauf ein paar hundert Meter weiter hinter einem Casino/Nachtclub und grummelte sarkastisch: „Hurrah, Wochenende!“

Tag 382 – Ruhetag: Alte Freunde

Mein mit Abstand schwerstes Schulbuch in den Jahren zur Matura war jenes für die Einheiten der „Bildnerischen Erziehung“ gewesen. Nicht einmal die Schulbibel hatte mit den vielen Farbdrucken zwischen dem Hardcover in punkto Gewicht mithalten können. „Zeichnen“, wie wir den Gegenstand weniger schwülstig nannten, war für unseren Ausbildungszweig ein Maturafach und Kunstgeschichte damit Büffelstoff. Zwischen den Erklärungen über karolingische Miniaturen und die „Neuen Wilden“ fanden sich Abbildungen und Details der großen Meisterwerke.

Wenn ich dann später auf Reisen die Originale in Ausstellungen und Museen sah, war es immer aufregend. Manche, über denen man im Klassenzimmer so lange gebrütet hatte, waren wie alte Freunde; andere aber bisweilen eine kleine Enttäuschung. Sie waren dann ein bisschen so wie die Großtante der Kindheit, die man nach 30 Jahren wieder trifft und feststellt, dass sie irgendwie … kleiner ist.

Als ich heute das im Umfang eher bescheidene Ikonenmuseum von Ohrid besuchte, spürte ich die gleiche Aufregung. Irgendwann vor 15 Jahren hatte mir jemand einen großen Ikonenkalender hinterlassen – aus einem lang vergangenen Jahr. Ich besitze ihn immer noch. Und auf der Rückseite vieler der Bilder steht dort „Ohrid" mit einer Jahreszahl.

Eine Kreuzigungsgruppe aus dem Kalender hatte ich später zu kopieren versucht. Nun stand ich vor dem Original, sah den Pinselduktus, die Farben, den Glanz. Ich bestaunte die berühmte „Verkündigung", den großartigen „Matthäus" der starken Konturen und Kontraste.

Die meisten der Ikonen hatte man aus der Klemenskirche – dem Museum gleich gegenüber – überführt. Ein Stück weit haben die heiligen Bilder deshalb vor den stumpfen, weißen Wänden des Museums ihre Seele verloren. Freilich soll man sie sehen können, aber man sollte sie betend betrachten. Sie sind für ein Gotteshaus geschaffen, nicht für ein paar gelangweilte Touristen, die in einer Pflichtübung daran kaugummikauend vorüberschlendern.

Mit der erwähnten Klemenskirche, der immerhin noch großartige Fresken geblieben waren, hatte ich nun alle wichtigen Kirchen Ohrids gesehen. 365 Gotteshäuser und ihre Kuppeln sollen sich einst in dieser Stadt erhoben haben. Davon berichtet wenigstens der muslimische Reisende Evlia Çelebi, dessen Spuren ich ja in der Türkei schon gefolgt war – mehr oder weniger. Und „mehr oder weniger" trifft wohl auch diese angebliche Zahl. Denn *so* groß wird Ohrid, das heute 40.000 Einwohner hat, wohl nie gewesen sein. Aber schön war es damals gewiss. Und schön ist es auch heute noch: am Morgen, wenn die Sonne über dem See aufgeht; am Mittag, wenn die Touristen an schattigen Plätzen ruhen; am Nachmittag, wenn die Kirchtürme in der Sonne glänzen; in der Nacht, wenn die Lichter still über dem Wasser funkeln – außer man hat sein Zimmer über einem Nachtclub – dann ist es alles, nur nicht still.

13. Sonntag – Die Firmung: Festigung des österlichen Menschen

Die Firmung ist das Sakrament, das die Taufe vollendet. In der Firmung wird man durch den Heiligen Geist gestärkt. Doch haben wir nicht gesagt, dass der Mensch schon durch den Empfang der heiligmachenden Gnade, die er in der Taufe erhält, zu einer Wohnstatt Gottes wird?

Das stimmt. In der Taufe wird der Mensch durch die heiligmachende Gnade geheiligt. Seine Seele wird zu einem Tempel des Heiligen Geistes, der ihn hineinnimmt in das Leben des dreifaltigen Gottes.

Warum wird der Heilige Geist dann auf den Empfänger der Firmung nochmals herabgerufen?

Einen Hinweis liefern die Evangelien. Auch dort erhalten die Jünger den Heiligen Geist zweimal. Das erste Mal haucht Jesus die Jünger nach seiner Auferstehung an und spricht: „Empfangt den Heiligen Geist." Der Heilige Geist ist wie ein Lebensatem. Er heiligt die Jünger. Er öffnet ihnen das Verständnis der Schrift. Er lehrt und leitet sie. Aber noch bleiben die Jünger unter sich. Sie beten und leben im Verborgenen, während ihr Glaube wächst.

Zu Pfingsten ändert sich das mit einem Schlag. Der Heilige Geist kommt als Brausen und in der Gestalt von Feuerzungen auf sie hernieder. Nun beginnen die Jünger den Glauben öffentlich zu verkünden – kraftvoll und mutig.

So ähnlich ist das nun auch bei der Taufe und der Firmung. In der Taufe empfängt man die heiligmachende Gnade und mit ihr den Heiligen Geist. Der Geist heiligt den Menschen und gibt ihm Anteil an einem neuen Leben. In der Firmung hingegen stärkt der Heilige Geist den Menschen, damit er dieses neue Leben auch nach außen trägt. Der Gefirmte ist gerufen, den Glauben mutig zu bekennen und als Apostel Menschen für Christus zu gewinnen.

Die Firmung stärkt also den Menschen. Er soll furchtlos und auch im Gegenwind firm – also fest – stehen können. Mancherorts wird das bei der

Firmung durch den Backenstreich zum Ausdruck gebracht. Der Bischof gibt dem Firmling unmittelbar nach der Spendung des Sakraments einen symbolischen Schlag. Er knallt ihm natürlich keine schallende Ohrfeige, aber die angedeutete Geste soll dem Firmling deutlich machen, dass er im Bekenntnis seines Glaubens und in der Liebe stark und fest stehen soll, auch wenn er um Christi Willen Verfolgung und Verachtung erleidet.

Die Firmung also, festigt den österlichen Menschen.

Tag 383 – 50 km (10839 km): Alles klar? INTERSHPAR!

Der Lärm einer weiteren Nacht im Ausgeh-Eck der Stadt war nach Mitternacht abgeebbt und bis auf das Klopfen des Regens in den frühen Morgenstunden war es dann ruhig geblieben. Als ich in der Früh meine Sachen packte, war der angekündigte blaue Himmel endlich zum Vorschein gekommen. Unter seinem lichten Zelt prahlte die Landschaft mit ihrer natürlichen Schönheit. Immerhin war Ohrid mit seinem See nicht nur Weltkultur- sondern gleichzeitig auch Weltnaturerbe.

In Струга (Struga) kaufte ich – wie so oft in den letzten Monaten – Pfirsichsaft und begann diesen draußen vor dem Laden in eine Flasche umzufüllen. Aber ich hätte lachend fast die Hälfte davon verschüttet, als ein kleiner Junge, der mit seinem Bruder vor dem Laden auf den Vater wartete, sein Geschwisterchen anstieß, auf mich zeigte und fachmännisch meinte: „Experiment“. Grinsend marschierte ich weiter in den Norden.

Meine Hoffnung, dabei einer verkehrsarmen Straße folgen zu können, löste sich schon bald in Abgaswolken auf. Dabei war es auch hier wieder weniger das Verkehrsaufkommen selbst, als vielmehr der für Pilger nicht vorhandene Platz. Bot sich die Gelegenheit, wählte ich Wege auf Feldern und Wiesen parallel zur asphaltierten Strecke.

Hier machte ich – vielleicht etwas spät in meinem Leben – die Entdeckung, dass Klee in hoher Dichte ein wunderbares Aroma verströmen kann. Wildes Geißblatt war dann der zweite betörende Geruch des Tages.

Im kleinen Dorf Враништа (Vranishta) suchte ich gerade meinen Weg durch die ungeteerten Gassen, als ich ziemlich abrupt stehen blieb und schmunzelnd zu einem Schild aufblickte. Ich stand vor meinem allerersten und meines Wissens einzigen *Intershpar*. Im Laden lernte ich den freundlichen Besitzer kennen. Sein Vater und sein Bruder arbeiteten seit vielen Jahre im oberösterreichischen Wels. Vielleicht kam ja daher die Idee, das grüne Tannenlogo in die mazedonische Einöde zu exportieren.

Zwei Stunden später hielt ich wieder, diesmal allerdings für ein Schwätzchen mit Carlos, einem Spanier aus Palencia, der seine Heimat für eine Weltumradlung vor drei Monaten verlassen hatte. „Drei Monate. Noch ganz frisch auf dem Weg“, dachte ich und blickte auf das vergangene Jahr zurück, als ich meinen Weg durch eine grüne Schlucht fortsetzte. Sie glich den bulgarischen Rhodopen – mit dem Unterschied, dass hier leider viel Müll in den Bäumen und Büschen am Ufer hing.

Bei Kilometer 40 gab es den nächsten kleinen Einkauf und ein Bier, das ich auf einem bequemen Plastikstuhl vor dem Laden genoss – nicht ganz alleine. Wuff. Jemand ließ sich hinter den Ohren kraulen. Als das Herrchen des Hundes aus dem Geschäft zurück ins Freie kam, war es über die Zutraulichkeit seines Vierbeiners erstaunt. Vielleicht wäre der Mann nicht ganz so verwundert gewesen, hätte ich ihm gebeichtet, dass ich seinen Hund mit einem kleinen Stück Müsliriegel bestochen hatte.

Nach fast exakt 50 Kilometern fand ich einen schönen Zeltplatz über dem Fluss. In der Ferne im Norden schimmern schneebedeckte Gipfel. Von ihnen hat vielleicht das kleine Land zu ihren Füßen seinen Namen: Albanien, das Land der weißen Berge. Morgen werde ich diese mir unbekannte Welt erreichen.

Tag 384 – 47 km (10886 km): Kunst und Krempel

Rauch und Gestank stiegen auf von den schwelenden Feuern der Müllkippe am steilen Berghang, der sich tief unten im Blau des Debarsees verlor. Im ersten Augenblick hätte man das für eine gewöhnliche Schweinerei halten können – Folge mangelnder Infrastruktur und dysfunktionaler Konzepte zur Müllverwertung im albanischen Norden Mazedoniens. Aber je länger ich hinsah – und die kurvende Straße am Seeufer bot mir heute Morgen immer neue Perspektiven – desto mehr begann ich zu begreifen, dass hier eine anonyme Künstlergruppe in einem bemerkenswerten Stück einen dramatischen Kontrapunkt zum herrlichen Hintergrund der Gipfel des Korab-Gebirges geschaffen hatte. Ja, hier war ein sozial- und umweltkritisches Statement herausgearbeitet – bzw. hingeschüttet – das im Betrachter Emotionen provozierte und sich damit künstlerische Rechtfertigung – nein, Nobilität! – verlieh. Nur biedere Bigotterie würde dem Werk schwülstiges Lob und demütige Hommage für den „unglaublichen Mut" der Künstler verweigern, die es im postmodernen Lebensraum gar wahrlich verdient.

Aber zugegeben, auf den ersten Blick hatte auch ich gedacht, es sei einfach nur Müll.

Ich wanderte weiter in Richtung Albanien. Die ethnische Grenze hatte ich gestern schon passiert – eine Tatsache, die vielleicht die gezielten Sprühattacken auf den kyrillischen Teil der Straßenschilder erklärte.

So war es dann auch wenig überraschend, dass im vorwiegend ethnisch albanischen Dibra oder Dibër (Дебар in Klammer, bevor es jemand übersprüht) das überlebensgroße Abbild jenes Mannes in Bronze und Eisen stand, der in Albanien als nationaler Held gefeiert wird: Skanderbeg (Gjergj Kastrioti). Der ehemalige janitscharische Soldat in Diensten des Sultans, der im Kindesalter von den Osmanen geraubt und zwangsislamisiert worden war, wechselte nach der Ermordung seines Vaters durch die Türken mit wallendem Bart die Seiten, wurde katholisch und dann als mythischer Freiheitskämpfer Albaniens im Abwehrkampf gegen die Osmanen berühmt. Ein Vierteljahrhundert lang, in der Zeit, als Konstantinopel und damit Ost-Rom fiel, schlug er immer wieder die eindringenden Türken aus den Bergen des Balkans zurück. Vivaldi schrieb ihm eine Oper. Papst Kalixtus III. ernannte ihn zum Kapitän-General des Heiligen Stuhls mit dem Ehrentitel *Athleta Christi* (Verteidiger des Christentums). So weit verbreitet war bald sein Ruf im Westen, dass selbst in einer isländischen Chronik (Skarðsárannáll) für sein Todesjahr 1468 nur ein einziger Eintrag steht: „Es starb der löbliche Herr und Held Skanderbeg …" Sein Helm und Schwert sind heute übrigens in der Rüstkammer in der Neuen Burg in Wien ausgestellt.

Als nationales Symbol musste er Jahrhunderte später sowohl Pate für den Namen einer SS-Division stehen, wie auch als Integrationsfigur im isolierten kommunistischen Albanien herhalten. Es gibt aus jener Zeit eine sowjetische Koproduktion auf Film, aber es würde mich nicht wundern, wenn Mel Gibson demnächst den albanischen Braveheart blutig in Szene setzt.

Unweit der Statue Skanderbegs war es dann aber eine andere Figur, die meine Aufmerksamkeit weckte. Ein Wanderer mit Rucksack. Jonathan aus Haifa hatte nach einigen Monaten Französischstudium in Paris beschlossen, im preislich günstigen Balkangebiet zu wandern. Wegen des schlechten Wetters im Norden Albaniens hatte er ein paar Tage in Mazedonien verbracht und war nun auf dem Weg zurück. Aus dem kurzen Austausch wurde eine gemeinsame Wanderung über die Grenze bis in das albanische Städtchen Peshkopi.

Vom geselligen Nachmittag, den Gesprächen, geschmolzener Schokolade, einem flauschigen Welpen und der bizarren Plüschtier- und Plüsch*raub*tiersammlung in der Lobby des leicht bizarren Hotels wäre sicher mehr zu schreiben, aber Tagebücher müssen immer zurückstecken, wenn sich soziale Kontakte mit gemeinsamer Sprache ergeben. Nicht tippend also, sondern gemütlich bei einem kühlen Bier in der Fußgängerzone klang der Abend aus.

Tag 385 – 46 km (10932 km): Wundersames Albanistan

Jonathan schüttelte mir noch einmal die Hand, packte den Zettel mit meiner Adresse in seinen gelben Beutel mit Wertsachen und stieg in den *Furgon*, hinter dessen Windschutzscheibe eine kleine Tafel das Ziel „Tirana" verriet. Damit war ich wieder alleine unterwegs. Im Magen lagen schwer die fettigen Pommes Frites, die das Hotel mit einer Scheibe Käse als Frühstück serviert hatte.

Der Weg aus Peshkopi war gesäumt mit Schülern, die ihre Pflicht antraten. Auf der Straße selbst versuchten Halbwüchsige in kantigen E-Mercedeslimousinen aus den späten 80ern, mit quietschenden Reifen und ähnlichem Geprolle die schulpflichtige Damenwelt zu beeindrucken. Wenn sich Mädchen so beeindrucken lassen, verstehe ich Frauen noch weniger als bisher angenommen. Und lassen sie sich nicht beeindrucken, dann sind mir die Männer, die das tun, ein Rätsel. Oh Wunder Mensch!

Ich hatte mich für kleine Nebenstraßen entschieden und holperte auf den ersten 20 Kilometern bald über steinige und unbefestigte Dorfgassen, bald über sehr schmale, aber gut geteerte Abschnitte. Damit versuchte ich dem Verkehr auf der Hauptverbindung zu entgehen, die meine Karte orange markierte.

Vom blauen Himmel, der sich gestern über mir gewölbt hatte, war nichts mehr zu sehen. Bleiern senkte sich eine Wolkendecke auf die Berge, Regenschauer lagen in der Luft. In einem der Dörfer, die ich auf meinem Weg, der sich mittlerweile zu einer abenteuerlichen Piste entwickelt hatte, passierte, standen zwei Jungs am Rand und blickten mir fasziniert entgegen. Im Alter von vielleicht vier und sechs Jahren war ich vermutlich die erste derartige Erscheinung, die hier die Steigung zu ihnen hoch keuchte. Ich winkte und lächelte, um etwaige

Angst vor mir, dem bärtigen Fremden, zu zerstreuen. Aber Furcht war keine in den Gesichtern. Ich war schon an ihnen vorübergezogen, da begann der ältere der beiden, mich auf Albanisch anzusprechen. Ich stoppte, drehte mich um, deutete auf mich und gab apologetisch „Austria" zur Antwort. Als hätte ich einen der äußeren Ringplaneten als meinen Herkunftsort genannt, weiteten sich die Augen des Sechsjährigen und er stieß ein ungläubiges „Boom" aus. Na, das hat ja ordentlich eingeschlagen, lachte ich, und setzte meinen Weg bergan fort.

Als ich nach 17 Kilometern, auf denen ich auch einige der schrägen Hoxha-Bunker passierte, die Hauptstraße erreichte, war nun ich an der Reihe, ungläubig zu starren. „Boom." Mein

kleiner Feldweg mündete in einen ... Feldweg. Dass ich dreimal auf die Karte blickte, um mich zu versichern, änderte nichts daran, dass diese 70 Kilometer lange Hauptverbindung zwischen Küste und Bergland nichts weiter war, als eine Teststrecke für Offroader. Wenig verwunderlich waren die wenigen Autos, die mir im Laufe des Tages begegneten, meist Variationen vom Typus Jeep. Gelegentlich kam auch im Schritttempo einer der hier sehr beliebten alten, eckigen Mercedes. Und einmal war da ein „albanischer Alpenbus", sprich ein uralter LKW, auf dessen Ladefläche sich die durchgeschüttelten Passagiere über das großzügige Platzangebot freuten – oder auch nicht.

Zumeist jedoch war ich der Einzige auf der Fahrbahn, und ich zog weite Schleifen durch Seitentäler, navigierte um Wasserpfützen und staunte über die wilde Landschaft, die man in Europa kaum mehr vermutet hätte. Die paar Dörfer am Weg bestanden meist nur aus wenigen Gebäuden, die im Winter völlig von der Umwelt abgeschnitten sein mussten. Alte Schulen mit ein paar Schülern, die im Pausenhof spielten, sah ich ebenso wie ein paar Kneipe-Laden-Restaurant-Combos, wo sich die einheimische Männerwelt zusammenfand und über alles Mögliche diskutierte – nach meinem Vorübergang wohl auch einen Moment lang über mich.

In einem Dorf spielten zwei Jungs über den Gartenzaun Volleyball und ich konnte nicht anders, als meinen Carrix abzustellen und für ein paar Ballwechsel einzuspringen. Das brachte den Rest der Familie auf den Plan und eine Einladung zu Kaffee.

Nach 40 Kilometern entschloss sich endlich die Sonne durchzubrechen und die verbleibenden zwei Stunden boten mir etwas Wärme und goldene Ausblicke, bis ich ein kurzes Stück oberhalb von Lis ein flaches Stück Wiese bezog.

Nun hoffe ich auf eine gute Nacht und darauf, dass der Hund im Haus schräg unter mir endlich seine Stimme schont.

Tag 386 – 49 km (10981 km): Die Hunde von Lis

Irgendetwas muss um 2.15 Uhr in die Nähe „meiner" Hunde gekommen sein, denn die Köter (alb: Chen; plural Chent) haben derart losgelegt, dass es mich aus dem Schlaf gerissen hat. Wenn das wegen eines Eichhörnchens und nicht eines Bärens war, dann reiche ich hiermit formlos eine Beschwerde ein.

In der Tat schienen sich die meisten der Hunde von Lis in der Nacht verausgabt zu haben, denn als ich – selbst noch etwas müde – mein Zelt zusammengepackt hatte und durch das Dorf unter mir marschierte, lagen die Vierbeiner stumm in der Sonne und streckten die Glieder von sich. Ich will zugeben, es war angenehm in den wärmenden Strahlen und es versprach, ein schöner Tag zu werden.

In Lis begann nach all den Kilometern Schlamm und Schotter ein ziemlich neues Stück Asphalt. Der schmale Streifen war belebt. Schüler kamen in

Gruppen die Straße hoch, Kleinbusse – manche übervoll und mit grölenden jungen Männern auf dem Dach – rasten über die vielen Kurven ins Tal. Ich bin in diesem Land beileibe nicht der Einzige zu Fuß, aber vermutlich einer der wenigen, die freiwillig auf Transport verzichten. Was jedoch auf Rädern fahren kann, fährt schnell – und schneller noch, wenn der Belag es zulässt.

Nach zehn Kilometern war ich zurück auf Schotter. Hier war die neue Straße erst im Entstehen und ich folgte den Lastwagen entlang des Flusses. Das Wasser war an vielen Stellen über die Ufer getreten und konzertante Aufführungen aus Froschkehlen füllten das Tal der überschwemmten Wiesen.

Am Ende der Baustelle war ich froh, das Wasser über eine neu angelegte Brücke queren zu können. Das alte Konstrukt hätte, naja … eine große und kaum gerechtfertigte Portion Vertrauen verlangt.

So kam ich nach Ukare, wo ich am Ende des Dorfes Einkäufe machte und mich mit einem kühlen „Tirana Pils" in den zugigen Schatten vor dem Laden setzte. Die nächste Stunde unterhielt ich mich abwechselnd auf Italienisch und English mit der bald versammelten Gruppe von Männern. Albanien ist landschaftlich mit seinen wilden Bergen überaus reizvoll für Wanderer und Biker. Infrastruktur gibt es kaum, aber gerade diese rohe Ursprünglichkeit macht diesen Flecken Europas so interessant, erklärte ich meine

ersten Eindrücke. Dem landschaftlichen Reichtum standen allerdings materielle Sorgen gegenüber. Viele der Schüler, denen ich heute begegnet bin, würden später wohl versuchen, so wie die meisten der Männer von Ukare, im Ausland einen Job zu finden. In Albanien selbst fehlten die Perspektiven. Zu diesen leidvollen Themen und den Zukunftsträumen der Runde gab es ein zweites Bier – diesmal auf´s Haus, denn an großzügiger Offenheit, fehlt es den Albanern bei allen wirtschaftlichen Sorgen nicht.

Zurück auf der Straße unter der heißen Sonne des frühen Nachmittags spürte ich die Schwere der Beine – eine Folge vielleicht des zweiten Biers. Aber ich ging nach wie vor gerade, sonst wäre mein kurviger Weg wohl noch um einiges länger geworden.

Sieben Kilometer weiter wurde ich auf einer kleinen Passhöhe neuerlich an den Rand gewunken und eingeladen. Ich kam nicht umhin, mich kurz dazu zu setzen, weil der Kopf der Runde sich in Ukare schon mit mir durch´s Autofenster unterhalten hatte. Aber ich verweigerte den Gerstensaft und brach bald wieder in Richtung Rrëshen auf.

Unweit dieser Stadt hat einst ein Benediktinerkloster bestanden, das später an die Franziskaner übergeben und schließlich von den Kommunisten zerstört worden war. Überall in dieser Ecke sah ich nun katholische Kirchen und Symbole. In Rreshen selbst wehte dann sogar die vatikanische Fahne – als Zeichen des Dankes wohl für die Errichtung einer modernen Klink.

Nach Rrëshen begann mein letzter Ab- und Aufstieg des Tags bis hierher zu meinem Zeltplatz, der in wunderbarer und stiller Lage eine Nacht ohne Hundegebell verspricht. Möge es auch eine Nacht ohne Bärenbesuch werden.

Tag 387 – 60 km (11041 km): Tal der Hoffnung

Ich erwachte zu einem weiteren herrlichen Morgen hoch über den Schluchten und Wasserläufen, die ich gestern spät abends gequert hatte. Kondenswasser tropfte vom dünnen Dach meiner Bleibe. Ich streckte mich, ließ meinen Blick über die Hügel schweifen und marschierte los. Ich folgte einer Naturfahrbahn, die sich um die Hügel wand, ungesicherte Abgründe zur Rechten. Gelegentlich hoppelte ein Geländewagen oder ein *Furgon* langsam über den unebenen, ausgespülten Weg.

Das erste kleine Dorf, oder besser die erste Ansammlung verstreuter Häuser, hatte eine nette Kirche und eine gedrungene Schule, die noch verschlafen auf den Hügeln lagen.

Katholische Zeichen wurden mit jedem Schritt nach Norden präsenter. Bildstöcke erinnerten an Volksmissionen; Kirchen, Kapellen und Kreuze standen in regelmäßigen Abständen entlang des rauen Feldwegs.

Nach gut drei Stunden kam ich zu einer Wegkreuzung. Hier musste ich mich entscheiden. Links konnte ich dem Hauptweg folgen, der mich nach weiteren zehn Kilometern in die flachere Küstenregion bringen würde. Rechts hingegen lag eine direktere Route in den Norden. Nur zeigte das Satellitenbild Flussläufe mit extensiven Schotterbänken. So ganz traute ich den eingetragenen Wegverläufen auf den Hybridkarten nicht. Die Linien schienen manchmal etwas willkürlich zu verlaufen … Ich stand. Ich überlegte. Und wartete auf ein Zeichen. Da kamen drei Hirtenhunde bellend von rechts. Ich schmunzelte. Das war mein Signal. Mein Weg würde ins Abenteuer führen.

Zwei Hirtinnen folgten den Hunden mit einer Herde Ziegen. Eine der Frauen trug die traditionelle Tracht. Foto davon habe ich leider keines. Wieder einmal war es mir zu peinlich, Menschen abzulichten wie im Zoo. Aber nett hat es ausgesehen.

Schon ein paar Minuten später entschloss ich mich zu einer kurzen Pause. Ich wollte das taunasse Zelt auf der Wiese trocknen, die Füße im Schatten eines Baumes ausstrecken und mir ein spätes zweites Frühstück gönnen. Das war dann auch der Moment, als die drei Hirtenhunde von vorhin ihren zweiten bellenden Auftritt hatten. Da sie jedoch korrupt und bestechlich waren, kehrte mit ein paar Brotkrumen bald Ruhe ein. Den Rest meiner Pause verbrachte ich dann freilich unter begehrenden Augen, bis ein Geländewagen über den Weg geschaukelt kam, den die eifrigen Kreaturen nun (für mich) erlegen wollten. Hundsköpfe.

Ich brach auf, erreichte wenige Kilometer weiter das Flusstal und war über den Zustand des Weges angenehm überrascht. Er war an mancher Stelle grob, aber (langsam) befahrbar. Vereinzelt passierte ich Häuser, Felder und damit Menschen, die ja auch irgendwann irgendwohin mussten. Daher war ich nun

optimistisch, flussabwärts nicht etwa an einem kaputten Brückenkopf festzusitzen.

Über die nächsten Kilometer jedoch wurde die Gegend immer einsamer. Der Weg, der manchmal sehr zugewachsen war, ließ sich nur mehr in Superlativen der Holprigkeit beschreiben und die gebrochenen Aluschutzprofile am Carrix klapperten metallisch bei jedem Schritt. Dann trat ich aus den Büschen heraus und stand plötzlich vor einer großzügigen Kirche und einer Schule – beide praktisch mitten im Nichts. Da war kein Dorf, keine Siedlung, kein Ort.

Kinder füllten den Schulhof und ich bat jemanden um Wasser. Das gab es nicht im Haus. Ein Junge, Martin, lief, um es zu holen und kam ein paar Minuten später zurück. „Faleminderit!" (Danke) versuchte ich eines meiner drei Worte an den Mann – hier an das Kind – zu bringen. Zu diesem Zeitpunkt pressten sich bereits unzählige

Gesichter an die Scheiben des Schulgebäudes. Ich lachte, pries Albanien für seine liebenswerten Menschen und die raue, aber schöne Landschaft. Der Lehrer, der im Schulhof stand, dämpfte meine Freude. „Diese Kinder lernen. Aber wofür? In Albanien gibt es für die wenigsten eine Zukunft. Es gibt keine Arbeit", erklärte er. Es war ein Echo der Gespräche von gestern. Aber mit den Kindern, die unbeschwert „die Kugel" über den Pausenplatz geschoben hatten und nun in einer Traube um mich standen, erreichte mich die Schmerzlichkeit dieser Wahrheit noch viel mehr. So verlassen und unzugänglich wie dieses Tal, so verloren und unerreichbar schienen die Träume und Hoffnungen dieser Generation. Man sah es nicht in der Gesichtern der Kinder. Aber in den Augen der Erwachsenen war es zu lesen. Nachdenklich setzte ich meinen Weg fort.

Etwas später kam ich zu einer Kreuzung. Zur Linken war der Weg einem Bach gewichen. So nahm ich den anderen. Aber schon ein paar Minuten später landete ich auf einer riesigen „Flussmoräne" und steuerte ohne echten Pfad auf die Fahrbahnrampe zu, die ich auf der anderen Seite des Flusses zu erkennen glaubte. Unsicherer Stand auf dem runden groben Schotter, Schläge für den Carrix mit jedem Schritt. Ich zerrte mein Gefährt mühsam über das Geröll und stand schließlich vor dem Fluss. Brücke war hier keine. Die lag flussaufwärts, etwa auf der Höhe des Weges von zuvor, der zum Bach geworden war. Von hier konnte ich sie nun sehen.

Dort, wo ich stand, war schon länger niemand mehr vorbeigekommen verriet mir der Sand. Aber die Furt schien kein unüberwindliches Problem. Einmal mit dem Rucksack und dann mit dem Carrix. Beim zweiten Gang verlor ich auf einem schleimigen Stein kurz die Balance und mein rechter großer Zeh rammte einen Felsen. Blutend verabschiedete sich der Rest des noch nicht ganz herausgewachsenen blauen Zehennagels – mein Andenken an die Negev Wüste, sechs Monate zuvor. Ade, o Zeh!

Weiter flussabwärts und nach mehr als 40 Kilometern auf Schotter betrat ich erstmals wieder Teer – für 10 Kilometer. Neben mir im Tal ein riesiges fluviales Netz an Kanälen und Kiesbänken. Auf den Hügeln und Bergen, die es säumten, hatte sich die Vegetation verändert. Hier war es trockener und es gab zahlreiche leblose Baumruinen – Relikte eines großen Waldbrands.

Am Ende des Tals wechselte ich zurück auf einfache Wege – nunmehr zwischen Feldern – tankte im ersten richtigen Ort des Tages nochmals puren Zucker und E-Nummern in Form von Cola und schickte mich an, die 60 Tageskilometer bis Shkodër zu absolvieren.

Mit müden Füßen kam ich kurz vor Einbruch der Dunkelheit im kulturellen Zentrum Nordalbaniens an. Ein fast fensterloses, billiges Hotelzimmer wurde meine Bleibe für die Nacht, die ich mir mit Ameisen im Badezimmer teile.

Tag 388 – 40 km (11081 km): Schwarzenberg

Blechern singt Sinatra aus den kleinen Lautsprechern um's Eck *„New York, New York."* Das Lied von der Stadt, die niemals schläft, kümmert die Schwalben nicht. Sie fliegen ihre Manöver über dem Dorf von Dobra Voda auf der Höhe meines Balkons. Eine Motorsense brummt irgendwo weiter hinten im Park. Vor mir sinkt die Sonne ins Meer. Wie leidvoll und mühsam ist doch das Leben eines Pilgers. Ich hebe mein Bier und toaste auf meine erste Nacht in Montenegro, den schwarzen Bergen an der Adria.

* * *

Beim Aufbruch heute Morgen aus meinem dunklen Kämmerlein im Zentrum von Shkodër war die Kleidung, die ich gestern Abend gewaschen hatte, noch nass. Hosen, Socken und T-Shirts baumelten vom Rucksack und wiegten hin und her, als ich meinen Weg zur Grenze antrat. Albanische Stadtausfahrten sind im Wesentlichen nicht viel reizvoller als jene in anderen Ländern – außer für Leute mit einer Leidenschaft für das Skurrile und den Geruch von Fisch. Karpfen lagen immer wieder auf dem Gehsteig für Kunden ausgebreitet. Und das eine oder andere Schuppentier zuckte, während zwei Meter über den offenen Mäulern der Preis verhandelt wurde. Vielleicht waren sie ja nur nicht mit dem Ergebnis zufrieden.

Für meine letzten Lek kaufte ich Wasser sowie Schokolade und folgte dann dem weißen Streifen am Straßenrand, vorbei an der stattlichen Burgruine, über den Fluss und bis zum 15 Kilometer entfernten Grenzübergang. Zum ersten Mal seit ewigen Zeiten lief ich unter einem Straßenschild mit altvertrauten Namen durch. Für Viene (Wien) 1202, Prag 1478 und Berlin 1906 waren die Entfernungen angegeben.

Nach 90 Sekunden und zwei neuen Stempeln im Pass war ich in Montenegro. Ein Wappenschild hieß mich willkommen. Ich drehte mich zur Grenzanlage um. Gab es denn hier keine Wechselstube für mein Restgeld und die bulgarischen Lev, von denen ich noch immer zu viele übrig hatte? Offensichtlich nicht. In Montenegro selbst wechseln Euro als offizielle Währung die Hände, obwohl das kleine Land kein Mitglied der Union ist. Nun, dann blieb mir eben das Konterfei des bulgarischen Dichters Пенчо Петков Славейков noch eine Weile erhalten.

Landschaftlich unterschied sich der nächste Abschnitt kaum von seinem albanischen Gegenüber. Herrlich duftende Ginsterbüsche übersäten die Hügel, Granatapfelbäume öffneten ihre großen, ziegelroten Blüten, kleine Felder, Wiesen, Bäume. Allein es fiel mir auf, dass hier jedes Grundstück mit Zäunen begrenzt war; jeder Feldweg war mit einem Tor versehen. Das machte es nicht einfach, einen geeigneten Platz für eine Pause zu finden: einen, der zugänglich, schattig und dem aufkommenden Wind abgewandt war. Als ich schließlich nebst einer Steinmauer unweit einer Bushaltestelle meine Füße von mir streckte, war ich mir nicht sicher, ob der gelegentlich vorüberkommende Dorfbewohner mit wegwinkenden Handbewegungen eine Aufforderung oder eine Frage über meine Richtung formulierte. Nachdem ich kurz gedöst hatte, machte ich mich auf die letzten Kilometer nach Dobra Voda.

Und hier steht mein günstiges Hotel in der ersten Reihe zum Meer. Der kurz angebundene, grauhaarige Besitzer hat mich aus eigenem Antrieb statt in der bestellten billigen „Suite mit Bergblick" (sprich: Zimmer mit Fenster zum Hinterhof) in der Ferienwohnung mit Meerblick und großer Terrasse einquartiert. Eine lärmende Strandpromenade für Motoristen fehlt und ich genieße die Stille der Nebensaison. Nur die russischen Gäste im Appartement ums Eck spielen immer noch Musik. *„I´m asking why"* singt eine mir unbekannte Stimme und ich bin fast geneigt, mich dieser Frage anzuschließen.

Tag 389 – 44km (11125 km): Das schwarze Loch

Es fiel mir nicht ganz leicht, heute Morgen den schönen Balkon meiner Ferienwohnung zu verlassen. Eine Weile dachte ich sogar an die Möglichkeit, hier einen Ruhetag einzulegen. Aber ich entschloss mich schließlich – und darum etwas später als gewöhnlich – doch auf den Weg zurückzukehren. Mit den steigenden Temperaturen hatte ich damit allerdings die besten Stunden des Tages schon verstreichen lassen. Es war heiß und schwül, als ich auf die Küstenstraße bog. Und es war zu viel Verkehr für meinen Geschmack. Auf den ersten zehn Kilometern hatte ich jedoch keine andere Wahl.

Bei Bar (Ortsname) nahm ich die Abzweigung nach Stari Bar, erklomm den Burghügel vor der dramatischen Kulisse des Rumija Gebirges und landete auf einem Weg durch uralte Olivenhaine. Das klingt nett auf dem Papier, war aber in einem Auf und Ab unmenschlicher Steigungen sehr kräfteraubend. Nur langsam kam ich vorwärts und war froh, schließlich wieder zurück auf Asphalt zu sein. Die alte Straße, die sich von hier in die Berge wand, war praktisch verwaist.

Im steilen Gelände mit niedriger Vegetation, musste mir mangels anderer Möglichkeiten, der Schatten eines Monuments für die Mittagsrast dienen. Der Obelisk stand auf einem Felsvorsprung mit weiter Sicht und war ausgesetzt genug für eine angenehme Brise. Südöstlich von mir führte der Bergrücken auf die höchste Erhebung des Kamms (1594 m). In wenigen Wochen, zu Pfingsten, würde man wieder das Kreuz des serbischen Fürsten Jovan Vladimir in einer Prozession von Velji Mikulići dorthin auf den Gipfel getragen. Traditionell nehmen, so habe ich gelesen, neben orthodoxen Christen auch Katholiken und sogar Muslime an diesem feierlichen Zug teil. Seit 2005 wartet oben nun eine kleine, der Heiligen Dreifaltigkeit geweihte Kapelle auf die Pilger. Ich blickte zum Gipfel und salutierte in Gedanken. Mein eigener Weg führte in die andere Richtung und als ein Auto mit Touristen anhielt und die Familie begann, Fotos rund um mich zu knipsen, verließ ich meinen schmalen Schattenspender und kämpfte mich weiter das Sträßlein hoch.

Nach ein paar Kilometern stand ich an einer Wegkreuzung und studierte meine Karte. Da war ein Tunnel eingezeichnet, der mir Höhe sparen und die Wegstrecke abkürzen konnte, aber warum wurde ein besserer Feldweg ganze 1,3 Kilometer aufwendig durch den Berg geführt? Weil der Einstieg nicht weit weg war, beschloss ich, mir die Sache anzusehen. So stand ich kurz darauf vor einem schwarzen Schlund, der in absoluter Dunkelheit in den Berg hinein führte. Man konnte das andere Ende nicht sehen. Man sah auch nicht, ob der Tunnel überhaupt passierbar war. „**A**ch“, wie „**A**benteuer“, sprach ich lapidar, setzte die Stirnlampe auf und spazierte in den Berg.

Zunächst sorgte das Wasser, das von der Decke tropfte, für eine klangvolle Geräuschkulisse. Dann wurde es still und kühl. Nur meine knirschenden Schritte auf dem rauen Boden waren zu hören. Irgendwann nach der Hälfte der Strecke knipste ich kurz das Licht aus und lauschte. Totenstille in der feuchten Luft. Mein Atmen war zu hören und ganz weit entfernt in einer Richtung das leise Echo des Wassers auf seinem Weg durch den Berg.

Nach einer Weile tauchte etwas auf der anderen Seite auf. Im ersten Moment hatte ich den kleinen Punkt für das Auge eines Tiers gehalten, das das Licht meiner Lampe reflektierte. Aber der Punkt bewegte sich nicht, wurde größer und nahm ein paar Minuten später schließlich die Gestalt eines schmalen, hufeisenförmigen Bogens an.

Auf den letzten 30 Metern, wo das Licht wieder die Oberhand gewann, musste ich nicht nur Wasserpfützen, sondern auch Kuhfladen ausweichen. Vieh

schien in den heißen Stunden des Tages hier Zuflucht zu suchen. So war ich nicht verwundert, dass mich, kaum im Freien, zwei riesige Stiere grüßten.

Einer scharrte sogar ganz klischeehaft mit dem Huf. Wohl mangels rotem Tuch ließ er mich unbeschadet ziehen.

Nun begann der lange Weg hinunter zum Ufer des Skadarsko Jezero. Der Skutarisee, gespeist von der Morača und den Augen unterirdischer Quellen, konnte je nach seinem stark schwankenden Wasserstand fast die Größe des Bodensees erreichen. Seit 30 Jahren war er Teil eines Nationalparks, zu dessen besonderen Attraktionen die Dalmatischen Pelikane zählen. Diese riesigen Vögel gehören zu den schwersten Fliegern der Welt und ihre Flügelspannweite von bis zu 345 Zentimetern rivalisiert mit dem Großen Albatross. Ich blickte über den breiten Schilfgürtel und die glitzernde Wasserfläche. Entlang des Weges standen Ruinen als stumme Zeugen für die längst vergangenen Herren dieser Höhen.

Nach einer netten Begegnung mit Max und Jeanelle (aus Deutschland und Singapur) im Tal bei Virpazar, studierte ich die Karte für meine Optionen und entschloss mich für eine westliche Variante über die Berge. Dazu musste ich ein Stück die alte M2 hoch, die von einer modernen Schnellstraße mit Tunneln abgelöst worden war. Steinerne Geländetrassen und Weinberge, Zeugen für eine uralte Kulturlandschaft.

Als die Sonne unterging, war es nicht leicht, im steilen Gelände einen Platz für das Zelt zu finden, aber schließlich entdeckte ich ein geschütztes, wenn auch sehr steiniges Fleckchen, gerade genug für eine Nacht. Hundebellen vom Nachbardorf fehlte auch hier nicht. Heimat in der Fremde.

Morgen werde ich versuchen, den kühlen Morgen besser auszunutzen. Es wird Zeit, in den Sommermodus zu wechseln: früher Start, lange Siesta, Kilometerspulen bis zur Dämmerung.

14. Sonntag – Die Eucharistie: Nahrung des österlichen Menschen

Wenn wir den Gottesdienst betrachten, dann sehen wir auf den ersten Blick die vielen Beteiligten, die da zusammenwirken. Den Priester, die Ministranten, die Lektoren, den Organisten, den Chor, die betende Gemeinde. Und je nachdem wie gut und schön die Feier gestaltet ist, könnte man meinen, sei auch die Messe mal mehr, mal weniger gelungen. Aber diese Sicht bleibt völlig an der Oberfläche. Denn die Messe ist kein Geschehen, das wir machen, sondern ein Geschehen, in das wir eintreten. Wie dies geschieht, will ich kurz erklären.

Schon im ersten Band (8. Sonntag) habe ich versucht, das Wesen der Heiligen Messe zu erklären. Ich habe begonnen mit einer Betrachtung zu dem, was ein religiöses Opfer ist. Es ist ein Ausdruck für das, was man innerlich empfindet. Es soll zum Ausdruck bringen, dass Gott mir wichtig ist; dass er die erste Stelle in meinem Leben einnimmt. Gott selbst braucht natürlich keine Opfer, aber wir brauchen diese äußeren Zeichen, denn es entspricht unserem Wesen, das Innere auszudrücken.

Im Alten Testament gab es viele Opfer. Im Neuen Testament hingegen nur mehr ein einziges: das Opfer Jesu. Er gibt am Kreuz sein vollkommenes Leben auf vollkommene Weise hin. Sein liebender Gehorsam wiegt den lieblosen Ungehorsam des sündigen Menschen auf. Der ewige Sohn gibt sich dem Vater hin.

Weil dieses Opfer Jesu nun ganz vollkommen ist, braucht es keine weiteren Opfer mehr. Sein Opfer ist das Einzige des Neuen Bundes.

In der Heiligen Messe wird nun dieses eine Opfer Christi gegenwärtig. Es werden die von Jesus eingesetzten Gaben von Brot und Wein bei der Konsekration getrennt gewandelt in seinen Leib und sein Blut. Zeichenhaft werden bei der Wandlung also Leib und Blut Jesu voneinander getrennt. Dies bezeichnet seinen Tod. Jesus leidet dabei natürlich nicht neu. Aber durch seine wahre Gegenwart und die sakramentalen Zeichen wird seine Hingabe am Kreuz – sein Opfer – gegenwärtig.

Aber nicht nur das Opfer Christi wird in der Messe gegenwärtig, sondern auch er, der sich darbringt. Dies geschieht durch den Priester, der hineingeweiht ist in das eine Priestertum Christi. Er handelt in diesen Momenten in persona Christi, vergegenwärtigt also Christus sakramental.

Das zentrale Geschehen der Heiligen Messe ist damit Christus, der sich und seine liebende Hingabe an den Vater am Kreuz vergegenwärtigt. Und damit ist die Messe primär kein Akt des Menschen, sondern ein Akt Gottes.

Die Gemeinschaft der Gläubigen, die Kirche, bleibt jedoch nicht teilnahmslos. Denn Christus ist das Haupt, wir sind die Glieder an seinem Leib. In dem Maße wie wir mit Christus, dem Haupt, durch die Gnade als lebendige Glieder seines Leibes verbunden sind, werden wir mit hineingenommen in die Opferung, in sein Opfer, in seine liebende Hingabe an den Vater.

Von daher bedeutet eine „aktive Teilnahme" am Gottesdienst nicht, dass wir irgendeine Aufgabe, ein „Tun", ergattern, sondern, dass wir mit den zum Altar gebrachten Gaben auch unser Herz und Leben Gott hinlegen und von ihm verwandeln lassen.

In der heiligen Kommunion verkosten wir dann die Frucht dieser tiefen Einheit mit Christus und schenken ihm noch größeren Raum in unserem Leben.

Das, und nichts anderes, macht die Messe – und sei sie auch in einem armseligen Rahmen gefeiert – so besonders und geradewegs spektakulär! In der Heiligen Messe vollzieht sich an uns immer neu das Geheimnis der Erlösung, durch das wir in der Gnade wachsen und gestärkt unserem himmlischen Ziel entgegengehen.

Tag 390 – 49 km (11174 km): Montegrigio?

Dieser Sonntagmorgen begann mit dem angestrebten frühen Start. Kurz nach 6.00 Uhr war ich unterwegs und verließ wenig später die Passstraße, die ich gestern heraufgekommen war. In meine Richtung führte ein kleines Sträßlein, gerade so breit wie die alten Zastava Yugos, die mir in langen zeitlichen Abständen entgegenkamen.

Die Morgensonne fiel rechts von mir auf einen kleinen Flecken, wo ich zwischen den Bäumen auf der Wiese unterhalb bald eine Klosterkirche ausmachte. Die Pforte stand offen. Kurz darauf beugte ich meinen Kopf durch die Tür und hielt eine kurze Andacht vor der schönen Ikonostase. Irgendwo im Hintergrund klimperte leise das Essgeschirr der Mönche.

Landschaftlich dominierten am Vormittag steile Hänge; dichte, gedrungene Wälder; und kleine Weingärten vor den Häusern der zerstreuten Dörfer. Nur wenige und winzige Flächen eigneten sich für den Anbau anderer Dinge. Als ich vorbei an den vielen schroffen Kalkfelsen wanderte, fragte ich mich ob der dominierenden Farben des Felsens, warum das kleine Land an der Adria nicht Montegrigio hieß.

Nach 16 Kilometern mündete mein kleiner Weg in eine frequentierte Verbindung. Vier Kilometer quälte ich mich am Straßenrand bis zu einer Tankstelle, wo ich nach einem Snack abbog und bis zum Ende einer Dorfstraße marschierte. Von dort ging es über einen markierten Wanderweg weiter in die Berge. Keuchend, schwitzend und mit einem gelegentlichen Urlaut stolperte ich steil bergan, während der Carrix sich bei den engen Kurvenradien des eingeschnittenen Weges immer wieder zwischen Steinen verkeilte. Die schwüle Mittagshitze wurde durch das Blätterdach zwar gelindert, aber ich kam dennoch völlig durchnässt und keuchend oben an.

Von da an führte ein angenehmer, schattiger Waldweg weiter. Ich ging über Weiden vorbei an alten Äckern und zerfallenen Hütten aus Stein. So kam ich nach ein paar Stunden an den Rand der Berge oberhalb der Bucht von Kotor. Dort blieb ich eine Weile stehen und ließ die unglaubliche Kulisse auf mich wirken. Die Landschaft glich einem norwegischen Fjord. 1000 steile Meter unter mir ankerten Kreuzfahrtschiffe vor der mittelalterlichen Stadt, die sich auf den römischen Ruinen von Acruvium erhob. Zwischen 1420 und 1797 hatte der dalmatische Stadtstaat unter den Venezianern als Cattaro floriert. Hundert Jahre, bis zum Ende des ersten Weltkriegs war der Ort dann Teil der Habsburger Monarchie.

Ich blickte über die immensen Klippen und versuchte mit den Augen dem steilen Wanderweg zu folgen. Dann begann ich meinen Abstieg. Lockerer Kies

auf hartem Grund machte den Anfang beschwerlich. Ein Ausrutscher lag im abschüssigen Gelände hier nicht drin. Doch meine Sorgen zerstreuten sich bald. Auf alten befestigten Serpentinen ging es über die steilsten Passagen. Aus den zwei Kilometern Luftlinie wurden acht gelaufene. Hinter mir polterte der Carrix, nur klapperte er nach einer Weile nicht mehr. Die Schutzprofile aus Aluminium, die schon vor ein paar tausend Kilometern gebrochen waren, dank Klebeband jedoch noch eingeschränkten Dienst versehen hatten, waren irgendwo auf der Strecke geblieben. Ich sah kurz zurück den Berghang hoch, salutierte in Gedanken und wanderte weiter ins Tal.

Unten in Kotor begrüßte mich italienischer Flair im norwegischen Ambiente bei mediterranen Temperaturen.

Ein offener WiFi-Spot erlaubte mir eine kurze Hotelrecherche. Alles schweineteuer. In meiner Preisspanne gab es nicht viele Möglichkeiten im wohl bekanntesten Touristenziel des Landes. So ging ich für 10 Euro in ein Hostel.

Nach der Sonntagsmesse, die ich diesmal über hölzernen Schließfächern zelebrieren musste, gesellte ich mich zu den Anderen in den Gemeinschaftsraum, wo der Abend bei einem gemütlichen Bier und Geschichten vom Weg ausklang. Und er klang erst relativ spät aus. Damit winkt mir eine kurze Nacht.

Heiß und stickig ist es im kleinen Zimmer mit sechs Betten. Aber niemand schnarcht. Deo Gratias!

Tag 391 – 33km (11207 km): My Day in the Bay

Am heutigen Morgen nahm ich mir Zeit, die kleine, aber nette Altstadt Kotors zu entdecken. Auch zur Marienkirche auf halber Höhe zwischen Burg und Stadt stieg ich auf. Nur in die Kathedrale der Bischofsstadt fand ich keinen Einlass. Dabei verband der hier verehrte Heilige nun gleich vier Stationen meiner Reise. Denn Sankt Tryphon stammte aus dem mystischen Phrygien, das ich durchwandert hatte; erlitt im Alter von bloß 17 Jahren unter Kaiser Decius das Martyrium in Nizäa (İznik); und der Heilige war mir auf den Fresken der kappadokischen Höhlenkirchen als junger Mann mit Handkreuz begegnet. Nun stand ich vor der Kirche dieses einfachen Gänsehirten, der im Osten zu den Άγιοι Ανάργυροι gezählt wird. Denn, so wird überliefert, er war mit der Gabe des Heilens ausgestattet und nahm, wie später auch der Heilige Pantaleon oder die berühmten Ärztebrüder Kosmas und Damian, kein Geld für seine Dienste. Daher also der griechische Titel des „Geldverächters". Er war ein gutes, aber wohl kaum beachtetes Vorbild für das Gesundheitswesen.

Nachdem ich zwei Stunden durch die Gassen gewandert war, holte ich mein Gepäck aus dem Hostel und brach auf.

Nette Häuser, Kirchen und fantastische Ausblicke begleiteten mich den Großteil des Tages – im Hintergrund stets die schieren Kalksteinklippen, die hinab in den Naturhafen stürzten. Es gab Klosterinseln und ehemalige Fischerdörfer, deren Gebäude in den letzten Jahren wohl ordentlich an Wert zugelegt hatten. Russische Luxuskarossen standen hier und dort in der Einfahrt. Vom lokalen Charme war ebenfalls etwas geblieben, wenn auf den Stegen der Bucht alte

Männer in weißen Unterhemden mit schiefen Strohhüten die Angel auswarfen.

Das Wetter heute war wechselhaft. Mehrmals zogen Schauer über mich hinweg, bis ich beim Fährpunkt ankam, um auf die andere Seite der Bucht zu wechseln. Die meisten Autos und alle LKWs mussten den längeren Weg um die Bucht herum nehmen – ein Grund, warum ich die Strecke für mich ausgeschlossen hatte. Aber für jene, die die schmale, kurvige Uferstraße wählten, gab es Fährboote, die alle paar Minuten die Seite wechselten.

Drüben angekommen suchte ich nach kleinen Uferwegen, um die Verkehrsroute zu meiden. Konkret bedeutete das, einer kilometerlangen Kanalbaustelle bis zu einer Pizzeria zu folgen, wo ich erstmals seit langer Zeit wieder in ein Restaurant einkehrte. Hier reifte dann auch der endgültige Entschluss, diesen Tag kurz zu halten. Ich wollte noch bis Herceg Novi marschieren und nach 33 Tageskilometern ein Quartier beziehen. Ich war müde von den letzten anstrengenden Tagen und mehr noch von den kurzen Nächten.

Tag 392 – 45 km (11252 km): Waaaaah?

Heute Morgen habe ich ausgeschlafen und bin erst um 7.00 Uhr aus dem weichen Bett gestiegen. Kartenstudium zum Frühstück und ein bummelnder Einkauf ließen es fast neun werden, bis ich mich auf den Weg zur bosnischen Grenze machte. Damit drohte der knapp 1000 Meter hohe Anstieg in die schroffen Dinarischen Alpen eine schwüle Sache zu werden. Die Sonne brannte vom Himmel, während Dunst über den Tälern lag.

Glücklicherweise war das kleine Sträßchen, das auf halber Strecke zum ungeteerten Waldweg wurde, von dichter, grüner Vegetation gesäumt – eine schattenspendende Mauer aus Blattwerk, dazwischen Zypressen als lodernde, dunkelgrüne Fackeln. Steil führte der Weg in die Berge.

Einmal kam ich an einer tiefen Höhle im Boden vorbei. Der fürchterliche Gestank der Verwesung stieg aus ihr auf, und als ich mich über den Rand

beugte, sah ich tief unten ein faulendes Wildtier – Hirsch oder Wildschwein, schwer zu sagen. Noch ein paar Minuten später versuchte ich den üblen Geruch schnaubend aus der Nase zu blasen und war fast froh, dass die spitzen Steine, die nun durch meine abgenutzten Sohlen drückten, halfen, den Fokus bald zu wechseln.

Kurz vor dem Grenzposten kam ich zurück auf die leere Hauptstraße. Der montenegrinische Beamte hatte zunächst Mühe, meinen Einreisestempel zu finden. Nur die paar zarten Linien und zwei kaum lesbare Ziffern, die der ausgetrocknete Stempel seiner Kollegin hinterlassen hatte, verrieten meine Einreise vor vier Tagen. Auch der freundliche Grenzwächter auf der anderen Seite übersah den schlechten Abdruck und hätte ihn beinahe überstempelt. Nun war ich also in der Republika Srpska, einer von zwei Entitäten des komplizierten Staatsgebildes Bosnien und Herzegowina.

Von der Grenze ging es stetig bergab in eine Ebene mit kleinen Äckern und Wiesen. Handarbeit schien auch hier der *modus laborandi*. Ich folgte der Straße zwischen den Feldern und kam über einen weiteren langgezogenen Abstieg in das nächste, tieferliegende Tal. Silhouetten von Hügeln und Bergen in Schattierungen von blau.

Unten angekommen verzichtete ich auf einen Umweg über das Städtchen Требиње (Trebinje), wo sich eine schöne alte Brücke in Bögen über den längsten Karstfluss Europas spannt. Stattdessen beschloss ich die morgige Strecke nach Dubrovnik zu verkürzen. Dort würde mein Boot um 22.00 Uhr nach Bari auslaufen. Etwas zusätzliche Zeit für die Besichtigung der berühmten Stadt am Mittelmeer konnte nicht schaden.

Zwei Stunden später lag ich im Zelt und las etwas über die Besonderheit von Karstflüssen nach. Es sind mündungslose Wasserläufe, die stromabwärts nicht breiter werden, sondern irgendwo zur Gänze in Spalten und Höhlen verschwinden. Ich lag am Rücken, ließ mein Mobiltelefon sinken und blickte auf das Rückgrat meines Zeltes in der Wölbung. Meine Gedanken wanderten weg vom Wasser hin zum Blut, das im Boden dieses Landes versickert war. Ethnische Säuberungen, Massaker, Völkermord, Kriegsverbrechen. Es war ein eigenartiges Gefühl. Ich lauschte in die Nacht hinaus, in die Stille der Toten.

Tag 393 – 34 km (11286 km): Čovječe!

Ich starrte auf die alte Tür, die mit einem lauten Knall „geschlossen" worden war und stand nun im stillen Zwischengang. Das war Josipa gewesen. Zehn Sekunden Wirbelwind mit einem Wäschekorb in den Händen. Zehn Sekunden, in die eine Begrüßung, eine Umarmung, ein Lob auf meine Schwester, ein strahlendes Gesicht – es war ihr Namenstag – Glückwünsche und noch viele andere Dinge gepasst hatten, von denen es einige im *Information Overload* nur ins Unterbewusstsein schaffen konnten. Das war meine erste Begegnung mit einem echten kroatischen Temperamentsbündel gewesen. In den nächsten Jahren studierten wir gemeinsam am Internationalen Theologischen Institut. Dort hat mir Josipa unter anderem den staunenden Ausruf „Čovječe!" (Mensch!) beigebracht, den sie gemeinsam mit Landsfrau Ana ständig auf den Lippen hatte. Ihr zweites Lieblingswort war „turbocrazy". Manchmal traten die beiden Begriffe gemeinsam auf und wurden agglomeriert zu „Čovječe, that´s turbocrazy!"

„Čovječe!", war alsdann mein Ausruf, als ich heute am frühen Vormittag über eine Hügelkuppe kam und zum ersten Mal auf die Bucht von Dubrovnik blickte. Vor dem perfekten Blau des Meeres drängten sich edle Steinfassaden, Türme, Kuppeln und unzählige rote Ziegeldächer hinter imposanten Bastionen aus grauem Fels auf einer kleinen Halbinsel zusammen.

Unten in der alten Hafenstadt, die zum Weltkulturerbe zählt, angekommen, fügte ich ob der Touristenmassen leise hinzu: „That´s turbocrazy!"

Eine Stunde zuvor war mein Grenzübertritt nach Kroatien problemlos verlaufen. Ich war zurück in der EU, aber die Preise in Dubrovnik richteten sich eindeutig nach der Schweiz. Fast 5 Euro für ein Bier hatte schon viele tausend Kilometer niemand mehr verlangt.

Nachdem ich am Busbahnhof, etwas außerhalb, mein Gepäck zur Verwahrung aufgegeben hatte, konnte ich den Tag bis zur Abfahrt der Fähre unbeschwert – und das sehr wörtlich – genießen. Ich besuchte die Kirchen, wanderte durch die Gassen und sah den faulen Katzen im Hafen zu. Ich traf Mathieu und Xavier, die mit Fahrrädern in Lyon gestartet waren und eine Tour nach Griechenland planten. Mit der Strecke, die hinter mir lag, konnte ich den beiden ein paar Ratschläge geben.

Pizza mit Käse und Internet bildeten den abendlichen Abschluss eines weitgehend entspannten Tages, bevor ich mit meinen restlichen Kuna in den Supermarkt ging, mich ohne Zögern und zielsicher an der langsamsten Kasse anstellte, und so als einer der letzten unmotorisierten Passagiere zum „Grenzübergang" am Hafen kam. Der Beamte, sichtlich von seiner Tätigkeit genervt, winkte mich nach dreimaliger „Stopp-Hand" schließlich doch noch zu sich und begann: „Alcohol? Cigarettes? Drugs?" Er blickte dabei auf meinen Packsack am Carrix. Ich verneinte, bekam einen skeptischen Blick, durfte aber trotzdem gehen. Oh. Etwas Messwein hatte ich dabei … aber das fiel mir erst später ein.

So begann meine Reise in das letzte Licht des Sonnenuntergangs.

Tag 394 – Ruhetag: Das Schiff und der Nikolaus

Als ich vor bald 20 Jahren mit einem Interrail-Ticket und dem Marionettenkoffer quer durch Frankreich gefahren bin, habe ich einen Monat lang jede Nacht im Zug verbracht. Wie ich mich damals mit 1 Meter 88 zum Schlafen auf einen Doppelsitz gefaltet habe, ist mir heute ein Rätsel. In der Tat rieb ich mir schon zehn Jahre später nach einer einzigen Nacht im Zug den schmerzenden Rücken. Dass ich jetzt, als „alter Mann", die Nacht auf dem Schiff zunächst auf einer harten Holzbank auf dem Außendeck und dann in einer Ecke am nackten Boden verbracht habe und am Morgen trotzdem fit durch den Hafen gesprungen bin, erfüllt mich mit ... nun, jedenfalls nicht mit Rückenschmerzen.

Hatte ich unter den Umständen erstaunlich gut geruht, war die Nacht dennoch kurz gewesen. Zunächst war ich mit einem Australier am Bug gesessen und hatte Geschichten vom Weg erzählt, dann hockte ich eine Weile bei Südkärntnern

im Bauch des Schiffes. Wer hätte jenseits der Mur gedacht, wie emotional Ortstafeln diskutiert werden können. Für mich war das, trotz der bekannten Schlagzeilen, eine ganz neue Erkenntnis. Wunden gehen tief. Dafür muss man nicht nach Palästina reisen.

Nachdem ich italienischen Boden und damit das 23. Land meiner Reise betreten hatte, spazierte ich durch Bari auf der Suche nach der Nikolausbasilika. Dort angekommen war nichts mit „Ciao". Am Donnerstag Morgen hieß es hier: „привет." Es stellte sich heraus, dass die Kirche zu Sankt Nikolaus, mit Ausnahme des

Heiligen Grabes in Jerusalem, die einzige ist, wo Katholiken und Orthodoxe nicht nur unter einem Kirchdach feiern, sondern zudem auf ein- und demselben Altar. Jeden Donnerstag kommen hier verschiedene ostkirchliche Gruppen und Pilger für den Gottesdienst zusammen.

Ich selbst durfte nach einer Gebetsstunde der Georgier am Grab des Heiligen die Messe im *usus antiquior* feiern. Die bleibende Geräuschkulisse zur Liturgie erinnerte trotz beherztem und mehrmaligem „Pssst" des Messners an die lauten Heiligtümer Jerusalems. Doch Gott stieg hernieder in den Lärm der Welt.

Mein Hostel, die einzig erschwingliche Unterkunft, lag in der Nähe des Bahnhofs. Ich war nicht der einzige Gast in dem Betrieb, der erst vor drei Wochen eröffnet hatte. Dominico, ein Literaturstudent, wies mich ein. Aus den Vereinigten Staaten kam der neunzehnjährige Brendan, mit einem *Major in Public Relations*. Statt wie ein Wahnsinniger in drei Monaten durch ganz Europa zu rasen, hatte er sich weise vorgenommen, die ganze Zeit in Italien zu verbringen und sich damit einen Jugendtraum zu erfüllen. Aus Deutschland waren die Mechatronikerin Julia und BWL-Studentin Kerstin zu Gast. Penny, eine Australierin mit Wohnsitz in Schottland, war für einen Tanzworkshop in den Süden gereist. Und Claudia, eine Behindertenbetreuerin, die die Nachtschicht im Hostel übernahm, hatte ihr *Sabbatical* zur gleichen Zeit begonnen wie ich. Sie hatte Deutschland hinter sich gelassen und hier im Gästebetrieb einen kleinen Nebenerwerb gefunden.

Man merkt, dass der Sommer vor der Türe steht. Seit einigen Wochen begegnen mir mehr und mehr Reisende aus aller Herren Länder. Für einen Moment kreuzen sich die Pfade. Dann verlieren sie sich als Erinnerung, bald blass, bald vergessen, bis auf einen kurzen Eintrag hier. Und doch sind es alle Menschen mit ihrer eigenen bewegenden Geschichte, mit Liebe und Leid, so wie ich auf dem Weg. Allein mein Bart ist meistens länger.

Tag 395 – 46 km (11332 km): Viva Italia

An den warmen Abenden, an denen ich im Zelt auf meiner Matte liege und zum Moskitonetz des Eingangs blicke, erfüllt mich jedes Mal eine kindliche – vielleicht auch nur kindische – Freude, wenn lästige Blutsauger so kurz vor ihrem Ziel auf die undurchdringliche Wand aus engen Maschen stoßen.

Da nützt alles Surren nichts und sei es sieben Oktaven über dem eingestrichenen C.

Ganz anders sah die Lage vergangene Nacht im Hostel in Bari aus. Da habe ich ordentlich Blut gelassen und kramte schließlich mitten in der Nacht Autan aus dem Rucksack – in den Morgenstunden gleich noch einmal.

Ein paar Stunden später marschierte ich etwas unausgeschlafen dann durch den süditalienischen Frühverkehr. Dabei hätte das rücksichtslos *rücksichtsvolle* Fehlverhalten eines Fiat-Fahrers fast einen Verkehrsinfarkt und den Untergang apulischer Straßenkultur ausgelöst. Anstatt mich ordnungsgemäß mit dem Rückspiegel zu rammen und an den Gehsteigrand zu drängen, blieb der Fahrzeughalter stehen!

Was war zu tun? Wollte mich dieser Herr tatsächlich die Straße queren lassen?! Mit dieser völlig neuartigen Situation überfordert waren wir beide wie gelähmt – regungslos, während wie in Zeitlupe andere Verkehrsteilnehmer die Fäuste ballten; ihre Finger zusammen brachten um in schüttelnden Unterarmbewegungen ihrer Fassungslosigkeit Ausdruck zu verleihen. Aber für einen Augenblick in unserer beider Leben hörte sich die Welt auf zu drehen. Die Zeit stand still für Herrn Fiat und für mich. Dann wuselte ich über die Straße und binnen Sekunden waren wir in der hupenden Normalität zurück.

Dass ich kein Freund von Stadtausfahrten bin, wissen meine Leser mittlerweile, aber im Großen und Ganzen war der Weg aus Bari nicht so schlimm. In den allermeisten Fällen gab es einen schmalen Gehsteig oder Rand und so kam ich unversehrt aus den Häuserreihen und fand mich bald zwischen Olivenbäumen

wieder – praktisch für den ganzen restlichen Tag. Nur für Bitonto, die alte Bischofsstadt mit ihrer schönen romanischen Kathedrale, verließ ich kurz die Haine. Dann tauchte ich neuerlich in die grünen Plantagen ein.

Die ersten 15 Kilometer nach der kurzen Mittagsrast lassen sich wie folgt zusammenfassen: Olivenbäume links. Olivenbäume rechts. Gewitter geradeaus. Und einmal mitten drin, eine Kurskorrektur, weil ich mit dem *Castel del Monte* ein neues lohnendes Zwischenziel auf der Karte entdeckt hatte. Es bedeutete auch, dass ich den Umweg nach Mariotto nehmen musste, um mich zu verpflegen, weil es das letzte Dorf für eine Weile sein würde.

Als ich in dem Ort ankam, waren überall die Rollläden unten. Es war 16.15 Uhr. Ich beschloss am Dorfplatz zu warten. 17.00 Uhr war hier das offizielle Ende der Siesta. Ab 17.15 Uhr kam dann auch tatsächlich (langsam) Bewegung rein. Nur kein Stress. Mit frischem Essbaren und vier Liter Wasser verließ ich kurz darauf das Dorf.

Nach wenigen Metern winkte mich Franco an seinen Zaun. Er war gerade dabei, einem der Olivenbäume einen Kunstschnitt zu verpassen. Franco war nach 30 Jahren auf Hoher See (auf Öltankern) zurück in seine Heimat gekommen, um ein bisschen Agrotourismus in seinem B&B anzubieten. Für mich selbst war es noch zu früh, um einzukehren, wollte ich doch die kühleren Abendstunden nutzen.

Einen Kilometer weiter wurde ich abermals angehalten. Diesmal öffnete sich der Kofferraum eines alten roten Fiat Punto für herrlich frische Kirschen – das Geschenk einer reizenden Familie für den bärtigen Fremden.

Ahh. Ich genieße Italien. Es ist das erste Land seit Österreich – und damit seit mehr als 10.000 Kilometern – wo ich mich fließend mit den Menschen in ihrer Muttersprache unterhalten kann. Wenn also halbstarke Jugendliche sich in Bitonto über das Gestell des „turista" wundern, oder eine Frau am Straßenrand zur Freundin meint: „Guarda, un tedesco" (Schau, ein Deutscher), dann muss ich nicht länger ahnungslos lächeln oder nicken.

Die verbleibenden Stunden des Tages verliefen – ja, richtig – zwischen Olivenbäumen links und Olivenbäumen rechts. In dieser Gegend wird schließlich nicht nur das beste Ölivenöl (laut Franco) produziert, sondern gleich 40% des in ganz Italien konsumierten.

Tag 396 – 48 km (11380 km): Der Gang nach Canosa

„Verlängere die Hauptachse der Pyramide von Gizeh bis zur Kathedrale von Chartres und halbiere dann die Strecke, dann kommst du exakt hierher, nach Castel del Monte!", hauchte die Dame in gehobenem Alter ehrfürchtig ihrem Gefährten zu. Ich überlegte kurz, ob die halbierte Strecke von Gizeh

bis zum Einkaufszentrum eines Vororts von Reykjavík nicht exakt die Landesfrauenklinik in Linz traf, wo ich einst zur Welt kam. Dann schritt ich, erfüllt von neuem Selbst- und Sendungsbewusstsein, weiter durch das seltsame Gebäude des Stauferkönigs Friedrich II. Die oktogonale Form und Liebe zur Zahlenmystik in der Architektur machen den weithin sichtbaren Zentralbau zu einem der Objekte, die ich noch aus dem Studium der Kunstgeschichte im Gedächtnis hatte. Es war nett, den Abstecher gemacht zu haben.

Als ich zur hohen Pforte hinaustreten wollte, rollte gerade die zweite Gewitterwelle über mich hinweg. Ich musste länger bleiben und meine Gedanken wanderten irgendwo von Chartres nach Gizeh.

* * *

Der Morgen hatte heiter und trocken begonnen. Sonnenstrahlen weckten mich. Es war angenehm kühl und ideales Wanderwetter. Ich frühstückte die restlichen Herzkirschen – ein Genuss – und stopfte ein paar Schokoladenkekse hinterher. *Breakfast of Champions*. Kauend dachte ich an die Nacht zurück. In den frühen Stunden hatte ich Besuch bekommen. Etwas hatte sich geräuschvoll durch das Gras auf mein Zelt zu bewegt. Als ich mein Zeltdach zur Antwort schüttelte, passierte nichts. Das Tier bellte nicht, war also kein Hund. Es floh nicht, also war es kein Reh. Wildschwein, tippte ich, als es sich wenig später davonmachte – oder ein ziemlich großer Igel.

Die ersten Kilometer ging ich im Zickzack und im Wechsel von Wegen und kleinen Straßen. Dann kam ich zu jenem Aquädukt, dessen Trasse als Weg auf meiner Karte markiert und in einem Online-Bericht als „Fahrradweg mit Potential" beschrieben worden war. Nun, Potential für Mountainbiker war auf dem steinigen Pfad gegeben. Allerdings musste man sich die vielen alten und ganz offensichtlich ignorierten Verbotstafeln wegdenken. Mit der Bereitschaft, mich kulturell anzupassen, spazierte ich die nächsten zehn Kilometer halblegal über der apulischen Wasserversorgung. Links von mir der Nationalpark Alta Murgia.

500 Meter vor dem planmäßigen Ende der Strecke kam dann abermals ein Verbotsschild „Privat". Diesmal jedoch machte ein Zaun das Weiterkommen

unmöglich. Der Versuch, das Grundstück zu umgehen, wurde zu einem qualvollen Bußgang. Wildes Getreide trieb seine Samen in Schuhe und Socken, sodass jeder Schritt zu einem Gang auf Nadeln wurde. Es stach und zwickte. Ich kletterte über Mauern und kämpfte mich durch bauchhohes Gras. Disteln rammten ihre Dornen in meine Beine. Dann war ich endlich zurück auf einer Straße und leckte meine Wunden.

Dass die restlichen Kilometer auf den 500 Meter hohen Hügel der Stauferburg länger wurden als geplant, dafür sorgte die „kreative" Beschilderung. Aber mit den drohenden, schwarzen Gewitterwolken am Horizont und den letzten Sonnenstrahlen im Rücken gab es ein paar dramatische Landschaftsmotive mit den hiesigen Trulli.

Der Ursprung der seltsamen Rundhäuser, die als Trockenmauerwerk errichtet wurden, ist nicht ganz klar. Manche vermuten, dass die Baupläne dafür gar aus Harran stammten. Wäre dies auch eine schöne Querverbindung zu meinem Weg, bin ich mir nicht sicher, ob man sich für diese Theorie vielleicht zu sehr auf die Achse Ulaanbaatar – New York verließ. Die geschichtlich verbürgte Erklärung – nicht für den Ursprung aber wenigstens für die Häufung dieser Bauten ab dem 17. Jahrhundert – ist allerdings nicht minder skurril. Der Graf Giangirolamo II. Acquaviva d'Aragona soll seine Untertanen ermutigt haben, im Gegenzug für einige Zugeständnisse, ihre Häuser ohne Zement und Mörtel zu bauen. Dann konnten im Falle einer königlichen Inspektion die Steinhäuser ganz einfach ab- und später wieder aufgebaut werden. Warum das Theater? Ein „Steuerschlupfloch" in der damaligen Gesetzgebung. Steuern zahlte man nämlich nur für – jetzt kommt's – Häuser. Raffiniert. Und vielleicht etwas aufwendig.

Ich erreichte das Castel del Monte gerade rechtzeitig zur ersten Gewitterfront. Drama. Blitz und Donner. Regenguss. Dann verbrachte ich eine Weile zwischen informativen Erklärungstafeln und Verschwörungstheorien. Reisegruppen niederländischer und belgischer Pensionäre ließen sich durch die Hallen führen.

Auf das zweite Gewitter, das ich auf den Stufen abwartete und dabei von einem Hund Gesellschaft bekam, folgte mein Aufbruch. Kurz darauf neuerlich Regen. Gleißende Lichter und Grollen unter schweren schwarzen Wolken begleiteten meinen Weg über die nächsten Stunden.

Die 20 Kilometer bis Montegrosso absolvierte ich daher im Eilschritt und kam nach gut drei Stunden in dem kleinen Örtchen an. Mit meinem Eintreffen stoppte dann einen Moment lang der komplette Betrieb im Restaurant *Antichi Sapori*. Ich hatte eigentlich einen der Mitarbeiter nur kurz nach einem Laden fragen wollen, aber bald stand die ganze Belegschaft vor mir und beschenkte mich nach einem kurzen Schwatz mit herrlichen Köstlichkeiten.

Das kleine Lebensmittelgeschäft ums Eck war im Unterschied dazu eher spärlich sortiert, aber Brot, Thunfisch und Käse fand ich trotzdem in den Regalen. Dann folgten nochmals acht Kilometer durch Olivenhaine bis kurz vor Canosa.

Dieses Canosa ist nicht das Canossa in Norditalien, wo sich einst ein kaiserliches Knie bußfertig beugte. Aber hier beugte ich nun die Knie und kam zur Ruhe unter den knorrigen, alten Bäumen eines Olivenhains.

Ruhe herrscht, aber nicht Stille. Diesmal ist es kein Hund, der bellt, sondern ein Feuerwerk, das im sechs Kilometer entfernten Ort explodiert. Man feiert in Canosa etwas. Vielleicht, dass man so ziemlich und ungefähr irgendwo zwischen Gizeh und Chartres liegt.*

* Wen es interessiert: Der Mittelpunkt der beschworenen Achse liegt übrigens 200 Kilometer südöstlich von hier am Sporn Italiens.

15. Sonntag – Die Beichte: Wiederherstellung des österlichen Menschen

Sünden sind Gedanken, Worte und Werke, die gegen das göttliche Gesetz verstoßen. Was ist das göttliche Gesetz? Es ist kein unheimlich dickes Buch mit einer langen Liste von Rechtsvorschriften, sondern, so sagt Jesus: Das Gesetz besteht in der Gottes- und Nächstenliebe.

Wer Gott und seinen Nächsten wahrhaft liebt, der erfüllt das Gesetz. Eine Sünde ist also eine Handlung gegen die Gottes- oder Nächstenliebe.

Nun gibt es Sünden, die sich direkt gegen die Gottesliebe oder Nächstenliebe richten und dabei die Liebe zerstören und andere Sünden, die diese Liebe lediglich verletzen. Entsprechend unterscheidet man zwischen schweren Sünden und lässlichen Sünden.

Schwere Sünden sind mit der Liebe zu Gott und zum Nächsten schlichtweg unvereinbar. Sie stehen der Liebe völlig entgegen. Götzendienst, die Nicht-Heiligung des Sonntags, Mord, Ehebruch oder Raub sind Beispiele dafür. Wer solche Dinge wissentlich und mit freiem Willen tut, der begeht eine schwere Sünde. Schwere Sünden zerstören das Band der Liebe, das uns mit Gott verbindet. Wir verlieren die heiligmachende Gnade, die uns Anteil am übernatürlichen Leben gibt.

Und so bedeutet der Verlust der Gnade auch den Verlust des übernatürlichen Lebens. Darum nennt man schwere Sünden bisweilen Todsünden.

Wie alle Sünden weisen auch lässliche Sünden eine Unordnung auf. Aber diese Unordnung richtet sich nicht direkt und so zerstörerisch wie die Todsünde gegen die Liebe zu Gott oder zum Nächsten.

Wenn man versuchen will, die Wirkungen der unterschiedlichen Sünden anschaulich zu machen, dann ist folgendes Beispiel vielleicht hilfreich: Eine brennende Kerze steht für das Licht der Gnade. Es leuchtet uns auf dem Weg zu Gott, damit wir unser Ziel sicher und gut erreichen. Durch lässliche Sünden beginnt das Licht zu flackern. Man kann zwar noch etwas sehen, aber eine flackernde Kerze leuchtet nicht mehr so hell. In ihrem Licht noch alles deutlich zu erkennen, ist schwierig. Das weiß jeder, der schon einmal versucht hat, im Licht einer flackernden Kerze etwas zu lesen. Durch die Todsünde geht das Licht ganz verloren. Wir sind im Dunkeln und können keinen geraden Schritt mehr auf unserem Weg zu Gott gehen, bis wir wieder Licht haben.

Der Weg aus der Dunkelheit zurück zum Licht führt über das Sakrament der Versöhnung (Beichte). Darüber, warum die Beichte so ist, wie sie ist, und warum das Sinn macht, habe ich schon im ersten Band geschrieben (24. Sonntag). So möchte ich an dieser Stelle nur die sieben Schritte wiederholen, die den Menschen in der Gnade wiederherstellen und ihn festigen: erstens, ein Gebet, um echte Erkenntnis der Sünden; zweitens, die Erforschung des Gewissens im Licht des Lebens Jesu (Beichtspiegel); drittens, eine echte Reue und Abkehr von der Sünde; viertens, einen konkreten Vorsatz zur Besserung fassen; fünftens, das Bekenntnis der Sünden in der Beichte; sechstens, die Buße verrichten, die einem zur Sühne für die Sünden aufgetragen wurde.

Die regelmäßige Beichte ist sicher eine Herausforderung. Aber wenn wir so viel Zeit für die Gesundheit des Leibes aufwenden, wie es unsere Kultur im Westen tut, sollten wir dann die Gesundheit der Seele vergessen?

Tag 397 – 43 km (11423 km): 13 Monate

Das Geräusch kleiner Traktoren, die für die Arbeit zwischen Bäumen und Reben ausrückten, weckte mich. Es war 5.30 Uhr, an einem Sonntag. Ich packte meine Habseligkeiten zusammen und wanderte die Straße Richtung Canosa hinunter.

Das erste auf meiner Karte angekündigte Highlight war eine Römerbrücke. Jedoch war sie kürzlich so gewissenhaft instand gesetzt worden, dass an ihr wohl kaum etwas Römisches geblieben war. Ich ließ mir meine Enttäuschung von den zahlreichen italienischen Rennradfahrern, die über das moderne Pendant dazu den Fluss querten, nicht anmerken.

Bis Cerignola ging ich auf einer für meinen Geschmack zu breiten Straße, aber der Verkehr hielt sich in Grenzen. In der Stadt wurde ich dann neugierig von zwei Jungs im Alter von elf und zwölf angesprochen, die höflich und gut erzogen, ihre Fragen an mich richteten. Mittendrin rief einer der beiden: „Giorgio, vieni qua“, zu einem Kollegen, der gerade auf der anderen Straßenseite mit seinem Fahrrad vorbei fuhr. Giorgio kam und ich musste meine Antworten wiederholen. Dann kam Timo um die Ecke. Nochmals das Ganze von vorne. Ich denke, der Priester aus Österreich mit dem langen Bart und den dünnen Schuhsohlen war später auch an den Mittagstischen ein Thema. Und ich kann nur hoffen, dass die ganze Familie dort auf einmal versammelt war und meine Geschichte nicht wieder in der Endlosschlaufe lief. Ich selbst speiste etwas außerhalb – natürlich unter einem Olivenbaum – und hielt anschließend ein Nickerchen.

Der Nachmittag verlief ohne besondere Vorkommnisse, während ich mich langsam nach Nordwesten schob. Die Landschaft sah hier nun aus wie die spanische Meseta am Jakobsweg. Weizenfelder wiegten im Wind. Kleine Cumuli zogen hastig darüber hinweg. Windmühlen. Überall Windmühlen.

Neben einem goldenen Feld fand ich am Abend einen Streifen mit Ölbäumen für die Nacht. Sie sind nun mein einziger Schutz gegen den Wind und nur ein spärliches Versteck. Es ist der 1. Juni. Dreizehn volle Monate liegen hinter mir und heute zum Jubiläum wird das Bellen der Hunde beinahe vom tiefen, unendlich wiederholten „Schwuuusch" der Windmühlen übertönt.

Tag 398 – 48 km (11471 km): Fallende Feste feiern

„Na, da wirst Du lange warten!", meinte die Dame und blickte von ihrem Espresso auf. „Heute ist das Fest der Republik." Diese Antwort erklärte einiges:

das Feuerwerk gestern Abend zum Beispiel, aber auch, warum ich gerade eine Stunde vor dem geschlossenen Rollladen eines Supermarkts gesessen hatte, ohne Anzeichen auf Bewegung drinnen oder draußen. Mit einem Einkauf würde es heute nichts, klärte man mich in der kleinen Bar von Ordona auf. Wasser bekam ich hier, aber für feste Nahrung mussten dubiose Reste im Rucksack herhalten.

Durch die bunten Plastikwürmer, die zur Fliegenabwehr im Eingang baumelten, trat ich zurück auf die Hauptstraße und setzte meinen Weg nach Nordwesten fort. Dieser hatte heute Morgen schon sehr früh in meinem Olivenhain begonnen, wegen der Bauern, die im Weinberg nebenan – unempfänglich für ruhende republikanische Ehrerbietung – die Holzspaliere fixierten.

Den nächtlichen, quixotischen Kampf gegen den Windmühlenlärm hatte ich erfolgreich mit Müdigkeit geschlagen und war zu finger-prickelnd-kalten Temperaturen erwacht. Die Weizenfelder leuchteten satt in der aufgehenden Sonne. Die Morgenstund´ hatte also tatsächlich Gold im Mund. In den Beinen aber hatte sie Blei.

Noch etwas müde stapfte ich die ersten Kilometer bis zur fruchtlosen Rast vor dem Supermercato. Dabei war das Wanderwetter ideal. Angenehme Temperaturen und blauer Himmel mit ein paar Wolken, die heute jedoch harmlos bleiben sollten. Die befürchtete süditalienische Hitze war die ganzen letzten Tage ausgeblieben.

„Das Wetter ist dieses Jahr höchst ungewöhnlich und zu kalt", erklärten zwei Männer, die ich ein paar Stunden später am Wegrand traf. „Oft hat es um diese Jahreszeit schon 40 Grad." In der Stimme lag fast ein wenig Bedauern. Ich nickte – aber ohne Bedauern. Die beiden schickten mich vier Kilometer weiter zu einem Santuario, das ich mit Vorfreude begann anzusteuern. Aber in Borgo Sergezia angekommen, war das Gotteshaus geschlossen und der Pfarrhof verwaist. Vor der Bar hingegen war auch hier um die Mittagsstunde etwas Leben. Ich trat ein, sah links ein Regal mit Lebensmitteln und ließ meinen Blick über die Produkte schweifen. Ich machte einen Schritt nach vorne … „Sie wünschen?", kam es zurechtweisend aus der Ecke, wo mich eine etwas untersetzte Dame über den Rand ihrer mit Klebeband reparierten Brille kritisch betrachtete. Ich trat zwei Schritte zurück und hoffte damit wieder hinter der unsichtbaren Demarkationslinie zu stehen, die offensichtlich durch diesen Teil der Bar gezogen war. Dann bat ich in einem neuen Anlauf unterwürfig um die Erlaubnis, mich nähern zu dürfen. Erfolg. Ich verließ die Bar wenig später mit

Schokoladenbrötchen und Cola.

Draußen wurde ich von der örtlichen Männerschaft in ein Gespräch über die aktuellen wirtschaftlichen Schwierigkeiten eingebunden und beantwortete Fragen zu meiner Reise. Dann setzte ich meinen Weg fort.

Links wölbten sich sanft die ersten Hügel des auslaufenden Apennins. Rechts hingegen bildeten die Hänge des Gargano hinter dem Dunst eine blaugraue Mauer. Weizenfelder lagen zu beiden Seiten.

In Lucera, meinem Tagesziel, kniete ich nach 48 Tageskilometern in der Franziskanerkirche. Unter dem Altar ruhte der Leib des hier geborenen Predigers und Heiligen, Francesco Antonio Fasani. Als er im November des Jahres 1742 starb, rannten die Kinder durch Luceras Gassen und riefen allen zur Kunde: „Der Heilige ist tot! Der Heilige ist tot!“ Dem gelehrten Mönch und großen Helfer der Armen wird unter anderem ein Regenwunder zugeschrieben, bei dem sein nächtliches Gebet eine lange Dürreperiode enden ließ. Ich gestehe, meine eigenen Bitten am Grab des „*Santo della pioggia*“, betrafen nicht ein Mehr an Niederschlag.

Tag 399 – 45 km (11516 km): Die Stadt auf dem Berg

Ich schnellte hoch im Bett meiner Pension, als ich heute Morgen auf die Uhr blickte. Es war schon kurz vor 7.00 Uhr. Aber mit den gezogenen Vorhängen hatte ich den Sonnenaufgang verschlafen. Ich packte, frühstückte ein abgelaufenes Joghurt und machte mich auf zu einem Supermarkt am Stadtrand, um meine Essensvorräte aufzufüllen.

Italien ist teuer geworden. Aber Italien ist Italien. Als ich mein Gepäck, das ich bei der Information deponiert hatte, abholte und kurz ein paar Worte zu meiner Reise wechselte, hatte ich plötzlich einen Sack mit Thunfisch, Fleisch und Keksen in der Hand – und es wären drei Säcke geworden, hätte ich nicht den Großteil wegen der befürchteten Schwere meines Rucksacks abgelehnt.

Dann ging es ein Stück auf die Hauptstraße Richtung Campobasso, die als einzige in meine ungefähre Richtung führte. Nach ein paar Kilometern konnte ich aber den Asphalt für einen alten *Tratturo* tauschen, der meist als Fahrweg

und manchmal als „Bush-bash" parallel zur Straße nach Westen führte.

Nach einer Stunde verließ ich den flachen apulischen Küstenstreifen und begann meine Apennin-Traverse. Steil ging es hinauf nach Motta Montecorvino.

Etwas unterhalb des Orts machte ich meine Mittagspause und löste meine Schuhe. Auf der Einlage fand ich eine große Zecke und überlegte scherzhaft sie drinnen zu lassen. Jetzt, wo die Sohlen meiner roten Flitzer wirklich dünn wurden, war ich über jede Polsterung froh.

Nach dem Ort und dem Erreichen des Kamms hatte ich ein schönes Panorama in beide Richtungen. Hinter mir lagen die Kornfelder der Ebene um Foggia;

vor mir die Hügelwelt der Region Molise. Um den langen, kurvigen Abstieg zu verkürzen, wählte ich einen Feldweg, der nett begann, aber im letzten Abschnitt seine Zähne zeigte. Mannshohes Gras, dann wirres Gestrüpp ließen mich ins Tal hinunter stolpern.

Bei der nahen Tankstelle wollte ich mich nach der kräftezehrenden Tortur mit einer Dosis schwarzen Zuckers (Cola) wiederherstellen, erhielt aber nur eine mickrige Ration. Ich trank das winzige Döschen, während ich auf die leere Straße blickte. Und ich beschloss die Verkehrsarmut – die der

Tankwart auf die Finanzkrise schob – für mich zu nutzen. Den Rest des Tages lief ich entlang der *Strada Statale*.

Am Abend, unweit des Ortes, von dem der Heilige Johannes von Tufara einst als Einsiedler in die Höhlen der Basilikata gezogen war, arbeiteten Bauern auf den Wiesen. Ich sah das duftende Heu und die Möglichkeit hier an einem flachen Ort im kurzen Gras zu campen.

Der *Patrone* nickte vom Traktor herunter und gabelte den nächsten großen Rundballen zum Abtransport auf. Nach Feierabend brachten er und sein Sohn ein Bier vorbei und wir unterhielten uns über das harte Leben in den Bergen und die Krise dieser Zeit. „600 Schafe habe ich im Stall, aber was nützt es, wenn die Leute kein Geld haben um Fleisch zu kaufen?" Es war fast dunkel, als die beiden abzogen und ich in meinen Schlafsack schlüpfte.

Es ist kühl. Mein Zelt steht offen und ist nach Osten ausgerichtet. So werde ich den Sonnenaufgang morgen nicht verschlafen. Auf zwei Hügeln über mir leuchten Lichter. Eine Stadt auf einem Berg kann nicht verborgen bleiben. Mit diesem biblischen Wort schlief ich ein.

Tag 400 – 42 km (11558 km): Wisch und Weg

Die ersten Kilometer des heutigen Tages folgte ich mit frierenden Händen der breiten Straße, auf der ich schon gestern Abend ein Stück gegangen war. Es war kalt in den Morgenstunden und mir wurde erst wärmer, als der Weg in Richtung Campobasso zu steigen begann. Rechts thronte Pietracatella, eines der zahlreichen Dörfer, welche hier über die Jahrhunderte auf die Felsen und Hügel „geklebt" worden waren. Das Besondere an diesem Dorf war allerdings das alte Kapuzinerkloster, in dem der junge Padre Pio die Jahre zwischen 1904 bis 1907 verbracht hatte.

Immer wieder gab es auf dem Asphaltband unter meinen Füßen Abschnitte, die abgesackt und ausgebessert worden waren. Es schien, als sei das Erdreich der ganzen Gegend nicht stabil. Vielleicht war der Verlust der Substanz auch Folge der schlimmen Erdbeben, welche diese Region regelmäßig erschüttern. Einmal sah ich gar ein ganzes Haus am Straßenrand, das komplett abgerutscht nun in einer bizarren unbewohnbaren Schräge stand. Alles hielt nach wie vor zusammen – nur das Fundament hatte auf einer Seite mehr als einen Meter nachgegeben.

Als ich etwas später von der Hauptstraße abbog, war es Zeit für eine Mittagspause. Und erstmals seit Tagen fand sie nicht unter einem Oliven- sondern einem Walnussbaum statt. Der Schatten war großzügiger und das war gut. Es war schwül und heiß geworden im gleißenden Licht der Sonne.

Unter ihrem feurigen Antlitz musste ich dann nach der Pause eine steile Straße hoch, bevor ich all die mühsam gewonnene Höhe auf einem Feldweg gleich wieder verlor. Aber das Tal, in das ich nun kam, war von grünen Zweigen beschattet und der gurgelnde Bach kühlte die Senke, in der ich ging.

Bei der nächsten Kreuzung kaufte ich für Wucher eine Dose Cola und ein Eis und nutzte den einsetzenden Zucker-Rausch für schnelle Schritte hoch nach Mirabello. Das kleine mittelalterliche Dorf auf dem Hügel – so typisch für die Gegend – war ein unmögliches Wirrwarr an Häuserfronten, Farben und Wäscheleinen, die in konzentrischen, durch schmale, steile Gassen verbundenen Kreisen rund um die Kirche am höchsten Punkt der Kuppe tanzten.

Jenseits des Bergrückens hinter Mirabello wartete eine andere Welt. Ich stieg hinunter in ein Tal, in dem sich Schnellstraßen kreisend teilten und vereinten; in dem schwere Sattelschlepper auf großen, staubigen Vorplätzen eines Industriegebietes im Rückwärtsgang piepten; ein Tal, in dem ich am Ende einer mit Glasscherben übersäten Einfahrt die Lobby eines gealterten und überteuerten Hotels betrat. Wenn der fleckige Teppichboden in meinem Zimmer reden könnte, dann wäre dieser Eintrag gut und gerne noch zwanzig Seiten lang. Ob seines „betretenen" Schweigens kann ich jedoch nun meine Ausführungen schließen. Gute Nacht!

Tag 401 – 46 km (11604 km): Am Pass des Toten Priesters

Der erste Tageskilometer war nicht sonderlich reizvoll entlang der breiten Ausbaustrecke. Aber sobald ich die Autobahn gequert hatte, wurde es ruhiger. Vor mir lag ein imposanter Gebirgsstock, dessen Gipfel sich 2000 Meter in den Himmel streckten. In den zerfurchten, steilen Flanken waren noch Schneefelder zu sehen. Mitten durch die Festung aus Fels lief eine Reihe von Hochtälern, denen ich heute folgen wollte.

Nach einem Besuch in der Dorfkirche von Guardiaregia überholte ich eine Volksschulklasse am Weg zum Naturschutzgebiet. Ihr Begleiter vom WWF nahm es auf sich, mir so inbrünstig den weiteren Wegverlauf zu erklären, dass ich es nicht über das Herz brachte, ihm mein GPS zu zeigen. Ich nickte und nickte. Eine ganze Weile lang. Dann winkte ich und ging die steile Straße hoch.

Oberhalb des ersten Stausees machte ich eine kurze Rast, aß eine der köstlichen Orangen, die mir der freundliche Ladenbesitzer im letzten Dorf geschenkt hatte und arbeitete mich dann die langen Kehren hoch. Ich erreichte den ersten Pass, hinter dem ich über einen nassen Wanderweg in ein Hochtal hinunterrutschte. Von dort ging es bald schon wieder hoch zum gruseligen *Passo del Prete Morto* (Pass des Toten Priesters). Ich weiß nicht, woher er seinen Namen hat, stellte aber keine besonderen Gefährdungen für Geistliche fest. Der Gasthof war geschlossen und so verpflegte ich mich aus dem Rucksack, während ich

den Blick über die Berghänge gegenüber und den sumpfigen Lago del Matese tief unter mir schweifen ließ. Sich verändernde Inseln aus Licht zwischen den Schatten der Wolken wanderten über die mäandrierenden Wasserkanäle inmitten der üppigen Uferpflanzen.

Darauf folgte ein neuerlicher Abstieg und eine kurze Rampe ins dritte Hochtal, wo mit Letino und Gallo dann die ersten Dörfer nach 30 einsamen Kilometern

auftauchten. In Letino traf ich einen Ziegenhirten, der begleitet wurde von einem kleinen schneeweißen Welpen mit einem Tannenzapfen im Maul.

Dann plötzlich mitten auf der Straße befreite sich der Tannenzapfen aus dem Würgegriff und attackierte den kleinen Hund. Es entspann sich ein kurzer, heftiger Kampf, in dem der Zapfen schließlich – wenn auch nur knapp – unterlag.

Lächelnd brach ich zu den letzten fünf Kilometern über einen weiteren Pass auf, und wanderte hinunter bis zu dem Ort, wo nun mein Zelt steht. Der Platz versprüht, trotz seiner Lage auf halbem Weg zwischen Rom und Neapel, einen Hauch von Alpenromantik. Ich liege auf duftendem Heu. Nebenan, hinter der dichten Hecke aus Brombeersträuchern, glöckeln weiße Rinder. Wenn da jetzt nicht die lange Straßenkehre wäre, auf deren Innenseite sich mein kleines Stückchen Grün befindet, dann wäre es ein beinahe kitschiges Idyll.

Tag 402 – 50 km (11654 km): Warnung vor JIS

Kundmachung: Die örtlichen Behörden warnen vor der neuen Modedroge Jasmin. Besonders rückkehrende Jerusalempilger scheinen in hohen Prozentsätzen dem „Jasmin-Inhalations-Syndrom" – kurz JIS – zu erliegen. Verschiedentlich wurden Betroffene regungslos mit dem Gesicht in Zierhecken aufgefunden. Gartenbesitzern wird daher dringendst empfohlen, vor dem Einsatz scharfer Schneidewerkzeuge die Naturzäune kräftig zu schütteln, um etwaige harmlose Pilger im Bann der weißen Blüten schadlos zu entfernen.

Erste Versuche, die Suchtopfer mittels aromatischer Schocktherapie zu kurieren, schlugen fehl. Es wird daher abgeraten, gebrauchte Wandersocken zum Einsatz zu bringen. Stattdessen empfehlen Experten ausgedehnte Spaziergänge zwischen Ginsterbüschen, um die Fixierung auf Jasmin langsam zu lösen. Dies führt in den meisten Fällen zu einer Linderung der Symptome, stellt allerdings keine Heilung dar. Eine solche ist bislang nicht bekannt.

Wichtig ist es, Betroffene mit ihrem Problem nicht alleine zu lassen. Die duftende Gefahr umgibt uns überall; in Wohnvierteln, Stadtparks, bei Schulen. JIS kann jeden treffen! Reichen wir den Opfern eine Hand und halten wir ihnen mit ihr die Nase zu!

* * *

Bimmel. Bimmel. Bammel. Bimmel. Am Morgen beim Blick über die Dornenhecke, die mich vom läutenden Wahnsinn der Nacht trennte, guckten

mich die Kälber mit großen Augen an. Ein Wimpernschlag der Kuhkinder und ich vergaß meine Absicht, das Vieh für die Ruhestörung zu schelten. „Muhh", gab ich ihnen freundlich zu verstehen und packte meine Sachen. Über einsame Kehren kurvte ich ins Tal nach Capriati für ein Frühstück.

Danach folgte ein Abschnitt auf einer engen Straße mit viel Frühverkehr. Erzwungene Nahtoderlebnisse, die der italienischen Fahrweise geschuldet waren, zusammen mit der örtlichen Straßenmeisterei, die Brennnesseln bis zum Mittelstreifen züchtete, testeten meine christliche Tugendhaftigkeit in den Widrigkeiten des Weges. Die Ergebnisse werden in Kürze in einem Beichtstuhl ausgewertet. Viele meiner Ausrufe werden es wohl zudem ins Kompendium „Dinge, die ein Priester nicht sagen sollte" schaffen. Ich will es nach der Reise als dicken Wälzer herausbringen, wenn ich einen Verleger finde. Mit einem Vorwort von Inga aus Belgien.

Kaum war ich aus dem Wald, waren die Brennnesseln vergessen – nicht die enge Straße, denn die Spurbreite hatte sich nicht verändert. Als Ersatzplage kam nun die Sonne hinzu, die beschloss zu brennen. Ich keuchte in der Hitze, als ich die unmögliche Steigung nach Roccapipirozzi hochlief. Roccapipirozzi – wo, wenn nicht in Italien kann man einen Ort so nennen, ohne dass die Würde seiner Bewohner darunter leiden würde.

Einer der Bewohner, Enio, Jahrgang 1951, gesellte sich zu mir, als ich im Schatten der geschlossenen Kirche meine Mittagspause hielt. Mein Zelt und T-Shirt waren über das Geländer zum Trocknen ausgebreitet und wiegten sanft in der schwachen Brise.

Enio beugte sich über die Brüstung, die fast sein Kinn streifte, und blickte mit mir in das weite Tal zu unseren Füßen. Er erzählte von seiner Frau, seinen vier Kindern, dem Sohn mit einem Talent für Poesie. Er erzählte vom Wandel der Zeiten und den Menschen. Von den 500 Einwohnern, die das Dorf zur Zeit seiner Kindheit gehabt hatte, waren nur 100 geblieben. Er sprach von den ehemals 12.000 Arbeitern im Fiat-Werk, von denen bis zu seiner Pensionierung vor einem Jahr nur 3.000 übrig waren. Er berichtete, wie er hier von dem Punkt aus, wo wir standen, ins Tal zu seinen Eltern am Feld weit unten hatte rufen können, bevor der Lärm der neuen Autobahn alle Stimmen übertönte. Er sprach von seinem Vater, der im Knabenseminar nicht nur Latein gebüffelt, sondern später während Mussolinis Afrikafeldzug in Kenia auch Zulu gelernt hatte. Politik, Korruption, Venedigs Bürgermeister waren Themen, die wir streiften. Und er erzählte mir, wie er mit seiner frommen Mutter als Elfjähriger bei einer Messe von Padre Pio dabei gewesen war – er, der kleine Enio aus Roccapipirozzi.

Als ich wieder aufbrach, war die Hitze an ihrem Höhepunkt, so war der 900 Meter lange Tunnel, den ich wenig später entlang der Hauptstraße durchschritt, angenehm kühl. Allerdings fehlte ihm ein Streifen für Fußgänger und so entspann sich ein unangenehmes Abenteuer zwischen Straße, Bordstein und den großen Reflexionspanelen, die mir im Abstand von 20 Metern den Weg versperrten.

Ich war dankbar, als ich etwas später in die Hügel zwischen Millionen gelber Blüten eintauchen konnte. Eine herrliche, aromatische Landschaft aus wildem Ginster und kultiviertem Jasmin entlang der Häuser und Dörfer. Immer wieder hielt ich kurz, steckte meinen Kopf in die Hecken und sog den betörenden Duft mit tiefen Zügen ein.

So kam ich auf kleinen Nebenstraßen in die Stadt Cassino, die dem Zentrum benediktinischen Lebens zu Füßen liegt. Ich fand eine Unterkunft und war dankbar, nach 50 Kilometern die Füße über die Bettkante zu strecken. Die Preise in Italien finde ich immer noch ein wenig hoch, aber bislang hatte jede Bleibe in diesem Land immerhin einen wirklich guten „Altar". Auch das ist etwas wert, wie ich als Zeltzelebrant nur zu gut weiß.

Tag 403 – 45 km (11699 km): Das Herz ging auf …

… und der Schweiß tropfte nieder, bei meinem frühmorgendlichen Aufstieg zur Abtei von Montecassino. Ich war vor vielen Jahren schon einmal zu Fuß zum Epizentrum des westlichen Mönchtums gepilgert. Ich weiß noch, wie ich damals nach einem vollen Tagesmarsch am Fuß des Berges fassungslos von der groben Karte hoch zum Berg geblickt hatte. Ich war doch fast da?! Trotzdem trennten mich mehr als acht Kilometer und 500 Höhenmeter von meinem Ziel. Ich hatte mich damals in der

Abenddämmerung hochgebissen und war froh gewesen, für die Osternacht gekommen zu sein, wo ich auch zu finsterer Stunde noch Einlass fand.

Dieses Mal war ich zum Sonnenaufgang unterwegs. Über das Tal, dem ich entstiegen war, zogen dünne Nebelschwaden. Ginster säumte den Weg, auf dem ich den bockigen Carrix über die unwegsamen alten Steine zog.

Man sagt, der Mensch bestehe zu 70% aus Wasser. Bei mir müssen es 85% sein. Ansonsten lässt sich nicht erklären, dass ich so immens viel bei meinem Aufstieg schwitzen konnte. Oben angekommen sah ich aus wie nach einem Vollbad und tropfte durch die Klosterpforte. Ich war nass, aber glücklich. Ich verehre den Mönchsvater Benedikt, der hier mit seiner Schwester Scholastika begraben liegt. In Stille an diesem heiligen Ort zu knien und das Pilgergebet zu sprechen, füllte mein Herz mit kindlicher Freude und die Augen mit Tränen – oder Tropfen von Schweiß? Mit dem wunderschönen Subiaco und Norica liegen bald schon zwei weitere benediktinische Destinationen auf meinem Weg.

Ich stieg auf der anderen Seite des Berges ab, ging vorbei am polnischen Soldatenfriedhof und suchte den Wanderweg, der auf meiner Karte verzeichnet war. Ich konnte ihn schließlich nur durch ein Loch in einem Zaun erreichen. Die weißen Kühe, denen ich später begegnete, waren wohl der Grund für das geschlossene Haupttor am Beginn des Weges gewesen.

Zunächst führte mich ein netter Pfad mit tief hängender Vegetation über den Hügel. Dann verlor er sich in dichtem Gestrüpp. Dornen, Baumstämme, lose Steine und hoher Wuchs machten den nächsten Abschnitt ziemlich kräfteraubend. Bei der folgenden Hangquerung keuchte und grunzte ich, schnaufte und formulierte Beschwerden, aber bei alldem durfte ich den Mund nicht zu weit öffnen, weil ich ständig in Spinnennetze lief. Auf *diese* Eiweißration war ich nicht wirklich angewiesen.

Ich war froh, als ich die Straße nach Villa Santa Lucia erreichte und schließlich in das kleine Örtchen Piedemonte San Germano kam. Ich kannte den Flecken Häuser aus der Biographie des Hl. Philipp Neri. Hier hatte der Florentiner ein paar Jahre seiner Jugend bei Verwandten zugebracht. Ein Straßenname erinnert daran.

Am Dorfplatz, im Schatten eines Baumes auf einer kühlen Steinbank, machte ich meine Mittagspause. Als ich gegen 14.00 Uhr wieder aufbrach, war es fürchterlich heiß und schwül.

Ich war fast allein auf der Straße – *fast*. Radfahrer überholten mich just in dem Moment, als ich die Kühe rechts von mir unbekümmert mit einem herzhaften „Muuuh" grüßte. Die Sportler waren zu schnell an mir vorbeigeflitzt, als dass ich ihre Gesichtsausdrücke hätte lesen können, aber ich kann mir vorstellen, was sie sich gedacht haben. Ich, der Kuhflüsterer, grinste bübisch.

Keine sieben Kilometer weiter war es mir endgültig zu heiß. Ich legte mich in den Schatten hoher Bäume und beschloss, mich bis 17.00 Uhr nicht mehr zu bewegen.

Ich muss jetzt wirklich in den Sommermodus mit Siesta wechseln, sonst nimmt das kein gutes Ende. Für die ganze nächste Woche sehen die Meteorologen Temperaturen jenseits der 30 und 33 Grad voraus – mit Gewittern zwischendrin. Dass sie sich täuschen, wie so oft, ist eine schwache Hoffnung, mehr nicht.

In den Abendstunden dieses langen Sommertages ging ich bei angenehmeren Temperaturen nochmal 20 Kilometer und starrte dabei die halbe Zeit auf den Straßengraben der SS6. Ich war froh, die alte Hauptverbindung zwischen Rom und Neapel nach ein paar Kilometern wieder verlassen zu können. Es ging zurück in die Hügel, wo ich in der einsetzenden Dämmerung nach einem Flecken für mein Zelt Ausschau hielt. Es war nicht einfach, etwas zu finden, weil überall Häuser standen. Deshalb nahm ich nach kurzem Zögern das Angebot

von Barbesitzer Maurizio an, mich in die alte Laube unterhalb seines Hauses zu legen.

Und hier liege ich nun. Ob es die richtige Entscheidung war, am Pfingstsamstag hier unweit von lauten Feiergästen mein Quartier aufzuschlagen, davon werde ich morgen berichten – hoffentlich nur in einer einzigen Zeile.

16. Sonntag – Der Auftrag des österlichen Menschen

Der Auftrag des Christen ist Heiligkeit und die Heiligung der Welt. Er ist gerufen, sich und die gefallene Schöpfung zurück auf Gott hin zu ordnen. Dass er nicht nur an der persönlichen Heiligung, sondern an der Ausbreitung des österlichen Erlösungswerks mitwirken darf, ist ein Geschenk der Gnade. Gott braucht den Menschen nicht, doch er, der durch die Sünde so viel Unheil in die Welt trägt, soll durch die Gnade nun Heilsbringer werden. Der Mensch wird gleichsam rehabilitiert. Und hier ist letztlich auch der Grund der Kirche als sichtbare Gemeinschaft zu finden. In ihr wird der Mensch durch den überlieferten Glauben und die Sakramente zu einem neuen Menschen.

Der Dienst der Heiligung der Welt ist etwas Priesterliches und findet sich in der Kirche in zwei Ausformungen: dem sakramentalen Priestertum und dem allgemeinen Priestertum aller Gläubigen.

Das sakramentale Priestertum macht Christus in der Kirche gegenwärtig. Der geweihte Priester handelt nicht aus sich heraus. Vielmehr erhält er durch die heilige Weihe Anteil an dem einen Priestertum Christi. In das eine Priestertum Christi hineingeweiht, handelt er *in persona Christi*, wie man auf lateinisch sagt. Das unterscheidet den Priester im Verständnis des katholischen Glaubens von jenen in anderen Religionen. Er bringt nicht in seinem eigenen Namen oder aufgrund seiner besonderen Heiligkeit Opfer für sich und andere Menschen dar – nein – in der Feier der Sakramente und besonders in der Feier der Eucharistie vergegenwärtigt er Christus. In den Momenten, in denen er am meisten Priester ist, ist er also am wenigsten er selbst. So stellt sich der Priester in den Dienst der Heiligung des Gottesvolkes.

Das geheiligte Gottesvolk hat nun wiederum die Aufgabe, die Welt zu heiligen und auf Gott auszurichten. Diesen Auftrag verwirklichen die

Gläubigen (nach der Selbstheiligung) zuallererst in der Keimzelle jeder menschlichen Gemeinschaft: der Familie. Kraft der Sakramente sind die Ehepartner gerufen, die Jüngerschaft Jesu zu leben und zu verwirklichen. Dies geschieht im gegenseitigen Dienst, in der Treue und in der Hingabe aneinander und an die Kinder. Dadurch heiligen sie sich und die eheliche Gemeinschaft.

Da die Ehe zwischen Mann und Frau auch der Nukleus jeder größeren Gemeinschaft ist, tragen allen voran die Eheleute Verantwortung für die Gesellschaft und den Staat als Ganzes. Sie sind gerufen, sich für eine gerechte Ordnung einzusetzen und die Welt nach dem Willen des Schöpfers zu ordnen.

Neben diesem politischen Auftrag haben die Gläubigen auch einen liturgischen Auftrag. Sie sind gerufen, für die ganze Welt Bitten und Dank vor Gott zu bringen. Die Kirche tut dies unter anderem im Stundengebet, zu dem alle Gläubigen eingeladen sind. Das Stundengebet mit seinen über den Tag verteilten Gebetszeiten umspannt gleichsam die Welt mit ununterbrochenem Lob zur Ehre Gottes, mit Dank und mit Fürbitte für die Schöpfung.

Damit dieser Auftrag des österlichen Menschen gelingen kann, muss sich jeder Einzelne immer wieder in der Gnade erneuern, aus ihr wachsen und aus einer lebendigen Beziehung mit Christus schöpfen. Denn die Glieder der Kirche sind immer auch der Bedrohung ausgesetzt, zu einem institutionalisierten Apparat zu werden, der als System zwar „funktioniert", aber ohne lebendigen Glauben hohl wird. Die Geschichte zeigt diese Gefahr der Mittelmäßigkeit und erinnert uns schmerzhaft daran, dass nicht nur die Sünde, sondern auch eine laue Selbstzufriedenheit der Verwirklichung unseres österlichen Auftrags entgegenstehen kann.

Tag 404 – 45 km (11744 km): Error 404 – Friede nicht gefunden!

Ganz so recht kann ich den heutigen 404. Tag nicht einordnen. Er war schön, aber gleichzeitig ungemein zäh. Nun liege ich an einem perfekten Zeltplatz – denke ich –, und sogar der Wind mit seinen kräftigen Böen kommt nur von jener Seite – bislang –, auf der ein dichter Busch mich schützt. Ich bin auf über 900 Metern und bis auf ein paar Grillen ist es still. Still sollte auch ich versuchen zu bleiben. Kleine Schilder entlang der Straße weisen das Gebiet nämlich für die Wildschweinjagd aus. Wenn ich da laut schnarche … wie auch immer. Es

scheint ein großartiges Plätzchen zu sein – ganz im Gegensatz zum Ruheort der letzten Nacht.

Es war von Anfang an klar, dass Maurizios Gastfreundschaft an einem Samstagabend mit Nebenwirkungen verbunden war. Aber es war relativ still gewesen, als er mir den Ort unterhalb des Hauses gezeigt hatte. Deshalb hatte ich eingewilligt. Dass ab 22.00 Uhr auch dort gemütliche Feierstimmung aufkommen würde, damit hatte ich nicht gerechnet. Ich versuchte, mit Kopfhörern den Lärm zu übertönen, und das gelang eigentlich ganz gut. Aber es bedeutete im Grunde nur, dass ich nun nicht wegen fremder Stimmen, sondern wegen meiner eigenen Musik nicht schlafen konnte. Um 5.00 Uhr hatte ich aufstehen wollen, um der Hitze des Tages zu entgehen, aber ich sah die Möglichkeit eines frühen Startes schwinden.

Nachdem ich dann eine Weile erfolglos versucht hatte, ohne Kopfhörer ein Opfer der Müdigkeit zu werden, beschloss ich aufzustehen. Ein Großteil der Diskussion vor meiner dünnen Wand beschäftigte sich ohnehin mit Mutmaßungen über „den Typen, der da nebenan im Zelt liegt". Zehn Minuten wollte ich Fragen beantworten. Denn wenn man sich nicht mehr darüber streiten musste, ob ich von hier weiter nach Casamari oder nach Frosinone gehen würde, dann konnte das nur bewirken, dass es ruhiger würde.

Ich saß in der Runde, trank ein „Paulaner", beantwortete Fragen und kehrte schließlich kurz vor Mitternacht in mein Zelt zurück. Aber ernsthaft versuchen zu schlafen konnte ich erst nach der Sperrstunde um 2.00 Uhr. Dann kehrte Ruhe ein … für ein paar Minuten. Ein herrenloser Hund begann nämlich nun die Nachbarschaft in einer Kreisbewegung abzuklappern und damit das Gebell der Haushunde zu orchestrieren. Bellte gerade einmal nichts und niemand, dann fuhren Konzertbassboxen vorbei, um die man ein kleines Auto gebaut hatte.

Als ich um 5.30 Uhr aufstand, war ich gerädert. Körperliche Anstrengung und Schlafentzug sind keine günstige Kombination. Mit dumpfem Druck im Kopf machte ich mich auf den Weg. Natürlich kam ich schon bald an alternativen Lagerplätzen vorbei, die eine ruhigere Nacht versprochen hätten, aber wo bliebe dann die Buße …

Vorbei ging es an San Giovanni, das als Krone auf einem Hügel saß. Auf der Straße dampfte frischer Kuhdung. Hier ein Pro-Tipp: großzügig Platz machen, wenn da ein Auto kommt.

Die Kühe selbst überholte ich kurz vor der Abtei Casamari, einer der wenigen gotischen Klosteranlagen der Region. Heute leben Trappisten in den alten Mauern und lateinischer Choral hallte durch den hohen Raum der Kirche.

Vor dem Kloster fand ich Beschreibungen der *Via Benedicti*, die Subiaco mit Montecassino verbindet. Ich beschloss, dem Weg zu folgen. In Vedoli kaufte ich einen Liter Eis, den ich eine Weile später unter einem Eichenbaum mit Ausblick verzehrte. Dann döste ich eine halbe Stunde.

Anschließend folgte mein Kampf mit dem italienischen Wanderweg – ein furchtloser Gegner, der rau und überwachsen den Carrix von allen Seiten angriff. Erschöpft schaffte ich es zur Badia San Sebastiano und zurück auf eine Schotterstraße. Das alte Kloster hatte schon in der Antike bestanden und Benedikt hatte hier eine geschichtlich verbürgte Rast gehalten. Die Mönchsgemeinschaft, die damals hier lebte, folgte einer augustinischen Regel mit Einflüssen und Kontakten zu den Wüstenvätern im Heiligen Land. Heute ist das Gebäude in Privatbesitz, und ich konnte niemanden finden, der mir die Kirchentür geöffnet hätte.

Von hier aus beschrieb die *Via Benedicti* einen Bogen zum Kartäuserkloster der Heiligen Dreifaltigkeit. Ich hingegen nahm einen direkteren Weg nach Guarcino. Ich wollte die Wegstrecke für die nächsten beiden Tage nicht allzu sehr verlängern und ließ daher auch die Fremdenzimmer am Ortsende hinter mir. Mit dem Schlafentzug der letzten Nacht würde ich ohnehin in jeder Lage und Schräge in die Welt der Träume sinken. Dass ich dann dennoch einen exzellenten Zeltplatz fand, freute mich natürlich. Der dünne Gesang meiner Missa Cantata wurde abgelöst von Grillen. Und nun – für das Gefühl der nötigen Geborgenheit – ist in der Ferne auch Hundebellen wahrzunehmen. Deo Gratias!

Tag 405 – 48 km (11792 km): Wo vieles begann

Ich will nicht leugnen, dass Müdigkeit mich gestern überall hätte schlafen lassen, aber dennoch war der Ort gut zu mir gewesen. Ausgeruht nach einer ungestörten Nacht, packte ich mein Zelt zusammen und marschierte mit langen Schritten die Straße entlang. Der GPS-Empfänger hatte im Unterschied dazu bedeutend mehr Startschwierigkeiten und weigerte sich, die ersten Kilometer aufzuzeichnen.

Es war halb acht, als ich in einen Feldweg abbog und wenig später den Trevibogen durchschritt. Wozu die monumentale Struktur einst gedient hat, darüber streiten sich die gelehrten Geister. Heute hingegen hatten die antiken Steine nur mehr die Funktion eines überdimensionalen Weidetors für die Kühe und Pferde, denen ich im Tal begegnen sollte.

Im Graben angekommen, musste ich zunächst in Serpentinen der Straße nach Jenne folgen, bevor ich einen weiteren Waldweg nahm, der nun am Fluss entlang lief. Klares, eiskaltes Wasser, das in der Sonne türkis schimmerte, lud zu einem Fußbad ein, das ich trotz der Hitze des Vormittags nur ein paar Sekunden auszuhalten vermochte.

Nach 20 Kilometern sah ich dann erstmals das Kloster weit über mir in den Felsen. Es war dies nun bereits mein dritter oder vierter Besuch an diesem wunderbaren Ort der Stille, aber zum ersten Mal erreichte ich ihn durch das tiefe Tal zu seinen Füßen. Bevor ich zur *Sacro Speco* aufstieg, machte ich Halt im Kloster Santa Scholastika, das etwas weiter unten liegt. Hier konnte ich die Sext gerade noch vor der „Siesta" der Mönche in der Kirche singen, dann begann meine eigene Mittagspause draußen vor dem Kloster auf einer „Büßerbank" aus Metall. Es dauerte nicht lange und ich tauschte den unbequemen Ort gegen den Betonboden unter der Linde nebenan.

Ich döste ein wenig, bis ich Besuch bekam. Der schwarze Klosterhund der Einsiedelei von San Biago hatte die Abgeschiedenheit seines Herrchens verlassen und gesellte sich zu mir. Er schien ein zönobitisches Leben zu bevorzugen. Die Hitze beschäftigte auch ihn. Ich leerte ihm etwas Wasser in eine Vertiefung am Boden neben mir. Er trank, hechelte kurz überlegend und legte sich dann kurzerhand in die kleine Pfütze. Bis um 15.00 Uhr bewegten wir uns beide kaum.

Dann kam Angelo, der Manager der *Foresteria*, und wir unterhielten uns eine Weile über die Ängste von Vätern in der modernen Welt. Angelos zwei Kinder waren fast erwachsen. Sorgen hatte er genug.

Immer noch brannte die Sonne unbarmherzig vom Himmel, und wo der Boden ihr ausgesetzt war, strahlte dieser die Hitze wie ein Ofen zurück. Erst als ein paar Wolken aufzogen, hielt ich mein T-Shirt unter den Wasserhahn und ging mit der triefenden, nun angenehm kühlen Bekleidung hoch zum Heiligtum der *Sacro Speco*, also zu jener Höhle, wo das benediktinische Leben vor 1500 Jahren begann.

Für mich ist das stufige Kloster von Subiaco eine der allerschönsten Pilgerstätten. An und in die senkrechten Felsen hinein gebaut, über und über mit herrlichen Fresken bedeckt, verwinkelt, mit dutzenden Altären auf unzähligen Ebenen, ist es ein wahrhaft geistiger Ort, der kaum einen seiner Besucher unberührt lässt. Dieser Ort, wo

Benedikt als Einsiedler einst die Hirten, die ihn fanden, lehrte, war irgendwie auch eine Reise zurück zum Georgskloster und jenem von Mar Saba im Heiligen Land. Ich verweilte im Gebet und stieg dann mit einem tiefen Frieden hinunter ins Tal.

Dort, im Treiben der Menschen, belohnte ich mich pfingstlich mit einem Liter Eis, den ich unter ungläubigen Blicken auf einer Parkbank im Zentrum verspeiste. Es war mittlerweile halb sechs und wurde endlich etwas kühler – auch dank der Wolken, die ein naher Gewittersturm vor sich hertrieb. Unter diesen Vorzeichen begann für mich der zweite Teil des heutigen Marsches: noch 20 Kilometer Richtung Rom.

Auf einer kleinen Straße entlang des Tals ging es vorbei an Gemüsegärten, dann hinein in den Wald und über eine steile Rampe hinauf in die Hügel. 30% Steigung. Grenzwertig für unbedarfte Autofahrer, grenzwertig auch für mich.

Nachdem ich kurz die falsche Abzweigung erwischt hatte, fand ich mich für ein paar schöne Kilometer zwischen Bäumen wieder. Was sich jedoch die kleinen Fliegen und Mücken dachten, die alle hundert Meter ungebremst in meine Augen rasten, darüber kann ich nur rätseln. So stolperte ich schließlich trotz Dämmerung mit Sonnenbrille vorwärts.

Dann stieg ich über lange Kehren ein weiteres Mal hoch, genoss abendliche Ausblicke auf umliegende Dörfer, folgte der Straße ins nächste Tal und liege nun hier in einer Wiese 45 Kilometer vor Rom.

Das Zelt wird nass sein in der Früh, so viel lässt sich jetzt schon sagen. Und doch liege ich verzückt auf meiner Matte. Denn eben hat eine Nachtigall in den Büschen unweit meines Lagers mit ihrem Gesang begonnen. In alter Zeit hieß es, ihr Trällern sei schmerzlindernd. Ich bewege meine müden Zehen und meine fast, schon eine Besserung zu spüren.

Tag 406 – 43 km (11835 km): Roma vedere … sulla strada morire

„Rom sehen und sterben", sagt man in einem geflügelten Wort. Es will heißen, dass man nach einem Besuch der Wunder dieser Stadt alles Schöne gesehen hat und nun getrost aus dieser Welt scheiden kann. Und noch ein zweites bekanntes Wort gibt es: „Alle Wege führen nach Rom." Und auf diesen Wegen ist, wie ich heute feststellte, eine Unmenge an lautem, stinkendem, lebensgefährlichem Verkehr. Was uns wieder zurück zum ersten Diktum bringt: Rom sehen und sterben … und zwar blutend am Straßenrand.

Aufgrund meiner barocken Reflexion zur Sterblichkeit, die mich auf dem Weg in die Stadt begleitete, fehlen im heutigen Eintrag die üblichen Landschaftsbeschreibungen. Ich war zu fixiert auf die Fahrbahn. Alles, was ich dem Leser bieten könnte, wäre eine Aufzählung von Fiats unterschiedlicher Couleurs, die ab 5.40 Uhr begannen, an mir vorbei zu rauschen. Rot. Weiß. Weiß. Olivgrün …

In Tivoli gab es für eine Weile die Möglichkeit, auszuweichen. Dann hatte mich die *Via Tiburtina* wieder.

Ich machte keine Mittagspause – es gab nur eine kleine Jause nahe den Steinbrüchen des römischen Marmors auf dem Parkplatz eines Supermarkts. Die Temperaturen stiegen und stiegen.

Als ich die Ringautobahn erreichte und ab da Kanaldeckel mit dem berühmten Kürzel *SPQR* unter den Füßen hatte, ließ ich mich im Schatten einer Mauer nieder, löffelte einen Liter Eis und sah der Luft beim Flimmern zu.

Das letzte Stück des Weges führte von hier nicht ins alte Zentrum Roms, sondern in die nordöstliche Peripherie. Ich hatte beschlossen, nicht mit dem Carrix hinter japanischen Touristen und bummelnden Pärchen aus Übersee über das

Kopfsteinpflaster der Innenstadt zu rattern, dabei den Autos auszuweichen, die Mofas zu blockieren und das Ganze drei Tage später stadtauswärts zu wiederholen. Stattdessen hatte ich ein Zimmer in einem Bed & Breakfast in einem römischen Plattenbau am Stadtrand gebucht. Es gab hier zwar keine Aussicht auf das Kolosseum, aber schließlich war ich nicht zum ersten Mal hier. Das Leben als Vorstadtrömer war zudem erheblich billiger. *La dolce vita* sollte ja schließlich erschwinglich bleiben.

Tag 406 – Ruhetag: Ab geht die Post

… oder auch nicht. „P068" stand auf dem kleinen Zettelchen, das ich beim Automaten löste und mit dem ich mich dann in die Schlange der wartenden Klienten der Postfiliale *Porta di Roma* stellte. Die Zeit verstrich. P068 war offensichtlich kein Glückslos. A147, F089 … A151 …

Ich lehnte mich an die Wand und stützte meinen Kopf mit der rechten Hand. Warum hatte ich auch bis Rom warten müssen, um einen nicht länger benötigten Teil meiner Ausrüstung nach Hause zu schicken?! Ich gähnte und schloss die Augen.

Als ich sie etwas später öffnete, hatte sich nicht viel verändert. Ein paar Reihen vor mir standen nun zwei Männer in seltsamen Seidengewändern. Einer von ihnen lamentierte: „Ich hab doch gesagt, fahren wir mit Kutsche zu den Medici, aber nein, Du wolltest ja unbedingt ein Postkonto …" Etwas weiter vorne stand eine wunderschöne Frau in dominikanischer Ordenstracht. Ihr Haupt trug einen Strahlenkranz aus Licht. Geduldig wartete sie mit einem verblichenen Umschlag in den Händen. „An S.H. Papst Urban VI", las ich mit zusammengekniffenen Augen den Adressaten.

Noch weiter vorne und wohl schon bald an der Reihe, stand ein alter, dunkelhäutiger Mann, der nervös und sichtlich genervt mit einem seiner Füße stampfte. Ich hörte ihn murmeln: „Da zieht man mit seiner Armee über die Alpen und will den Lieben zuhause nur kurz eine Postkarte von den Eroberungen schicken und dann …" Den Rest konnte ich nicht mehr hören. Ein Soldat in exotischer Uniform betrat die

Post und rief direkt neben meinem Ohr: „Hannibal, mach endlich weiter, die Elefanten stehen im Parkverbot!"

Ich schloss die Augen wieder und döste noch eine Weile. Dann hatte ich lange genug gewartet und gab seufzend auf. Italienische Post: 1, Pilger: 0. Ich würde es anderswo noch einmal versuchen.

Am Abend traf ich alte Freunde. Für ein paar Stunden war ich wieder 22 Jahre alt. Unglaublich, wie die Zeit vergeht.

Tag 408 – 44 km (11879 km): Neun-Kirchen-Wallfahrt

In den frühen Morgenstunden brach ich heute von meinem Quartier am Stadtrand auf und begann zu Fuß die Sieben-Kirchen-Wallfahrt. Nach dem frommen Brauch, der auf den Hl. Philipp Neri zurückgeht, besucht der Pilger dabei die vier päpstlichen *Basilicae maiores* (San Giovanni in Laterano, San Pietro in Vaticano, San Paolo fuori le mura und Santa Maria Maggiore) sowie San Sebastiano, Santa Croce und San Lorenzo. Ich fügte noch zwei weitere hinzu: Santa Maria in Trastevere, wo ich ein Gebet für Marietta sprach, deren Taufpate ich vor vielen Jahren in dieser Kirche geworden war, und natürlich die ehrwürdige Chiesa Nuova, wo ich als Abschluss der Wallfahrt am Grab des Hl. Philipp die Messe feiern durfte.

Die zu den üblichen Bedingungen gewonnenen Ablässe wandte ich jenen zu, die seit Beginn meiner Pilgerreise in meiner alten Pfarrei gestorben waren. Das Messopfer selbst feierte ich in den Anliegen meiner kirchlichen Vorgesetzten. Dann traf ich mich nochmals mit einer Freundin aus Studientagen und kehrte am Abend zu meinem Plattenbau zurück. 44 Kilometer auf den harten Pflastern Roms war ich kreuz und quer durch die Stadt gelaufen. Müde sank ich auf mein Bett.

Tag 409 – 43 km (11922 km) : Zehn Zentimeter

Hyperbolisch – also in stilistischen Übertreibungen – habe ich den Tod schon öfters in meine Berichte vom Pilgern zwischen Hirtenhunden oder über das unselige Wandern am Straßenrand eingeflochten. Zuletzt erst vor wenigen Tagen, als ich über meine Ankunft im Rom berichtet habe. Was sich jedoch eben zugetragen hatte, war anders – keine rhetorische Figur, kein humoristischer Seitenhieb, kein augenzwinkernder Scherz. Es war eine Tonne stahlharter Wirklichkeit in Form eines grauen Kombi, der beinahe mein Leben ausgeknipst hätte.

Ich stand am Straßenrand, blickte hinunter auf mein aufgeschürftes Knie, wo sich ein schmaler blutiger Wurm durch meine Beinbehaarung nach unten kämpfte. Rote Flecken zierten das hochgekrempelte Hosenbein. Ich ballte und öffnete meine rechte Hand und bewegte den Arm auf und ab. Jetzt, wo das Adrenalin langsam abgebaut wurde, schmerzte der Ellbogen. Auch hier hing die Haut in Fetzen.

Das wird anschwellen, diagnostizierte ich, aber gebrochen schien nichts. Neben Abschürfungen hatte ich nur ein paar kleinere Blessuren – und ein kaputtes Hosenbein. Das Kunstgewebe hatte in der Reibungshitze begonnen sich aufzulösen. Alles war so schnell gegangen.

Ich war spät in die Hitze des Morgens gestartet. Anfänglich hatte ich sogar überlegt, noch einen Tag in Rom anzuhängen, aber das Quartier, wie man mir mitteilte, war schon ausgebucht. So schloss sich ein letztes Mal die Türe des Wohnsilos hinter mir und ich wanderte durch die triste Vorstadtwelt. Ich ließ die Kreisautobahn hinter mir und schlug eine nördliche Richtung ein. Ein Streifen Grünland verschaffte mir kurz Erholung. Der letzte Abschnitt im Wald, bevor mein Weg in die stark befahrene *Via Salaria* mündete, war ein Straßenstrich. Prostituierte warteten auf Freier. „Andiamo?", sprach mich eine der spärlich bekleideten Damen an. „… alla confessione", dachte ich den Satz zu Ende.

Die nächsten 20 Kilometer musste ich neben endlosen Kolonnen auf der engen Staatsstraße wandern. Die Sperrlinie wurde in ihrer Bedeutungslosigkeit nur von den gleichfalls missachteten Geschwindigkeitsbegrenzungen übertroffen. Es war unbehaglich. Ich war angespannt und mehrmals sorgten brenzliche Situationen für erhöhten Puls. Dann bog ich in eine „kleinere Straße", auf der es nur unwesentlich ruhiger war.

Als ich schließlich für die letzten zehn Kilometer auf einer Landstraße landete, atmete ich auf und meinte das Gröbste überstanden zu haben. Und da geschah es.

Ich war – wie meistens – links unterwegs, um den Verkehr im Auge zu haben. Bei einer sanften, aber unübersichtlichen Kurve schrammte ein entgegenkommendes Auto so dicht an mir vorbei, dass mir bange wurde. Der Fahrer hatte noch gerade so das Lenkrad herumgerissen – während er gestikulierend telefonierte – um dann ohne zu bremsen, das Gefälle weiter hinunterzurasen. *Stilo Italiano*. Ich wollte auf die andere Straßenseite.

Ich schaute nach vorne und dann über die rechte Schulter nach hinten. Ein weißes Auto kam die Steigung hoch. Ich blickte nochmals nach vorne zur Kurve für etwaige entgegenkommende Fahrzeuge und querte die Straße gleich, nachdem das weiße Auto mich passiert hatte.

Manche sagen, in extremen Momenten sei es, als bliebe die Zeit stehen, als liefe alles in Zeitlupe. Ich schob den Carrix vor mir her und sah plötzlich das Auto in einer schnurgeraden Linie auf mich zupflügen. Jede meiner Bewegungen dauerte eine Ewigkeit. Die Reifen des silbergrauen Fiats begannen in kleine, hellgraue Wolken zu explodieren. Ein fürchterliches, markerschütterndes Quietschen. Und dann war er da. Es dauerte eine Ewigkeit und geschah doch so schnell, dass ich erst Minuten später langsam begann zusammenzusetzen, wie er mich überhaupt erwischt hatte. Ich habe nie das Bewusstsein verloren, aber ich habe auch keine klare Erinnerung. Es ging zu schnell. Er war dort. Er war da. Ein Augenaufschlag. Ich sah den Rauch, die aufgerissenen Augen des Fahrers. Ich glaube, ich habe einen dumpfen Schrei ausgestoßen, als er mich traf. Ich meine auch, der Fahrer im Auto habe aufgeschrien. Und dann wurde ich über den Asphalt geschleudert.

Langsam stand ich auf. Das Auto war weiter unten zum Stillstand gekommen und dann zum rechten Rand gefahren. Zitternd stieg der Fahrer aus und rief hysterisch „Bist du verletzt?“ Ich stand da, verdutzt, ungläubig. Der Carrix lag einige Meter weiter unten auf der Straße. Rundum ein paar verstreute Ausrüstungsgegenstände. Eine Wasserflasche rollte immer noch langsam ins Tal. „Ich ... ich bin ok“, gab ich zurück, griff mir auf das Bein und bewegte den Ellenbogen. „Warum querst du denn die Straße mitten ... in der Kurve ...“, begann er mit einer Wut, die lediglich seine Verzweiflung maskierte. „Das andere Auto war so knapp ...“, stotterte ich auf Italienisch. Und dann geschah etwas ungemein Menschliches. Wir umarmten uns vor lauter Erleichterung. Unser beider Leben hätte um Haaresbreite in einem einzigen Augenblick eine dramatische Wende genommen.

So, wie ich den Hergang nun verstehe, waren es bloß ein paar Zentimeter und ich hätte diesen Eintrag nie geschrieben. Der Wagen hätte mich überrollt. Oder ich wäre von der Motorhaube weggeschleudert worden. Ich habe es gerade eben so hinübergeschafft. Er hat mich nur gestreift, wie die aufgelöste, geschmolzene Hosentasche bewies. Und es war wohl der Rückspiegel, der den Rucksack erwischte und mich damit zu Boden warf.

Auch das weiße Auto, das ich bei der Querung abgewartet hatte, war stehen geblieben. Fahrer und Beifahrerin kamen angelaufen. Von tausend Schutzengeln war die Rede, von allen Heiligen ... „santo cielo“ ... Die Frau war aufgelöster als ich.

Schürfwunden. Und ein paar Prellungen. Ich atmete durch und versicherte, niemand müsse sich Sorgen machen. Ich sei ok. Wir begannen Sätze, ließen sie unvollendet. Und das Auto? Das Fahrzeug, das mich gerammt hatte, hätte keine Schäden, versicherte sein Fahrer. Ich hielt mir den Ellenbogen,

der dumpf pulsierte, hörte den anderen zu. „Viel zu schnell! ... Du fährst immer wie ein Wahnsinniger!", schimpfte die Frau. Die Insassen der beiden Fahrzeuge kannten sich. Ob man mich mitnehmen könne, fragte sie. Ich winkte ab. „Fahrt nur weiter. Ich bin ok."

Schließlich stand ich allein am Straßenrand, sammelte meine Sachen von der Straße und aus dem Graben, packte die Flaschen zurück auf den Carrix und richtete meine Schritte nach vorne.

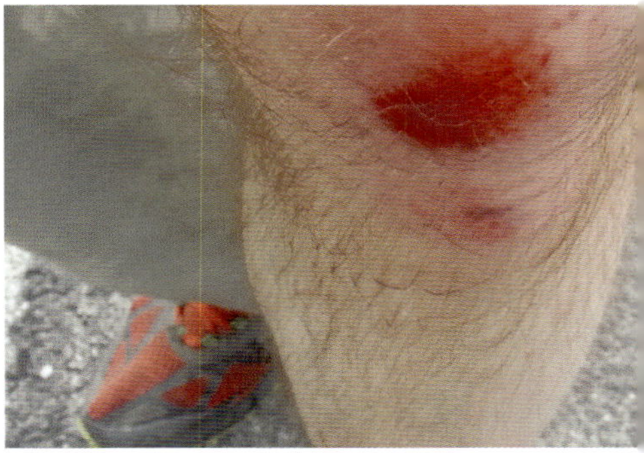

Als Priester bin ich in meiner Arbeit oft mit der Endlichkeit konfrontiert – am Stuhl neben einem Sterbebett; im Kreise von Familien, die einen lieben Menschen verloren haben; bei unerwarteten Schicksalsschlägen, wo der ungelöste Schmerzensschrei der Angehörigen in ihren trockenen Kehlen steckt. Der Tod ist kein Unbekannter für mich, aber die Perspektive war neu, reflektierte ich auf den letzten Kilometern zum Benediktinerkloster Santa Maria di Farfa. Wie schnell alles gehen kann. Wie plötzlich das Ende aus dem Nichts auftaucht und sich wie auf Schienen, geradeaus, quietschend, rauchend und unaufhaltsam auf einen zubewegt. Unfassbarkeit und Hilflosigkeit – vielleicht auch unfassbare Hilflosigkeit. Eine einzige schlechte Entscheidung, die Verkettung schlechter Entscheidungen. Ich habe keine Angst, morgen auf die Straße zurückzukehren. Aber ich werde vorsichtiger sein. Der Unfalllenker vielleicht auch. Mag alles für etwas gut sein.

Gott allein sieht auch hinter die letzte unübersichtliche Kurve unseres irdischen Pilgerwegs. Und meiner scheint sich für jetzt noch einmal fortzusetzen. Ich werde mich bemühen, ihn in größerer Dankbarkeit zu gehen und in der stetigen Bereitschaft, ihn gut zu beschließen. Für jetzt kann ich betend sprechen: „Heilige Maria, Mutter Gottes bitte für uns Sünder, jetzt und in der Stunde unseres Todes. Amen."

Tag 410 – 45 km (11967 km): Sankt Rochus und der Hund

Gestern bekam ich die Wunden; heute den Hund, um sie zu lecken. Zweifellos das Werk des Pestheiligen Sankt Rochus! Wobei zugegebenermaßen die ungestüme junge Hundedame alles abschleckte, was die weit aus dem Maul hängende Zunge irgendwie erreichen konnte. Zudem tollte sie in Pfützen, zerrte an meinem Zelt, sprang über meine Beine, raste hin und her. Nur wenn ein Auto kam, wurde ihr Gang gemächlicher … und zwar mitten auf der Fahrbahn. *Gfrast*!

* * *

Früh verließ ich heute Morgen die klösterlichen Mauern der Abtei von Farfa. Dom Marco hatte mir wegen dem Wetter dazu geraten. So sah ich die Sonne über den Sabiner Bergen aufgehen und steuerte mit Salisano mein erstes Ziel

des Tages an. Hinunter ging es in den Graben. Hinauf ging es auf den Berg. 30% Steigung verriet ein Schild. In anderen Ländern hätte man vielleicht überlegt, hier eine Stiege zu bauen. Nicht so in Italien. Hier wird schließlich sogar asphaltiert, wo Wendeltreppen eine vernünftige Lösung wären.

Nach ein paar kräfteraubenden Rampen wechselte ich auf einen Fußpfad und wählte damit den kürzeren und steileren Weg in das Dorf. Es wurlte in meinem Gesicht. Mit jedem Schritt durch das mannshohe Gras streifte ich die halbe Insektenwelt in meinen Bart. Empfehlung für nachfolgende Pilger: Mund zu.

Kurz vor 8.00 Uhr und nach den ersten zehn Kilometern, erreichte ich Salisano. Die Ladenbesitzerin saß noch in der Bar für ihren Espresso und die Morgenzigarette. „Komme gleich!", rief sie, während ich die Zeit nutzte durch die kleinen Gassen zu wandern. Herrliche Ausblicke bis in die Ebene vor Rom.

Nach erfolgreichem Einkauf und einem Besuch in der Apotheke für eine Wundsalbe, die nach Möglichkeit auch den Schmerz vom Schweiß in den Wunden lindern sollte, ging es in die Berge. Ich folgte Waldwegen bis zu einer Alm, dann Wiesenwegen bis zu einer (geschlossenen) *Osteria*. Dort empfing mich Porcellina.

Porcellina („Kleines Schweinchen") war der Name, den ich der durchgedrehten Hündin verpasste, weil sie hin und her durch die Wasser- und Schlammpfützen raste – die Zunge wie ein Banner aus dem Maule wehend.

Während meiner Pause im Schatten kam sie immer wieder vorbei, um mich und alles andere abzuschlecken – nur um dann im nächsten Moment wieder in eine andere Richtung zu galoppieren. Und hatte ich auch gerade frische Salbe aufgetragen – *swisch* – war sie über meine Beine gesprungen und hatte die ganze Creme im Fell. Frecher Fratz. Dann trieb es sie in Windeseile fort, um etwas zu beschnuppern oder/und mit der Zunge darüber zu fahren. Ein Hund in der oralen Phase.

Bei meinem Aufbruch dauerte es nicht lange und ich hatte Porcellina zur Seite. Damit war ich freilich nun in aller Augen verantwortlich für das Tier. Wenn Autos bremsen mussten, weil es Porcellina plötzlich unbekümmert über die Straße trieb, und mir die Fahrer finstere Blicke wegen meiner Begleiterin zuwarfen, hob ich entschuldigend die Arme, rief „Ist nicht mein Hund!" und murmelte dann: „… der gehört Sankt Rochus!"

Erst nachdem zahlreiche Tannenzapfen inspiziert, Autofahrer irritiert und Wegränder markiert waren, trennten sich im nächsten Dorf unsere Wege wieder. Zu viel gab es da abzulecken. Mir sollte es recht sein, denn ich war dabei, wieder in eine größere kurvige Straße einzubiegen.

Kurz bevor ich das Rietital erreichte, gönnte ich mir nach 33 Kilometern ein Bier zur Mittagsrast. Hier beschloss ich auch, Rieti als Schlusspunkt der heutigen Etappe anzusteuern und erst morgen den Weg nach Norden einzuschlagen. Die dunklen Wolken

über mir versprachen nämlich Gewitter und Regen – ein Versprechen, das sie fünf Kilometer vor der Stadt einlösten. Für eine Stunde harrte ich unter einer Straßenbrücke aus und zog erst weiter, als der Regen schwächer wurde. Freilich wurde er sofort wieder heftiger, als ich aufgebrochen war, aber ich rechnete mit einer Unterkunft und einer warmen Dusche. Egal also, wenn ich nass ankommen würde. Und nass kam ich an. Erst auf den letzten Metern hörte der Regen auf und ein paar Sonnenstrahlen brachen aus dem Westen durch.

17. Sonntag – Der Auftrag des österlichen Menschen II

Die Heiligung der Welt ist der Auftrag des priesterlichen Gottesvolkes. Mit dem Blick auf die Selbsthingabe Christi am Kreuz wird deutlich, dass es allen voran die Kraft der Liebe ist, welche die Welt heiligt und erlöst. Daher kommt jedem Akt der Liebe, der in Verbindung mit Christus geschieht, eine heiligende Wirkung zu. Durch sie wird Hass und Lieblosigkeit gesühnt. In der Liebe liegt dann auch der besondere Auftrag des österlichen Menschen.

Die Liebe wird nun vor allem in schwierigen Lagen herausgefordert. Während es beispielsweise einfach ist, jene zu lieben, die auch uns lieben, braucht es mehr Kraft, Überwindung und eine größere Liebe, um jenen zu begegnen, die dies nicht tun. In Widrigkeiten in der Liebe zu bleiben, ist schwieriger, als in den Lagen, in denen wir zufrieden sind. Wenn es uns daher gelingt, auch in Schwierigkeiten Liebe aufzubringen, dann ist dies ein wahrhaft priesterlicher Dienst an der Welt.

Nun gibt es Schwierigkeiten, die wir selbst wählen und andere, die uns aufgegeben werden. Zu den ersteren gehören etwa Verzicht, Fasten oder der aufopferungsvolle Dienst am Nächsten. Wo dies aus der Gnade Christi heraus in Liebe geschieht, entstehen heilsame Werke für die Heiligung und Umgestaltung der Welt.

Es gibt jedoch auch Schwierigkeiten, die der Mensch nicht selbst wählt: Schicksalsschläge, Leid, Krankheit, bis hin zu Verfolgung. Werden nun diese Dinge in Liebe getragen, entfalten Sie einen noch größeren Schatz. Das Leid, das damit einhergeht, verliert zwar nicht seinen schmerzhaften Charakter, aber es verliert seine Sinnlosigkeit. Es wird dem Leid nach dem Beispiel Jesu durch die Liebe etwas abgerungen; etwas, das durch die Liebe sühnend einen echten Wert in die Welt gebiert. Im geduldig getragenen Leid steckt also eine Kraft und ein innerer Wert.

Die Kirche erinnert an diesen Wert im Sakrament der Krankensalbung, das, neben der Bitte um Heilung, den Kranken in einer schwierigen Situation, vielleicht auch auf seinem letzten Gang, in besonderer Weise mit dem Gekreuzigten und Auferstandenen verbindet. Aus dieser Verbindung mit Jesus vermag der Kranke nicht nur Trost, Frieden und Kraft zu schöpfen, sondern durch die Liebe auch selbst in das Erlösungsgeheimnis einzutauchen.

Aus dieser Perspektive geht das eigentlich Große des Menschen nicht verloren. Während die Welt ihre Kameras auf „außergewöhnliche", oft körperliche Leistungen richtet, erkennt man aus der Sicht des Glaubens das wahre Große in der Liebe, die sich in allen Herausforderungen bewährt. Deshalb wird in einem einfachen Zimmer eines Altenheims wohl oft menschlich Größeres vollbracht als auf den Abfahrtspisten und Rennstrecken dieser Welt. Denn die Liebe bestimmt die Größe eines Werks und verwandelt selbst Leiden in Sühne und Heil.

Tag 411 – 41 km (12008 km): Bruder Regen

Es ist Abend. Blendend weißes Licht zerreißt die grauen Schwaden. Regen prasselt nieder. 21, 22, … Donner kracht. Das Echo rollt über die verhüllten Berge. Ich kehre dem winzigen Fenster meiner neun Quadratmeter großen Mönchszelle den Rücken und schiebe noch ein Stück *Pecorino Romano* in den Mund. „Der einzig wahre Käse", wenn ich das Urteil meines Mitbruders, des diözesanen Haubenkochs Kaplan Pirmin Zinsli, recht in Erinnerung habe. Aber Erinnerungen trügen manchmal. So will ich mich nicht zu weit hinauslehnen und dabei laktale Häresie riskieren. Wer sicher gehen will, fragt daher am besten selbst in Balzers nach.

Genug vom Käse. Zurück zu meinem heimeligen Quartier im Kapuzinerkloster von Leonessa, wo ich heute Abend meinen Bericht verfasse. Am Weg nach Norcia an der *Via Benedicti* hat man mich hier aufgenommen, gerade als der Himmel wieder seine Schleusen öffnete und bereits zum zweiten Mal am heutigen Tag ein Gewitter über die Berge zog.

Die erste heftige Dusche gab es schon ein paar Kilometer außerhalb von Rieti, wo ich am Morgen das Frühstück mit zwei Berliner Pilgern eingenommen hatte. Die beiden älteren Herren waren auf dem Franziskusweg von Florenz nach Rom unterwegs. Meine große Schürfwunde am Knie, feucht und unansehnlich, gab ihnen eine stille Warnung über die Gefahren des Verkehrs in Richtung der Ewigen Stadt. Aber ich buchstabierte die Sache vorsichtshalber auch noch einmal deutlich aus. „Seht euch vor! Wehe dem Pilger, der die Straße quert!“

Nach den ersten fünf Tageskilometern erreichte ich Santa Maria della Foresta, ein Franziskanerheiligtum, das mit der letzten größeren Reise des Ordensgründers in Verbindung steht. Der damals bereits erblindende Franz soll hier nicht nur ein Wunder gewirkt, sondern in einer Höhle auch den berühmten Sonnengesang begonnen haben. Wer kennt es nicht, das Lied von Bruder Sonne und Schwester Mond? Welcher Ökohippie summt nicht seine Melodie? Fassungen gibt es wohl in jedem christlichen Gesangbuch. Pfadfinder singen am Lagerfeuer „Laudato si“. Nur ein paar Sachen werden dabei meistens ausgelassen. Oder wer kennt den ganzen Text der letzten Strophe, die der Poverello kurz vor seinem Tod verfasste (hier in einer wörtlichen Übersetzung):

Gelobt seist du, mein Herr, durch unsere Schwester, den leiblichen Tod;
ihm kann kein lebender Mensch entrinnen. Wehe jenen, die in schwerer Sünde sterben. Selig jene, die sich in deinem heiligsten Willen finden, denn der zweite Tod wird ihnen kein Leid antun.

O Franziskus, was hat dir Zeffirelli angetan! Deine Botschaft war Buße, nicht Birkenstock!

Nach Gebeten in der Kirche kehrte ich von den Hügeln in das Tal von Rieti zurück, wo ich mich in einem Labyrinth von kleinen Straßen langsam nach Norden schob. Noch ein Schwung deutscher Franziskuspilger begegnete mir. Auch sie blickten sorgenvoll auf mein geschundenes Knie. Schwester Tod hatte ich vertrösten müssen, erklärte ich und warnte sie vor Bruder Autofahrer.

Dann tat ich etwas, das mich schon zu Beginn vorausahnend reute. Aber aus irgendeinem Grund tat ich es dennoch. Ich bog in einen Feldweg ein – als wüsste ich nach 12.000 Kilometern nicht, wie ein Feldweg nach all dem Regen aussehen würde. Doch die ersten 200 Meter waren einfach zu verlockend. Solide steinig.

Verkehrslos. Die restlichen zwei Kilometer hingegen waren der zu erwartende nasse und schlammige Kampf. Aber umdrehen? Sicher nicht! Pilgerehre. Oder einfach nur Dummheit.

Nach diesem Abschnitt ging es zurück in die Berge und 700 Höhenmeter hinauf zu einem Pass.

In der zweiten Tageshälfte blieb es vorerst trocken, aber am Horizont kündigte sich bereits die nächste Regenwelle an. Sie erreichte mich kurz vor Leonessa, wo mir Padre Anatale Herz, Haus und die Sakristei seiner Kirche öffnete. Ich hob den Heiland ins Gewölbe moderner Malerei und beugte vorsichtig das wunde Knie. Draußen grollte der Donner. Drinnen sang still der Chor der Engel.

Und nun, da ich den Eintrag schließe, ist das Gewitter weitergezogen. Der gute Käse ist gegessen. Und ich fühle mich ein bisschen schuldig. Pflegte doch der gestrenge heilige Büßer des Ortes, San Giuseppe da Leonessa (†1612), einst zu seinem Leib zu sagen: „Bruder Esel, es gibt keinen Grund, dich wie ein nobles Ross zu nähren. Begnüge dich als Esel."

Tag 412 – 42 km (12050 km): Anfang und Ende

Kalter Wind blies mir ins Gesicht, als die Klosterpforte nach dem Frühstück hinter mir ins Schloss fiel. Vor zwei Stunden war ein weiteres Gewitter durchgezogen. Für den Moment war es trocken, aber kalt. Ich schüttelte mich, zog einen Pullover über und begann die Etappe nach Norcia.

Das nasse Gras neigte sich andächtig am Straßenrand und immer, wenn ich dem Verkehr ausweichen musste, streifte es seine Tropfen an meinen Hosenbeinen ab. Brrr. Kleine Weiler wechselten sich am Straßenrand mit Wiesen und Wäldern ab. Ich schob das Kinn unter den Jackenkragen und marschierte mit schnellen Schritten, um mich warm zu halten.

Plötzlich hielt ein Bus. Der Fahrer lehnte sich aus dem Fenster und staunte ungläubig, als ich ihm Auskunft zu seinen Fragen gab. Er ignorierte seinen

Fahrplan und den nachkommenden Verkehr, stellte den Motor ab und stieg kurz aus, um mit einem „echten Jerusalempilger" Selfies zu knipsen.

Ab dem Örtchen Trimezzo nahm der Verkehr immer weiter ab, bis ich schließlich auf einer einsamen Straße durch die Hügel zog. Das Wetter wurde besser. Es gab Risse in der Wolkendecke, und als ich schließlich nach einer ganzen Reihe von Kurven den Pass erreichte, schien sogar die Sonne vom Himmel. Zeit für eine Mittagspause.

Ich hatte meine Brot-Käse-Chilli-Komposition noch nicht vollständig in den Mund geschoben, da kündigten dunkle Wolken schon den nächsten Wetterwechsel an. Ich packte schnell zusammen und nahm die Beine in die Hand.

Eine Stunde hielt ich einen kleinen Vorsprung, bis ich den Wettlauf mit dem Gewitter doch noch zu verlieren drohte. Im Moment, als hinter mir das Brausen des Regens immer lauter wurde, kam ich an einer überdachten Lagerstätte für große, runde Heuballen vorbei und ich fand Unterschlupf. Blitze. Donner. Regenschwaden. Peitschender Wind. Ich hingegen saß nun so gemütlich auf meinem weichen Thron, dass ich tatsächlich für eine halbe Stunde einschlief.

Kurz vor 16.00 Uhr, als der Regen nachgelassen hatte, machte ich mich auf den Weg für die letzten zwölf Kilometer und wanderte alsbald unter blitzblauem Himmel. Damit hatte ich nicht gerechnet – wie nach meiner Einkehr am Abend bei den Benediktinern auch der Prior des Klosters feststellen konnte. Mein Hals leuchtete wohl so knallrot im Licht der Abendsonne, dass mir Fr. Cassian zwischen all den schweigenden, kauenden Mönchen und Gästen im Refektorium ein Zettelchen zuschob, auf dem zu lesen war: „Do you need something for your sun burn?" Ich winkte lächelnd ab. Ich werde generell mehr rot als braun und mein Hals hatte schon vor dem heutigen Tag eine solide Grundierung. Das bewies eine drastische rot-weiße Farbstufe am Kragenrand.

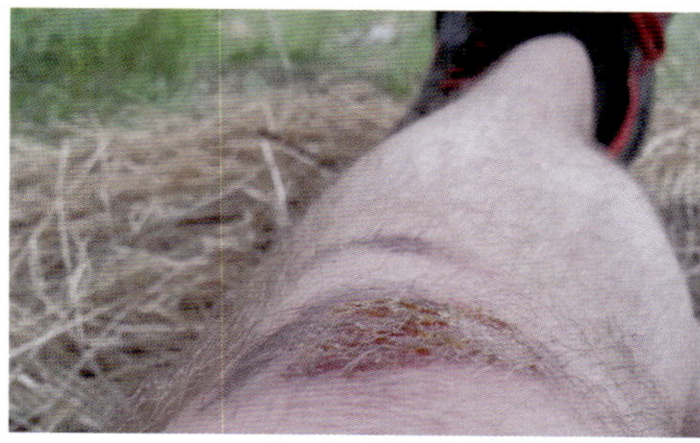

In Norcia, bei alten Freunden aus der Studienzeit, die hier als Mönche eingetreten sind, erreichte ich den End- beziehungsweise Anfangspunkt der *Via Benedicti*, der ich die letzten 300 Kilometer seit Montecassino immer wieder gefolgt war. Nach dem morgigen Ruhetag wird es dann franziskanisch weitergehen. Bei aller, auch bei den Minderbrüdern zu erwartenden Freundlichkeit, werde ich die benediktinische Lebensform schon ein bisschen missen. Schließlich hatte Benedikt, der hier in Norcia – dem alten römischen Nursia – vor mehr als 1500 Jahren geboren worden war, seinen Mönchen in die Regel geschrieben: „Alle Fremden, die kommen, sollen aufgenommen werden wie Christus selbst." Auf all meinen vielen Reisen bin ich darin noch nie enttäuscht worden.

Tag 413 – Ruhetag: Beichten beim „falschen Priester"

Konventmesse für das Schwesternkloster, Gespräche, Schlaf, Routenplanung und Nachträge im Tagebuch bestimmten den Großteil des heutigen Ruhetages.

Eine besondere Freude war es für mich, am Abend die Beichte bei einem ehemaligen Studenten abzulegen. Vor Jahren hatte P. Basil am Internationalen

Theologischen Institut einen meiner Blockkurse besucht. Damals hatte ich ihn, als er noch Laienbruder war, gebeten, für Filmaufnahmen in ein Messgewand zu schlüpfen. Die Statisten – vorwiegend Kinder der Studentenfamilien – hatten ebenfalls einen Auftritt und waren damals aufgeregt den ganzen Tag von Tür zu Tür gelaufen mit nur einer Frage: „Kommt ihr auch zur falschen Messe?"

Aus dem „falschen Priester" war mittlerweile ein echter geworden. Die Gelegenheit, durch seine segnenden Hände Gottes Gnade zu empfangen, wollte ich mir nicht entgehen lassen. Dann beschloss ich einen ruhigen und erholsamen Tag in Norcia voll Dankbarkeit.

Tag 414 – 47 km (12097 km): Die Zahl des Biestes und der Post

In Rom war ich wegen der langen Wartezeit gescheitert. Heute Morgen in Norcia wollte ich in der Post einen neuen Anlauf unternehmen, einen Teil der nicht länger benötigten Ausrüstung heim zu senden. Nun zeigte die Waage 6,66 Kilogramm. In den 100 Minuten davor hatte ich es geschafft, mich anzustellen, einen konfektionierten Karton zu kaufen, ihn zu füllen und mich wieder anzustellen.

6,66 Kilo! Ich zucke ja normalerweise bei apokalyptischer Zahlenmystik nicht zusammen, aber ich war hier bei der italienischen Post. Und diese ist – glaube ich so mancher Warnung – berühmt dafür, Pakete dem Untergang zu weihen.

Ich zögerte einen Moment und schaute, ob der Beamte sieben Hörner hatte, – schwer zu sagen, wegen der Locken – dann verabschiedete ich mich innerlich von der Kameraausrüstung und den winterlichen Kleidungsstücken, die ihre Heimreise antreten sollten. Auch meinen tschechischen „Pinguin" (Marke des Rucksacks, gekauft in der Ukraine), der mit 9000 km dreimal so lange seinen Dienst versehen hatte wie das „Schweizer Mammut", packte ich in die Box. Ab jetzt bin ich nur mehr mit dem Carrix unterwegs. Freiheit für den Rücken. Mit einem leisen Gebet und zaghafter Hoffnung für das gallengelbe Versandpaket bezahlte ich und verließ Norcia durch das alte Stadttor.

Es war grau. Dunkle Wolken hingen in den Bergen und Regenschleier waren im Osten der Senke zu sehen. Ich richtete meine Schritte nach Nordwest. Der Weg hinter der Stadt brachte mich auch ohne Rucksack schnell ins Schwitzen. Auf kurzer Strecke waren 400 Höhenmeter aufzusteigen, am Wegrand Tafeln zum Schutz des „Trüffel-Reservats". Neben Wildschweinwurst waren Gerichte mit den unterirdischen Pilzknollen eine lokale Spezialität.

Vom Pass boten sich Blicke in das nächste umbrische Tal am Rand der sibillinischen Berge. Wunderschöne Dörfer in harmonischen Schattierungen von Grau, Braun und Ocker krönten die Kuppen der bewaldeten Hügel. Die sich windende Straße bot immer neue Ansichten und Postkartenmotive.

Für das aufgelassene Kloster von Sankt Eutizio machte ich einen kurzen Abstecher eine Bergflanke hoch und kehrte dann auf die enge, aber kaum befahrene Straße im Talboden zurück.

Bis zu diesem Zeitpunkt war ich dankbarerweise trocken geblieben. Nun fielen die ersten Tropfen, nur um eine halbe Stunde später von der Sonne abgelöst zu werden, die stechend in der schwülen Luft vom Himmel brannte. Gleichzeitig begann sich der Himmel in der anderen Ecke wieder stark zu verfinstern.

Ich beschloss die Mittagspause kurz zu halten und dafür vorsorglich in der Nähe eines unbewohnten Hauses zu bleiben, bei dem ich mich im Fall eines Gewitters unterzustellen gedachte. Es blieb trocken und die nächsten vier Stunden auf dem Weg wurden so etwas wie ein erfolgreicher Lauf im PC-Spiele-Klassiker aus dem Jahr 1989 *Minesweeper*. Gewitterwolken tauchten hinter jeder Kurve und in jeder Richtung auf. Regen da. Regen dort. Nur ich hatte in meinem Zickzackkurs über einsame Güterwege immer die Sonne im Gesicht. Erst spät holten mich die Wolken ein, aber selbst dann blieb der Regen aus. Gemessen daran, dass die Meteorologen heute 10-20 mm Niederschlag auf mich herabgeschüttet hätten, hatten sich die Dinge sehr glücklich gefügt.

Nach rund 47 Kilometern schlug ich schließlich mein Zelt auf einer abgemähten Wiese auf. Und wenn ich auch die Autos, die mir heute tagsüber begegnet sind, an meinen Fingern abzählen kann, so ist eben bereits zum zweiten Mal ein Jeep den winzigen Waldweg hochgefahren. Ein Klassiker. Da findet man einen versteckten, ruhigen Platz, aber kaum steht das Zelt, kommt jemand vorbei. Dafür bellen heute bislang keine Hunde. Grillen zirpen. Und die Vögel haben bis vor einer halben Stunde wunderbar gesungen.

Tag 415 – 41 km (12138 km): Assisiensis

Als das Kondenswasser um kurz nach 5.00 Uhr begann, von der Zeltwand zu tropfen, beschloss ich, im ersten Licht des neuen Tages aufzubrechen. Das kleine Sträßlein, dem ich schon gestern gefolgt war, wurde bald zu einem wunderbaren Feldweg, neben dem die Morgensonne die Landschaft in sattes Grün tauchte. Umbrische Pilgerromantik.

Mit der Romantik war es jäh vorbei, als ich die erste größere Verbindungsstraße erreichte, auf der nun am Morgen die Pendler ihren Arbeitsplätzen in den Ballungszentren zuströmten. Gelegentlich gelang es mir, kurze Ausweichrouten zu finden. Ansonsten blieb mir nichts übrig, als furchtsam im Graben zu wandeln, mit lebhaften Bildern der Szene, die sich vor knapp einer Woche zugetragen hatte.

Bei Ponte Santa Lucia ging es dann für etwas länger ins dichte Unterholz und nach dem Dorf Pale steil hinunter in das Tal von Foligno, vorbei an tosenden Wasserfällen und frischen Felsstürzen, die den Weg versperrten.

Um 10.00 Uhr hatte ich die ersten 20 Kilometer absolviert und nahm mir die Zeit, einen Liter Eis zu schaufeln, während das Zelt sich – nach meinem Dafürhalten, redlich – bemühte unter dem mittlerweile bedeckten Himmel zu trocknen.

Dann ging es weiter nach Spello, quer durch die Gassen des umbrischen Kleinods und dahinter in die Olivenhaine an der Flanke des Monte Subasio. Wie oft war ich hier in meiner Jugend träumend unter den Bäumen gesessen, hatte die Wärme der von der Sonne gebackenen Erde gespürt, den Geruch des trockenen Grases um die knorrigen Stämme eingesogen und mir die kommenden 70, 80 Jahre meines Lebens in bunten Szenen ausgemalt. Heute muss ich lächeln über die verblassten Phantasmen jenes kindlichen Geistes auf Reisen durch die Zeit, während die vertraute Gegend meine Gedanken mit Erinnerungen füllte. So erreichte ich das Tor vor Santa Chiara und spazierte auf dem Steinpflaster zwischen zahllosen Tagesgästen, Touristen und Pilgern zu den Kapuzinerklarissen hoch über den anderen Häusern am nordwestlichen Ende der Altstadt.

Untergebracht wurde ich wegen Überfüllung bei den Schwestern nebenan, aber noch am gleichen Abend fand ich mich im Sprechzimmer der Schwestern ein. Das helle Zimmer, durch das die Sonne des späten Nachmittags strahlte, war geteilt durch eine Wand mit Gitter. Dahinter nahmen Platz die Mutter Oberin, die Novizenmeisterin und Sr. Maria Magdalena aus Liechtenstein, die vor ihrem Eintritt eine Weile in Triesenberg gewohnt hatte. Und als ich so in die drei frohen Gesichter blickte, wusste ich, dass sie auf der richtigen Seite der Eisenstangen saßen. Drüben die Freiheit eines Christenmenschen, hier bei mir der Narrenkäfig dieser Welt. Es war ein schönes Wiedersehen.

Im Anschluss an die Begegnung feierte ich die Heilige Messe von Fronleichnam in der Kapelle der Schwestern. Ich stieg die Altarstufen hoch und hob meinen Blick zum schönen Holzkreuz im Strahlenkranz. Über mir wölbte sich ein blauer, gotischer Himmel.

Ich kehrte mit einem tiefen Frieden in mein Quartier zurück und ließ dort meinen Blick über die Tondächer und die Ebene schweifen. Im Tal begannen die Lichter von Santa Maria degli Angeli in der Dämmerung zu leuchten. Dort unten in der Portiuncula, vor etwas mehr als zwanzig Jahren, hatte mein Leben eine Wendung genommen. Ohne sie würde ich heute wohl kaum an diesem Fenster stehen. Und nicht alles, von dem ich damals unter Olivenzweigen geträumt hatte, war unerfüllt geblieben.

Tag 417 – 47 km (12185 km): Unter Wölfen

Peter, die sieben Geißlein und die drei kleinen Schweinchen hatten alle ihre Probleme mit dem bösen Wolf. Nach einer bekannten Erzählung der *Fioretti* über den Heiligen Franziskus ging es den Einwohnern von Gubbio nicht viel anders. Auf meiner Reise im wilden Osten war ich unzählige Male vor Wölfen gewarnt worden. Aber im Unterschied zu den an die Wand

gemalten Schrecken, von denen ich nie einen tatsächlich aus der Nähe zu sehen bekommen hatte, muss der Wolf von Gubbio eine veritable Bestie gewesen sein. Angst und Furcht regierten damals die Stadt.

Der heilige Franz nun machte sich auf die Suche nach dem Wolf. Und, so berichtet die Erzählung, er soll Bruder Wolf ganz ohne Stuhlkreis, psychologisierendes Rollenspiel oder die Frage „Wie fühlst du dich dabei?" gezähmt haben. Nach den *Fioretti* sprach Franziskus die Worte: „Bruder Wolf, du richtest viel Schaden in dieser Gegend an und hast schlimme Übeltaten verbrochen. Darum verdienst du, dass man dich als Räuber und bösen Mörder einem schrecklichen Tod überliefert." Was moderne Pädagogen wohl als „zu wertend" oder „zu wenig aus der Perspektive des anderen heraus reflektiert" beurteilen würden, verfehlte seine Wirkung nicht. Der Wolf tat fortan niemandem mehr etwas zuleide. Im Gegenteil, er wurde liebgewonnen und bald schon von den Bewohnern der Stadt versorgt.

Es gibt verschiedene Auslegungen und Übertragungen dieser vielfach künstlerisch dargestellten Episode aus dem Leben des Poverello. Eine, die ich schön finde, ist jene: Ächtung und Angst machten den Wolf zur Bestie; die sich nach ihm ausstreckende Liebe („Bruder Wolf") und Fürsorge machten ihn zum Freund. Diese Geschichte ist mehr als nur ein Wunderbericht. Sie ist ein Gebot für unsre und für alle Zeit.

Mein Weg in die Stadt des Wolfes begann nach einem entspannten Ruhetag in Assisi. Der Wecker läutete um 5.15 Uhr. In der Tat hatte ich seit kurz vor 4.00 Uhr nur mehr bedingt geschlafen. Schwester Stechmücke in meinem Zimmer, auf die sich das schöne Gleichnis vom Wolf nur bedingt anwenden ließ, machte immer wieder kleinere Kampfhandlungen nötig.

Um kurz vor 6.00 Uhr fiel dann die Tür ins Schloss und ich ging zur Franziskusbasilika, um mich am Grab des Heiligen zu verabschieden. Stille Minuten im gotischen Gewölbe unter den engelsgleichen Gesichtern, die Giotto und Cimabue einst in leuchtenden Farben auf den feuchten Grund gepinselt hatten. Dann verließ ich Assisi nach Norden.

Über den Bergrücken mit seinen Olivenhainen und goldenen Weizenfeldern ging es auf der anderen Seite nach Valfabbrica hinunter, wo ich mir nach 14 Kilometern einen Liter Joghurt als Frühstück zuführte. Franziskuspilger, die meisten von ihnen deutsche Pensionisten, begannen an diesem Morgen ihre letzte Etappe nach Assisi. Ich folgte den Wegmarkierungen in Gelb und Blau, der „Via della Pace" des heiligen Franz, weiter in die umgekehrte Richtung.

Ich ging auf kleinen Güterwegen und freute mich an der schönen, hügeligen Welt. Nur als ich einen kurzen Abschnitt – abseits des offiziellen Weges – auf einer größeren Straße gehen musste, wich der innere Friede angstvoller Nervosität. Mein Fiat-Trauma wurde aktiviert. Ich versuchte immer Augenkontakt mit den Verkehrsteilnehmern herzustellen und tastete mich so langsam vorwärts. Kurz abgelenkt wurde ich davon, als sich etwas auf dem Boden vor mir bewegte. Und tatsächlich, wenige Zentimeter vor meiner linken Sandale spazierte ein Skorpion über die Fahrbahn. Der kleine Kieferklauenträger war kaum größer als eine Zwei-Euro-Münze, aber ich starrte fasziniert auf die Kreatur – ein *Euscorpius,* wie die Recherche später ergab. Nicht im Iran, nicht an der syrischen Grenze, nicht in der ausgebrannten Negev, nein, hier im heimeligen Umbrien hielt jemand seinen kleinen Stachel vor mir in den Himmel.

Ginster duftete in den Gräben, Heu auf den Wiesen. Auf einem Hang mit Aussicht streckte ich die Beine für die Mittagsrast und blickte in die Ferne zu den sanften Gipfeln des grünen Apennins.

Um 16.00 Uhr klopfte ich schließlich in Gubbio an das Tor des Konventes der *Maestre pie Filippini*, wo ich den Nutzen der Kapelle und ein Zimmer für die Nacht bekam.

Nun, kurz vor 22.00 Uhr, dringt immer noch lauter Lärm aus den Gassen unter meinem Fenster. Am Wochenende scheinen alle auf den Beinen in diesem Ort, der sich selbstbewusst „die schönste mittelalterliche Stadt" auf die Schilder und Fahnen schreibt. Nett ist Gubbio in der Tat, wie ich beim abendlichen Spaziergang festgestellt hatte. Und gerade eben kam ein neues Geräusch zu der Kulisse. Nein, nicht Bruder Wolf hat begonnen zu heulen, sondern ein kleiner seiner Artverwandten am Balkon direkt gegenüber. Na, Gute Nacht!

18. Sonntag – Das Gebet: Rückbindung des österlichen Menschen

Gebet ist die Hinwendung des Herzens zu Gott. In diesem Sinn soll dann eigentlich das Leben des Christen als Ganzes zum Gebet werden. Konkret bedarf es jedoch einer Einübung in die unterschiedlichen Formen des Gebets. Es gibt drei Grundformen und alle haben ihren Platz und ihre Zeit.

Es gibt, erstens, das mündliche Gebet. Zwar kennt Gott auch so das Herz des Beters, aber es entspricht der menschlichen Natur, das Innenliegende auszudrücken. Das mündliche Gebet erlaubt außerdem das Beten in Gemeinschaft, da andere darin einstimmen können. Daher ist das mündliche Gebet die Grundform des Betens für den Gottesdienst der kirchlichen Versammlung.

Zweitens gibt es das betrachtende Gebet, auch Meditation genannt. Beim betrachtenden Gebet blickt man auf Bilder oder Bibeltexte und versucht den Gegenstand der Betrachtung zu verinnerlichen, sodass er das Leben mehr und mehr prägt. Das berühmteste betrachtende Gebet der katholischen Kirche ist der Rosenkranz. Beim Rosenkranz wird jeweils für die Dauer von zehn „Gegrüßet seist du Maria" eine Begebenheit aus dem Leben Jesu betrachtet. Diese Meditation soll helfen, das Leben Jesu zu verinnerlichen und es seiner Seele aufzuprägen. Wenn man zum Beispiel betrachtet und verinnerlicht, wie Jesus im Stall zu Bethlehem geboren worden ist, dann betrachtet man hier echte Demut, Anspruchslosigkeit und Einfachheit. Das Ziel des Gebets ist es, dass diese Demut, Anspruchslosigkeit und Einfachheit auch mehr und mehr das eigene Leben prägen (mehr zum Rosenkranz im 1. Band, 29. Sonntag).

Drittens gibt es das Innere Gebet. Im Inneren Gebet ruht das Herz bei Gott und wird ganz still in seiner Gegenwart. Als eine Hinführung zum Inneren Gebet kann das Herzensgebet dienen. Die Praxis geht auf die frühen Mönche der Wüstenklöster zurück, die einzelne Verse der Heiligen Schrift in der ständigen Wiederholung verinnerlichten. Im Osten erlangte es als Jesusgebet eine weite Verbreitung. Dabei wird der Satz „Herr Jesus Christus, Sohn Gottes, erbarme dich meiner" oder eine Variation davon im Rhythmus der Atmung gebetet. Auch im Westen erfreute sich diese Gebetsform der Beliebtheit und wurde unter anderem von P. Cassian Karg, einem Kapuziner, in seiner Kleinschrift „Das Kleine Geheimnis" popularisiert. Dabei wird ein Stoßgebet sehr frei und persönlich gewählt und dann nicht „in mechanischer oder zwangsmäßiger Art", sondern „durch liebe Beharrlichkeit" wiederholt. Der gewählte Gedanke, möglichst kurz, innig und seelenverwandt, soll zum Grundton der Seele; zu ihrem „Atem" werden. Beispiele für „kleine Geheimnisse" sind Verse wie die folgenden: Mein Vater, im Himmel!; Jesus, alles Dir zuliebe – alles für Dich!; Herr, den ich tief im Herzen trage, sei Du mit mir!; Jesus, bleib in meiner Seele!; Heiland, ich will Dein Apostel sein! Die Wiederholung eines solchen Satzes, kombiniert mit der Atmung, führt in die innere Ruhe und schließlich in die Stille und Kontemplation des Inneren Gebets; in das Verweilen am Herzen Gottes.

Tag 418 – 63 km (12248 km): Dreiundsechzig

Es rauscht der Tiber. Die Blätter rascheln im letzten Licht des Tages. Hinter mir liegt mit 63 Kilometern die bislang längste Strecke dieser Pilgerreise. Für einen Moment hatte ich sogar überlegt einen Siebener an die Zehnerstelle zu setzen, aber Sinn machte so eine ambitionierte Verlängerung nicht. Das Ziel morgen ist La Verna und es liegt nach dem heutigen langen Tag in bequemer Reichweite.

* * *

Die vergangene Nacht hatte viel Lärm und wenig Schlaf gebracht. Grölende Feiergäste vor den Kneipen, knatternde Motorinos in den Häuserschluchten, Hundebellen. Um 6.00 Uhr stand ich leicht gerädert an der Pforte und verabschiedete mich von einer der Schwestern, die bereits bunte Blüten in großen Plastikeimern sortierte – ein Blumenteppich für das Fronleichnamsfest, das in Italien ohne gesetzlichen Feiertag immer auf den darauffolgenden Sonntag verlegt werden muss. Die Prozession wird – wie ein Großteil des sozialen Lebens in dieser Region – erst dann stattfinden, wenn sich am Abend Schatten über die alten Gassen gelegt haben. Doch auch jetzt am frühen Morgen war es angenehm kühl.

Achtlos ging ich beim Verlassen des Städtchens am römischen Theater vorbei – zu oft hatte ich auf meinem Weg komplettere, größere Anlagen bestaunt. Stattdessen nahm ich nun die Verfolgung von drei sportlichen Spaziergängern auf, die sich bald in regelmäßigen Abständen zu mir umwandten. Dass sie dann ihr Tempo immer wieder anhoben, nützte nichts. Ich kam näher und bei der Brücke über die Schnellstraße war unser Wettrennen zu Ende. Tiefes Ausatmen war hinter mir zu hören, nachdem ich vorbeigezogen war – vielleicht war es auch Aufatmen. Hatten sie gar Angst vor meiner wilden Erscheinung gehabt? Ich lächelte und sank auf den folgenden langen Geraden bald schon in Gedanken. Ich begann meine „Amphitheatermüdigkeit" zu reflektieren. Mir war schon in den letzten Wochen aufgefallen, dass ich irgendwie „satt" geworden war. Umwege hatten ihren Reiz verloren. Mit Rom hatte ich das letzte große Ziel erreicht. So viel hatte ich in den letzten Monaten gesehen; so viel erlebt. Ich war am letzten Abschnitt meiner Reise und meine Schritte nach Norden waren zielstrebiger geworden. War ich bereit, meinen langen Kreis durch ferne Länder und Kulturen zu schließen?

Ich verließ für eine Weile die offizielle Route und kam gegen 10.00 Uhr nach rund 22 Kilometern in das kleine Dorf Pietralungo. Dort gesellte ich mich für eine kurze Pause zu jenen Kirchgängern, die, übervoll von Demut, immer so weit hinten in der Kirche Platz nehmen wollen, dass sie sich plötzlich 100 Meter vor dem Gotteshaus im Schatten der Bäume am Kirchplatz wiederfinden. War man damit auch dem frommen Beten in der Kirchbank fern, hatte man sich wenigstens die besten Plätze für ein – ohne Zweifel frommes – Schwätzchen gesichert.

Ich hingegen brach nach einer Weile wieder auf und nahm nach kurzem

Abwägen meiner Möglichkeiten die bröckelnde Straße nach Piede di Saddi („Pievi dei Santi"). Die imposante alte Anlage, die sich im Nirgendwo der umbrischen Landschaft aus dem Boden hob, war einst ein geistiges Zentrum mit 13 zugeordneten Pfarreien gewesen. So überraschte es nicht, dass sich in der Kirche die bedeutsamen Reliquien des Soldatenheiligen Kreszentius fanden, der in der diokletianischen Verfolgung umgekommen war. Vespa-Roller standen dicht an dicht am Zufahrtsweg geparkt.

Während der Betreuer der Pilgerherberge mir die Erlaubnis gab, in der Kirche die Messe zu feiern, kümmerte er sich um die zahlreichen Gäste der Scooter-Wallfahrt. „Es ist nicht immer so viel los", lächelte er und wischte sich mit der flachen Hand den Schweiß von der Stirn.

Nach den heiligen Mysterien in der Krypta wurde ich zum Essen eingeladen und erzählte bis 15.00 Uhr an den Tischen ein Dutzend Mal dieselben Geschichten. Dann brach ich in Richtung Città di Castello auf. Hügel, Heu und gelbe Ginsterbüsche.

Eine Stunde später überholten mich dröhnend und klappernd die motorisierten Pilger auf der löchrigen Fahrbahn. Ein jeder hupte. Ein jeder winkte. Und je nachdem, ob es gerade abwärts oder aufwärts ging, winkte ich lächelnd oder hustete winkend im bläulichen Dunst der Abgaswolken zurück.

Am Abend erreichte ich eine größere Straße. Viele der Autos waren voll mit Badegästen, die trotz später Stunde im nahen Flussbad Erholung suchten. Ich glaube, es war in diesem Moment, dass ich nach dem „ewigen Frühling" auf meiner Reise in den Norden realisierte, dass es tatsächlich Sommer geworden war.

In Cittá di Castello drehte ich auf der Suche nach einer Einkaufsmöglichkeit eine lange Schleife und endete schließlich als kritisch beäugte Erscheinung vor einer Bar am Stadtrand. Ich füllte meine Flaschen und aß ein Eis.

So gestärkt bog ich auf den Weg entlang der Tiber-Auen ein, wo sich angenehmer Waldboden und raue Kalksteine als Untergrund abwechselten. Die Sohlen meiner Istanbuler Laufschuhe, deren Dünne ja schon mehrmals Gegenstand meiner Ausführungen gewesen ist, waren nun schon sehr, *sehr* dünn geworden und so stöckelte ich nicht ohne Schmerzen über die Abschnitte mit grobem Belag.

Schließlich, im letzten Licht und am Rand eines Feldes, sah ich meine Möglichkeit für eine ruhige Nacht. Der Tiber rauscht. Die Blätter rascheln. Der Pilger schläft.

Tag 419 – 45 km (12293 km): In der Toskana ...

Ich schoss in die Höhe. Irgendetwas lärmte draußen und kam näher. Ein Traktor? War er hier, um den Klee zu mähen? Lag ich in seinem Weg? Aber während ich schnell aus dem Schlafsack schlüpfte, stellte sich die Sorge als unbegründet heraus. Die alte Zugmaschine war zwar unendlich laut, aber auf dem Feld neben meinem Wiesenstreifen unterwegs. Ich blinzelte in den

Sonnenaufgang und winkte. Es wurde zurückgewunken – vom Fahrer und den zwei Personen, die hinten auf einer eigenen Vorrichtung saßen. Dank

ihr konnten sie „im Vorbeifahren" das Feld bearbeiten. „Gurkerlflieger" war mein erster Gedanke, aber dafür waren die Tragflächen zu kurz. Und was auch immer es war, was da neben mir wuchs, es waren ganz sicher keine Gurken.

Es war Tabak, erfuhr ich später von einem Mann am Straßenrand. Das erklärte wohl auch die große Sorgfalt, mit der nicht nur der laute Traktor, sondern ebenso das nachfolgende „Fußvolk" hackend und jätend über das Feld gestiefelt war.

Ein bisschen kraftlos setzte ich heute Morgen ein Bein vor das andere. Erst nach einer Cola ging es dank Zuckerschub in schnelleren Schritten vorbei an der imposanten Stadtanlage von Anghieri mit ihren wehenden gelb-roten Bannern und hinauf in die Berge. Gebremst wurde ich dabei nur von den ausgewaschenen Wanderwegen und dem Gestrüpp, das sie überwucherte.

In Caprese, wo ich wenig später durchkam, war am 6. März 1475 das große Renaissancegenie Michelangelo zur Welt gekommen. Irgendwann hatte er

dann zum Leid seiner Eltern angefangen, die Wände seines Kinderzimmers mit Skizzen des Jüngsten Gerichts vollzukritzeln. Und der Rest der Geschichte ist … nun ja … Geschichte. Ich hielt nur kurz und wanderte dann in der Hitze des späten Vormittags abwärts bis nach Lama weiter.

Dort kaufte ich Essen und saß zunächst eine Weile im Schatten des kleinen Ladens. Da nach meinem Aufbruch die Sonne immer noch unbarmherzig vom Himmel brannte, optierte ich für eine zweite und längere Pause unter einem Eichenbaum, bevor ich die zwölf verbleibenden Kilometer in Angriff nahm.

Als der Parmigiano gegessen war und Wind und Wolken für etwas angenehmere Temperaturen sorgten, kehrte ich auf die Straße zurück. Kurven. Steigungen. Kein Verkehr bis zum mystischen Monte Penna, wo sich das Franziskanerheiligtum La Verna befindet. Hierher hatte sich Franziskus in seinen letzten Lebensjahren zurückgezogen. Eine Felsengrotte zeigt sein Bett aus Stein. Unweit davon lädt eine stille Kapelle zum Gebet. Hier, zwischen den Felsen, hatte er am Fest der Kreuzerhöhung im Jahr 1224 die fünf Wundmale als Zeichen der geistigen Vereinigung mit Christus empfangen.

Ich wurde freundlich im Kloster aufgenommen und als Priester in der Klausur untergebracht. Das Essen nahm ich dennoch mit drei anderen Pilgern

in der Gaststube ein. Giovanni hatte mit seiner Frau und seiner Schwester beschlossen, dieses Jahr jenen Weg nach Assisi zu gehen, den ich die letzten Tage heraufgewandert war. Gemütliches Beisammensein bei einem Gläschen Hauswein.

Ich nutzte die Abendstimmung für einen Spaziergang über die schroffen Burgen aus Fels, rund um das Kloster und blickte von der Gipfelkapelle in die Tiefe und über das weite, wellige Land. Dann kehrte ich durch den alten Wald zu meiner Zelle zurück. Die Schatten kletterten die Wände des Kreuzgangs hoch. Ich seufzte: „La Verna. Morgen Früh schon, werde ich dich einmal mehr und wie immer dankbar verlassen."

Tag 420 – 49 km (12342 km): Alte G´schichten

Nach der Messe in der Sakramentskapelle, zu Ehren meines Namenspatrons, begann ich um kurz nach 6.00 Uhr den langen Weg ins Tal. 14 Kilometer wanderte ich in der Morgensonne über Straßen und Schotter hinunter nach Bibiena.

Mit diesem Ort verbindet mich ein früheres Pilgerabenteuer. Im April 1998 war ich mit meinem amerikanischen Studienkollegen John in der Toskana unterwegs gewesen. Unser Plan war damals, von der Autobahn nahe Arezzo per Anhalter nach La Verna zu gelangen, um von dort dann zu Fuß über Siena nach Assisi zu pilgern. Das Ganze ohne Absicherung in Form von Geld und im Vertrauen, dass Gott die Wege führen würde.

Und da standen wir dann, John und ich, an einem Samstagnachmittag, an der *Strada Statale* Richtung Arezzo und keiner hielt an – obwohl oder vielleicht genau weil wir so freundlich unsere Zähne zeigten. Wir mussten schließlich zu Fuß marschieren und kamen erst bei einbrechender Dunkelheit in Arezzo an. Der neue Plan: mit dem Zug nach Bibiena und von dort dann morgen nach La Verna weiter.

Wir erbettelten ein paar Lira von Lokalbesuchern und gingen damit zum Bahnhof. Er war verwaist. Es gab keinen Zug mehr um diese Zeit. Was sollten wir tun? Wir entschlossen uns schließlich, die Stadt entlang der Schienen zu verlassen, um irgendwo im nächsten Ort zu campen und auf den Morgen zu warten.

Hundemüde, kurz vor Mitternacht, schlugen wir das Zelt in einem Park des Dörfchens Giovi auf. Jugendliche kamen in den Morgenstunden und hielten ihr Saufgelage nebenan. Dann war es auch schon wieder Tag und die Kirchenglocken läuteten. Wir ließen unsere Sachen zurück und gingen zur Sonntagsmesse.

Es folgte einer meiner absolut unandächtigsten Gottesdienste. Denn kurz vor Beginn zupfte John mich am Ärmel und offenbarte mir ein – wie ich fand – leichtsinniges Versprechen: Er würde immer alles Geld, das er in der Kirche bei sich hatte, in die Kollekte werfen. „Aber der Zug …!“, murmelte ich entsetzt und wusste nicht, was ich machen sollte. Wir hatten beide ungefähr je die Hälfte des erbettelten Geldes (also umgerechnet ca. 5 Euro) in der Tasche. Würde das, was ich hatte, für uns beide reichen?

Den ersten Teil der Messe bekam ich daher vor lauter Sorge um unser Weiterkommen kaum mit. Dann begann ich doch noch inständig zu beten. Ich betete: „Herr, lass keine Kollekte sein!“

Und schon machte das Körbchen seine Runde. Ich sah John seine Taschen leeren, seufzte und warf dann auch mein ganzes Geld in den Opferkorb. „Dann musst Du es richten!“, sprach ich still, die zusammengekniffenen Augen zum Himmel gewandt.

Den zweiten Teil der Messe war ich – schändlicherweise – damit beschäftigt, die Kirchenbesucher zu sondieren. Könnte ich vielleicht eines der alten Mütterchen am Ende der Messe um Geld für den Zug bitten?

Aber nach der Liturgie waren alle Damen mit ungeahnter – und ob des Alters beinahe ungebührlicher Geschwindigkeit – in ihren Fiats verschwunden und davongebraust. Mit leeren Taschen gingen wir zurück zum Zelt, bauten es ab und starteten trotzdem – wenn auch ratlos – Richtung Bahnhof.

Am Weg dorthin hielt nun ein Wagen und der Priester, der die Messe gefeiert hatte, lehnte sich aus dem Fenster. Er hatte uns erkannt und fragte, woher wir seien und was wir hier machen würden. Seminaristen aus Österreich? Am Pilgerweg? Sekunden später hielten wir ein paar Scheine in der Hand. „Lasst es euch gut gehen“, sprach er und fuhr winkend davon. Ich starrte nach unten. In der Hand hielten wir ziemlich genau doppelt so viel, wie wir in das Körbchen geworfen hatten.

Dass die Heilige Schrift von hundertfachem Lohn spricht, mag man für eine poetische Formulierung halten, aber dass sich das, was man für Gott einsetzt, verdoppelt, dafür kann ich mich seit damals verbürgen.

Wir hatten also Geld und gingen heiter zum Bahnhof. Dort lasen wir dann die Notiz, die über den Fahrplan geklebt war. „Keine Züge!“, stand da.

Wir haben es also nie nach Bibiena geschafft. Mit der Hilfe freundlicher Autofahrer und einem Gewaltmarsch kamen wir in der Dunkelheit an jenem Abend in La Verna an. Damit konnte unser eigentliches Abenteuer beginnen.

John hat mir kürzlich geschrieben, dass die darauf folgende Pilgerwoche über Siena nach Assisi eine der schlimmsten und härtesten Wochen seines Lebens gewesen sei. An all das musste ich schmunzelnd denken, als ich heute die alten Wege betrat. Und diesmal blieb mir Bibiena nicht verwehrt.

So wie schon in den letzten Tagen kämpfte ich auch heute Vormittag wieder mit Müdigkeit. Im Versuch, sie zu beheben, fand ich mich wenig später mit Süßwaren

an der Kasse eines Supermarktes. Dort kam es zur Zwangspause, weil jemand in der Reihe vor mir versuchte, „Superbonus" Geschenkpunkte gegen Tonteller in einem bestimmten Farbton einzulösen. Das war schwieriger, als es sich anhört – vor allem, weil die Teller nicht sortenrein in den Kartons verpackt waren. Eine halbe Palette unmarkierter Tellerboxen wurde kundenfreundlich geöffnet und das gewünschte Set zusammengestellt.

In der Hitze des späten Vormittags verließ ich Bibiena und begann den Aufstieg über die Flanken des Pratomagno. Dass mir im ersten Straßenabschnitt, an dessen Ende eigentlich nur ein kleines Bergdorf lag, so viele Autos entgegenkamen, ließ mich die sogenannte „Pilger'sche Schleusentheorie" formulieren, wonach alle Italiener einer Gegend immer koordiniert in ihre Autos sprangen, sobald ich in eine Straße bog.

Es folgten sehr steile Abschnitte auf minimaler Spurbreite und viele Kurven im Wald, bis ich mich unter einen Baum oberhalb von San Martino zur Rast hinlegte.

Von den über 7 Litern Flüssigkeit, die ich von meinem Einkauf mitgenommen hatte (4 Liter Wasser, 1 Liter Trinkjoghurt, 1,25 Liter Cola, 1 Liter Aprikosensaft) war mehr als die Hälfte schnell konsumiert. Ruhen im Schatten war angesagt.

Am frühen Nachmittag ging es gekräftigt und gestärkt weiter die Serpentinen bergan. Die Vegetation war zu niedrig, um Schatten zu spenden, aber in der

Höhe wurde es dank des Windes etwas angenehmer. Dann kam der letzte Aufstieg zu den Grasflächen und Weiden am kahlen Bergrücken. 15 Kilometer folgte ich dem Weg mit herrlichen Ausblicken nach Ost und West.

Schnauben. Ich fror mitten in der Bewegung ein. Tiefes Grunzen. Vier kleine Wildschweinferkel verließen den schmalen Wanderpfad und verabschiedeten sich irgendwo zwischen lässiger Langeweile und grundsolider Gemütlichkeit in die Büsche. Von dort kamen nochmals mütterliche Laute. Einen Moment lang wusste ich nicht das wilde Rascheln und knackende Unterholz zu deuten. Kam nun ein schweinischer Angriff, oder war es ein strategischer Rückzug? *O memento Gunther*. Ich war zurück bei seiner steinernen Bare in Kremsmünster. Aber nichts geschah. So setzte ich nach kurzem Abwarten den nächsten Schritt.

Wenig später überraschte ich ein weiteres Schwein. Es galoppierte mit einem Affenzahn davon, als ich über eine Kuppe kam, und ich musste anerkennend nicken über seine Beschleunigung aus dem Stand.

Schließlich kam ich zum Ende des Grats und zu einer Herde Kühe, die mit Entsetzen den polternden Carrix beäugte. Unweit davon wählte ich nach fast 50 Tageskilometern ein flaches Stück für das Zelt.

Sterne prangen vom Himmel. Ich liege auf 1400 Metern Höhe und habe mich ideal in Position gebracht für den morgigen Sonnenaufgang. Das Lichtermeer von Florenz ist jenseits der Fernsehantennen, auf der anderen Seite im Dunst des Arnotals. Der Wind lässt mein Zelt flattern und ich hoffe, dass der Wetterbericht für die Nacht nicht eintrifft. Dazu reibe ich meinen linken Fuß. Eine rätselhafte Druckstelle ist zu sehen (und war in der letzten Stunde zu spüren). Es ist keine Blase, aber etwas hat schmerzhaft mein Fleisch gerötet.

Tag 421 – 44km (12386 km): Der Prophet

Heute ging an meinem perfekten Platz die Sonne in monochromen Tönen auf: hellgrauer Hintergrund mit einem etwas hellgraueren diffusen Lichtfleck. Eher reduktionistisch war daher die Farbpalette im dicken Nebel, der mir kaum erlaubte, die Fingerspitzen am Ende meiner Hand zu sehen.

Kurz davor, gegen 5.00 Uhr, war ein kurzer Regenschauer über mein Lager hinweggezogen und ich hatte mich nochmals im Schlafsack umgedreht. Eine Stunde später brach ich auf und begann – im einsetzenden Schnürlregen – die westlichen Hänge des Pratomagno ins Tal zu laufen. Mystische, uralte Wälder zu beiden Seiten des steilen Weges. Wildschweine krachten aufgeschreckt durch das Unterholz. Wolken. Schwaden. Umrisse. Schattengestalten.

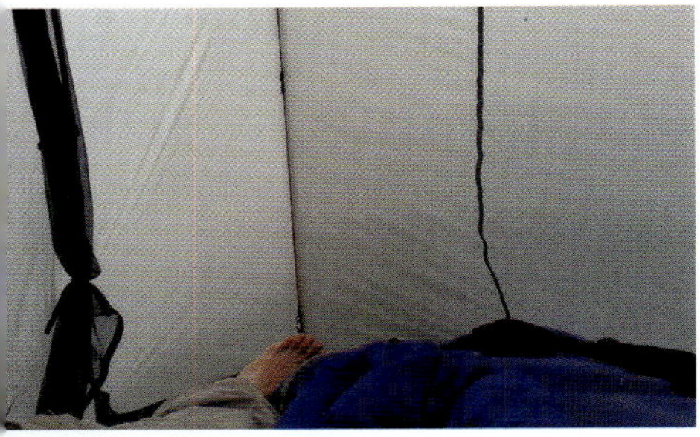

Nach weniger als einer Stunde über Waldwege und alte Natursteinbeläge stand ich vor der Abtei von Vallombrosa. Ursprünglich der Sitz eines Ablegers der benediktinischen Bewegung, der stärker auf das Eremitentum ausgerichtet war, hatte das Kloster in seiner tausendjährigen Geschichte viele Verwüstungen erlebt. Die letzte geschah unter Napoleon, bevor es schließlich von der italienischen Regierung 1866 aufgehoben und für die Forstverwaltung beschlagnahmt worden war.

Seit einigen Jahrzehnten lebten in der Gründung des Hl. Gualbertus wieder Mönche – Benediktiner diesmal. Als ich eintraf, stand das Gotteshaus offen und lud zu einer stillen Laudes. Dann arbeitete ich mich auf kleinen Straßen bis ins Dorf von Donnini vor. Für den Moment war es trocken. Dramatische Nebelfetzen wurden in die Luft gerissen und dunkle Wolken jagten über den Himmel.

„Es wird nicht mehr regnen!", meinte ein netter, älterer Herr, als ich mit sorgenvollem Blick aus dem Laden trat. „Es regnet nie, wenn der Wind so geht!", fügte er wissend hinzu, deutete auf die Baumkronen im Park und nickte gewichtig.

Fünf Minuten später lächelte ich, als der Himmel alle Schleusen öffnete. Lächeln konnte ich freilich nur, weil ich mich gerade noch vor Beginn des

Platzregens unter einen Dachvorsprung gerettet hatte. Dort wartete ich ab und nippte leicht angewidert an einem gewöhnungsbedürftigen Süßgetränk, das ich wohl so schnell nicht wieder kaufen werde. Der Geschmack? Flüssige Lakritze mit rohem Hering. Oder so ähnlich.

Als der Regen endlich aufhörte, verließ ich das kleine Örtchen mit dem charmanten – wenn auch falschen – Propheten und wanderte die letzten Kurven hinunter in das Tal des Arno.

Ein Stück auf der *Strada Statale* folgte, mit all den bekannten Schrecken. Dann führte mich mein Weg in die Hügel hinter Rignano – das heißt, sie führten mich zunächst zu einem weiteren Dachvorsprung, wo ich das nächste, gerade eingetroffene Gewitter abwarten wollte. Blitze zuckten. Die Luft zerbarst in ohrenbetäubendem Donner.

Unglücklicherweise bot mein Ort aufgrund der vorherrschenden Windrichtung nur wenig Schutz, so rannte ich unter prasselnden Tropfen zu einem Garagenvorsprung gegenüber. Dort sank ich auf den Boden und zog die Beine an. Auf der anderen Seite löste sich der helle, trockene Fleck an der Wand, wo ich gestanden hatte, in Nässe auf.

Der Platz unter dem neuen Vorsprung war klein, aber zunächst trocken, wenigstens bis die überforderte Kanalisation die Straße flutete und vorbeifahrende Autos schaumgekrönte Wellen in meine Richtung sandten.

Als ich nach einer halben Stunde wieder aufbrach, war ich nass. Aber kalt war mir nicht. Die Sonne kam umgehend wieder zum Vorschein und sorgte für eine heiße Schwüle. Keine hundert Meter weit war ich gekommen, bevor ich die Regenjacke auszog und dampfend den nicht weniger dampfenden Berg hochkeuchte. Noch ein Gewitterschauer folgte kaum zehn Minuten später. Der Wind peitschte weiter über die toskanische Landschaft und fegte die leeren Versprechen des Orakels von Donnini mit sich fort.

Erst ein paar Stunden nach Mittag begann sich der Himmel aufzuhellen. Ich wanderte über aufgeweichte, aber schöne Wege zwischen Zypressen, und als ich über den letzten Pass kam, lag Florenz zu meinen Füßen. Die nasse, rote Kuppel des Doms schimmerte im Sonnenlicht.

Einige Stunden später fand ich Unterkunft im Pensionat eines Schwesternordens und unternahm einen letzten Abendspaziergang durch die schönen Gassen. Florenz „hat was" – und ich meine hier nicht die permanente Verkehrsverstopfung. Obwohl, die hat Florenz natürlich auch.

Tag 422 – 44 km (12430 km): Statale-Straßenrand-Going Xtreme

Der *Maestro* drehte meine armseligen Treter hin und her. Dann blickte er mich mitleidig an und meinte „No. Non si può." Was er in seinem kleinen Laden unter dem milchigen Glas der Neonreklame so lapidar verkündete, war das Ende meiner Istanbuler Sportschuhe. Mein Vertrauen in italienische Improvisationskunst war mit einem Streich zerstört. Ich hatte gehofft, er würde sie irgendwie neu besohlen können. Es musste nicht toll aussehen. Das Obermaterial war nach neun Wochen in hervorragendem Zustand, nur unten herum – nicht unwichtig bei einem Schuh – war Schluss. Es half nichts, ich musste noch einmal ein Paar kaufen. Damit war auch die nächste Teilstrecke meines Pilgerweges vorgegeben – zu einem Fachgeschäft für Laufsport am Rande der Stadt.

Mit leichter Wehmut und dem trotzigen Versprechen, die letzten Meter aus Rasha und Lütfü herauszuholen, wanderte ich den Arno entlang stadtauswärts.

Im besagten Laden fand ich nicht mehr das gleiche Vorjahresmodell. Die neuere Version schien mir ein paar Schwachpunkte zu haben – abgesehen vom Preis. So entschied ich mich wegen der guten Passform für ein anderes Paar des gleichen Herstellers. Dass auch diese Schuhe wieder knallrot waren – diesmal mit einem Hauch Purpurpink – war weder Absicht, noch gewünscht. Aber das modische Ideal unserer Zeit zeigt offenbar ungebrochenen Mut zu grellen Farben – gefürchtete Neonvarianten(!) nicht ausgeschlossen.

Mit den neuen Schuhen verlor ich den „intensiven Bodenkontakt", den ich über die letzten Wochen „kultiviert" hatte. Beim klassischen Langstreckenpilgerspiel „Wieviele-Steine-pieksen-dich?" (eine Variante von „Wieviele-Krähen-sitzen-auf-deinem-Kopf?") hätte ich es dank meiner guten „Erdung" weit gebracht.

Neu bereift ging es mit Schwung im Zickzack durch die engen Gassen der Vororte. Den ersten längeren, nicht schuhbedingten Halt des Tages machte ich, nach einem Besuch der (verschlossenen) Badia Settima, auf einer Bushaltestelle. Ein Gewitter rollte über das Land und das moderne Dach der Wartehütte bot wenigstens rudimentären Schutz vor den Elementen. Danach ging es steil in die Hügel und steil wieder ins Tal – *Italian Style*. Nach Montelupo folgte ich wieder einem Weg entlang des Arno, bevor ich mit Empoli einen größeren Ort erreichte. Und als ich ihn durchquert hatte, wurde es haarig im Spätverkehr auf der *Statale*.

„Statale-Straßenrand-Going" ist eine hochgefährliche Xtrem-Sportart für Adrenalinjunkies, denen ungesichertes Slacklining über Abgründen oder Basejumping ohne Fallschirm zu langweilig geworden ist. „Straßenrand-Going" gibt es auch in einer noch nicht olympischen Wettkampfform, in der die Strecke gemessen wird, welche der Athlet bis zum freiwilligen, angstvollen Sprung in den Graben absolviert. In den Pro-Bewerben werden dabei nur LKWs und die breiten Fiat Doblos auf die Straße geschickt. In Ausnahmefällen erreichen trainierte, mental starke Athleten beachtliche 700 Meter.

Obwohl ich zu den Vorreitern dieser neuen Disziplin gehöre und Einzelwettkämpfe in zwei Dutzend Ländern bestritten habe, hatte ich heute Abend doch bald genug. Ich verließ bei der ersten Möglichkeit die fürchterliche Straße. Feldwege brachten für eine Weile nervliche Entspannung bis zum letzten Abschnitt, der noch einmal meine ganze Routine forderte. Eine Brücke mit bröckelndem Asphalt war das abschließende Kriterium auf dem Weg und wurde einem Rennradfahrer, der ein paar Zentimeter vor dem Kühler eines LKWs über die Schlaglöcher strampelte, fast zum Verhängnis. *Misericordia*!

So kam ich erschöpft zum „Bed & Breakfast San Carlo“ und liege dort nun in meinem dunklen Zimmer. Hunde bellen keine. Autos lärmen stattdessen vor der Tür.

Tag 423 – 51 km (12481 km): Via Francigena

Als ich mich heute Morgen von der viel zu weichen Matratze erhob und mir den Rücken rieb, zeigte die Uhr bereits den Beginn der zweiten Stunde (7.04 Uhr). So langes Verschlafen war nur möglich gewesen, weil ich aufgrund der stark befahrenen Straße vor dem Haus die Rollläden heruntergelassen hatte.

Abgeschnitten vom Licht der Außenwelt lag ich im Dunkeln, während die Sonne in den Himmel stieg. Vor der Tür: kühles und trockenes – also ideales – Wanderwetter.

So brach ich für meine Verhältnisse spät auf, zu einer ersten großen Schleife durch die toskanischen Hügel, um die verkehrsreiche Bundesstraße zu umgehen. Kitschige Zypressenalleen wechselten sich mit Olivenhainen ab.

Als ich nach zehn Kilometern in Fucecchio eintraf, sah ich dann erstmals ein Schild der alten Pilgerstraße nach Rom. Analog zum weit bekannten *Camino* in Spanien hatte man den Weg von England nach St. Peter in den letzten Jahren neu beschildert und wiederbelebt. Immer wieder wird er nun von Pilgern begangen – aber Massen habe ich an meinem ersten Tag auf der Route nicht angetroffen. In Tat und Wahrheit war ich heute offensichtlich der Einzige, der sich über die Waldwege und die eigens eingerichteten geschützten Abschnitte entlang der schmalen Straßen freuen konnte. Nur manchmal an den Wegkreuzungen wurde deutlich, dass die Markierungen vorrangig für Leute aus dem Norden kommend angebracht worden waren. Jerusalemrückkehrer hatte man beim Anlegen des Weges nicht wirklich bedacht.

Mit Altopascio ließ ich auch bald den ersten Etappenpunkt auf dem offiziellen Weg hinter mir und stieß dahinter auf ein Ausgrabungsteam, das den Friedhof eines alten Klosters umwühlte. Als ich über den Zaun blickte, diskutierte man gerade über den Schädelknochen eines verblichenen Gläubigen hinweg. Ich schlug das Kreuz über den Toten *„Requiem aeternam dona ei, Domine, et lux perpetua luceat ei."* Vielleicht war es ein Pilger gewesen, ein Pilger wie ich.

Ich kam zu einem Supermarkt und verließ den Schatten seiner Eingangsfront eine halbe Stunde später mit seltsamen Geräuschen in der Magengegend. Ursache? Einen Liter Joghurt gelöffelt, dann einen Liter reinen Orangensaft nachgeschüttet. Was sich in meinem Inneren abspielte, kann man im Experiment zu Hause in der Küche nachmachen („Uiii, wie es flockt, das Joghurt"). Diesem Fehlgriff ließ ich nochmals eine Pause folgen – zur Beruhigung meiner Innereien. Im Schatten einer kleinen Linde zogen die Wolken vorüber. Dann brach ich auf zu den letzten Kilometern nach Lucca.

Die schöne, alte toskanische Stadt – im Hochmittelalter sogar eine der bedeutendsten Städte Europas – verbinde ich weniger mit der damals so erfolgreichen Textilindustrie, als vielmehr mit meiner älteren Schwester. Als sie ins Kloster eintrat, wählte sie zunächst den Namen von Gemma Galgani, deren heiliges Leben sich großteils innerhalb dieser Stadtmauern vollzogen hat. Es war eine gewagte Entscheidung für einen vorwiegend französischen Orden, da so aus dem klangvollen italienischen Gemma, ein weiches französisches „Schemma" wurde, das wiederum ins Umgangs-Italienische übertragen soviel wie „verblödet" bedeutet. Der schöne Ordensname, soviel sei verraten, hat das Noviziat nicht überlebt.

Im Anschluss an meinen Spaziergang durch die Gassen im Abendlicht, schob ich auf den Stufen der Kathedrale Pizza-Ecken in den Mund und studierte die Manöver der kleinen Kinder, die nebenan mit ihren *biciclette* immerzu im

wilden Kreis um den Brunnen fuhren. Hier konnte man, wie ich meine, bereits gut die Grundzüge des späteren Fahrverhaltens im italienischen Straßenverkehr erkennen. „Bedenke Mensch, Staub bist du und zu Staub kehrst du zurück."

Als ich meine Schritte zurück zum günstigen Ostello San Frediano lenkte, stieß ich dort auf meine neuen Zimmergenossen. Musiker, alle vier. Gerald, zweite Geige bei den Wiener Symphonikern, war mit einer dreizylindrischen *Triumph* unterwegs – ein Urlaub, an dessen Ende er auf den Bregenzer Festspielen wieder seine Arbeit beginnen würde. Michele aus Pescara und Gian-Pietro aus L´Aquila hingegen hatten mehr Mühe, von der Musik zu leben. Beide waren hier für eine Bewerbung an einem Theater, auf die, falls erfolgreich, im besten Fall ein saisonales Engagement folgen würde. Und dann war da noch ein echter Sizilianer. Der junge Musikstudent war nach der Silberhochzeit seiner Eltern in Florenz kurz in der Abtei von Vallombrosa eingekehrt. Ob seiner Liebe zu traditionellen Dingen empfahl ich ihm Norcia – die Mönche und das Bier – und eine Wanderung auf der *Via Benedicti*.

So lag ich eine Stunde später mit lauter Virtuosen im leicht stickigen Raum. Aber an Schlaf war nicht zu denken. Denn, trotz des musikalischen Ensembles auf den Betten rundherum, war das Schnarchen nicht symphonisch. Es war eher eine krachende Zwölftonkomposition nach Alban Berg. Wenn ich Schlaf fand, dann nur in kurzen Intervallen.

Tag 424 – 41 km (12522 km): Pilger, Pizza, Brombeerstachel

Heute Morgen brach ich um kurz nach 8.00 Uhr zum Grab der Hl. Gemma auf, nur um auf halbem Weg umzukehren und meine Kopfbedeckung zu suchen. Das orange Tuch hat mich seit der Slowakei auf 11.000 Kilometern begleitet. Damit hatte es vielleicht nicht länger einen ästhetischen, aber doch einen nostalgischen Wert. Aber nun hatte sich der „Buff" irgendwo im Gassengewirr still aus meiner Hosentasche verabschiedet.

Sieben Ecken zurück lag die Kopfbedeckung dann tatsächlich vor mir auf dem Pflaster, „vernudelt" und möglicherweise überfahren. Ein Stöfflein Elend. Aber sie wird mich auch fortan begleiten und mein Haupt vor der Sonne schützen.

Nach Gebeten am Grab der Heiligen und dem Besuch einiger weiterer Kirchen war meine letzte und weniger geistige Station ein Supermarkt am Rand der Stadt. Es wurde halb zehn, bis ich schließlich Lucca verlassen hatte.

Die ersten Kilometer waren angenehm zu gehen, im Schatten großer Bäume entlang eines Flusses. Als ich das Gewässer nach einer halben Stunde über eine Brücke querte, begann der Schotter dem Asphalt zu weichen. Für fast den ganzen Rest des Tages war ich auf geteertem Grund unterwegs.

Ich traf mit zwei Belgiern meine ersten „Pilger" auf der *Via Francigena*. Die Anführungszeichen stehen für den Zufall, durch den sie auf dieser Strecke gelandet waren. Sie wollten nur nach Lucca und waren etwas enttäuscht über die asphaltierte Wegführung in diesem Abschnitt. Für mich ging es hingegen in vielen engen Kurven hinauf und über die Hügel ins nächste Tal, wo ich im Schatten der Bäume am Uferweg meine Mittagspause machte. Diese hätte ich mir besser gespart, denn ein paar Minuten nach meinem neuerlichen Aufbruch streckte mir Miguel seine offenen Arme entgegen. Auch die Tür, aus der er trat, war weit geöffnet und gab den Blick frei in den gemütlichen Raum einer offiziellen Pilgerherberge. Hier saßen Wallfahrer ohne Anführungsstriche gemeinsam mit einer Volontärin aus Regensburg.

Ich trug mich in das Büchlein ein. Meine Pilgernummer seit Saisonbeginn: 73. Während sich um diese Jahreszeit Zehntausende jeden Monat auf dem *Camino* nach Santiago wälzen, war es ruhig auf der alten Straße von England in die Ewige Stadt. Dabei kann ich bislang nichts Negatives sagen. Die reizenden Städte in der Toskana waren mehr als sehenswert und man hatte einiges für die Wege und die Infrastruktur getan. Auch das Gehen in die Gegenrichtung war bislang meist problemlos möglich. Dass es in diesem alten und dicht besiedelten Zivilisationsraum nicht immer einfach war, die Strecke vom Asphalt weg in die Natur zu verlegen, musste man in Kauf nehmen.

Ein gutes Beispiel für eine eigens angelegte Route kam eine kurze Weile nach meiner Pause in der Herberge. Vom Örtchen Montemagno führte ein neuer, befestigter Weg ins Tal, der es erlaubte, einige Kilometer lang die Straße mit all ihren Wochenendausflüglern zu meiden.

Erst gegen Ende des heutigen Tages hatte ich dann erstmals Grund, ein bisschen über die Streckenführung zu maulen. Dass es zwischen Bambusstauden steil über einen Hügel ging, schien noch gerechtfertigt, aber das letzte Stück war eigentlich nur mit einer Machete zu begehen. Brombeerranken, die bei diesem schwülen Wetter wohl stündlich länger wurden, rissen mir die Haut vom Leib. Und sorgenvoll blickte ich immer wieder zurück zum Zelt, das außen auf dem Carrix befestigt war. Ob ich nach dieser Tortur den Sternenhimmel nun auch *durch* das Dach des Zeltes betrachten kann, werde ich in Kürze wissen. Etwas zerkratzt und mit Dornen im Fleisch lief ich so am Abend in Pietrasanta ein – ein Städtchen voll künstlerischem Treiben in den Gassen und Galerien.

In der Casa Diocesana wurde ich aufgenommen und zunächst mit ein paar pilgernden Damen in ein Außenzimmer gesteckt. Dass ich mit den Schwestern morgen um 6.00 Uhr die Messe feiern werde, katapultierte mich allerdings schnell in ein priesterliches Einzelzimmer. Oh, die Kleriker und ihre Privilegien … Ach was! Ein Werk christlicher Barmherzigkeit, so wie ich nach einem verschwitzten Tag rieche, sage ich.

Schmal und lang wie eine Orgelpfeife ist das Fenster meiner kleinen Zelle. Lautes Lachen dringt durch den Spalt herein, von den Gästen mit geistiger

Behinderung, die sich unter der Obhut der zwei Ordensfrauen und ihrer Betreuer sichtlich wohl in ihrem Urlaub fühlen.

Die letzten goldenen Strahlen erreichen noch gerade so den Hang, auf dem das alte Gebäude über dem Städtchen liegt, während sich die Sonne anschickt im Meer zu versinken. Hier sitze ich nun und tippe meinen Bericht. Der Beschreibung der drei Pilgerinnen nach (Maria, Marina, Katja) war mein Ausflug in den Urwald heute nur ein Vorgeschmack auf die morgige Etappe. Die *Via Francigena* liegt in den Händen der einzelnen Wanderclubs und ihrer Sektionen. Nicht alle haben die gleichen Möglichkeiten oder die gleichen Mittel. Und manche pflegen vielleicht auch noch den guten alten Bußgedanken für uns Pilger auf dem Weg.

19. Sonntag – Das Gebet: Rückbindung des österlichen Menschen II

Gebet lässt sich, wie letzten Sonntag versucht, nach seinen Formen unterscheiden. Man kann es natürlich auch nach seiner Absicht unterscheiden.

Hier gibt es erstens das Segensgebet. Im Segensgebet ruft man Gottes Kraft und Segen auf sich und andere herab. Durch Segen werden Menschen und Dinge in den Dienst Gottes gestellt. Sie werden hingeordnet auf Gott als das ewige Ziel.

Zweitens gibt es die Anbetung. In der Anbetung blickt der Mensch ehrfurchtsvoll auf die Größe, Allmacht und Heiligkeit Gottes. Die natürliche Gebetshaltung der Anbetung ist das Knien. Damit drückt man äußerlich die Größe Gottes und die eigene Kleinheit aus. Eine besondere

Form der Anbetung ist die eucharistische Anbetung. Dabei betet man Christus im Sakrament der heiligen Eucharistie an, die in einer Monstranz zur Verehrung ausgesetzt ist.

Dann gibt es drittens das Bittgebet. Im Bittgebet wendet man sich mit seinen Anliegen an Gott. Zwar kennt Gott auch schon vorher die Sehnsucht unseres Herzens, aber das Bittgebet anerkennt Gott als die Quelle alles Guten. Es bereitet daher das Herz für den rechten Empfang und die Nutzung der erbetenen Gabe, schenkt jedoch auch Einsicht und Fügung, wenn Gott etwas anderes als das Erbetene gewährt. Das kostbarste Bittgebet ist das Vaterunser, das uns als Gebet des Herrn selbst überliefert ist. Eine gute Übung ist es, die sieben Bitten dieses Gebets langsamer als gewohnt und mit kurzen Pausen an Gott Vater zu richten.

Gott als Quelle alles Guten steht auch im Mittelpunkt des Dankgebets. Der Dankende versteht sich nicht als jemand, der auf alles einen Anspruch hat, sondern als jemand, der in so vielen Dingen beschenkt worden ist. Aus diesem Grund sind Freude und unbeschwerte Fröhlichkeit Früchte dieses Gebets.

Das Fürbittgebet ist eine besondere Variante des Bittgebets. Im Fürbittgebet wendet man sich in den Anliegen anderer an Gott. Es zeigt die Verbundenheit der ganzen Menschheitsfamilie und ermöglicht dem Christen, nach dem Vorbild seines Herrn, in den Dienst anderer zu treten.

Der Lobpreis schließlich, ist eine sechste Art des Betens. Das Lob besingt Gott um seiner selbst willen – nicht weil er etwas für dieses oder jenes Geschöpf getan hat (siehe Dankgebet), sondern weil er ist. Man stimmt ein in das himmlische Lob der Engel und Heiligen und damit in die immerwährende Liturgie.

Alle diese Arten des Betens haben ihren Platz in unserem Leben. Sie alle erheben das Herz zu Gott.

Tag 425 – 35 km (12557 km): David, Kerstin und Michelangelo

Nägelbeißend stand Michelangelo vor dem Felsblock. Signore Bonatti von der Wollweberzunft wiederholte: „Wir wollen einen David. Den mit der Schleuder." Er hob die buschigen Augenbrauen und deutete mit einem knochigen Finger auf den weißen Marmor. Der Stein war bereits von Agostino di Duccio und

Antonio Rossellino behauen worden. Beide hatten das Handtuch geworfen – Hammer und Meißel gleich hinterher. Michelangelo nahm die Nägel aus dem Mund, inspizierte seine Finger und sagte dann lapidar: „Va bene."

Das Resultat dieses Gesprächs, das sich so – oder so ähnlich – 1501 zugetragen hat, ist bekannt. Es zählt zu den Meisterwerken der Renaissance und zu den beliebtesten Fotomotiven von Florenz. Vor ein paar Tagen hatte ich selbst eine Schleife um die biblische Monumentalstatue und die dort versammelten Touristen gezogen. Heute kam ich in die Gegend, wo der Carrara Marmorblock einst aus dem Berg geschlagen worden war.

* * *

Mein Tag begann mit der Messe samt Predigt für die Schwestern. Auch zwei der Pilger hatten sich eingefunden. Dann brach ich auf und folgte im Tagesverlauf nicht immer streng der *Via Francigena*. Das hatten mir Maria und Marina empfohlen. So schlenderte ich durch kleine Siedlungen, Schrebergärten und Olivenhaine. Zur Rechten dominierten bald die schroffen Gipfel der Apuanischen Alpen, an deren Hängen der besagte Carrara Marmor abgebaut wird. Bereits die Römer hatten damit am Ende ihrer Republik begonnen. Aber erst seit 50 Jahren vermag die Produktion mit der Nachfrage Schritt zu halten. Lange Zeit, ohne entsprechende Maschinen, war es mühsam und aufwendig gewesen, in den schwer zugänglichen Lagen bis in 1300 Meter Seehöhe Bergbau zu betreiben. Heute ist, wie gesagt, von dieser Schwierigkeit nichts mehr zu spüren. In Avenza, wo ich zur Mittagszeit nach vielen Straßenkilometern ankam, steht eine Verarbeitungsstätte und Exportzentrale neben der anderen. Die Sonne stach vom Himmel und die Schwüle drückte.

Gegen 14.00 Uhr pausierte ich im Schatten eines Baumes – eine verkehrs*beruhigende* Maßnahme, wie sich herausstellte. Schließlich wollten die vorbeikommenden Autofahrer es sich nicht nehmen lassen, die seltsame Gestalt im Graben ausgiebig zu betrachten. Man drosselte die Geschwindigkeit, verrenkte sich für Blicke aus dem Fenster und in den Spiegel. Wie ich gesagt habe: es war verkehrs*beruhigend* – nicht zwingend verkehrs*sicher*.

Bald nach meiner Pause kam ich in das nette Städtchen Sarzana. Als ich dort nach einem Gebet die Kathedrale verließ, grüßte mich eine junge deutsche Pilgerin, die gerade die Stufen heraufkam.

Vier Stunden später. Wir saßen immer noch in einem Kaffeehaus. Hatte uns der Kellner am Anfang noch übertrieben – aber natürlich keineswegs ungerechtfertigt – für unsere Schönheit („Ma come siete belli") komplementiert, gab es mittlerweile schon die ersten „auffordernden" Blicke. Dabei hatten Kerstin und ich bis dahin erst die Erlösung, die Messe, das Frauenpriestertum und die katholische Sexualmoral thematisch durchgenommen. Die Münsterländerin hielt bei der Langstreckenkatechese tapfer durch und hatte keineswegs ihre Fragen erschöpft. Deshalb – und weil der mittlerweile eingesetzte Dauerregen

ein Weiterkommen nicht gerade empfahl – folgte eine Pizza und schließlich die Fortsetzung des Gesprächs in der Pilgerunterkunft der Franziskanerpfarrei.

Dort trafen wir zwei pilgernde Holländer und Giovanna, die nach zehn Jahren als Kindergärtnerin beschlossen hatte, sich zu Fuß von Parma auf den Weg zu ihrer Großmutter nach Sizilien zu machen.

Zwischen den Gesprächen und dem feierlichen Ausklang der Blasmusik, die den abendlichen Herz-Jesu-Umzug trotz Gewitter begleitet hatte, wurde es spät, bis das Licht ausging. Ein langer Tag – auch wenn ich, erstmals seit meiner Ankunft in Italien vor einem Monat, unter der Vierzig-Kilometer-Marke geblieben bin.

Tag 426 – 44 km (12601 km): Im Tal der Erinnerung

„Ahhh! Nein!" Ich hörte das Reißen am Stoff und wandte mich sorgenvoll nach meinem Zelt am Carrix um. „So geht das nicht", beschloss ich, und kramte murmelnd in meinem Packsack. Socken? Das könnte gehen. Ich stülpte die Dinger über die verschlissene Zelthülle, um eine weitere schützende Schicht zwischen meine dünne, mobile Behausung und das Dornendickicht zu bringen, durch das ich mich seit einer Weile kämpfte.

„Avez-vous un problème?", kam eine Stimme aus dem Grün. Ich wandte mich erstaunt um und sah weißes Haar im Licht der Morgensonne aus dem Urwald schimmern. Vor mir stand, noch halb verdeckt, Frances aus Frankreich. Die ältere Dame mit der großen Bauchtasche war die andere Seite des Berges hoch gekommen – eine echte Veteranin auf europäischen Pilgerwegen. Sie war zweimal nach Jerusalem gepilgert – einmal von Ephesus (Türkei) aus und einmal von Paris. Unzählige Male war sie in Santiago gewesen und nun zum ersten Mal – nicht aus ihrer Heimat in der Bretagne, dafür abermals von *Notre Dame de Paris* – nach Rom aufgebrochen. Wir tauschten eine Weile Geschichten, dann Informationen zum weiteren Weg und winkten schließlich zum Abschied, als wir in entgegengesetzte Richtungen zwischen dichter Vegetation verschwanden.

Es war die erste Begegnung des Tages, der zwei Stunden zuvor nach einer kurzen Nacht im Schlafsaal der Pfarrei Sankt Franziskus begonnen hatte.

* * *

Als ich die Gassen und engen Zufahrtsstraßen nach Sarzana hinter mir gelassen hatte, stieg ich zur Ruine von Brina auf. Die alten Steine waren nur halb so eindrucksvoll wie die Aussichten auf das Tyrrhenische Meer oder das Brüllen des Esels, der mich etwas vor Pozano interessiert begrüßte.

Dann führte der Weg wieder steil in die Büsche. Das Wasser der gewittrigen Nacht streifte ich mit jedem Schritt auf meine Kleidung ab, bis diese völlig nass und klamm an meinem Körper klebte. Durchblutungsfördernde Dornen komplementierten das morgendliche Pilgerprogramm.

Frances hatte mich vor dem weiteren Weg gewarnt. Er sei steil, rutschig und schlammig. Meine Gedanken wanderten unweigerlich zurück zu den

slowakischen Abenteuern. Ich war vorbereitet auf das Schlimmste und fast ein wenig enttäuscht, dass ich völlig ohne Probleme bis zum nächsten Dorf gelangte – eine Enttäuschung, die schnell verwunden war.

Am Ende des Waldstücks und kurz vor Vecchietto stieß ich dann auf den heiligen Schrein der Fantaflasche – zumindest war das goldene, geformte Wunder aus Polyethylenterephthalat fast das dominanteste Objekt auf dem Altaraufbau. Vielleicht war sie im Gedenken an das 500-Jahr-Jubiläum der Schweizer Garde aufbewahrt worden, die gemäß einer Plakette hier auf ihrem Marsch nach Rom im Jahr 2006 Halt gemacht hatte.

Vechietto selbst hatte einen sehr ursprünglichen Charme bewahrt. In den engen und steilen Gassen aus Betonflicken gab es keinen Autoverkehr, dafür jede Menge Anbauten und Winkel, die bislang in keiner Form für den Tourismus aufgewertet oder verschönert worden waren. Es war eben so, wie es immer gewesen war. Alles ehrlich. Keine Fassaden.

An dieser Stelle nun befolgte ich den Rat von Frances, bog also nicht auf den Fußpfad, sondern blieb auf der kleinen Straße, die über das Örtchen Bibola nach Aulla zur ehemaligen Abtei von San Caprasio führte.

Wie die Gebeine des Mönchs und Gefährten des Hl. Honoratius von der Klosterinsel Lérins (bei Cannes) dort gelandet waren, ist eine eigene Geschichte und Don Giovanni, der Ortspfarrer, erzählte sie mir als er mich zum Mittagessen mit seinen Mitbrüdern einlud.

Zum Abschluss gab er mir Tipps für den weiteren Weg zur Vermeidung von sumpfigen Pisten und begleitete mich persönlich bis zum Rand der Stadt. Aus der Empfehlung wurden 20 Straßenkilometer auf sehr kleinen, dann größeren und verkehrsreicheren Straßen. Die Sonne brannte vom Himmel. Ich eilte von Schatten zu Schatten, während sich im Tal unter mir das grünblaue Wasser der Magra zwischen breiten Schotterbänken schlängelte. Heiß. Schwül.

Nass und verschwitzt kam ich am frühen Abend zum Kapuzinerkloster von Pontremoli. Dort schob gerade ein deutscher Fahrradpilger seinen Packesel durch die Pforte. Padre Aurelio, einer der noch verbliebenen „zweieinhalb" Brüder brachte uns beide in sein Büro für die Stempel und bestand darauf, auch mir – nach 12600 km – endlich einen gültigen Pilgerausweis auszustellen. Eine weitere deutsche Pilgerin lief ein und George aus England händigte dem Kapuzinerpater ebenfalls das Carnet für den Nachweis seiner Stationen aus.

Mit George, schon etwas grau in den Haaren, ging ich im Anschluss in einen Supermarkt. Am Weg durch die verwinkelten Gassen erzählte er vom Grund seiner Reise. Er erklärte, dass er als Kind der 60er aus der Kirche ausgetreten war. Dann folgten Jahre „mit sehr dummen Sachen", wie er es formulierte. Vor zwei Jahren schließlich fand er den Weg zurück. Seine Firmung war an Ostern vor einem Jahr und heuer am 7. Mai war er von Canterbury aufgebrochen. So sollte gleichsam sein innerer Weg auch nach außen sichtbar werden. Ängste, Höhen und Tiefen lagen auf den vielen Kilometern hinter ihm. Körperlich werde es seit einer Weile schwieriger für ihn, meinte er, aber getragen vom Gebet des Heimatpfarrers und der Gemeinde kam er dem Ziel jeden Tag ein bisschen näher. „Coraggio!" (Mut!), sprach ich ihm zu.

Zum Abendessen war ich bei Padre Aurelio eingeladen, der mir von seinen Sorgen über die drohende Schließung des Konvents berichtete. Dabei hätten

die Söhne des Franziskus doch hier eine Mission. 400 Pilger seien seit Jahresbeginn schon durchgekommen. Und während ich im sich verdunkelnden Refektorium nachdenklich am Parmigiano nibbelte und eine überreife Marille in den Mund schob, erzählte der ergraute Mann Gottes von seinen Beichten bei Padre Pio, den Reliquien desselben Heiligen, die hier in der Kirche aufbewahrt wurden, und seiner Reise zu Athenagoras, dem Patriarchen von Konstantinopel, vor mehr als 50 Jahren. „Morgen Früh zeige ich dir das Bild", schloss er, und ich trat hinaus aus der Welt fremder Erinnerungen und kehrte in meinen eigenen Schlafsaal zurück.

Alleine zwischen 20 Betten streckte ich meine Glieder und – rums – sank ich ein, in die viel zu weiche, alte Matratze.

Tag 427 – 38 km (12639 km): Gnade und Niederlage

„Könntest Du meine Beichte hören?", fragte mich einer der Pilger zögernd, als ich gerade im Begriff war, das Kapuzinerkloster zu verlassen.

Als ich wenig später das Beichtzimmer verließ, hatten wir beide viel Freude und eine neue Leichtigkeit gewonnen. Groß ist die Gnade Gottes im Sakrament der Vergebung und groß mein Dank, als schwacher Mensch in diesem wunderbaren Dienst stehen zu dürfen.

Ich verabschiedete mich von Padre Aurelio und folgte seinem Rat für den weiteren Weg. Gegen den inneren Instinkt schritt ich also die *Statale* hinauf zum Passo della Cisa. Seit die Autobahn die Verkehrslawine durch eine Reihe von Tunneln schleust, ist dieses sich windende Band Asphalt glücklicherweise völlig verwaist. Radfahrer waren die Einzigen, die sich neben mir hochquälten oder in waghalsigem Tempo an mir vorbei ins Tal flitzten.

Ein paar Pedalritter, die von der anderen Seite gekommen waren, machten mit mir gemeinsam Rast am Pass. Ihre neugierigen Blicke hatten meine Ankunft – und mehr wohl noch die des Carrix – begleitet. Nichts Ungewöhnliches. Doch als ich Fragen zu meinem Weg beantwortete, überraschte mich einer der Männer im windschlüpfrigen Elastan. Anstatt eines langsamen Nickens, leerer Augen und einem bedachten „Mmm-hmm“ – alles Standardgestik, wenn ich in der Fremde Liechtenstein als Ausgangspunkt der Reise nenne –, gab der Mann aus Ligurien mir ein animiertes „Ahh. Vaduz ... Balzers ... Naafkopf ... 2500 Meter.“ Erstaunlich war, dass er diese Details nicht etwa aus zahllosen Besuchen und Wanderungen im kleinen Ländle kannte, sondern allein aus dem leidenschaftlichen Studium von Atlanten und Karten. Ich blickte ihn mit zusammengekniffenen Augen ungläubig an. War er ein Google-Maps-Cyborg-Prototyp?

Der Passo della Cisa mit seinem kleinen, stimmungsvollen Kirchlein, wo ehemals auch ein Pilgerhospiz stand, ist schon seit dem frühen 8. Jahrhundert Etappenpunkt auf dem Pilgerweg nach Süden. Für das Jahr 718 ist die Reise des Bischofs Moderanno von Rennes über diese Stelle im westlichen Bogen des Apennins belegt. Fast drei Jahrhunderte später, im Jahr 990, kam dann auch Sigerich der Ernste hier vorbei. Sein umfassender Reisebericht über den Weg zwischen Rom und Canterbury (in 79 Etappen) war maßgeblich in der Rekonstruktion der heutigen Route der italienischen *Via Francigena*.

Beim Abstieg begegnete mir ein Holländer, der vor drei Monaten in Amsterdam aufgebrochen war. Nach einem kurzen Plausch über seine sonnenverbrannte Nase hinweg, feuerte ich ihn mit Oranje-Rufen an und stieg selbst weiter Richtung Berceto ab. Dort, im winzigen Städtchen, machte ich eine späte Mittagspause im Schatten der Häuser und besuchte den romanischen Dom. Geweiht war er dem schon erwähnten pilgernden Bischof aus Rennes. Die Legende berichtet, er hätte auf seiner Reise Reliquien des Hl. Remigius von Reims mitgeführt, sie hier jedoch nach seiner Rast im Wald bei Berceto vergessen. Als er dann seine Nachlässigkeit bemerkte, kehrte er augenblicklich um, konnte aber den Ast, auf den er die Tasche mit ihrer kostbaren Fracht gehangen hatte, nicht mehr erreichen, so sehr war der Baum durch ein Wunder in den Himmel gewachsen. Erst, als er versprach, die Reliquien im Ort zu lassen, neigte sich die Pflanze und gab den Schatz wieder frei. Luitprand, König der Langobarden, ließ an dieser Stelle ein Kloster

erbauen, von dem die romanische Kirche als großer Dom für ein kleines Dorf geblieben ist.

Am Nachmittag folgte ich immer weiter der Straße bis Cassio, das entlang einer geomorphologischen Verwerfung mit interessanten Felsformationen lag. Wie das stachelige Rückgrat eines gigantischen, sich windenden Drachen ragten helle Kalkfelszacken aus den dichten, grünen Wäldern. In dem 100-Einwohner-Dorf gab es eine nette Pilgerherberge und so beschloss ich, den Tag früh zu beenden. Nach den langen Abenden mit Gesprächen wollte ich mir die Zeit nehmen, meine Einträge wieder zu aktualisieren und die notdürftig gemachten Tonaufzeichnungen abzutippen.

Das *Ostello,* in dem ich nun sitze, befindet sich in einem ehemaligen Gebäude der staatlichen Straßenmeisterei ANAS. Außen in typischem Weinrot gehalten, atmet es innen einen musealen Charme. Spielzeugeisenbahnelemente, ein altes Kassettenautoradio und Puppenfiguren bilden nur eines der vielen dekorativen Ensembles hier im Haus. Verantwortlich dafür ist Andrea, der nach langen Jahren in Parma nun zurück in die Heimat gekommen war, um seiner alternden Mutter zu helfen. Aber nicht nur für ein liebenswürdiges, wenn auch leicht skurriles Ambiente hatte Andrea gesorgt. Küche und Esszimmer quollen über von Lebensmitteln, die man gegen Spende zu Mahlzeiten verarbeiten konnte.

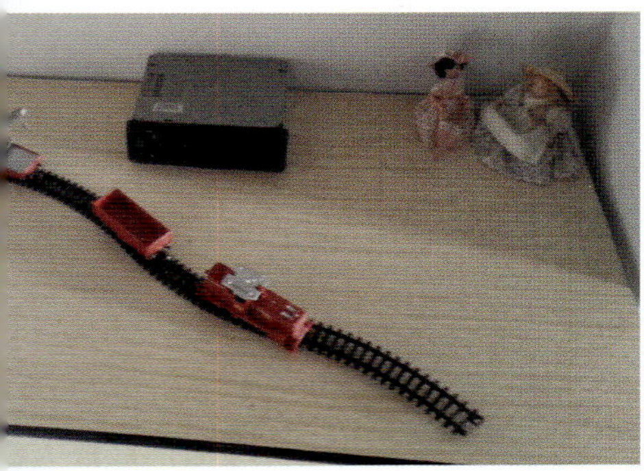

Es ist friedlich hier. Allein genieße ich die Atmosphäre und die Ruhe.

Nachtrag: Eben ist eine Schweizer Familie eingetroffen, die einen Teil des Weges mit Mountainbikes absolviert. Die beiden Töchter versuchen gerade über SMS den aktuellen Spielstand der WM-Partie gegen Argentinien in Erfahrung zu bringen, weil das italienische Fernsehen die Partie nicht überträgt. „Hopp Schwiz!", tönt es aus dem Stockwerk unter mir.

Zweiter Nachtrag: Trauer liegt ausgebreitet über dem Land der Eidgenossen und wenigstens über zwei Zimmern hier in Cassio. Endstand Schweiz – Argentinien 0:1.

Tag 428 – 50 km (12689 km): Franzi und der Fluss

Es gibt wohl kaum einen Lehrer, der nicht seufzend das Kichern seiner Schüler unterbinden muss, wenn er die norditalienische Tiefebene im Geographieunterricht durchnimmt. „Po! Er hat ‚Po' gesagt, *hihi*", platzt dann der Franzi hinten links heraus.

Im vorgerückten Alter, wenn die Faszination für das untere Rumpfende einer gewissen Nüchternheit gewichen ist, blickt man gerade als Pilger nicht kichernd, sondern mit sorgenvollem Ernst auf die flache, dunstige Landschaft der Region. Statt bübischem Lachen ist dort im schwülen Juli nämlich vielmehr der summende Chor der Blutsauger zu hören, der die Luft vibrieren lässt. Ssssss. Doch genau dorthin musste ich heute meine Schritte lenken.

In dem über 800 Meter hoch gelegenen Borgo war ich zu einem kühlen Morgen erwacht. Andrea, der Herbergsvater, kam gerade zur Türe herein, als ich den letzten Bissen meines Frühstücks kaute. Ich verabschiedete mich und bestellte seiner 84-jährigen Mutter liebe Grüße. Dann ging ich zumeist auf der *Statale* talwärts nach Fornovo. Auf die Umwege der eigentlichen *Francigena* verzichtete ich zugunsten meines ohnehin noch weit entfernten Tagesziels.

Nach 18 Kilometern machte ich meine erste Pause (Trinkjoghurt, Ciabatta, Rohschinken, Schokolade, Blutorangensaft) und zog, nach ein paar netten Gesprächen vor dem Supermarkt, auf schmalen Feldwegen durch die letzten auslaufenden Hügel. Besondere Vorkommnisse gab es dabei nicht. Nur bin ich immer noch

unschlüssig, wie es in ein paar Tagen weitergehen soll. Bis Pavia sollte ich mich entscheiden, ob ich direkt nach Norden gehe oder noch eine kleine Schleife ziehe. Es ist seltsam, nach nunmehr 14 Monaten in der Fremde, den online-Routenplaner zu starten und sich eine Reststrecke von weniger als 400 Kilometern nach Triesenberg berechnen zu lassen. Ich bin ein wenig hin- und hergerissen.

Nach fast 50, weitgehend ereignislosen Kilometern in Fidenza angekommen, fand ich Aufnahme im Kapuzinerkonvent. Vor den Toren rund um das Centro San Francesco spielte die Jugend und tollten die Kinder. Es war schön, den Ort so lebendig zu sehen. Ich bezog meine Zelle, zwei Zimmer neben der Hauskapelle.

Der einzige andere Pilger, der hier übernachtet, ist Jan, der am 1. Mai in Holland gestartet ist. 64 Jahre und seit heuer Pensionist, arbeitete er früher als Lehrer für Mathematik und Chemie, bevor er in den Staatsdienst gewechselt hatte. Seine Frau, die ihn vor einer Woche auf dem Weg besucht hatte, meinte, ihr ohnehin schon dünner Mann habe noch weiter an Gewicht verloren. So war es mir eine Freude, das Geheimnis ausgewogener Pilger-Ernährung mit ihm zu teilen und wir löffelten gemeinsam meinen Eimer Pistazieneis. Ein weiterer netter Abend unter Pilgern.

Tag 429 – 58 km (12747 km): Doblo-Mania

Ich war in der Früh mit dem Carrix über Fidenzas Flusssteinstraßenpflaster geholpert, stand vor der Kathedrale und betrachtete die alten romanischen Löwen, die wie dicke Würmer mit einem gebügelten Afro auf vier kleinen

Beinchen aussahen. Es war hier, dass ich zu meinem abschließenden und ausgewogenen Urteil über Fidenza kam: Naja.

So machte ich mich auf nach Piacenza. Auf der *Statale* wären das 37 Kilometer gewesen. Die Richtung, in die ich Fidenza verließ, deutete mir jedoch schon an, dass mein Weg heute bedeutsam länger werden würde. Ich sollte mich nicht täuschen. Bis ich am Abend an die Tür der Jugendherberge am Stadtrand klopfte, lagen 58 Kilometer hinter mir.

Das erste Ziel, welches ich in einem Zickzack zwischen den Feldern erreichte, war die alte Abtei von Chiaravalle della Colomba bei Alseno. Die einst mächtige Zisterzienserabtei war in der Geschichte mehrmals verwüstet worden. Heute hingegen wurde das Leben der Mönche in dem imposanten Backsteinziegelbau nur durch die nahe Autobahn gestört.

In der Klosterkirche konnte ich den aufwendigen Blumenteppich für das Fronleichnamsfest bestaunen. Eine Reihe von Damen war gerade dabei, die Lebensdauer des Kunstwerks mit frischen Blumen zu verlängern.

Draußen vor der Abtei pausierte ich und nahm eine Vormittagsjause zu mir. Das ließ einen amerikanischen Pilger neugierig die Straßenseite wechseln. Wir unterhielten uns eine Weile und setzten dann unsere Wege in unterschiedliche Richtungen fort. Bislang habe ich noch keinen Pilger getroffen, der meinen Weg nach Norden teilt.

Es wurde heißer und diesmal hatte der Weg eine gute Antwort darauf: Flussfurten. Kühle Füße, kühler Kopf. Den Großteil des Tages blieb ich auf kleinen Straßen und Wegen und ließ dabei keine Himmelsrichtung aus. Felder reihten sich in der Ebene aneinander. Rhythmisch klickten die Ablenkhebel der sich drehenden Wasserdüsen. Zwischen den Korridoren grüner Teppiche von Tomatenpflanzen wurde goldener Weizen eingebracht.

15 Kilometer südlich von Piacenza musste ich nochmals für zwei Kilometer auf eine extrem frequentierte Straße. So mancher LKW nötigte mich zu einem Sprung in die Büsche. Weit springen musste ich dafür allerdings nicht. Das Grün wuchs bis weit in die Straße herein.

Weil dann der Pilgerweg einen Bogen nach rechts machte, während ich in einem „linken" Vorort eine Jugendherberge ansteuerte, beschloss ich mir nochmals eine eigene Route zu suchen. Auf angenehmen, kleinen Straßen und Feldwegen erreichte ich die Stadtgrenze und nahm mir ein Einzelzimmer. Dies war eine gute Investition. Die Betten hier reagieren derart geräuschvoll auf den Schläfer, dass in einem Mehrbettzimmer nur der Skrupel- oder Gehörlose Ruhe finden kann.

Tag 430 – 45 km (12792 km): Die Fähr-Affäre

„Nein!", bekräftigte Flusskapitän Danilo. Seine weißen Locken im Nacken zitterten mit Vehemenz. Dabei hatte ich nichts gesagt. Meine bloße Anwesenheit hatte heftiges Kopfschütteln ausgelöst, als er seinen beiden Passagieren am Südufer des Po aus dem Wassertaxi half. „Morgen fahre ich wieder! Heute nicht mehr!", brummte er im Vorbeigehen. Ich fühlte die Notwendigkeit, mich zu erklären. Ich hatte ja nichts anderes gemacht, als den Markierungen zu folgen. Und als vor zehn Kilometern ein Pfeil geradeaus auf den Straßengraben der *Statale* gezeigt hatte und der andere in einsamere Gefilde, war ich selbstverständlich letzterem gefolgt. Es war die offizielle Variante des Wegs, wie mir das GPS versicherte.

Nur als dann etwas später Schilder über ein Fährboot auftauchten und der genauere Blick auf die Karte die Notwendigkeit einer Überfahrt bestätigte, begannen Sorgen in mir zu keimen. Ich ging die letzten Kilometer also mit einer leisen Vorahnung und rüstete mich mental auf das, was schließlich eintreffen sollte: eine verwaiste Ablegestelle. Ein Schild mit Telefonnummer schien mein letzter Strohhalm. Aber bevor ich noch die Nummer fertig eingetippt hatte, sah ich auch schon ein Motorboot über den Fluss kommen – Danilo mit zwei Pilgern. So ein Glück! *Deo Gratias!*

Dann das Kopfschütteln, die Ablehnung und des Fährmanns unwirscher Abgang. In der Tat wäre es heute wohl leichter gewesen, bei Charon eine Kreuzfahrt auf dem Styx zu buchen, als es mit Danilo auf dem Wasserweg über den Po zu schaffen. Bevor er verschwand, erklärte er noch ruppig, es gäbe 15 Kilometer weiter eine Brücke. Die Distanz sei die gleiche und der Endpunkt auch.

Wozu also schmollen? *Deo Gratias?* Ein Blick auf die Karte. Mehr Vorahnungen.

Nur wenige „Linien“ führten in meine Richtung und die dicken, bunten mit all den Autos hatte ich ja meiden wollen. Und waren es wirklich 15 Kilometer? Ich runzelte die Stirn. Sicher nicht. Aber was sollte es? Schließlich hatte ich die ganzen letzten Monate nie um Kilometer gefeilscht. Ich marschierte los und zwar zurück zur *Via Emigliana*.

Als ich sie nach 20 Tageskilometern erreichte – mit ein paar irreführenden Tipps der lokalen Bevölkerung und unter reger Beteiligung der örtlichen Hofhunde – stand ich vor der befürchteten Asphaltschneise und ihrer Verkehrslawine. Zwei Handbreit blieben neben der Begrenzungslinie für armselige Pilger.

Die addierten Schrecksekunden auf den nächsten paar Kilometern hätten für einen schockierenden Kurzfilm gereicht.

Ich war froh, am Ortsanfang von Sarmato auf eine kleine Straße abbiegen zu können. War es auch ein Umweg, so doch eine erheblich sicherere Variante. Auf einem Damm schritt ich nun zwischen den Feldern und dem Fluss.

Mit der Ruhe war es abermals vorbei, als ich zur anvisierten Brücke kam. Kilometer 34 lag nun hinter mir. Hätte mich Danilo trotz fehlender Reservierung über den Fluss gebracht, wäre ich nun schon in Santa Cristina e Bissone eingekehrt. So jedoch hatte ich noch zehn (?) Kilometer vor mir.

Nahtoderlebnisse und ein erster Regenguss waren die Ouvertüre dieses Schlussteils. Ich flüchtete daher bald in ein Netz aus Feldwegen und schob mich langsam Richtung Tagesziel. Mehr Regengüsse. Dann, zwei Kilometer vor dem Ziel, kamen Schranken und ein Schild „Privat! Betreten verboten!!!“ Die drei Rufzeichen waren per Hand und mit allem Nachdruck hingepinselt.

Es gab keine Alternative. Einen Umweg über die gefährliche *Statale* schloss ich aus. Einen kilometerlangen Kreis durch das Labyrinth der Bewässerungskanäle und Reisfelder lehnte ich ab. Ich begann also stattdessen nach dem Besitzer des Gehöfts zu fahnden. Als dramatisch ominöse Kulisse meiner Suche rollte die nächste Gewitterfront heran.

Als ich den Besitzer schließlich fand, fand ich – allen Rufzeichen zum Trotz – auch Gehör und Wohlwollen. Ich durfte passieren und den Weg auf der anderen Seite des Gehöfts fortsetzen.

Doch meine Freude währte kurz. Einen Kilometer weiter erreichten mich die ersten Ausläufer des Unwetters. Schwere, warme Tropfen klatschten in mein Gesicht. Meine Regenjacke war zu diesem Zeitpunkt verschnürt im Packsack des Carrix. Stehen bleiben? Vielleicht würde es nicht schlimm. Ich rannte los, um meinen Vorsprung zu halten. Das Gefährt polterte über die Traktorspuren. Und es wurde nicht schlimm. Es wurde vielmehr *sehr* schlimm. Der Himmel öffnete alle Schleusen, während ich den Bäumen eines Waldes entgegenlief. Kein Schutz. Ich rannte weiter.

Als ich schließlich bei der Pfarrei von Santa Cristina e Bissone ankam, war ich eine triefende Erscheinung. Die Kleidung klebte am Leib. Große Kinderaugen blickten mir nun durch den Zaun entgegen. Das Ferienprogramm der Pfarrei für die Jugend war mit meiner Ankunft um eine Attraktion reicher. „Was bist Du?" fragte ein kleiner Junge. Ein Helfer schob ihn lächelnd beiseite und bat mich ins Trockene. „Deo Gratias!", murmelte ich – aus Herzen diesmal und mit Erleichterung.

Im Großen und Ganzen hatte ich den heutigen Tag – gerade auch in seinen Herausforderungen – gut überstanden. Ich war innerlich meist ruhig geblieben. Und wenn die Sache mit dem Aufopfern – heute in den Anliegen einer Familie von Triesenberg – so funktioniert, wie ich mir das vorstelle, dann wurden in den vergangenen Stunden gewaltige Gnaden frei. Man soll sich also nicht wundern, wenn die Zeitungen in Liechtenstein morgen auf den Titelseiten berichten: *„Eigenartiges Licht über Haus in Walsergemeinde. Zusammenhang mit Jerusalempilger vermutet. Triesenberg (Reuters). Nach den Angaben mehrerer Augenzeugen stiegen in den Abendstunden des gestrigen Tages zwei Dutzend Engel über dem Wohnhaus von Familie x auf und nieder. Auf Nachfrage unseres Reporters bekräftigte Frau Beck, die als Erste das Phänomen von ihrem Küchenfenster aus beobachtet haben soll: „Äns de scho nit!" Im Anschluss an die Erscheinung mehrten sich Berichte über ein Wunder bei Familie x, das durch den Gemeindepolizisten bereits in erster Instanz bestätigt worden sein soll ..."*

Tag 431 – 46 km (12838 km): Reis aus

Ich blickte am frühen Morgen ein letztes Mal zur Kirche von Santa Cristina e Bissone zurück und verlor mich über die nächsten Stunden im Labyrinth lombardischer Reisfelder.

Ein großer Teil der Schleusen und Bewässerungskanäle dieser Gegend geht auf das tatkräftige Wirken der Zisterzienser zurück, die im Mittelalter begonnen hatten, der Lombardei ihr heutiges Gesicht zu geben.

Die flache Landschaft zu meiner Rechten und Linken präsentierte sich in einem frischen, jungen Grün – soweit man diese Farbe zwischen Millionen schwirrenden Moskitoflügeln überhaupt korrekt erkennen konnte.

Nach der ersten Stunde auf dem Weg traf ich Angelo aus dem Piemont. Er hatte die Menschenmassen am *Camino* in Spanien zugunsten der ruhigen Atmosphäre auf der *Via Francigena* zurückgelassen. Hier, so sagte er, gäbe es keinen Wettlauf um die Betten – noch nicht – fügte er hinzu. Ich nickte.

Der Pilgerweg nach Rom war keineswegs überlaufen. Die letzte Woche über hatte ich täglich kaum mehr als eine Handvoll Pilger getroffen. So war es auch heute. Kurz hinter Angelo zogen zwei deutsche Pilgerinnen nach Süden. Dann wurde es wieder einsam auf dem Weg. Die Sonne stieg in den Himmel, eine schwere Schwüle begann zu drücken.

Als ich gegen 13.00 Uhr die alten Straßen von Pavia erreichte, waren die Pflastersteine, über die ich zog, heiß wie Herdplatten. In der flimmernden Luft schleppte ich mich zum Dom, der trotz der Mittagsstunde geöffnet war.

Als ich mit 14 Jahren im Handarbeitsunterricht (aka „Textiles Gestalten") meinen ersten und einzigen Kapuzenpulli schneiderte – mit reichlich wenig Stoffzugabe, wie ich mich erinnere – da meinte meine Lehrerin bei der Durchsicht der innen liegenden Nähte lapidar: „Außen hui, innen pfui!" Der Duomo zu Pavia war nun des exakte Gegenteil. Hier galt „Außen naja, innen Trara!" Denn als ich durch die Pforte der unschönen Ziegelfassade schritt, öffnete sich mir eine weite Welt aus hellem Stein. Nur wenig Schmuck zierte den Raum, aber was beeindruckend war, war die Halle selbst; die eingefasste Größe.

Über dem Altar der südlichen Seitenkapelle ruhen die Gebeine des Hl. Syrus. Fußballern ist er vielleicht durch das Mailänder „San Siro Stadion" (im gleichnamigen Stadtteil) bekannt. Der historische Heilige und erste Bischof von Pavia, der wohl erst im 4. Jahrhundert gelebt hat, wurde in einer späteren Legende mit jenem Knaben identifiziert, der Christus die fünf Brote bei der Brotvermehrung gebracht hatte (Joh 6). Er sei Petrus nach Rom gefolgt, und von ihm zum Bischof geweiht, hierher in die Gegend des Ticino (des Flusses) entsandt worden. Wie auch immer dem gewesen sein mag, sprach ich am Grab ein Gebet für die Bischöfe unserer Zeit und brach dann zum Besuch einer anderen Kirche auf, die wegen der hier üblichen Sperrstunden bis 15.00 Uhr geschlossen blieb: San Pietro del Ciel'dóro.

Der eigenwillige Name des Gotteshauses verrät nicht gleich, dass hier einer der ganz großen Hirten und Theologen begraben liegt: Aurelius Augustinus. Die sterblichen Überreste des ehemaligen Bischofs von Hippo in Nordafrika kamen im Jahr 720 in diese Kirche und sind dort heute von der kunstvoll gemeißelten *Arca di Sant'Agostino* mit Szenen seines Lebens umgeben. In der Krypta der Kirche fand ich unerwartet den Schrein des antiken Philosophen und Märtyrers Boetius. Stille. Gebet.

Als ich am späteren Nachmittag die Stadt über die Brücke verließ, wurde ich einmal mehr gewahr, wie nahe ich nun der Heimat kam. Würde ich hier nach Norden hin abbiegen, wäre ich vielleicht schon in zehn Tagen zurück in Liechtenstein und damit am Ende meiner langen Reise. Ich hielt auf der Brücke neben einer der Granitsäulen, die das Holzdach trug, beugte mich über die Begrenzung und blickte eine Weile in das Wasser, das träge und trüb in kleinen Wirbeln um die Pfeiler und Sandbänke floss.

In den letzten Tagen hatte ich die Entscheidung über den weiteren Weg immer wieder aufgeschoben. Ich war unschlüssig gewesen; noch nicht bereit für ein baldiges Ende des Weges und doch irgendwie ausgelaugt. Oder satt? In den Wochen nach Rom hatte sich – auch wenn es aus den Einträgen vielleicht nicht hervorgeht – eine eigenartige Müdigkeit ausgebreitet. Diese Müdigkeit hatte nicht mein Erleben des Weges oder meine Tage bestimmt, aber ich bemerkte sie nicht zuletzt beim Planen des heutigen Tages. Sollte ich die Certosa di Pavia besuchen? Das großartige religiöse Monument lag neun Kilometer nördlich der Stadt und nicht auf meinem Weg. Vor ein paar Monaten noch wäre ich wohl einfach hin und retour gegangen und hätte dann meinen Weg fortgesetzt, aber nun ließ ich diese Sehenswürdigkeit einfach aus. Vielleicht tue ich es, weil Pavia meiner Heimat so viel näher ist als irgendwelche Klöster im Süden der Türkei. Ich kann sie leicht ein andermal besuchen. Aber im Abwiegen der Frage merkte ich, dass ich schon so viel gesehen hatte – und vielleicht auch genug. Müde. Satt.

Andererseits war der Gedanke, nach 14 Monaten meine Reise nun schon so bald zu beenden, irgendwie nicht greifbar. Da waren noch Dinge, die ich erhoffte; Unerfülltes; mangelnde persönliche Reife; ein fehlender Abschluss. Es schien mir, als brauche ich noch Zeit. Das sind die Gründe, warum ich mich schließlich entschloss, die Brücke über den Ticino zu nehmen und weiter nach Westen zu ziehen. Noch einmal setze ich mir vor der Heimat ein Pilgerziel: Ars in Frankreich soll der letzte Wendepunkt auf meiner Reise werden. In dem kleinen Dorf nördlich von Lyon, wo sich die liebliche Kirche des Jean Marie Vianney aus einem kleinen Haufen Häuser hebt, liegt mit einem gütigen Lächeln der unverweste Leib des heiligen Curé d'Ars in seinem Schrein. Oft schon habe ich dort gebetet und es drängt mich, den Ort wiederzusehen, nun da ich weiß, dass meine Aufgabe nach der Reise in der Ausbildung künftiger Priester liegen wird.

Ich verließ die Brücke und folgte dem Ufer des Flusses und dem Damm. Kinder quietschten vergnügt auf den Schotterbänken. Badegäste sonnten sich neben den kühlen Fluten. Ich wanderte auf kleinen Wegen durch die Auen. Einige Minuten im dichten Unterholz und ich zog mit einer Fülle neuer

Bartbewohner weiter, die vorwiegend aus dem Reich der Spinnentiere kamen.

Nach ein paar Kilometern auf dem nächsten Damm winkte mich jemand an seinen Gartenzaun und drückte mir Pfirsiche in die Hand. Der Besitzer hatte sie eben vom Baum gepflückt. Sie waren noch warm von der Sonne und sie waren süß – unglaublich warm und süß. Ein Feuerwerk im Gaumen.

Den köstlichen Geschmack noch auf der Zunge lief ich in Gropello Cairoli ein. In der Bar des Pfarreizentrums gab es den Schlüssel für die Maisonettewohnung, in der, verteilt auf die Zimmer, Pilgerbetten standen. Francesca aus dem Aostatal war in Richtung Rom unterwegs und hatte sich bereits einquartiert. Ihr Mann, mit dem sie gemeinsam mit den drei Kindern vor ein paar Jahren nach Santiago gepilgert war, besuchte sie an diesem Abend am Weg. Bald saßen wir gemütlich bei einem Bier zusammen und tauschten Geschichten aus.

20. Sonntag – Die Werke des österlichen Menschen

Aus den Gedanken zu den vorausgegangenen Sonntagen ist mit Sicherheit ausreichend deutlich geworden, dass die Werke des österlichen Menschen Werke der Liebe sein müssen. So wie die Liebe Gottes sich zu jedem Menschen hin ausstreckt – auch und gerade weil er ein Sünder ist – darf die Liebe des österlichen Menschen niemanden ausgrenzen. Damit ist nicht gesagt, dass man die Sünde lieben muss, sondern, dass echte Liebe stets das wahre Gut des anderen, auch des Sünders, will, so wie es im Licht der Vernunft und der Offenbarung erkannt werden kann. Die christliche Liebe, die sich selbst ja der Barmherzigkeit Gottes verdankt, kann also nicht blind sein für die Not des anderen.

Der Gläubige ist nun aufgerufen, diese Not zu lindern. Er ist aufgerufen, Almosen zu geben. Die griechische Wurzel des Wortes „Almosen" (ελεημοσύνη – eleemosyne) bedeutet Barmherzigkeit, also die Liebe, die sich zu dem, der in Not ist, herabbeugt. Und während man im heutigen Gebrauch unter Almosen meist mildtätige Gaben versteht, lässt der Begriff in seiner ursprünglichen Bedeutung eine ganze Kategorie von Werken erkennen. Diese „Werke der Barmherzigkeit" werden von Jesus in der Endzeitrede bei Matthäus (Mt 25, 34-46) im dramatischen Kontext des Jüngsten Gerichts aufgelistet. Sie lauten: Hungrige speisen, Durstige tränken, Fremde beherbergen, Nackte bekleiden, Kranke und Gefangene besuchen. In der Tradition wurde ausgehend vom Buch Tobit (Tob 1, 17-20) noch ein siebtes Werk der Barmherzigkeit hinzugefügt: die Toten bestatten.

Zu diesen leiblichen Werken der Barmherzigkeit hat man zudem aus der Schrift noch sieben geistliche Werke der Barmherzigkeit formuliert: die Unwissenden lehren, die Zweifelnden beraten, die Trauernden trösten, die Sünder zurechtweisen, den Beleidigern gern verzeihen, die Lästigen geduldig ertragen und für die Lebenden und Verstorbenen beten.

Die Liebe zum Nächsten erschöpft sich nicht in genau diesen vierzehn Werken. Sie stehen vielmehr exemplarisch für die barmherzige Liebe, die dem Christen aufgetragen ist.

Wenn wir nochmals zur ersten Auflistung der Werke bei Matthäus zurückkehren, dann können wir zum Abschluss dieser Betrachtung eine Besonderheit der christlichen Nächstenliebe herausarbeiten. Dort heißt es in Bezug auf diese Werke: „Amen, ich sage euch: Was ihr für einen meiner geringsten Brüder [nicht] getan habt, das habt ihr mir [nicht] getan.“ Was hier heraussticht, ist die Identifikation Christi mit dem Notleidenden und damit der Imperativ, im Antlitz des anderen das Antlitz Christi zu sehen; die wahre Würde, die dem anderen zukommt, weil er in Christus die Gotteskindschaft erhalten hat oder wenigstens gerufen ist, ein Sohn oder eine Tochter des Allerhöchsten zu werden.

In seinem Nächsten Christus zu erkennen, ist also das Besondere der christlichen Nächstenliebe und bleibende Herausforderung für jene, die sich seine Jünger nennen.

Tag 432 – 49 km (12887 km): Trail Magic

Heute Morgen verließ ich meine Unterkunft und schwamm mehr als ich wanderte, durch die feuchtheiße, stehende Luft der Po-Ebene. Den Stechmücken schien der dicke Dunst nichts auszumachen. Sie umschwärmten mich erbarmungslos und saugten auf jeder ungeschützten Stelle Blut.

Bei einer Pause, in der ich nach meinem Insektenspray kramte, musste ich vergessen haben, einen der Gurte des Carrix wieder zu fixieren. So verabschiedeten sich meine durchgelaufenen roten Sportschuhe (Rasha und Lütfü aus Istanbul) sang- und klanglos irgendwo auf den nächsten Kilometern. Denn als ich mich später in meiner Moskitowolke umwandte, waren sie fort. Ich nickte einen letzten Gruß in die Richtung, aus der ich gekommen war, blies eine Gelse aus dem rechten Nasenloch und setzte meinen Weg zwischen Reis- und Maisfeldern in der konturlosen Landschaft fort.

Sandigen Spuren folgte ich in kleine Dörfer, machte Rast im Schatten einer unbesetzten Tankstelle und legte mich gegen Mittag in den schmalen sonnenlosen Streifen eines alten Backsteingebäudes. Mit seinen eisernen Schleusentoren verteilte es das Wasser in die Kanäle zwischen den Feldern – Brutstätten meiner unbarmherzigen Plagegeister.

Am Abend kam ich nach Palestro, wo ich im alten Torre Merlata eine nette Pilgerherberge fand. Betrieben wurde sie von Paolo und Ambra, einem jungen Ehepaar, das sich trotz aller finanziellen Engpässe in den schwierigen wirtschaftlichen Zeiten entschlossen hatte, die Einrichtung auf Spendenbasis zu betreiben. Als sie vor ein paar Jahren ihr kleines Haus nebenan gekauft hatten, hätten sie noch nicht einmal gewusst, was die *Via Francigena* überhaupt sei, lachte Paolo. Dann hätten sie immer wieder Pilger gesehen und beschlossen, Ihnen ein Dach und Aufnahme zu schenken. Sie wollten bewusst kein Geld verlangen, „damit für uns die Gastfreundschaft nicht zu einem Business wird und wir damit etwas verlieren“, erklärten sie beim gemeinsamen Abendessen. Sie würden sich auch ohne Geld durch die Begegnungen reich belohnt fühlen. Die beiden nahmen sich in den Arm und strahlten. Ich sah zu ihnen hinüber auf die andere Seite des Tisches und nickte. Was für ein liebenswürdiges Paar.

Spät in der Nacht, bevor ich das Licht ausknipste, blickte ich noch einmal durch die nett eingerichtete mittelalterlichen Stube und wusste, warum mir Angelo (ein Pilger) vor ein paar Tagen diesen Ort so herzlich empfohlen hatte.

Tag 433 – 43 km (12930 km): Fünf Freunde

„Liechtenstein. Vaduz“, sagte der kleine Knirps im Juve Shirt ohne Zögern. Ich nickte anerkennend, während sich neben mir Riccardo räusperte und wie in der

Schule die Hand zur Frage hob: „Hast du viele alte Häuser in Jerusalem gesehen? Mit Leuten drinnen?" Ich nickte, schmunzelnd. „Ich komme eigentlich aus Kalabrien", tönte es aus der zweiten Reihe. „Ich auch!", bestätigte ein anderer. Und so wechselte unser Gespräch wieder das Thema.

Es gibt eine wunderbare kindliche Einfachheit, solange man noch nicht zu cool ist, um zu staunen oder einen bärtigen Fremden anzuquatschen. Irgendwann verlieren wir diese Fähigkeit leider und ich frage mich manchmal, ob das wirklich so sein muss. Diese Gedanken brachten mich zurück zu meinen gestrigen Gastgebern und ich meine fast, dass Paolo und Ambra sich ein bisschen etwas von dieser kindlichen Offenheit bewahrt hatten. Das soll ihnen Segen sein.

Als ich heute Morgen den Torre Merlata nach zu kurzem Schlaf verlassen hatte, fand ich mich bald wieder zwischen Reisfeldern und Mückenschwärmen. Ein paar Mal blieb ich stehen, weil ich meinte, im unendlich hoch tönenden „sssssss" ein ganz leises inbrünstiges „sssssangue" zu vernehmen, aber vielleicht täuschte ich mich auch.

Landschaftsbeschreibungen zum heutigen Tag müssen, wie schon gestern, eher spärlich ausfallen. Statt dem blauen Himmel über dem grünen Reis, dominierten

heute allerdings Grautöne am Firmament. Die Temperatur war dafür trotz der Luftfeuchtigkeit über weite Strecken erträglich.

Als sich im Dunst die Silhouetten der Berge begannen abzuzeichnen, überkam mich ein heimeliges Gefühl. Nach all den Monaten fiel mein Blick wieder auf die Gipfel der Alpen – wenn auch vorerst nur schwache Umrisse zu sehen waren.

Am späten Vormittag erreichte ich Vercelli, wo mich zunächst die Andreasbasilika in ihren hochgewölbten Raum einlud. Im Anschluss, beim Rundgang durch den Dom zum Hl. Eusebius, ging ich von Heiligengrab zu Heiligengrab. Hier gäbe es einige Biografien nachzulesen. Überall Diener Gottes, deren Namen ich zum ersten Mal sah. Ein Andachtsbild des seligen Priesters Secondo Pollo nahm ich mir als Erinnerung gleich mit – vielleicht deswegen, weil der Name in seiner wörtlichen Übersetzung „Zweites Huhn" bedeutet. Das machte mich neugierig.

Im Anschluss ging es zurück zwischen die Reisfelder – würdig und recht – galt Vercelli doch als Hauptstadt des weißen Korns. Wie am Vormittag ging es im Zickzack entlang der Kanäle über Feldwege. Asphalt konnte ich fast gänzlich meiden. Wenn etwas von der Weite aussah wie ein fester, dunkler Belag, dann waren es nur die Gelsen, die den Boden bedeckten. „Sssssangue"!

Und so erreichte ich zunächst San Germano mit den besagten fünf Freunden, traf noch einen Fußpilger aus der französischen Schweiz (Frederic, Lausanne), und lief gegen 16.00 Uhr nach etwas mehr als 40 Kilometern in Santhià auf der Piazza Roma ein. Gewitter und Regen waren für die zweite Tageshälfte angekündigt und beides lag schon dunkel in der Luft. Ich bezog die städtische Pilgerherberge – den Schlüssel gab es in einem Immobilienbüro – und ging einkaufen.

Am Ende haben 10 – in Worten: zehn – Meter gefehlt und ich wäre trocken nach Hause gekommen. Wie ein weißer Vorhang ging der Platzregen nieder, kurz bevor ich die Tür erreichte.

Und hier liege ich nun allein und schreibe Tagebuch. Ein Münchner Pilger war eben hier, hat das Quartier inspiziert und gesagt, er wolle noch sehen, ob es eine andere günstige Herberge gäbe. Hatte er vor seinem Abmarsch kurz die Nase gerümpft? Ich kontrollierte meine Socken auf der Leine. Nein, sie stinken nicht. Nicht sehr. Nicht für Pilgerverhältnisse.

Tag 434 – 12 km (12942 km): Regentag, Ruhetag

Nach einer gewittrigen Nacht bin ich heute Morgen in einer Regenpause aufgebrochen. Nur hielt diese nicht lange an. Nach dem ersten Kilometer war ich bereits völlig nass. Und weil ich meinen letzten Ruhetag vor 17 Tagen und mehr als 800 Kilometern in Assisi gehabt hatte, beschloss ich kurzerhand, nach zwei Stunden im Landregen und knapp zwölf Kilometern, im nächsten Ort mit Herberge einzukehren.

Schlaf, Entspannung und Berichte abtippen war das Programm für den verbleibenden Tag. Dass jetzt am Abend wieder die Sonne scheint, stimmt mich zuversichtlich. Vielleicht kann ich morgen gut ausgeschlafen einen besonders frühen Abgang machen. Mal sehen.

Nachtrag, 20.00 Uhr: Gerade eben gingen ein Gewitter und ein gewaltiger Hagelschauer nieder. Ich bin froh, heute nicht mehr weitergegangen zu sein.

Tag 435 – 75 km (13017 km): Der Kindskopf

Das Kind im Manne ist heute mit mir durchgegangen – ziemlich weit sogar. 75 Tageskilometer liegen hinter mir. Ein Grund dafür war mit Sicherheit, dass ich mich, nach dem geruhsamen Tag gestern, an dem ich schon am Nachmittag stundenlang dösend auf der Pritsche gelegen hatte, heute Morgen um kurz nach 4.00 Uhr von der Matratze hob. So war die Sonne noch nicht aufgegangen, als ich das kleine Cavaglià verließ. Im schaukelnden Lichtkegel der Stirnlampe wanderte ich kleine, ausgespülte Feldwege hoch in die ersten Hügel am Rand der Alpen. Die Reisfelder lagen hinter mir; die Stechmückenplage noch nicht ganz.

In den Weinbergen über dem Lago di Viverone wich das schmale zartrosa Band am Horizont dem hellen Glanz der Sonne. Blitzblau strahlte der Himmel über mir. Im Südwesten zeichnete der nahe Alpenbogen bekannte Konturen in die Landschaft – über allem in der Ferne thronend, der „steinerne König" Monte Viso. Nebelfetzen wurden von der nassen Erde weg in die Lüfte gerissen. Dünne Wolken zogen wie weiße Schleier aus den Seitentälern in die Ebene, als die Sonne höher stieg.

Um 9.00 Uhr erreichte ich Ivrea, kaufte ein und setzte mich mit meiner Jause auf den Bordstein am Parkplatz vor dem Laden. Ich kaute mein Mohngebäck – schlecht für das Lächeln – und blickte auf mein GPS. 22 Kilometer zur Hälfte des Morgens? Ein guter Start.

Dann spazierte ich durch die sauberen Straßen der typisch norditalienischen Kleinstadt, über der die mittelalterliche Burg ihre dreieinhalb schlanken Türme in die Höhe schraubte. Ich besuchte die Kathedrale in ihrer unmittelbaren Nachbarschaft.

Vor meinem Abschied blickte ich noch einmal über die Dächer und versuchte mir das Spektakel vorzustellen, mit dem hier alljährlich der Karneval zu Ende geht. Ivrea „zelebriert" eine Orangenschlacht, die den Sturm des Volkes auf die Burg eines mittelalterlichen Tyrannen darstellen soll. Dieser, so die Geschichte, hätte am Hochzeitstag einer schönen Müllerstochter das *ius primae noctis* (Recht der ersten Nacht) eingefordert, und damit letztlich seinen Untergang besiegelt. Der erbarmungslos geführte Kampf mit den Zitrusfrüchten ist wohl um einiges schmerzhafter als die spanische *La Tomatina*. Besuchern wird daher empfohlen, hinter Sicherheitsnetzen zu bleiben oder auf eigene Gefahr wenigstens eine rote Kappe aufzusetzen, welche die Zugehörigkeit zu den „Revolutionären" angibt. Warum man im 19. Jahrhundert von Bohnen und Äpfeln auf Orangen als Geschoße gewechselt hat, die in den Voralpen nicht heimisch sind, ist nicht bekannt. Zwischen 200 und 300 Tonnen an Ernteresten werden nun jedes Jahr aus Sizilien und Süditalien importiert.

Mit einer demonstrativ friedlichen Packung Orangen*saft* im Gepäck brach ich auf und nutzte die angenehmen Temperaturen, um mit schnellem Schritt den Eingang des Aostatals zu erreichen.

Dabei traf ich binnen drei Kilometern zuerst zwei koreanische Pilger, die nach Abenteuern am Jakobsweg dieses Jahr in Canterbury auf den Weg nach Rom gestartet waren; dann Gunter aus Erfurt; und schließlich mit Peter den ersten österreichischen Pilger auf der *Via Francigena*, der gemeinsam mit einer Münchnerin dem fernen Rom entgegenging.

Der klare Himmel des Morgens hatte sich mittlerweile zugezogen und erste Regentropfen fielen, als ich das anfangs breite Tal nach Westen hoch marschierte. Weinberge schmiegten sich auf Steinterrassen an die Hänge, Burgen krönten Hügel, uralte Brückenbögen spannten sich über reißende Gebirgsbäche. Und irgendwann gegen Abend wurde klar, dass dieser Tag – wenn ich es wollte – länger werden würde als meine längste Etappe am *Camino* 1998. Und mit diesen Aussichten übernahm nun das eingangs erwähnte Kind im Manne die Routenplanung. Was war körperlich möglich? Konnte ich mein 20-jähriges „Ich“ überholen? Männer/Kinder und das ewige „Sich-etwas-beweisen-Müssen“.

Ich marschierte weiter, immer weiter, und als ich mich zur abendlichen Jause auf eine Steinmauer setzte, während das Licht der Sonne den Talboden verließ, lagen die 67 Kilometer von damals bereits hinter mir.

Nun begann ich mich im dicht besiedelten Tal nach einem ruhigen Plätzchen umzusehen und entschied mich schließlich, nach knapp 75 Tageskilometern und 1200 Höhenmetern, für den Campingplatz von Saint-Vincent. Die Dusche

war neben mangelnder Alternativen vielleicht das beste Argument für diesen Ort.

Zuletzt bleibt die Frage, was der Körper eigentlich auf einem solchen Gewaltmarsch für sich verlangt. Schon länger einmal wollte ich für die Leser einen Pilgereinkaufszettel zusammenstellen. Warum nicht heute. Also, zum Frühstück gab es Gummibären, eine unbestimmte Zahl übriggebliebener Grissini, dazu Kekse und zwei Snickers. Am Vormittag wurde der Magen mit einem Liter Joghurt, einem Mohnbrötchen und Speck gefüllt. Zu Mittag gab es bescheidene Brötchen mit dem restlichen Fleisch vom Vormittag und zwei Schokoladenriegel. Über den Nachmittag verteilt stillten zwei Äpfel den Hunger, bevor gegen Abend Brot und Kekse nachgeschoben wurden. Und weil man Kalorien natürlich am bequemsten trinkt, schlürfte ich neben Wasser auch noch 1,5 Liter Limonade und 2,5 Liter Cola. Als letzte Mahlzeit des Tages verspeiste ich eine große Pizza Quattro Formaggi und genoss ein Weizenbier. Geschätzt ist man damit jenseits der 8000 kcal Marke. Nur bleibt man damit an einem 15-Stunden-Tag trotzdem auf einem Energiedefizit sitzen. Da könnte jetzt nur mehr ein Eimer Eis helfen … Aber weil ich meine müden Füße schon so schön im Schlafsack ausstrecke, will ich nicht mehr aufstehen und zum Campingkiosk gehen. Stattdessen entschließe ich mich heroisch zu fasten.

Tag 436 – 47 km (13064 km): Die Folgen

Dass ich meinen kindischen Leichtsinn von gestern etwas büßen würde, war mir klar, auch wenn die heutigen 47 Tageskilometer nicht danach aussehen. Doch fast den ganzen Tag fehlte mir die Spritzigkeit – nicht einmal die Cola-Infusionen konnten das beheben. Dazu kamen viele Unterbrechungen, um meinen Weg zu planen oder zu suchen.

Heute Morgen hatte ich bis 7.00 Uhr ausgeschlafen, dann gemütlich gegessen und gepackt und meinen eben erwachten holländischen Zeltnachbarn mein Beileid zum Ausdruck gebracht. Nicht einmal das intensive Zusatz-Coaching der versammelten Oranje-Fangemeinde im gemütlichen Aufenthaltsraum des Campingplatzes hatte am Ende die unglückliche Niederlage im Halbfinale der Fußballweltmeisterschaft aufhalten können. Aber vielleicht musste es auch so kommen. Denn wenn dem Gebet des Papstes (und dem seines Vorgängers im Amt) besondere Kraft zugeschrieben werden kann, dann stand die Finalpaarung „Deutschland : Argentinien" wohl schon eine Weile fest.

Das Aostatal hatte auch nach seinem Knick in den Westen eine Reihe schöner Burgen zu bieten, die ich auf netten Pfaden durch Weinberge passierte. Aber die Hauptstadt der autonomen Provinz selbst wollte einfach nicht näher kommen. Ich stemmte mich gegen den heftigen Gegenwind und fand einfach keinen Rhythmus im Gehen.

Als dann Aosta vor mir auftauchte, lenkte ich meine Schritte zu einem großen Einkaufszentrum und verlor mich fast zwischen den endlosen Regalen. Im Überangebot suchte ich ratlos meine Ware und hätte ohne Kompass, GPS und einen fachmännischen Wanderführer wohl kaum die Abteilung gefunden, in der ich schließlich zwischen zwölf Sorten Couscous wählen konnte. Ich wog die Verpackungen in den Händen und versuchte zu erkennen, worin sich die Kügelchen unterschieden. Ich seufzte müde und deckte mich für die kommenden Bergetappen ein. Dann gammelte ich eine Weile auf dem Parkdeck vor mich hin, stopfte Schokolade in den Mund und hoffte auf neue Energie.

Wolken zogen über die Gipfel. Die Temperaturen waren angenehm. Langsam – ganz langsam – kam ich in die Gänge. Ich passierte St. Pierre, von wo Pilgerin Francesca, die ich vor ein paar Tagen getroffen hatte, aufgebrochen war. Mehr Weinberge. Mehr Burgen. Zu wenig Kraft, mich gebührlich daran zu freuen.

So kam ich am Abend müde nach Arvier und steuerte abermals einen Campingplatz an. Wieder waren meine Nachbarn niederländische Touristen. Man traf sich zu Eis und einem Plausch. Border Collie Cricket wartete unter dem Tisch vergeblich auf den biblischen Krümel. Denn Eis krümelt bekanntlich nicht.

Stärker weht nun der Wind. Er heult in den Pappeln über mir. Wetterleuchten.

Tag 437 – 47 km (13111 km): Le Roi

Hatte ich mich eben noch mit zusammengepressten Lippen und einer gerümpften Nase zwischen der bröckelnden Tunnelfassade und den überdimensionalen Reflektoren durch die schwarze Röhre gekämpft, öffnete sich nun mit dem Blick ins Tal auch mein Mund. Vor mir erhob sich königlich, gerahmt von den dunklen Flanken des Tals, gekrönt von einer kleinen Wolke, der höchste Berg der Alpen. Auf diesen Anblick hatte ich mich seit gestern gefreut, als ich mich

endgültig dazu entschlossen hatte, über den Kleinen Sankt Bernhard nach Frankreich zu pilgern.

* * *

Die Nacht war stürmisch. Zwar lag ich im Windschatten des grünen Zaunes, aber über meinem Kopf rauschte es so gewaltig im Blätterdach, dass ich gelegentlich die Sorge hatte, einer der Bäume könnte sich ungebeten zu mir ins Zelt „legen“. Dauer und Qualität des Schlafes litten unter diesem Zustand und der ungewissen Perspektive. So hob ich mich um halb sieben mit einer gewissen Restmüdigkeit vom Lager.

Es war halb acht, als ich begann, meinen Weg auf der *Statale 26* fortzusetzen. Und an diesem Freitagmorgen war ich erwartungsgemäß nicht der Einzige auf der Straße. Berufs- und Ferienverkehr brausten das Tal hoch und brausten es runter.

Als ich gerade einen der schäumenden Wasserfälle fotografierte, der sich in zahllosen Kaskaden in die Tiefe stürzte, hielt ein weißer Lieferwagen. Im ersten Moment hätte ich den Herrn, der winkend ausstieg, fast gar nicht wiedererkannt. Es war Francescas Ehemann, der letzten Samstag seine Frau in Gropello besucht hatte. Wir unterhielten uns eine Weile und knipsten Beweis-Selfies zur Dokumentation der überraschenden Begegnung.

Das Tal verlor die Weite, die es gestern noch besessen hatte und wurde enger. Burgen und alte Dörfer säumten es immer noch. Die Autobahn, die mit ihrem Lärm dem Aostatal bisher etwas von seinem Reiz genommen hatte, führte nun fast gänzlich durch Tunnel und verschwand aus der Landschaft. An ihre dominante Stelle trat, nach etwa einer Stunde Marsch, das großartige Massiv des Weißen Berges. Wolken warfen Schatten, schärften Konturen, lösten sich auf und verhüllten schließlich mehr und mehr den Berg. Als ich bei meiner Abzweigung zum Passo Piccolo San Bernardo angekommen war, hatte sich der Himmel gänzlich zugezogen. Sporadisch fielen nun schwere Tropfen.

Ich nahm die Straße nach La Thuile und wanderte über der tiefen Schlucht eines tosenden Gletscherbaches hinauf in das Wintersportgebiet, wo ich mich nach 25 Tageskilometern auf eine Bank setzte, die Socken lüftete und meinen Pullover trocknete. Es war kühl und windig, aber hier oben fand die Sonne noch hie und da ein kleines Loch.

Dann ging es die letzten zehn Kilometer hoch zum Pass. An einem klaren Tag hätte man von dort einen schönen Ausblick auf die umliegenden Riesen gehabt, aber als ich oben ankam, war die Landschaft eingehüllt in Wolken. Frischer Schnee lag auf der französischen Seite. Die Grande Nation, das nächste Land meiner Reise, präsentierte sich im dichten Nebel monochrom.

Nach einem kleinen Stück auf der Straße konnte ich auf einen schönen Fahrweg wechseln, der einst wohl die ursprüngliche Route zum Pass gewesen war. Eine schöne gedrungene Brücke und ein Monument legten dies nahe – und die gelbe Muschel auf blauem Grund. Hatte ich gerade erst gestern Nachmittag einen alten Pilgerweg verlassen, war ich nun auf einem anderen angekommen. Zugegeben, man kann heutzutage in Europa keine hundert Meter mehr laufen, ohne auf eine Tafel des Jakobswegs zu stoßen, aber für mich kamen die Pfeile unerwartet und ich fühlte mich im klaustrophoben Nebel etwas weniger einsam.

Etwas später begegnete ich meinen ersten französischen Hirtenhunden. Kein Bellen. Nur Neugierde. Streicheleinheiten. Enchanté!

Die nächste Begegnung war amüsant. Ich war gerade in die dumpfe Stille einer Wolke eingetaucht, da klapperte und dröhnte es plötzlich gefährlich hinter mir. Es dauerte nicht lange, und drei alte Renaults 4 in Rallyefarben rauschten vorbei. Zwei weitere folgten mit Verzögerung und diesmal hatte ich die Kamera bereit. Es war ein bisschen surreal, den letzten gelben Flitzer in der grauen Wand verschwinden zu sehen, während mir die Geräusche für eine Weile erhalten blieben. Poltern. Steine und Felsen, die den Unterboden schrammten. Rufe. Motorheulen. Und für einen Moment tauchte das Gefährt tief unter mir in einer der Serpentinen wieder auf.

Eine halbe Stunde später sah ich einen schönen Zeltplatz und hätte gerne mein Quartier aufgeschlagen. Aber mir fehlte – nach all den Niederschlägen und Quellen dieses Tages – ausgerechnet hier das Wasser. An zwei weiteren Orten musste ich passen. Wo waren die Brunnen? Wo waren all die kleinen Bäche hin? Ich fand schließlich Wasser unweit einer kleinen Kapelle über St. Germain. Neben ihr war der Boden zwar etwas schief, aber es war ein schöner Ort, hunderte Meter über dem Talboden.

Es ist gekocht. Es ist gegessen. Es ist geschrieben. Bonne Nuit!

Tag 438 – 29 km (13140 km): La Froid du Schwein

Winter 1259. Die Komtesse Cécile de Baux stand zwischen den armseligen Häusern von St. Germain und tupfte die Schneeflocken aus ihrer Frisur. Ihren Pagen hatte sie in die Häuser geschickt, um Träger für sie zu finden. Sie musste über den Pass in das Aostatal. Bald war das halbe Dorf um sie versammelt. Kinder zwängten sich vor die kleinen Fenster der Häuser und versuchten zu erkennen, was draußen auf dem Dorfplatz geschah. Die Komtesse räusperte sich und begann: „Oh, ihr herzlich guten Menschen dieses wunderschönen Dorfes …“ Jemand hustete. „Um einem Verstorbenen meiner Familie“, fuhr Cécile unbeirrt fort, „die letzte Ehre zu erweisen, muss ich über den Pass ins Tal von Aost´.“ Die ersten Männer verließen den Dorfplatz. Mehr Husten. Schneeflocken tanzten im kalten Wind. Die Komtesse wusste, dass sie dabei war, die Menge zu verlieren. Ihre Reise stand an der Kippe. Sie atmete tief: „Steuererleichterung. Steuererleichterung für dieses Kleinod der Berge!“, wiederholte sie mit kräftiger Stimme.

Die Komtesse de Baux fand ihre Träger. Und die Einwohner des Dorfes von St. Germain, über dem ich mein Zelt aufgebaut hatte, lebten bis zur französischen Revolution glücklich in ihrer kleinen Steueroase. So ungefähr stand es erklärt auf einer Tafel unweit meines Nachtlagers.

Um 2.00 Uhr morgens begann der Regen arhythmisch von den Ahornzweigen auf mein Zelt herabzutropfen. Das Konzert ohne Takt war für den Schlaf nicht förderlich, aber bis um halb sieben driftete ich immer wieder vom Reich der Bäume in das der Träume. Dann hob ich mich von meinem nächtlichen Lager – allerdings nicht weit – in die Höhe, da ob des anhaltenden Regens das gesamte Packen in Kauerstellung erledigt werden musste.

Als ich meine ersten Schritte machte, hatte sich Nieselregen eingestellt, der im Laufe der Morgenstunden schwächer wurde. Ich folgte kleinen Wegen und Pfaden 500 Höhenmeter ins Tal. In Seez, kurz vor Bourg Saint Maurice, erreichte ich Asphalt und begann wenig später wieder 1200 Meter auf einer kleinen Straße nach oben zu klettern. Gespenstisch und zugleich stimmungsvoll zogen Nebelfetzen durch die Wälder an den steilen, felsigen Hängen über der Schlucht. Dann hüllten mich die grauen Schleier ein. Brrrr. Eine Feuchtigkeit und „Froid du Schwein" (Eigenfranzösisch für „Schweinekälte") wie zu Zeiten der Komtesse. Wassertropfen sammelten sich in meinem Bart und wäre die Sonne herausgekommen, hätte ich geglitzert wie ein Swarovski Kristall. Aber die Sonne kam nicht. Als sich der Nebel lichtete, tat er dies nur, um dem Regen Raum zu geben. Sechs Kilometer vor dem Pass wurde aus dem sanften Niesel- ein herber Landregen. Nass vom Schweiß des Aufstiegs zog ich die Regenjacke über und die Kapuze ins Gesicht. Mit jedem Schritt wurde es schlimmer. Aus Regen wurde Platzregen, wurde Flut. Ich erreichte eine Stunde später die Passhöhe und flüchtete in ein Häuschen für Müllcontainer.

Ich wartete, aß, zitterte. Es wurde nicht besser. Aber hier zu bleiben, war ein Rezept für Hypothermie. Ich blickte aus der Öffnung und sah ein Schild, das nur 600 Meter weiter ein Chalet versprach. Ich biss die Zähne zusammen und rannte los.

Tee dampfte ein paar Minuten später in meinen Händen und der junge Hüttenwirt telefonierte mit einer Unterkunft zwei Kilometer weiter, ob sie an diesem verlängerten Wochenende noch Platz für meine Armseligkeit hätten. Ich hatte Glück und konnte diesen nassen, kalten Tag eine halbe Stunde später beschließen.

Viel von den französischen Alpen habe ich bislang nicht gesehen. Ich hoffe auf Besserung, die laut Auskunft kommen soll – sobald ich die Berge verlassen habe …

21. Sonntag – Die Entwicklung des österlichen Menschen

Das geistliche Leben des österlichen Menschen wächst aus der Gnade, nährt sich durch die Sakramente und entfaltet sich in Werken der Liebe. Die großen Lehrmeister der katholischen Tradition erkennen auf diesem Weg drei Abschnitte, drei Grade der Vollkommenheit: den Weg der Reinigung, den Weg der Erleuchtung und den Weg der Vereinigung mit Gott. Diese drei Wege entsprechen jeweils dem Anfänger, dem Fortgeschrittenen und dem Vollkommenen.

Den Weg der Reinigung betritt der Anfänger, der zwar in der Gnade (Taufe) geheiligt, jedoch noch nicht so frei ist von den Bindungen und Anhänglichkeiten der Sünde, dass er leicht den Versuchungen zu widerstehen vermag. Seine Aufgabe ist eine dreifache: erstens, die Liebe so nähren und stärken, dass sie in den inneren Auseinandersetzungen siegreich bleibt; zweitens, den Willen stärken durch Übung des Gleichmuts, freiwilligen Verzicht (Fasten), freiwillige Übernahme ungeliebter (aber guter) Tätigkeiten und Gleichförmigkeit mit dem Willen Gottes; drittens, die Betrachtung der Hässlichkeit der Sünde, ihrer Folgen, des Todes, des Gerichts, der ewigen Trennung von Gott, um durch diese Betrachtungen eine Abscheu gegen die Sünde zu kultivieren. Die Reinheit des Herzens ist das Ziel dieses Abschnitts.

Im zweiten Abschnitt, auf dem Weg der Erleuchtung, ist die Seele in der Liebe gefestigter. Die Leidenschaften sind gezügelt und die Seele kann nun ihre Kraft auf die Übung der Tugenden und den Fortschritt im geistigen Leben richten. Der Fortgeschrittene bemüht sich, je nach Möglichkeiten und Erfordernissen seines Standes, um Sammlung – oft auch um Stille und Zurückgezogenheit – damit er inniger die Menschwerdung, das Leben und die Passion des Erlösers zu betrachten vermag, zu denen sich seine Seele nun neigt. Befreit von den Ketten der schweren Sünde, erfährt die Seele eine größere Freiheit, Zufriedenheit und Freude an göttlichen Dingen, auch wenn sie vorerst noch zu lässlichen Sünden neigen mag.

Im dritten Abschnitt, auf dem Weg der Vereinigung, ist die Seele häufig zu Gott erhoben. Mit Gott verbindet sie eine Einheit der Liebe und die Erfahrung und Übung dieser Liebe. Solche Seelen haben in allem das übernatürliche Ziel vor Augen und ein tiefes Vertrauen in die Führung aller Dinge durch Gott. Einer solchen Seele wird oft die schauende Betrachtung, Kontemplation, zuteil.

Begleitet werden diese drei Abschnitte an den Übergängen von zwei passiven Läuterungen, die der Kirchenlehrer Johannes vom Kreuz

„Nacht der Sinne" und „Nacht der Seele" nennt. In der Nacht der Sinne zieht Gott seine „fühlbare Gegenwart" zurück, welche die Seele tröstet, damit der Mensch beginnt, Gott zu lieben, nicht weil es der Seele „gut tut", sondern um seiner selbst willen. Diese Läuterung wird als geistige Trockenheit erfahren, durch die der Mensch in Treue, geläuterter Liebe und Beharrlichkeit schreiten muss. Die zweite Nacht ist noch viel dunkler. Durch sie werden der Intellekt und der Wille gereinigt. Der Mensch erfährt ohne die Tröstungen der übernatürlichen Tugenden und des Geistes die schier unüberbrückbare Distanz zur Größe und Heiligkeit Gottes. Das geduldige Ertragen und Erleiden dieses Abgrunds führt die Seele jedoch hinein in eine noch viel tiefere Einheit mit Gott.

Jeder dieser Abschnitte bringt spezielle Versuchungen und Prüfungen mit sich, die Gott zulässt, um die Seele zu einer größeren Vollkommenheit zu führen.

Wichtig ist es jedoch, zu verstehen, dass dieser Aufstieg zu Gott nicht Auserwählten vorbehalten ist, sondern die ganz normale Entwicklung des geistlichen Lebens darstellt, wenn sich die Seele nur großherzig um eine immer größere Vollkommenheit bemüht. Es ist das Drama aller Zeiten, dass viele Seelen schon in den ersten Anfängen aufgeben und ihr geistliches Leben statt zu wachsen immer mehr verkümmert.

Tag 439 – 59 km (13199 km): Unveröffentlichtes

Meinem immensen Forschungsdrang als 7-Jährigem ist es zu verdanken, dass sich sowohl vom Wiesinger- als auch Sagbach, die unweit meines Elternhauses fließen, detaillierte Aufzeichnungen im heimatlichen Dachboden befinden. Sorgfältig kartografiert auf dem Schreibblock einer Versicherungsanstalt – ein kariertes Werbegeschenk im Format A4 – werden die mühsam erworbenen Ergebnisse meiner Expeditionen jedoch bislang von der Wissenschaftsgemeinde kaum beachtet. Dabei schienen mir damals meine graphischen Wasserstandsberichte und die eingezeichneten Flusskrebssichtungen für bessere Prognosen zum Weltklima ein bahnbrechender Beitrag.

An diese meine Bachwanderungen musste ich unweigerlich denken, als ich heute in einem – nun ja – *Bach* wanderte. Es kann natürlich auch sein, dass das Wasser aus Gründen der Bequemlichkeit auf die eigene Infrastruktur verzichtete und lieber den markierten Wanderweg für seinen Sturz zu Tale nutzte, aber mir schien es auf zauberhafte Weise, als hätten hier die französischen Behörden (wie einst ich selbst) auf der Karte einen Bach und keinen Weg markiert – in gelb, wen so was interessiert.

Zwei Stunden zuvor war ich von der Hütte aufgebrochen und hatte mich durch die Nebelwand getastet. Dass es nur nieselte, muss nach dem gestrigen Tag fast gefeiert werden. Dann verließ ich die Straße, um durch den besagten Wanderweg/Bach die langen Serpentinen abzukürzen.

Das Wasser zwischen den Zehen war erfrischend ... für die ersten paar Minuten. Dann war es einfach nur eiskalt. Wasser kam jedoch nicht nur von oben und von unten. Es kam auch von der Seite, wenn es mir die dichte Vegetation hüftabwärts auf die Beine streifte.

Nach der Rückkehr auf das graue Band des Asphalts ging ich weiter bis Beaufort. Motorradfahrer kamen mir in langen Kolonnen entgegen. Ihr Ziel am Pass war wohl ein Rundblick im Nebel.

Meine leise Sorge, an diesem Sonntagmorgen in Beaufort zu verhungern, war unbegründet. Der Sommertourismus, auch bei diesem schlechten Wetter, ließ Lebensmittelgeschäfte öffnen. Ich konnte also mit einer Ladung Fett und Protein (Camembert) meinen Weg fortsetzen. Teils im Urlaubsverkehr, teils auf Radwegen gelangte ich talabwärts bis Queige, wo ich über einen weiteren Pass nach Ugine abstieg.

Ich habe bisher mit blau gestrichelten Linien auf meinen Karten nicht immer Glück gehabt. Die Community des *Open Streetmap* Projektes schien sich nicht immer ganz einig, ob sie damit Radwege oder Wasserleitungen bezeichnen wollte – eine nicht unerhebliche Differenz, auch für Wanderer. Im Tal hinter Ugine war jedoch mit den Markierungen ein Weg für Zweiräder gemeint – Schotterspur für Fußgänger inklusive. Diese komfortable Strecke zwischen Albertville nach Annecy war nichts anderes, als die umfunktionierte Trasse der alten, stillgelegten Bahnlinie und so genoss ich die nächsten 20 Kilometer auf einem hervorragenden Weg.

Am Südufer des Lac d'Annecy angekommen bog ich nach fast 60 Kilometern in ein Dorf mit Campingplätzen ab, suchte den günstigsten und schlug neben

Tim aus England mein Lager auf. Der junge Arzt war für's Paragleiten hierher gekommen und hoffte so wie ich auf besseres Wetter. Kaum war die Hoffnung ausgesprochen, setzte neuerlich starker Regen ein. Wir schüttelten den Kopf, grinsten und verschwanden in unseren Zelten.

Zum heftigen Trommeln hob ich wenig später den Kelch in die Kuppel. Segen im Regen.

Tag 440 – 54 km (13253 km): Schuhverlust zum Dritten

Als es heute Zeit war, aufzustehen, blieb ich liegen. Den Großteil der Nacht hatte es geregnet und gleich nach dem Weckerläuten ging neuerlich ein Schauer nieder. So stapfte ich erst 90 Minuten später über den mittlerweile sumpfigen Rasen des Campingplatzes und kehrte auf den Radweg zurück.

Dort hatten die Franzosen bereits begonnen, ihren Nationalfeiertag sportlich zu begehen. Auf den ersten 20 Kilometern bis Annecy teilte ich mir die Trasse mit Läufern, Gassigehern, Radfahrern, Rollerskatern, Sommerlangläufern und oberkörperfreien Angebern.

Wasser kaufte ich zusammen mit einem Mandelgebäck für haarsträubende 5 Euro beim Kiosk eines weiteren Campingplatzes. Ansonsten waren meine Möglichkeiten an einem 14. Juli beschränkt. Wenigstens bis Annecy. Als ich in der netten Seestadt ankam, tauchte ich auf der Suche nach einem Laden in einem asiatische Touristenstrom unter, aus dem Hände (beinahe wie von Ertrinkenden) in die Höhe gestreckt wurden, um Selfies vor Hausfassaden und Wasserkanälen zu knipsen.

Ich selbst warf dem bestaunten Palais de l'Isle nur einen kurzen Blick zu und besuchte nach meinem Einkauf den Ruheort des wohl berühmtesten Sohnes der Stadt. Franz von Sales hatte zu Beginn des 17. Jahrhunderts hier als Genfer Bischof im Exil gewirkt. Dieser großartige Heilige, Autor der *Philothea* (Anleitung zum frommen Leben), war bekannt für seine überragende Milde und Geduld. Ich hatte also nach so mancher Episode meines Pilgerweges allen Grund, ihn kleinlaut aufzusuchen und um seine Fürsprache zu bitten.

Als ich später seine Basilika am Hügel über der Stadt wieder verließ, ging ein neuer Schauer nieder. Dann, immer mit tiefschwarzen Wolken zur Linken, setzte ich meinen Weg über die Hügel nach Westen fort.

In Étercy machte ich am frühen Nachmittag eine längere Pause, um in einer regenfreien Stunde das Zelt zu trocknen und noch einmal Nahrung nachzuschieben. Coole Jugendliche gaben sich derweil die größte Mühe, mich nicht zu beobachten – wenigstens nicht so auffällig, um damit ihre Coolness zu riskieren.

Den sanften grünen Geländekuppen folgte ich hinunter zum Rand einer Schlucht und wanderte eine Weile entlang der glatten nassen Wände. Wieder tauchte die Muschel des Jakobus als Wegzeichen auf und ich beschloss ihren Strahlen zu folgen.

Ungemein steil, mit nur geringer Abweichung zum Senkrechten, führte alsbald der Pilgerweg in den Wald und in die Berge. Wie Blei hing der Carrix dabei an den Armen. Ich keuchte, schwitzte und schleppte mein Gefährt immer höher. In den Atempausen begann ich mit den Augen sorgenvoll den nächsten Kurven und dem weiteren Verlauf des Weges über mir zu folgen. Konnte die Richtung stimmen? Ein Blick auf die Karte. Dieser Weg war gar nicht eingezeichnet. Ich drehte mich um und blickte die Steigung hinunter, über die ich mich hoch gekämpft hatte. Dann seufzte ich und machte kehrt.

Rhythmisch polterte der Carrix über die Steine und schob mich nach unten. Nach einer Weile hörte ich einen leisen, dumpfen Aufprall hinter mir und schon überholte mich knackend und krachend die Trinkflasche auf ihrem eiligen Weg ins Tal. Hätte ich es nicht geschafft, meine Wasserration auf der ruppigen Piste einzufangen, um sie neu an meinem Vehikel festzuzurren, hätte ich mich wahrscheinlich nie zum Carrix umgedreht. Nun starrte ich auf den offenen Gurt, den ich im Dreck hinter dem Wagen nachzog. Wo waren meine Schuhe? Ich suchte mit ein paar Blicken den Waldweg über mir ab. Nichts. Erst vor wenigen Stunden hatte ich am Grab des Hl. Franz um größere Geduld gebeten, – so gehört sich das ja für fromme Leute – aber wer hatte ernsthaft gedacht, dass der Himmel sie auch gleich prüfen wollte?!

Grummelnd stampfte ich den Berg wieder hoch und hinter jeder Kurve wurde meine Hoffnung enttäuscht. Ich kam bis zu der Stelle, an der ich umgedreht hatte. Auch dort waren sie nicht. Ratlos prüfte ich den Abgrund zu meiner Rechten. Oder hatte ich sie gar bei der Mittagsrast liegen gelassen? Ärger keimte. Ich atmete tief aus. Heiliger Franz! Ich ergab mich und trottete abwärts. Auf einem nassen Stein rutschte ich aus. Verrenkungen. Schmerzen im Oberschenkel. Heiliger Franz!

Ich nahm den Carrix wieder auf und ging resigniert um die nächste Kurve. Und da lagen sie – mit einem Paar Socken und den gelben Regenhüllen, die ich aus Gründen der Praktikabilität oft in die Schuhe hineinstopfe. Erleichtert befestigte ich sie wieder mit dem Gurt und kehrte zur Kreuzung unten im Graben zurück. Dort begann ich nun auf der Straße, der tiefen Schlucht des Fier zu folgen.

Der Weg durch die markante Klus, in welcher der Fluss den jurassischen Kamm durchbrach, war beeindruckend. Die weißen Kalkklippen leuchteten im Licht

der Abendsonne. Gämsen kletterten hoch über mir. Das Wasser, aufgewühlt von den Regenfällen, schimmerte in einem milchigen Grün.

Nach fünf Kilometern spülte mich die sich windende kleine Straße ins Tal der Rhone. Ich kannte die Gegend. Seyssel, der Ort, den ich ansteuerte, war vor 16 Jahren ein Etappenziel auf meinem Jakobsweg gewesen – lange bevor man auch hier begonnen hatte, den Weg auszuschildern. Müde steuerte ich den gleichen Campingplatz wie damals an.

Und hier liege ich nun, während im nahen Dorf die Raketen für den Nationalfeiertag in den Himmel steigen. Und was der feurige Glitter hier draußen nicht erhellt, das erledigt die Straßenlaterne neben meinem Platz. Rund und blassgelb wie ein künstlicher Mond narrt sie Motten und taucht mein Zelt in Licht.

Tag 441 – 50 km (13303 km): Französisch

Meine Tastatur hat nach einem Wassereinbruch einige Eigenheiten gewonnen. Ein „o" wird nun gefolgt von einem Beistrich. „A" wird nur manchmal, dann wieder beim Drücken irgendeiner Taste geschrieben. Auf den Buchstaben „n" kommt die freundliche Nachfrage, ob ich den ganzen Text löschen möchte.

Ich habe versucht, einen Blogeintrag ohne As, Os und Ns zu schreiben. Er wurde kurz – so wie dieser letzte Satz, der übrigens ohne die Problembuchstaben auskommt. Einen vollen Bericht auf dem Handy zu tippen – wie diese Zeilen hier – schaffe ich jedoch nicht. Ich hoffe das Problem legt sich wieder, wenn die Tastatur völlig trocken ist.

* * *

Verzögerter Nachtrag: Ich verließ Seyssel und das Ufer der Rhône auf (noch) verschlafenen Straßen und begann den kräfteraubenden Anstieg auf den Kamm des Grand Colombier. 1100 Höhenmeter waren es auf den Col de la Bichi mit Steigungen bis zu 17%. Nicht grundlos war dieser südliche Bergrücken des Französischen Jura ein beliebter Härtetest für Radfahrer. Beim Blick auf die Karte waren die langen Kehren etwas frustrierend. Hatte man nach der Überschreitung des Bergs 24 schweißtreibende Kilometer zurückgelegt, war man gerade einmal sieben Kilometer Luftlinie vom Ausgangsort entfernt.

Andererseits wäre die Steilheit auf direktem Weg kaum zu bewältigen gewesen. So biss ich auf die Zähne und kroch langsam im großzügigen Zickzack die bewaldete Flanke hoch.

Entschädigt wurde ich für die Strapazen mit dem ersten schönen Wetter seit meiner Ankunft in Frankreich. Der Himmel strahlte in einem tiefen Blau und hinter mir ragte der eisbedeckte Gipfel des Mont Blanc majestätisch aus einem

schmalen Band flauschiger Wolken. Ich hätte den grandiosen Ausblick gerne noch von der Terrasse des Restaurants unter dem Pass genossen, aber wegen des gestrigen Feiertags war es geschlossen.

Ich marschierte also weiter und erreichte das flachere Stück am Rücken des Bergzugs. Goldenes Gras wogte hier in der sanften Brise. In einer kleinen Senke graste eine Herde Fleckvieh sehr entspannt.

Nach einer letzten Steigung und dem eigentlichen Pass führte die Straße in langen Kehren ins nächste Tal. Meine Trinkflaschen waren nun fast leer. Es hatte keine Quellen an den Hängen des Berges gegeben und alle Brunnen, die ich später passierte, hatten Verbotszeichen aufgemalt. „Eau non potable." Die Julisonne brannte auf mein Haupt.

Vor dem nächsten, größeren Ort lag noch ein Pass mit 600 Metern Höhendifferenz. Die 250 Milliliter Flüssigkeit, die mir blieben, waren bei meinem üblichen Bedarf grenzwertig. Die Zunge klebte am Gaumen. Ich nützte jeden Schatten aus und stampfte langsam die Rampen hoch. Bei jeder geschafften Kehre belohnte ich mich mit einem rationierten Schluck Wasser, den ich dann so lange wie möglich kühlend im Mund behielt. Erschöpft erreichte ich so Hauteville-Lompnes und trat durch die Tür in eine eisgekühlte Wunderwelt des Supermarkts.

Ich will zugeben, dass ich mit all den Flaschen, die ich als Beute auf den Parkplatz vor dem Laden schleppte, vielleicht etwas überkompensierte. Aber die ersten 1,5 Liter Volvic Citron verschwanden ohnehin ohne Absetzen in meinem Schlund. Danach setzte ich mich auf einen Randstein und begann einen köstlichen Eimer Eis zu löffeln. Die süße Creme schmolz fast noch sanfter auf meiner Zunge als das französische Label mit seinem *„Avec des morceaux de nougat de Montélimar"*.

Da sprach mich eine Frau an – nicht, wie ich zunächst befürchtet hatte, weil meine Genussorgie für die Augen der anderen Einkäufer unappetitlich war, sondern weil sie mich vor drei Tagen in den Alpen gesehen hatte. Wir plauderten nett und sie korrigierte bereitwillig mein eingerostetes Französisch. Fliegende Ameisen landeten derweil in meinem überdimensionalen Eisbecher.

Im Anschluss an diese Pause trat ich in den Abendstunden die verbleibenden Kilometer auf einer Departementstraße nach Westen an. Ein letzter kleiner Pass brachte meine Laufleistung auf 50 Tageskilometer und 2000 Höhenmeter. Dann bog ich hinter einer Pferdeweide in einen Feldweg ein und fand eine stille Lichtung, wo ich am Rand des Waldes in den letzten Strahlen der Sonne mein Zelt aufbaute.

Nun wirbeln Fledermäuse als schnelle Schatten über die Wiese. Dünne Wolkenbänder spalten den Horizont mit Rissen aus Lava und flüssigem Gold. Grillen zirpen. Ich liebe diese sanfte, wellige Kulturlandschaft Frankreichs mit ihren Steinmauern und Brombeerhecken zwischen irregulären Wiesen. Was für ein großartiges Plätzchen. Abende wie diesen werde ich am Ende meiner Reise vermissen.

Tag 442 – 52 km (13355 km): Loulou

„Loulou!!", brüllte der ältere Herr wütend aus der Tür des Kuhstalls. Aber Loulou hörte nicht. Das heißt, sie hörte es gewiss – sowohl mit dem spitzen als auch mit dem umgeknickten Ohr. Aber die schwarz-weiße Hündin wusste, dass sie etwas ausgefressen hatte. Und während der Besitzer sich einer Reihe von Vokablen bediente, die man im Französischunterricht bewusst vermieden hatte, ergab sich die seltsame Situation, dass Loulou neben mir trabte und mich flehend ansah. Dabei war es ja gerade ihre knurrende Attacke auf mich gewesen, die ihr Herrchen so erregt hatte. „Ja, Loulou, da haben wir den

Wenn es eine ideale Lösung gibt, kann ich sie nicht sehen. Selbst dort, wo Gott und der Mammon nicht um die Seele eines Menschen ringen, ist das Verhältnis von irdischen und geistigen Dingen nicht ohne Spannungen. Um so mehr, schien mir, müssen sich daher die Diener der Kirche bemühen, eine Anspruchslosigkeit zu kultivieren, Verzicht um des Evangeliums willen zu üben und nicht zuletzt den Zölibat mit seiner radikalen Verfügbarkeit für das Gottesreich neu zu schätzen. Klöster waren in der Geschichte immer wieder eine kraftvolle Antwort auf dieses Problem gewesen. Mit ihrer Gütergemeinschaft, Arbeitsteilung und einem neuen Familienbegriff, der sich aus einem gemeinsamen überirdischen Ziel entwickelt, konnten Mönche immer wieder die Altäre zu den Götzen des Mammons zerschlagen. Vielleicht hatten die Mönche der Abtei von Ambronay damals ihr Wirken so begonnen. Vielleicht waren sie einst Künder eines solchen Weges – eines Weges der freilich damals wie heute von Kompromissen und aller menschlichen Schwachheit gezeichnet ist. *Misericordia*.

Tag 443 – 31 km (13386 km): Der Fluch der Städteplaner

Nebel stieg auf über den Wassern, in Brand gesetzt von der goldenen Scheibe im Osten. Die Reiher am Ufer stocherten unbekümmert, als ich mich nochmals umdrehte und die Augen schloss. „Ein bisschen noch …", murmelte ich in meinen Bart und in den Schlafsack.

Es war halb acht, als ich mich vom Lager hob – vorsichtig, um das Kondenswasser nicht von der Plane zu schütteln und mit etwas schlechtem Gewissen.

Denn, so hatte man mir gesagt, heute würde es wieder heiß. Ein früher Start wäre also geboten gewesen.

Ich tröstete mich mit der Kürze der verbleibenden Strecke bis zu meinem Ziel in Ars. Mit diesem kleinen Dorf nördlich von Lyon verbinde ich echte Heimatgefühle. Wie oft ich schon an der Wirkungsstätte des heiligen Pfarrers gewesen bin, kann ich gar nicht mehr sagen, aber jedes Mal war es ein Besuch voll Glück und Gnade.

Nach zwei Stunden auf Wegen zwischen kleinen Seen und Teichen erreichte ich Villars-les-Dombes, wo ich mich verpflegen wollte. Aber wie in vielen französischen Orten war das nicht länger eine leichte Sache. Während sich im Zentrum, aus mir nicht ganz erklärlichen Gründen, ein Frisiersalon an den nächsten reihte, fehlte ein Lebensmittelladen. Für diesen musste man in ein Einkaufszentrum an der Peripherie und das bedeutete einen längeren Umweg hinaus in die „Zone Industrielle“, den ich grummelnd in Angriff nahm.

Als ich gefühlte zwei Stunden später mit ausreichend Flüssigkeit, Gebäck und Trinkjoghurt besänftigt im Schatten des Supermarkts meine Einkäufe auf den Carrix packte, brannte die Sonne bereits mit großer Hitze vom Himmel. Aber ich hatte meine Vorfreude, um den nächsten 20 Kilometern, den „Stich“ zu nehmen. See um See, Teich um Teich, Baumgruppe um Baumgruppe marschierte ich nach Westen bis ich in die letzte, mir bereits bekannte Straße einbog.

Kurz nach dem Ortsschild kam ich zu meiner Unterkunft, dem Foyer Sacerdotal Jean Paul II. wo mich P. Vincent Daniel freundlich in Empfang nahm. Dann zog ich in den Ort. Rundherum waren riesige Wagenburgen. Ein Wohnwagen reihte sich an den nächsten. Wie sich herausstellte war an diesem Wochenende die Wallfahrt des „Fahrenden Volkes“ (*Peuple en voyage*, zu dt: Roma und Sinti) – passend also, dass ich als vagabundierender Priester gerade jetzt hier angekommen war.

Tag 444 und 445 (13386 km): Ruhetage

Zwei Tage nahm ich mir Zeit, im Gebet und bei kleinen Spaziergängen – letzteres klingt vermutlich seltsam bei einem Fußpilger – Luft zu holen. Ich reflektierte meine Reise, prüfte was Bleibend an ihr war und blickte auf die Zeit nach diesem Weg. Ars war der letzte Wendepunkt. Von hier werde ich wieder dem Sonnenaufgang entgegen gehen und den neuen Aufgaben, die auf mich warten.

22. Sonntag – Die Kunst des Sterbens

Christen glauben an ein Leben vor dem Tod. Sie glauben, dass das ewige Leben nicht erst nach dem Tod beginnt, sondern hier auf Erden. Dies geschieht durch die heiligmachende Gnade, durch die der Gläubige schon jetzt Anteil am Leben Gottes hat. Das Leben nach dem Tod ist daher kein Neubeginn, sondern Vollendung.

So, wie sich das Leben über den Tod erstreckt, so könnte man sagen, erstreckt sich auch das Sterben über das Leben. Dies geschieht nicht nur zeichenhaft im Sakrament der Taufe, in welcher der alte Mensch stirbt und der neue Mensch der Gnade aufersteht, sondern auch in der Christusnachfolge allgemein, in der wir gerufen sind unser Leben zu verlieren, um es zu gewinnen (Vgl. Mt 16, 25). Die beste Vorbereitung für den Tod ist damit das rechte Leben, in dem man sich selbst stirbt und für Gott und den Nächsten lebt.

In einer Zeit vor der unsrigen, als der Tod noch Teil des Lebens, war und nicht klinisch isoliert und verdrängt, gab es ein reiches Schrifttum über die Ars bene moriendi (Die Kunst des guten Sterbens). Und weil in den letzten Jahren das Interesse daran neu erwacht ist, will ich hier die Eckpunkte eines frommen Todes aus christlicher Sicht zusammenfassen.

Der erste Eckpungt ist das Wissen, dass den Gläubigen nach dem Tod die Gemeinschaft mit Gott erwartet. Im Tod wird das Leben gewandelt, nicht genommen. In diesem Vertrauen und mit dem festen Willen, jede Unordnung ins Reine zu bringen, soll der Gläubige, wenn es ihm möglich ist, um den Empfang der folgenden Sakramente bitten: Beichte, Krankensalbung und Eucharistie. Sie vermehren die Liebe zu Gott und spenden dem Sterbenden Trost.

Als Zweites muss sich die Seele oft in Versuchungen bewähren. Fünf Anfechtungen sind besonders häufig: Unglauben (wider den Glauben), Verzweiflung (wider die Hoffnung), Ungeduld (wider die Liebe), Selbstzufriedenheit und Hochmut (wider die Demut), das Hängen an irdischen Dingen, die ein Loslassen schwierig machen (wider die Großherzigkeit). In all diesen Anfechtungen hilft es, sich das Leben Jesu und seiner Heiligen vor Augen zu führen und dann bewusste Willensakte des Glaubens, der Hoffnung, der Liebe, der Demut und der Großherzigkeit zu setzen.

Als Drittes kann der Sterbende, wenn es ihm möglich ist, sich nochmals festigen und sieben Fragen bejahen oder ihre Antworten als Akte des Willens und des Glaubens setzen. Erstens, ich glaube aus ganzem Herzen, was die Kirche mir als den wahren Glauben überliefert. Zweitens, ich bekenne, dass ich durch zahllose Sünden gegen Gottes Liebe verstoßen habe, in der er mich aus lauter Güte und Gnade aus Nichts geschaffen hat. Drittens tun mir alle meine Sünden und Unterlassungen leid, und dies nicht nur, weil ich ängstlich dem Tod und meinem Gericht nahe bin, sondern weil ich Schmerz über meine Undankbarkeit gegenüber der Liebe Gottes empfinde. Viertens, würde mir die Möglichkeit geschenkt, meine Sünden zu sühnen, so würde ich es aus ganzem Herzen tun und mit festem Willen jede weitere Sünde aus Liebe zu Gott meiden. Fünftens, will ich all meinen Mitmenschen aus ganzem Herzen vergeben, die mich im Leben gekränkt oder mir Unrecht getan haben. Sechstens, will ich alles, was ich unrechtmäßig erworben habe, zurückerstatten und Sorge tragen, dass dies jetzt oder über den Tod hinaus geschieht. Siebtens, bekenne ich, dass Christus für mich gestorben ist; dass er mich rettet; und dass ich ihm aus ganzem Herzen dankbar dafür bin.

Die Stunde und die Umstände unseres Todes liegen nicht immer in unserer Hand. Der Tod soll uns jedoch nicht unvorbereitet treffen. Darum übe man sich mit Gewinn in der Kunst des Sterbens ein, schon vor dem letzten Gang.

Tag 446 – 29 km (13415 km): Donner, Blitz und Kühe

Die Unterkunft, in der ich liege, hat etwas … schwer zu Beschreibendes. Es lässt sich nicht wirklich an ein paar Dingen oder Adjektiven festmachen. Nicht an dem Rohverputz, nicht an der fleckigen, rosa Matratze aus der Jugendzeit Napoleons, nicht an der ehrlichen Lampenfassung, dem Riss in der Wand oder dem weißen Plastiktisch. Es sind nicht allein die eindrucksvollen Spinnwebschichten, der Käferfriedhof am Fensterbrett, das Schlachthauswaschbecken oder die frommen Ikonen an der Wand. Auch der seltsam süßliche Geruch, der aus dem Abflussrohr steigt, ist lediglich ein kleiner Beitrag. Es ist die Gesamtheit, die Komposition. Und weil ich heute schon zwei Stunden zwischen Abfallsäcken und Sperrmüll eine Gewitterwelle ausgesessen hatte, war die Örtlichkeit, in der ich die Nacht verbringen sollte, tatsächlich so etwas wie ein Upgrade. Ganz ehrlich, ich hatte mir meinen Aufenthalt in der großen Abtei Notre Dame des Dombes (ehemals bewohnt von Trappisten, nun von der charismatischen Bewegung Chemin Neuf) ein bisschen „gewöhnlicher" vorgestellt. Keine Beschwerde. Ich mag es rustikal – gerne auch skurril – und ich bin in jedem Fall dankbar, heute nicht im Freien übernachten zu müssen. Denn seit dem Morgen rollen Gewitter über das Land.

Die allerersten Tropfen fielen, als ich um 6.15 Uhr aus dem Foyer Sacertodal mit Sack und Pack aus der Türe trat. Folglich eilte ich im Regen zur Basilika und setzte durch meine verfrühte Ankunft den Messner unter Druck. Gestresst gab er sich wortkarg und dirigierte mich bloß mit kurzen Handbewegungen, als ich mich für meine letzte Messe in Ars rüstete.

Dann folgte mein Abschied und der Himmel weinte. Das heißt, eigentlich plärrte er ganz hysterisch. Und deshalb machte ich unter dem Dach des

Hotels Regina (dem einzigen im Dorf) nach 500 Metern bereits meine erste Regenpause.

Als das Schlimmste vorüber war, marschierte ich weiter und traf noch in Ars fünf Pilger am Weg von Vézelay nach Assisi – zwei Ehepaare und Hund Gaspard. Der Vierbeiner war nicht der erste Hund, dem ich eine Leidenschaft für das Pilgern bescheinigen konnte, aber der erste, der sein eigenes Gepäck auf dem Rücken trug. Nach einem kurzen Schwätzchen zog ich weiter. Allerdings kam ich nicht weit, bevor die nächste heftige Regenwelle über mich hinweg rollte. Keine drei Kilometer gegangen, war ich schon völlig nass und suchte zwischen Blitz und Donner Zuflucht in einem Strohlager. Ob die Metallkonstruktion im Notfall faradayisch wirken würde, darüber hatte ich meine Zweifel. Nach zehn Minuten Aufenthalt zog ich – dankenswerter Weise ohne Antwort auf diese Frage – weiter. Über mir drehte sich das trübe, graue Auge einer dunklen Wolke. Der Regen hatte aufgehört.

Ich war nur ein paar hundert Meter weit gekommen, da zerriss ein greller Blitz das Firmament. *KRAWOSCH.* Ein Einschlag keine 100 Meter neben mir. Sekunden später: Platzregen. Ich flüchtete die Straße hoch unter den nächsten Dachvorsprung. *KRAAAWOSCH.* Blendendes Licht und der Knall im selben Augenblick. Das war Nachbars Garten. Mehr Regen. Ich presste mich an die Hauswand, eine halbe Stunde lang.

Dann setzte ich meinen Weg fort. Tageskilometer 5 war absolviert und schon steckte ich wieder fest, diesmal im überdachten Hinterhof der Kirche von Villeneuve. Das Eingangslied der Sonntagsmesse war durch die Glasfenster zu hören. Ich selbst rieb mir die Füße, um sie warm zu halten.

Für drei Kilometer ging ich dann regenfrei. Kühe gafften von ihren Weiden und einmal galoppierte eine ganze Herde – nicht sehr grazil – zu mir an den Straßenrand. Das war auch der Moment, als mich die nächste Gewitterfront einholte. Erneut starker Regen.

In einer „Abstellhütte" zwischen einem Boot, einem Grill, verworfenen Möbelstücken, Abfall, Sperrmüll und Kartonagen wartete ich das Gewitter ab. Zwei Stunden lang. Fliegen leisteten mir lästig Gesellschaft.

Kurz wurde mir Nieselregen geschenkt – 30 Minuten lang – bevor neuerlich Starkregen einsetzte, der nicht nachließ, bis ich nach 29 Tageskilometern tropfend in den Klosterladen trat.

Und hier bin ich nun, über dem Gärtnerhäuschen nebenan und starre auf die Zigarettenbrandlöcher im PVC-Boden. *KRAWOOOMOOM.* Der dritte Blitz heute, der in einem 100 Meter Radius von mir eingeschlagen hat. Die Kühe vor meinem winzigen Fenster stehen entsetzt auf ihrer Weide. Da ist kein Hirte, zu dem sie fliehen können – und auch kein Pilger.

Tag 447 – 38 km (13453 km): Die Botschaft

Diesen Eintrag möchte ich bildend mit einer Wortschatzerweiterung für den einen oder anderen Leser beginnen. In Teilen Österreichs und Bayerns wird der Vorgang des starken Regnens als „flessln" bezeichnet. Die Wurzel des Begriffs ist wohl das mittelhochdeutsche „flessen", aus dem sich auch das moderne „fließen" herleitet. Das neue Wort in einem Beispiel angewandt: Heute, beim morgendlichen Blick aus dem Fenster, sah ich, dass es flesselte! Und noch etwas sah ich: eine Kuh, die offensichtlich an Schluckauf litt. Ein – wie ich zugeben muss – nicht unkomisches Schauspiel mit sieben Mägen.

Ich wartete 90 Minuten auf Besserung und wartete vergeblich. Dann spazierte ich raus ins Abenteuer und zog die Türe der Spelunke hinter mir zu.

Zwei Minuten später war ich bereits vom Scheitel bis zur Sohle nass. Hier liegt vielleicht auch schon der einzige Vorteil der Nässe. Sie kennt keine Steigerungsform ... dachte ich zu diesem Zeitpunkt jedenfalls noch. Und während meine Zehen und Füße in den Sandalen langsam begannen zu verschrumpeln, pfiff ich ein kleines Lied:

Es ist super, wenn der Regen von hinten kommt,
Es ist super, wenn er kommt von hinter dir,
Es ist super, wenn der Regen von der Seite kommt,
so super wie ein lauwarmes Bier
Nur wenn er dann von vorne kommt,
dann bist im G'sicht ganz nass!

(Originalvertonung: http://tinyurl.com/o8g95ep)

Ich begegnete bald einem armseligen Feldhasen, der mitten auf der Straße saß. Völlig durchnässt klebte das Fell an seiner Haut. Anstatt wie gewöhnlich hakenschlagend davon zu sprinten, hüpfte er langsam und mit so viel offensichtlichem Widerwillen ins nasse, hohe Gras zurück, dass ich laut lachen musste.

Ich hatte für heute beschlossen, mich nicht unterkriegen zu lassen und zog klitschnass, singend weiter. Bei Kilometer elf wurde der Regen extrem. Als ich wenig später die Gelegenheit bekam, mich in einem Dorf unter einem Dachvorsprung gegen eine Garagenwand zu pressen, machte ich eine Stehpause.

Es war nicht die letzte an diesem Tag. Zweimal retteten mich noch Buswartehäuschen, in denen ich jeweils über eine Stunde pausierte. Mit Abfahrtshocke und Bewegungsübungen versuchte ich meine Gänsehaut zu bekämpfen.

Wegen erster Überschwemmungen im Uferbereich der Ain musste ich am Nachmittag auf eine größere Straße wechseln. Sie war trotz Verkehr angenehm zu begehen, verfügte sie doch über einen breiten Randstreifen. Den Kopf gesenkt, die Wasserfontänen der Autos ignorierend, spulte ich Kilometer bis zum frühen Abend. Werbetafeln für die *Auberge Les Sources* in Cerdon waren jedoch zu verlockend und ich bog vor meiner üblichen Zeit von der Straße ab.

In der Herberge brannte Licht, aber die Tür war verschlossen. Eine Weile starrte ich durch die Scheiben. Nichts. Hier würde ich wohl nicht bleiben können. Ich studierte die Karte auf dem Handy und wunderte mich über die Zoombewegungen wie von Geisterhand. Ein bisschen feucht war die Elektronik ja schon geworden … Dann startete plötzlich ganz von alleine der Musikplayer. *„Don't despair …"*, sang ungefragt, aber passend die Frontfrau von den *Yeah Yeah Yeahs*. Ich musste lachen. Was für eine Botschaft.

Und tatsächlich kam kurz darauf ein junger Herr, der die *Gîte* aufschloss. Das Quartier war günstig. Dafür war das Wasser der Dusche kalt – welch schöne Kongruenz mit dem Tagesgeschehen.

Aber während draußen der Regen immer noch in Eimern vom Himmel fällt, bin ich wenigstens im Trockenen. Ich liege im Bett von Zimmer 7, das ich noch gerade so vor der dicken schwarz-weißen Katze des Hauses für mich reklamiert hatte. „*Don't despair!*" sang ich leise für mich – und den brüskierten Mäusetöter, den ich von der Decke verwiesen hatte.

Tag 448 – 52 km (13505 km): Kein Hut, ein Stock, ein Regenschirm

Am Morgen wanderte ich die kleine Departementsstraße hoch durch die Schlucht bei Cerdon. Weinberge säumten die südlichen Lagen. Auf der anderen Seite schäumte ein tosender Wasserfall.

Oben am Pass bei Ceignes traf meine Straße auf die breite D1084 und ich bekam einen schmalen Seitenstreifen zugewiesen, den ich auf den folgenden Kilometern gegenüber den Lastwagen zu behaupten suchte. In Kurven ging es bergab bis nach Maillat, wo ich ein zweites Frühstück zu mir nahm.

Wenig später konnte ich die Hauptverbindung für eine Weile verlassen und ging auf ruhigeren Wegen, die mit Jakobsmuscheln als Pilgerpfade ausgewiesen waren, Richtung Port. Und hier am Ufer des Lac de Nantua kam mir eine ältere Dame mit Rucksack entgegen, Marie-Madelaine.

Mit lebhaften, leuchtenden Augen erzählte sie von ihrem Abenteuer, während der beharrliche Nieselregen von ihrem schwarzen Regenschirm und meinem grünen Kapuzenrand auf die verwaiste Straße tropfte. Für ein paar Augenblicke war das schlechte Wetter vergessen. Vor zwei Jahren war sie mit ihrem Bruder – einem ihrer zwölf Geschwister – den langen Weg zu Fuß nach Jerusalem gegangen – über den Großen St. Bernhard nach Assisi und Rom und dann bis in den Süden Italiens, um von dort mit dem Boot nach Griechenland überzusetzen.

Eine Handvoll Menschen wandern jedes Jahr nach Jerusalem. Und hier, irgendwo auf einer kleinen Uferstraße in Ostfrankreich, traf ich nun schon die zweite Pilgerin (siehe Tag 426), mit der ich ein Stück des langen Weges geteilt hatte. Es verging eine Weile, bis wir uns herzlich verabschiedeten, ich ihr einen Segen zum Namenstag gab und jeder in seine Richtung ging. Das

Ziel für die fromme Frau war diesmal ein Heiligtum in der Region von Indre; mein eigenes lag irgendwo am Jurakamm.

Nach über 30 Kilometern machte ich Pause unter den hohen Pfeilern der Autobahn, auf der sich weit über dem Tal der Verkehr durch die grauen Wolken wälzte. Ich aß und las, bevor ich nach 90 Minuten für weitere fünf Kilometer auf die N59 zurückkehrte. Dann bog ich bei Montanges in die Hügel ab und landete nach der spektakulären Pont des Pierres, die sich hoch über die Kalkfelsenschlucht der Valserine spannt, in Confort. Der kleine Ort ist die Geburtsstätte der seligen Schwester Rosali (Jeanne Marie Rendu), die im 19. Jahrhundert als Engel der Armen bei den Vinzentinerinnen in Paris wirkte.

Von hier blieb mir noch der neun Kilometer lange Aufstieg (600 Höhenmeter) bis zu einem Wintersportgebiet, von dem aus ich morgen über den Jurakamm steigen will.

Viel war hier oben im Sommer nicht los – und schon gar nicht bei diesem Wetter. Im neuerlich einsetzenden Nieselregen fand ich einen Platz für mein Zelt. Dann blickte ich hinaus in die nasse, graue Welt.

Eben ist eine riesige Nacktschnecke zufrieden über das Fliegengitter meines Zelts geraspelt. Nicht alle haben offensichtlich einen Grund, über das Wetter zu klagen.

Tag 449 – 38 km (13543 km): Vegemite und Boxermatch

Mein heutiges Tagesziel war etwas ungewöhnlich. Ich steuerte sehr bewusst ein Wohnhaus in einem französischen Grenzort an. Das hat eine Vorgeschichte, die irgendwann im Mai begann. Zwischen meinen treuen Spam-Emails über sensationelle Preiseinbrüche bei Potenzprodukten, Warnungen über den Ablauf einzigartiger Angebotsfristen und Hinweise auf fast geheime Finanzdienstleistungen, schrieb mir ein frisch verheiratetes australisches Ehepaar, die auf ihrer eigenen Wallfahrt durch das katholische Europa waren. Über die Google-Suche „catholic, Liechtenstein" (sie haben Freunde im Fürstentum) waren Jacob und Esther irgendwie auf meinem YouTube Kanal gelandet und hatten sich gedacht, dass sie diesen schrägen Priester vielleicht bei ihrem Besuch im Ländle treffen würden. Nun war ich aber, wie Leser hier lesen und daher wissen, gerade nicht im Ländle, sondern mit meinem Carrix auf dem Heimweg von Jerusalem. Das schrieb ich ihnen. Und es sollte geschehen, dass wir uns um einen Tag in Assisi verpassten; dann fehlten 15 Kilometer, als ich in Lucca durchmarschierte; und schließlich war meine fehlende Internetverbindung in Frankreich der Grund, warum wir uns um ein paar Stunden in Ars versäumten. Dazwischen waren wir immer wieder in Kontakt. Im vierten Anlauf nun, visierte ich das Haus an, das sie für zwei Wochen als „house sitter" mit Hund und Katz(en) an der Grenze zur Schweiz für die verreisten Besitzer betreuten.

Der Weg in das fremde Heim führte aus meiner nassen, windigen und nebeligen Lagerstätte zunächst steil auf den ersten Pass des Hohen Jura hinauf. Mit Panorama und Rundblick zum Mont Blanc war es aber nichts. Die eigene Hand vor Augen noch zu sehen, war in der trüben Suppe schon ein besonderes Erlebnis. Daher ließ ich die Gipfel samt Hochwiesen aus und folgte einer einsamen Forststraße, die für 20 Kilometer konstant 300 Meter über dem Tal den Gebirgszug entlang führte. Himbeeren am Wegrand waren der Lohn für mein Durchhalten – und ein Literkübel Eis, den ich mir nach meinem Abstieg im ersten Städtchen gönnte.

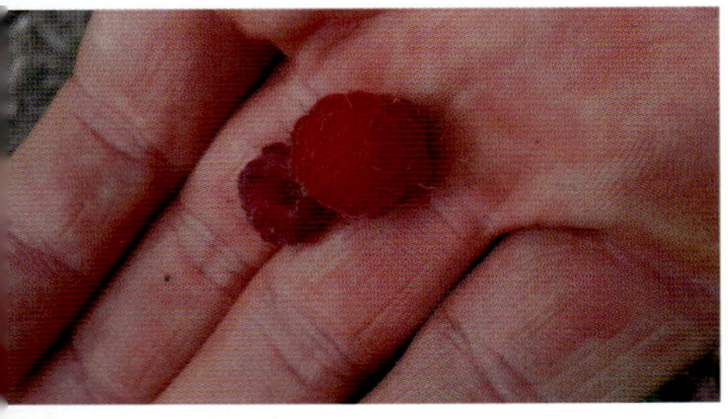

Und als ich da so mit meinem großen Löffel auf einer Mauer vor dem Gebrauchtwagenhändler saß, kam ein kleines Mädchen mit seiner Mutter. Das Mädchen, so ca. 4 Jahre alt, lachte mich an und zupfte ihre Mutter am Ärmel: „Schau *Maman*, der Mann isst ein Eis." Madame *Maman*, drehte sich in die Richtung des ausgestreckten Zeigefingers und einen Moment lang war die Überraschung über das Understatement „der Mann isst ein Eis" sehr deutlich in den Gesichtszügen zu sehen. Schließlich schaufelte ich das Dessert aus einer Familienpackung

Ich traf die beiden später nochmals auf dem Gehweg zwischen den Häusern und mein breites Grinsen wurde mit heftigem Winken von Kinderhänden und dem Lachen von *Maman* erwidert.

Am Nachmittag wurde ich dann von Boxer Zuka, den meine australischen Gastgeber in Abwesenheit der Besitzer betreuen, begrüßt – bellend und nicht ohne Angst und Skepsis! Aber als ich fünfzehn Minuten später frisch geduscht ins Wohnzimmer trat, war es, als sei ich ein anderer Mensch. Das zwei Jahre alte Energiebündel schickte mich mit all seinen freudig platzierten Hundepfotenabdrücken fast noch einmal zurück ins Badezimmer.

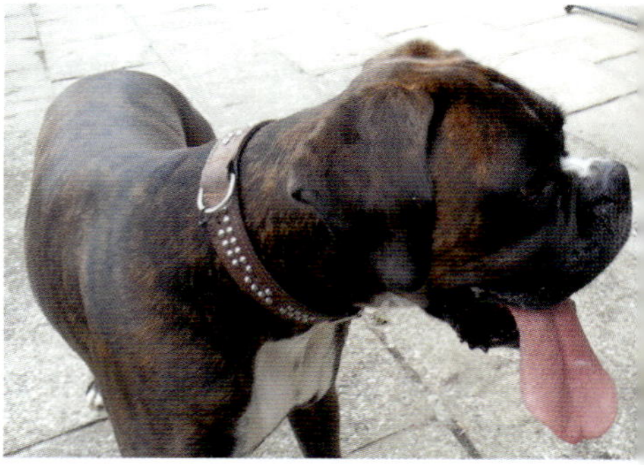

Esther bereitete ein wunderbares Abendessen und schnell verrann die gemeinsame Zeit bei Gesprächen und einem guten Glas Wein.

Tag 450 – 41 km (13584 km): D' Schwiz

Zuka presste sein Gesicht an die Fensterscheibe und verfolgte aufmerksam das heilige Geschehen, das sich just neben seinem Stammplatz im Wohnzimmer vollzog.

„Brav!", lobte ich ihn im Anschluss an die Heilige Messe und versprach dem protestantisch erzogenen Vierbeiner lächelnd einen Platz in der nächsten Prozession. Dieser Vorschlag fand offensichtlich Zustimmung, denn übermütig und ungezogen sprang der zweijährige Rüde nun auf und ab, bis er seine Zunge hechelnd am Boden schleifte.

Mich von meiner netten Herbergsfamilie zu verabschieden, fiel mir nicht ganz so leicht. Später als gewöhnlich war ich deshalb zurück auf meinem Weg.

Kaum 1200 Meter gelaufen, war ich in der Schweiz – ohne Kontrolle, ohne Grüezi, ohne Alphorn, ohne jegliches Zeremoniell. Eine Brücke über den kleinen Bach. Das war's. Fast ein wenig enttäuscht über meinen letzten „großen" Grenzübergang in das 26. Land meines Weges, schlenderte ich vorbei an perfekt gekämmten Gärten und gepflegten Hauseinfahrten. Eine betuchte Pudelbesitzerin lief verzweifelt ihrem eigenwilligen – und etwas boshaften – Vierbeiner hinterher. Die oftmals wiederholte Schelte „Naughty dog!" trug wenig zur erfolgreichen Anleinung bei.

Nach etwa zehn Kilometern stieß ich auf den Schweizer Jakobsweg, dem ich nun bis Einsiedeln folgen werde. Und keine halbe Stunde später saß im Schatten eines Baumes auch schon ein erstes „Rudel" Pilger. Die Patchworkgruppe bestehend aus einem Bündner, einem jungen Aargauer, einem Ehepaar aus Tulln bei Wien und einem Westfalen war schon eine Weile gemeinsam unterwegs. Für die meisten von Ihnen sollte morgen in Genf Schluss sein. Wir tauschten Pilgergeschichten, knipsten Bilder und verabschiedeten uns wieder.

Diese Begegnung sollte nicht die letzte des heutigen Tages sein. Die sprichwörtlichen paar Ecken weiter saßen Jakob und Elias vor dem Einkaufszentrum in Nyon. Jakob zupfte auf einer Zwergerlguitarre während Elias etwas in einem Reiseführer studierte. Rosenkranz und Jakobsmuschel am Rucksack waren Indiz genug, aber ich musste der Sache auf den Grund gehen. „Peregrinos?" sprach ich die beiden an.

„Wir sind schon einen Monat unterwegs", erklärte Elias wenig später. Die beiden Cousins waren vom niederösterreichischen Strengberg aufgebrochen. Ich nickte anerkennend. Jakob hatte den Zivildienst eben abgeschlossen, Elias würde ihn nach der Reise beginnen. „Die erste Woche ist hart gewesen", erinnerte sich Jakob, „aber nun sind die Füße daran gewöhnt. Es geht gut vorwärts." „Nur mit den Quartieren ist es hier in der Schweiz nicht immer einfach. Auch hier am See, wegen dem Festival", fügte Elias hinzu. Auf ihre Frage hin begann dann auch ich ein bisschen von meiner Reise zu erzählen. „15 Monate!", rief Jakob ungläubig. „Und mir kommt ein Monat schon so lange vor."

Zeit auf dem Weg ist etwas Seltsames, dachte ich später, als wir uns nach einer Stunde verabschiedet hatten. Manchmal habe ich das Gefühl, die vorletzte Woche war vor einer Ewigkeit. Manchmal hingegen ist etwas, das schon Monate zurückliegt, so frisch als sei es gestern geschehen. Zwischen Weinfeldern und Villen marschierte ich in Gedanken und Erinnerungen versunken mal mehr, mal weniger am Ufer des Genfer Sees entlang.

Am Abend einen Platz für das Zelt zu finden war nicht leicht zwischen den Premium-Immobilien unweit der Seepromenaden. Ich landete schließlich in einem kleinen Flecken Wald. Ob der Platz hier wirklich gut ist, wird sich erweisen. Regen fällt. Donner grollt. Blätter rascheln. Bäume knarren. Und der Wind trägt den Lärm der nahen Autobahn herüber.

Tag 451 – 47 km (13631 km): Vorsicht!

Nachdem die Gewitter der Nacht Richtung Süden weitergezogen waren, hatte ich angenehm ruhige Stunden in meinem Fleckchen Wald verbracht. Als die Morgensonne durch die Bäume blinzelte begann ich, meine Sachen zusammenzupacken. Nur einmal hielt ich dabei kurz inne. Ein Oktogenarier schlich mit seinen Nordic Walking Stöcken langsam auf einem Pfad an meiner Lagerstätte vorbei. Wenn er mich gesehen hat, dann ließ er es sich nicht anmerken, sondern setzte unbeirrt sein Fitnesstraining auf dem weichen Waldboden fort.

Etwas später folgte ich ihm aus den Bäumen zum Seeufer, über dem ein saphierblauer Himmel strahlte. Auf der anderen Seite des Lac Léman hoben sich die Gipfel der Alpen in die Höhe. Auch der Mont Blanc war zu sehen. Es war bei diesem herrlichen Wetter also kein Wunder, dass sich auf den Fuß- und Radwegen am Ufer bald eine Menge sportlicher Urlauber und Einheimischer tummelte. Auch ein Kölner Pilgerpaar lief mir über den Weg und berichtete die staunenswerte Tatsache, dass sie in den letzten 40 Tagen gerade einmal zwei Regentage gehabt hätten. Ich seufzte ungläubig. All den Regen hatte anscheinend ich gepachtet.

Gegen Mittag erreichte ich Lausanne, wo ich auf einer kleinen Erhebung im Park eine Pause einlegte. Im Schatten der Bäume blickte ich auf das Treiben unter mir, das sich als buntes Band entlang des Weges schlängelte. Läufer, Langsamläufer, Wundläufer, oberkörperfreie Schauläufer und flanierende Touristen aus dem fernen Osten mischten sich unter betuchte Seeuferbewohner an der Leine ihrer selbstbestimmten Hunde und die zahlreichen klingelnden Radfahrer. Die meisten von ihnen genossen die schöne Landschaft mit dem herrlichen Alpenpanorama bewundernd aus den Augenwinkeln heraus. Denn ihre eigentliche Aufmerksamkeit war devot auf das Telefon gerichtet. Dort am Display war die neueste Meldung eiligst mit einem „lol", „rofl" oder „ihkawdbs" zu kommentieren. Die blasse Silhouette des Mont Blanc über dem glitzernden

Wasser im Hintergrund, war stummer Zeuge unserer modernen Welt. Smart phones, dumb people?

Ich ließ die Frage unbeantwortet und machte mich auf nach Nordosten. Am Stadtrand sah ich ein Fachgeschäft für Läufer (New Concept Sports). Ich beschloss, die Gelegenheit zu nutzen und die ramponierten und keineswegs geruchsneutralen Einlagen meiner Schuhe zu wechseln. Sie hatten unter der bisherigen Strecke und der Nässe schwer gelitten.

„Attention! Très dangereux!", warnte ich die freundliche Verkäuferin, als ich behutsam und nicht ohne Schaudern die Innensohle aus dem rechten Schuh heraus zog. Sie verstand und schmunzelte. Ich schmunzelte nicht. Ich meinte es ernst. Die junge Frau verschwand mit den ehemals neongelben Einlagen im hinteren Teil des Ladens. Ich wartete. Hätte sie auch nur einen Moment länger gebraucht, ich wäre hilferufend in das Geschäft nebenan gestürzt. Aber da stand sie wieder mit zwei neuen Einlagen. „Ein Geschenk für den Pilger", erklärte sie freundlich und erkundigte sich nach meinem Weg. Erbaut von dieser ungeschuldeten Freundlichkeit marschierte ich wenig später mit einem Lächeln weiter. Und dieses vermochte auch der grauer werdende Himmel nicht zu trüben.

Bald fand ich mich auf schönen Waldwegen, die über den Bergrücken führten. Erst hier wurde mein Lächeln gelegentlich von Pferdefliegen unterbrochen. Biester.

Ein paar Kilometer weiter kam ich bei einer, für Schweizer Verhältnisse günstigen, Herberge vorbei, die ausdrücklich um Pilger warb. Das Zimmer neben dem Bahnhof war entsprechend einfach, aber mit der Dusche am Gang war alles Notwendige vorhanden. Ohne langes Zögern nahm ich das Quartier.

„Habe ich mich von der Dusche blenden lassen?", fragte ich mich bereits eine halbe Stunde später, als der erste Zug vorbeirasselte, die Wände wackelten und der Boden zitterte. Wir werden sehen. Wir werden sehen. Oder hören.

Tag 452 – 50 km (13681 km): Ratatata, Sssssss, Kikerikieee, Tropf

Die Kombination aus später Nachtruhe, Eisenbahnschienen fünf Meter vor dem Fenster, einem Hahn neben den Gleisen und einer Handvoll Gelsen im Zimmer konnte man gewiss an den dunkelschwarzen Ringen unter meinen Augen ablesen, als um 5.40 Uhr der Wecker läutete. Weiterschlafen? Wollte ich gerne, aber der Hahn ließ mir keine Ruhe mehr. So lag ich wach im Bett. Denn aufbrechen wollte ich vorerst trotzdem nicht. Der Grund dafür fiel vom Himmel. Schon wieder sammelte sich draußen das Wasser in den Pfützen. Ich schmollte, zog die Mundwinkel nach unten und die Decke über den Kopf. *Kikerikieee*.

Missmutig stapfte ich eine Stunde später in den Nieselregen hinaus. Die Müdigkeit war spürbar in den Gliedern, aber ich kämpfte mich weiter Richtung Moudon. Frühstück aus dem Supermarkt. Und während mich die architektonische Leere der reformierten Kirche nicht bewegen konnte, gab es ein verhaltenes Grinsen für eine sehr sportliche Sicherheitsvorkehrung an einem Gebäude öffentlicher Hand. Keine Feuerleitern, sondern Stangen. Hui! Ich sehe die Angestellten in jeder Dienstbesprechung eine weitere Probeübung beantragen – selbstverständlich nur und allein aus Gründen der Sicherheit.

Durch die sattgrünen Hügel begleitete mich den ganzen Vormittag ein hartnäckiger Regen. In Romont, einer netten kleinen Stadt, die eine imposante 800-jährige Kirche ziert, trat ich in das genannte Gotteshaus und verweilte im Gebet. Hier war es auch, auf einer Stufe des überdachten Eingangs, dass ich meine erste Essenspause machte. Es war feucht und kühl und meine kalten Füße, die seit dem Morgen in den Sandalen steckten, schrumpelten im ausgetretenen Fußbett.

Nach einer weiteren halben Stunde und dem Mittagsgebet im Kloster zu Füßen des Orts, passierte ich ein paar kleine Weiler, bis ich mit einem seltsamen Gefühl begann, meine Umgebung aufmerksamer zu betrachten. Dieser Ort war mir vertraut. Der Bach; die gebogene Baumreihe, die ihn säumte; das Fußballfeld; das kleine Häuschen mit seiner offenen, überdachten Sitzecke. Genau hier war ich vor 16 Jahren auf dem Weg nach Santiago durchgekommen. Und im offenen Bereich der Hütte hatte ich als mittelloser Pilger die Nacht verbracht. Nostalgie.

Kurz darauf kam mir eine Gestalt entgegen. Die große, regendicht verpackte Last auf dem Rücken und der leicht humpelnde Gang wiesen den älteren Herrn als Pilger aus. Sein schneeweißer Bart und das silberne, gelockte Haar hätten ihn in jedem Nikolaus-Casting mühelos „eine Runde weiter" gebracht. Vor mir stand Fritz aus Hinterbrühl. Der erste Schritt nach seiner Pensionierung war einer in Richtung Compostela gewesen. 1100 Kilometer lagen nun schon hinter ihm und der Gang verriet, dass der Weg für die Füße nicht immer beschwerdefrei gewesen war. Erst nachdem er die kleinen Zehen an ihre Nachbarn „ge-taped" hatte, war es besser geworden, berichtete er, bevor ihn sein Zeitplan zum Weitergehen drängte.

Als ich mich wenig später nochmals umdrehte, sah ich Fritz hinter der Kurve verschwinden. Und ich sah Blau am Horizont – Blau, das bei der vorherrschenden Windrichtung unterwegs zu mir war. So beschloss ich, anstatt dem letzten Wolkensaum mit seinem Regen hinterherzulaufen, auf dem wackeligen Bänklein unter dem Dach eines geschlossenen Ladens auf das Schönwetter zu warten. Und es kam. Wie herrlich waren die wärmenden Strahlen.

Bei Sonnenschein ging es nun durch tiefe, steile Gräben bis zur Abtei von Hauterive. Das Kloster liegt etwas abseits der offiziellen *Via Jacobi*, aber es ist einen Umweg wert – für mich umso mehr, da ich mich, zu Beginn des philosophischen Abschnitts meines Studiums, mit den geometrischen Beweisen des griechischen Mathematikers Euklid herumgeschlagen habe. Seine Beweise und Herleitungen sind hier in den Ornamenten des klösterlichen Kreuzgangs „versteinert" festgehalten. *Quod erat demonstrandum.* Oder besser noch: ὅπερ ἔδει δεῖξαι.

Von hier ging es die letzten Kilometer nach Fribourg. Die nette Kantonsstadt liegt auf der Sprachgrenze und wer hier die große Brücke über die Schlucht der Saane nimmt, sieht den nahtlosen Wechsel vom Französischen ins Deutsche. Schmolz die Zunge eben noch beim Lesen der Ortsnamen, zeigten nun Pfeile Richtung „Düdingen." Und recht viel „deutscher" lässt sich ein Ort eigentlich kaum benennen.

Mein Weg führte allerdings nicht nach Düdingen, sondern Richtung Sankt Antoni, wo ich auf einem Hügel einen Zeltplatz fand.

Gewitterwolken türmen sich nun abermals am Himmel. „Eichen sollst du weichen!" klingt mir die alte Volksweisheit im Ohr. Ich liege neben einer – und einer, die ganz offensichtlich vor nicht allzu langer Zeit tatsächlich von einem Blitz getroffen worden war. Der halbe Baum liegt zersägt und geschichtet in einem Stapel nebenan. Aber man sagt ja auch, dass ein Blitz nie zweimal die selbe Stelle trifft – wenigstens nicht oft.

23. Sonntag – Die Vollendung

Die Vollendung des österlichen Menschen ist das ewige Sein bei Gott. Es ist in das biblische Bild eines himmlischen Mahls gefasst. Allerdings ist dieses Mahl nicht Ausdruck sinnlicher Freuden, sondern als Hochzeitsmahl ein Bild für innige Gemeinschaft. Die menschliche Seele trifft im Himmel auf ihren Geliebten, auf ihren himmlischen Bräutigam. Das christliche Bild vom himmlischen Mahl ist also in Wirklichkeit ein Bild inniger Vereinigung. Es geht im Himmel um die vollkommene Gemeinschaft mit Gott; um eine Gemeinschaft, die in einem kontemplativen, schauenden, geistigen Akt wurzelt, den man visio beatifica (Selige Schau, Gottesschau) nennt und um die vollkommene Liebe, die daraus erwächst. Im Himmel wird man Gott erkennen und alles andere in Gott erkennen. Der „Himmel" ist also zunächst etwas Geistiges.

Allerdings sieht der Christ nicht, wie die Jünger Platons, die Welt und den Körper als Unglück und Gefängnis der Seele. Das christliche Verständnis der Welt als Schöpfung ist ein positives. Nicht zuletzt wird dieser Unterschied zum Platonismus deutlich in der leiblichen Auferstehung Jesu. Sie trägt im Keim eine kosmische Dimension in sich. Auch andere Aspekte der geschaffenen Wirklichkeit, wie unser Leib, werden verwandelt Anteil erhalten an der Ewigkeit. Es ist gewiss nicht einfach, sich das vorzustellen, ist unser Leib doch in seinen Funktionen auf den irdischen Nutzen hin optimiert und begrenzt. Daher hilft uns vielleicht das paulinische Bild vom Samenkorn, das stirbt und der neuen Gestalt, die daraus wächst (1 Kor 15, 35-50). Doch der Leib, der in diesem Leben Anteil am Guten und Schlechten hatte – so der christliche Glaube – wird in verwandelter Form und Gestalt Anteil haben an unserem künftigen Los.

Als Drittes sei hinzugefügt: Der Himmel ist kein individuelles „Schicksal." Der Einzelne wird nicht ausgelöscht im Unendlichen Gottes. Auch ist die Gottesschau kein solitärer Akt. Vielmehr wird der Himmel beschrieben als kosmische Liturgie. Die zentrale Figur? Das Lamm, das geschlachtet ist, in dessen Blut all jene reingewaschen sind, die nun Gott loben, preisen, und ihm Räucherwerk darbringen. Ein neuer Himmel, eine neue Erde, ein neues Jerusalem (Offb 21, 1-2) – es sind eindrucksvolle Bilder für die kosmische Dimension der Verwandlung, in der alles durch das Lamm (Christus) im Geist auf den himmlischen Vater hin geordnet ist, auf dass Gott sei alles in allen (1 Kor 15, 28).

Darin liegt also die Vollendung, das Ziel der Schöpfung. Darauf richtet sich die im Fall verlorene und in der Erlösung neu begründete Hoffnung, die Sehnsucht und das ganze Streben der menschlichen Existenz.

Tag 453 – 47 km (13728 km): Der alte Feind

Die großen Gewitter waren ausgeblieben. Das bedeutet nicht, dass die Nacht störungsfrei verlaufen war. Ein Heer ambitionierter Nacktschnecken hatte sich die ganze Zeit über an der Erstbesteigung meiner Zeltkuppel versucht. Das deutlich hörbare Raspeln der schleimigen Schatten auf meiner Behausung hatte immer wieder schüttelnde Abwehrmaßnahmen nach sich gezogen. Aber damit sollte mir kein dauerhafter Erfolg beschieden sein. Als ich am Morgen mein Zelt zusammenrollte, tat ich dies nicht ohne einen gewissen Ekel, ob der vielen glitzernden Spuren. Dazu muss der Leser wissen, dass mein Verhältnis zu Nacktschnecken emotional belastet ist – wegen meiner Lilien im Garten. Ohne in dieser Frage eine Kollektivschuld verhängen zu wollen, habe ich doch meine Ressentiments gegenüber der Gattung nie ganz überwunden.

Zum Ekel mischte sich ein bisschen Frust über das Wetter. Der Himmel über mir war zweigeteilt. Vor mir dunkle Wolken, hinter mir ein blauer Streifen. Wobei Letzterer schnell schmäler wurde. Schon wieder Regen? Es sollte anders kommen. Kaum war es zugezogen, verdampfte die blaugraue Decke auch schon wieder in der durchbrechenden Sommersonne. Eine Wohltat.

Hügel, zwischen denen tiefe Furchen in die Landschaft gezogen waren, bestimmten das Bild und meinen Weg. Vor einer solchen Grabenquerung kam mir Johannes aus dem Burgenland entgegen. Er war vor einer Weile im äußersten Osten Österreichs gestartet und schon etwas vom Schlechtwetter gezeichnet. „*Ultreïa*" verabschiedete ich mich nach einem kurzen Austausch mit dem alten Pilgergruß, der soviel bedeutet wie „Auf, weiter!" – und fügte den frommen zweiten Teil hinzu: „*Deus adjuva nos!*" (Gott helfe uns!)

Als ich etwas später durch die Straßen von Riggisberg ging, hielt Mel aus Australien mit ihrem Fahrrad an. „Bike shop?" Sie schaute mich fragend an. Ein Fahrradgeschäft gab es – uns direkt gegenüber – aber am Sonntag war es freilich geschlossen. Nachdem sie erklärt hatte, dass ihr Freund mit einem Platten in der Wiese stand, ging ich zur Pizzeria nebenan und fragte, ob einer der speisenden Fahrradfahrer ein Flickzeug bei sich führte. Keiner. Menschen mit Gottvertrauen. Während ich noch überlegte, was man tun könnte, schob der Betroffene, Dave, auch schon sein Fahrrad um die Kurve. Hmm. Was tun? „Meine Thermarest!" schoss es mir plötzlich durch den Kopf. Für meine Unterlagsmatte hatte ich Flickzeug dabei und in der Not könnte das vielleicht auch bei einem Schlauch funktionieren. Ein paar Minuten und schmierige Hände später hielten die Aussies triumphierend das geflickte Rad in die Höhe. Und zum Dank wurde ein Bier ausgegeben. Dave, Architekturstudent, war für ein halbes Jahr in die Schweiz gekommen, um an einem Projekt mit der ETH Zürich zu arbeiten. Mel hingegen spürte ihren Wurzeln im Land der Heidi nach. Ihr Vater war in seiner Jugend nach Australien ausgewandert, nun war sie für ein paar Monate in die Alpen zurückgekehrt.

Bald war es Zeit für uns, wieder aufzubrechen. Für mich ging es steil die Bergflanke hinunter. Mit dieser Abkürzung des offiziellen Pilgerwegs hoffte ich Thun noch am heutigen Abend zu erreichen.

Drei Stunden später wurde ich in der netten Kleinstadt freundlich im Pfarreizentrum von St. Marien begrüßt, aufgenommen und verpflegt. Ein eigenes Pilgerzimmer stand dort den müden Herbergssuchenden zur Verfügung. Mit dem ständigen Diakon der Pfarrei, Patrick, und seiner Frau Caroline, die erst am Vortag vom Urlaub zurückgekommen waren, verbrachte ich einen ungeplant langen, aber sehr netten Abend. Große Zustimmung gab es von Tochter Magdalena, als ich über die Notwendigkeit „ausgewogener Ernährung“ beim Pilgern sprach. Es sei wichtig, erklärte ich, immer wieder neue Eissorten zu probieren.

Tag 454 – 48 km (13776 km): Eiger, Mönch und verschleierte Jungfrau

„Ischt das alles?“, fragte die Seniorchefin im Schauraum der Bäckerei, während sie mein Brot einpackte. „Das ischt alles“, nickte ich. Und während die kleingewachsene, rundliche Frau den Betrag in die Kasse tippte, erlaubte ich mir ein klein wenig fröhlichen Smalltalk. „Guat riechts bei euch.“ „Ja“, pflichtete sie mir bei und fuhr dann trocken fort: „aber es hat auch schon anders gerochen.“ Ich musste laut lachen über so viel Schweizer Ehrlichkeit – oder die unverhohlene Schelte für ihren Enkel hinten in der Backstube wegen des gestrigen „Rosinenbrötli-Malheurs“ oder Ähnlichem. „Auf Wiedaluaga!“, verabschiedete ich mich immer noch mit einem breiten Grinsen und trat zurück in den Morgen hinaus.

Aufgrund der angekündigten bedrohlichen Wetterlage war ich heute schon früh aufgestanden und hatte Thun im Morgengrauen verlassen. Ich hatte knapp 50 Kilometer vor mir und laut Meteorologen nur bis zum Nachmittag Zeit, sie halbwegs trocken zu absolvieren. Ich will nicht sagen, dass ich nach meiner kurzen Nacht wirklich ausgeschlafen war, aber die schönen Ausblicke auf die morgendliche Bergwelt des Berner Oberlands entschädigten. Bald schon war der Blick frei auf die bekannteste alpine Trinität. Die schneebedeckten Gipfel von Eiger, Mönch und Jungfrau schimmerten im Licht der aufgehenden Sonne in pastellfarbenen Aprikosentönen. Nein, nicht Rosa, sondern Aprikosenpastell.

Ich spazierte entlang des Seeufers und auf Steigen, welche die schroffen, in den See stürzenden Kalkwände umgingen. Schöne alte Häuser und Höfe bestimmten das übrige Landschaftsbild.

Nach ein paar Stunden kam ich nach einem kurzen, steilen Anstieg zur Beatushöhle. Der Überlieferung nach hatte sich der Hl. Beatus, auf die Predigt des Apostelschülers Barnabas hin, bekehrt und dann die Botschaft Christi hierher in die heutige Schweiz gebracht. Einen Drachen habe er hier besiegt und weise die Bevölkerung gemahnt, bei Schokolade Mäßigung zu üben. Als seine Wohn- und Wirkungsstätte sind die Tropfsteinhöhlen über dem Thunersee überliefert, die bald ein Ziel von Pilgern wurde. Bis 1528 bestand am Höhleneingang eine Kirche und eine Herberge für die Wallfahrer. Beide wurden in der Reformation verwüstet und zerstört.

Des religiösen Erbes beraubt und mit einem beachtlichen Eintrittspreis versehen, hatte ich keinen Grund, lange an dem Ort zu verweilen. Stattdessen setzte ich den Weg nach Interlaken fort, wo sich bei meinem Anmarsch die vielleicht berühmteste nackte Felsenwand der Alpen beschämt in Nebel hüllte. War der Eiger auch verdeckt, so präsentierte sich die Jungfrau lediglich mit einem dünnen Wolkenschleier auf dem Haupt. Ihre Nordwand dominierte die große Grünfläche der Stadt, wo ich pausierte und unzähligen Gleitschirmfliegern beim Landen zusah. Das Wetter war immer noch gut. Ich verweilte.

Nach meinem Mittagessen folgte ich dem Jakobsweg zum Südufer des Brienzersees, der türkis in der Sonne schimmerte – ein Hauch von Schweizer Karibik. 15 Kilometer waren es bis zum Griesbacher Grandhotel neben den spektakulären Wasserfällen, vor deren schöner Kulisse dann auch die ersten Tropfen fielen. Der Himmel hatte sich zugezogen und für mich begann der Wettlauf zum Quartier.

Ich verließ den Pilgerweg, der in einem Bogen über Brienz führte und suchte eine direkte Route nach Brienzwiler. Auf meiner Flucht sah ich weitere Wasserfälle, die sich von hoch oben über die Klippen stürzen und sich in Nebelschwaden verloren.

Gerade noch rechtzeitig, bevor sich die Schleusen des Himmels öffneten, erreichte ich die Pilgerherberge des Orts. Das von einem reformierten Ehepaar privat initiierte Quartier für Jakobsmuschelträger funktionierte nach dem spanischen Vorbild am *Camino*. Meine Gastgeber am heutigen Abend waren ehrenamtliche *Hospitaleiros*, die sich für eine Woche in den Dienst der Pilger stellten. Dass das ursprünglich aus Zürich stammende Paar nun schon lange im Wallis lebte, hatte erfreuliche, süße Folgen für das Abendessen. Denn nach Suppe, Linsen und Nudeln fand sich eine der berühmten Walliser Aprikosen im Pudding. Diese kleine Gaumenfreude teilte ich mit fünf anderen Pilgern. Ebenfalls, aber aus der anderen Richtung eingetroffen, waren an diesem Abend ein Aargauer, eine Dame aus Franken, eine der seltenen katholischen Dresdnerinnen und ein bayrisches Pilgerpaar samt Terrier Finn. Die letztgenannten trafen eine halbe Stunde nach mir triefend – pudelnass wäre wohl inkorrekt – in der Herberge ein. Sie hatten ihre Firma verkauft und waren offen für das, was die nächsten sechs Monate auf dem Weg bringen würden.

Nach dem Essen schwenkte das Gespräch nicht auf den Abwasch, sondern den Ablass. Theologische Klärungen schienen nötig und ich war bemüht, die gängigen, auch in dieser Runde vorgetragenen Missverständnisse zu klären. Neue Themen wurden aufgeworfen. Es wäre wohl noch ein langer Abend geworden, wenn nicht pünktlich um 22.00 Uhr die verordnete Nachtruhe in Kraft getreten wäre.

Tag 455 – 47 km (13823 km:) Das tapfere Pilgerlein und die Phantombremsen

1.30 Uhr. Ich lag wach im Bett und starrte in die Dunkelheit. Zwei Meter weiter rechts schlief mein Zimmerkollege. Und er schlief sehr laut. Halb drei. Ich resignierte, kramte in meinen Plastiksäcken und schlich mit Schlafsack und Unterlagsmatte über die knarrende alte Holzstiege hinunter in die Wohnstube. Dort legte ich mich unter den Tisch, damit niemand im Dunkeln über mich stolpern würde. Drei Stunden Schlaf.

Am Morgen – es regnete heftig – zögerte ich meinen Abmarsch hinaus. Dann, da es ohnehin nicht besser zu werden schien, folgte ich dem Rat meiner Gastgeber und nahm die Straße zum Brünigpass. Damit würde ich den steilen Wanderweg mit rutschigen Steinen und Wurzeln vermeiden, der bei diesem Wetter mit meinen abgelaufenen Schuhen nicht zu empfehlen war. Ich verabschiedete mich von den anderen, die sich bereit machten, in Richtung Westen aufzubrechen und trat in den kühlen Morgen hinaus.

Glücklicherweise ließ der Regen bald nach und hörte etwas später gänzlich auf. Wolken hingen im Tal weit unter mir und in den Flanken der Berge darüber. Fluglärm von tieffliegenden Kampfflugzeugen.

Der Pass mit lediglich 1007 Metern lag nach 45 Minuten hinter mir und ich begann meinen Abstieg nach Lungern.

Dort, unten am See, traf ich meine ersten zwei Pilger des Tages, von denen einer mit dickem Buch unter dem Arm reiste. Ein Brevier. „Priester?", fragte ich. „Tak", bestätigte er. Die beiden Brüder stammten aus Polen und waren für ein paar Tage auf dem Schweizer Jakobsweg unterwegs. Bevor wir uns nach einem kurzen Schwätzchen (auf Englisch) verabschiedeten, erteilten wir einander den Segen und setzten so gestärkt unsere Wege fort.

Ein wenig später kamen zwei junge Frauen den Weg hoch, aus Deutschland. Die beiden waren in Konstanz gestartet und auf einem Abschnitt hier in der Schweiz unterwegs. Obwohl evangelisch, waren sie angesteckt vom modernen Pilgerfieber und trotz des Wetters der vergangenen Tage frohen Muts.

Wieder ein paar hundert Höhenmeter weiter unten begegnete mir eine vierköpfige Pilgerfamilie. Ich habe es nicht geschafft, die vorauseilenden Kinder mit ihren Eltern abzulichten, aber der etwa 10-jährige Junge, der mir als erster entgegenkam, war sichtlich stolz auf diesen „Urlaub". „Wir sind

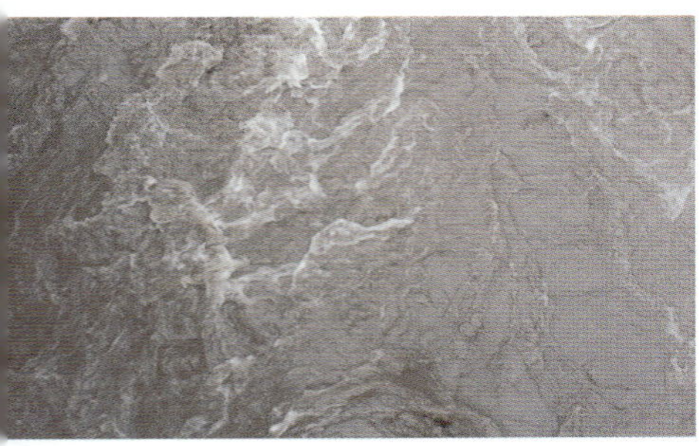

Pilger", bestätigte er auf meine Nachfrage und schritt würdevoll mit seinem Pilgerstab bergan.

Etwas später tippte Matthias mit dem Finger auf seinen Haselstock. Jeder der eingeschnittenen Ringe stand für einen *Camino*, den er gegangen war – der breiteste markierte seinen Pilgerweg nach Spanien von Deutschland aus. Nicht sieben auf einen Streich aber neun in Folge. Maria aus Brasilien, die ihn auf einigen der Wege begleitet hatte, stand still daneben und lächelte.

Insgesamt liefen mir heute sechzehn Pilger auf dem Jakobsweg entgegen – und da zähle ich noch nicht die große Gruppe „Luxuspilger", die mit Gepäcktransportservice unterwegs war.

Ich wanderte das Ufer des Sarnersees entlang, der aufgrund der heftigen Regenfälle über die Ufer getreten war, und besuchte in Sachseln das Grab des Bruder Klaus. Von dort begann ich den steilen Aufstieg nach Flüeli. Im Weiler, wo der 13-fache Familienvater im 15. Jahrhundert gelebt und sich später als strenger Büßer und Einsiedler zurückgezogen hatte, fand ich ein paar stille Momente in der Kapelle, bevor ich den aufgewühlten, angeschwollenen Bach in der Ranft querte und in die nächsten Hügel stieg.

Bremsen waren den ganzen Tag schon meine lästigen Begleiter. Nun am Nachmittag wurden ihre Angriffe heftiger. Manche der juckenden Wunden der letzten Tage hatten sich nach heftigem Kratzen entzündet. Neue Beulen kamen jetzt hinzu. Und ich spürte Phantomschmerzen. Ein Stich, ein Schlag, aber da war gar keines der Biester. Das hatte ich vor ein paar Tagen auch schon bei Johannes aus dem Burgenland beobachtet. Immer wieder schlug er sich, so wie ich jetzt, auf irgendeinen Körperteil, um eingebildete Bremsen zu vertreiben. Ein seltsames Schauspiel, das ein klein wenig wie ein unkoordinierter Schuhplattler wirkte. Heute tanzte also ich mit erratischen Schlägen auf Schenkel und Schulter über die Berge.

Am Nachmittag kam ich an einer netten Pilgerverpflegungsstätte vorbei. In einer umgebauten Garage standen Tische und Bänke mit Plastikblumen, auf dem Kühlschrank voll erfrischender Getränke wachte eine Statue der Hl. Thérèse von Lisieux und über einem Korb voll Schokolade hing das Bildnis des ausgezehrten Einsiedlers Klaus. Schweizerische Volksmusik dudelte leise und bildete den akustischen Hintergrund. Es war eine Selbstverpflegungsstation, in der ehrliche Pilger einfach den Betrag in die kleine Kasse warfen. „Das verdankt ihr meiner Schwiegertochter. Sie ist eine Gute!", erklärte mir vor dem Garagentor – nicht ohne Stolz – ein echtes Alm-Öhi-Imitat. Ich pflichtete ihm bei und schickte mich an, die letzten zehn Kilometer bis nach Stans zu gehen. Mehr Bremsen. Schöne, aber zeitraubende Umwege.

In Oberdorf fand ich schließlich die Schlafgelegenheit, nach der ich gesucht hatte. „Schlafen im Stroh" stand auf einem Schild vor dem Hof etwas außerhalb des Dorfes. Und nachdem ich versehentlich den Senior-*Senior*-Chef aus dem Haus geklingelt hatte, führte mich der herbeigerufene Junior-Chef auf den rustikal ausgebauten Heuboden im Stockwerk über den Kühen. Ein Pizza-Service brachte mein Abendessen.

Nun liege ich im Stroh. Unter mir höre ich die Rinder. Übernachten, wie es einst der seltsame heilige Pilger und Büßer Benedikt-Joseph Labre auf seinem Weg nach Einsiedeln gemacht hat – gar nicht weit von hier.

Tag 456 – 47 km (13870 km): Die Nacht im Badezimmer

Mit einem herzhaften „Muuh" verabschiedete ich mich um 6.00 Uhr vom Vieh, das etwas verdutzt von seinen Grasbergen aufblickte und einen Moment lang das Kauen einstellte. Beim Verlassen der Scheune fiel Nieselregen, der mich den ganzen Morgen über begleiten sollte.

Mein erstes Ziel war Trieb. Es schien, als würde die *Via Jacobi* eine unnötige Schleife mit vielen Höhenmetern ziehen, und so blieb ich auch nach der eigentlichen Abzweigung lieber auf dem beschilderten Uferweg am Vierwaldstättersee. Bei einem imposanten Wasserfall begann mein gewählter Weg dann steil und in

Serpentinen in die Felswände zu steigen. Zwei Brücken führten über die tosenden Gewalten.

400 nasse, rutschige Höhenmeter später stand ich keuchend und schwitzend auf dem Weg und blickte zurück. Bei diesem Wetter und mit dem Carrix war der letzte Abschnitt grenzwertig gewesen. Stufen, enge Kehren, Wurzeln und glatte Steine hatten meine ganze Kraft gefordert. Immer wieder war die Radkonstruktion meines Gefährts hängen geblieben und hatte mich mitten im Schritt zurückgezogen. Einmal landete ich so auf meinen Knien – glücklicherweise auf dem Weg und nicht einen Meter weiter rechts, wo aus dem Sturz ein Absturz in die Tiefe geworden wäre.

Zurück auf dem Weitwanderweg 4, der in der Schweiz den Jakobsweg markiert, ging es nun etwas flacher weiter, über den Klippen, dem Blätterdach und dem See. Nach einer Stunde trat ich aus dem Wald hinaus auf Almwiesen. Schafe beobachteten meinen Fortschritt. Ein kleiner Erdrutsch hatte sich über den Weg geschoben und im nassen Gras standen meine Schuhe augenblicklich unter Wasser.

Ich kam hinunter nach Trieb, wechselte in meine durchgelaufenen Sandalen und wartete auf die Fähre. Pünktlich wie ein Schweizer Uhrwerk legte sie in Richtung Brunnen ab.

Am anderen Ufer kam mir ein Pilgerpaar aus Bayern entgegen. „Über das Haggenegg geht es nicht", erklärten sie mir, als sie erfuhren, dass ich nach Einsiedeln unterwegs war. „Es sei gefährlich bei diesem Wetter, wegen der Murenabgänge. Alle haben uns abgeraten." Die beiden hatten deswegen am heutigen Tag den Bus genommen.

Nach 456 Tagen in den Bus zu steigen, schmeckte mir nicht. Ich studierte die Karte für alternative Routen. Wenn es über das Haggenegg nicht gehen sollte, dann konnte ich immer noch über den Sattel und Rothenturm ausweichen, beschloss ich und brach in der anhaltenden Regenpause nach Schwyz auf.

Dort wusste niemand etwas von Murenabgängen oder Problemen am Pass. Nach etwas Hin und Her und einem Mittagessen unter dem Vordach des örtlichen Einkaufszentrums (neuerlicher Regenguss) begann ich den steilen Anstieg.

Nach zwei Stunden und 1000 Höhenmetern erreichte ich nass, aber ohne Probleme den Berggasthof am Übergang zum nächsten Tal. Ich war der Straße, dann den Forstwegen und schließlich dem schmalen Fußweg gefolgt. Auch Letzterer war dank frisch gestreutem Naturkies gut passierbar. Aber es war nebelig und kalt. Zeit für eine Aufwärmpause. Ich stieß die Türe der Jausenstation auf.

Trocken bin ich in der folgenden Dreiviertelstunde nicht geworden und mein Bier schlürfte ich wortlos, da sich die Hobbyfunker am Nebentisch – wer hätte das gedacht – wenig kommunikativ zeigten. Nur ein schwarzer Labrador kam ab und an für ein paar Streicheleinheiten vorbei. Dann ging es zurück hinaus in die feuchte Kälte.

Um halb sechs, nach langen Kilometern durch den Regen, klopfte ich an die Klosterpforte von Einsiedeln und wurde ins Pilgerzimmer geführt. Abendessen und Frühstück waren im Preis von 35 Franken inbegriffen – die unsäglich hohen Enden der zu kurzen, alten Betten auch. Ich hievte die Matratze auf den Boden. Freiheit für die Beine.

Eine halbe Stunde nach mir kam ein zweiter Pilger. Filippo, ein sizilianisch-deutscher Neo-Schweizer, hatte sich im Regen den Etzelpass vom Zürisee hochgekämpft und war sichtlich von den Widrigkeiten gezeichnet. „Ich fahre morgen nach Hause", verkündete er nun am Ende seines vierten Tages. Das Wetter in seinem Urlaub hatte er sich anders vorgestellt.

Filippo war einer der zahlreichen deutschsprachigen Pilger, die durch Hape Kerkelings Reisebuch auf dem *Camino* gelandet waren. Vor ein paar Jahren war er den Weg in Spanien gegangen und nun zurück für „Mehr". Aber nicht für „Mehr" von dem, was er in den letzten Tagen erlitten hatte.

Die Dusche am heutigen Abend war vermutlich die letzte meines Pilgerweges. Fast schon feierlich nahm ich daher den Rest der allerletzten Hotelshampoopackung, die ich vor vielen Kilometern aufgelesen hatte, und tauchte im heißen Dampf der Kabine unter.

Es sollte meine letzte Dusche sein, aber nicht mein letzter Aufenthalt in diesem Raum mit blassblaugrünen Fliesen. Hatte ich das Problem des zu kleinen Bettgestells – gebaut für mittelgroße Hobbits – noch durch die Verlegung der Matratze erfolgreich überwunden, war gegen das laute Schnarchen meines Zimmerkollegen kein Kraut gewachsen. Weil am Gang nun ein Gebläse brummend dem Gemäuer Feuchtigkeit entzog, breitete ich schließlich meine Unterlage und meinen Schlafsack im Badezimmer aus.

Da liege ich nun auf dem Fliesenboden. Und die Außenscheinwerfer des Klosters tauchen die Wand hinter mir in feuriges Orange.

Tag 457 – 45 km (13915 km): Morgen

Theophrastus Bombastus kann es in der Grundschule nicht leicht gehabt haben, auch wenn die Chroniken über die unvermeidlichen Hänseleien nobel schweigen. Wir wissen nicht, welche Spitznamen ihm der dicke Willibald und der Geißen-Jacob gegeben haben. Und was auch immer sich Herr und Frau von Hohenheim bei dem außergewöhnlichen, doppelten Taufnamen ihres Sohnes gedacht haben, ist ebenfalls der Vergessenheit anheimgefallen. Sicher ist nur, dass der 1493 geborene Knabe ein berühmter Naturgelehrter und Mediziner wurde. Dass er sich in der Öffentlichkeit dann aber lieber Paracelsus nennen ließ, kann man verstehen.

Ich stand ein paar Meter nach der Teufelsbruck vor seinem Geburtshaus und dachte an die vielen Pilger, die sein Vater hier vor einem halben Jahrtausend aufgenommen hatte. Hier hatte der Junge wohl so manchem armen, kranken Wallfahrer das Essen serviert, der, schon hier entkräftet, sein fernes Ziel in Spanien nie erreichen sollte. Es ist gut möglich, dass diese Begegnungen der Anstoß für das ungewöhnliche Leben des Theophrastus Bombastus gewesen sind. Und sie waren vielleicht auch der Keim für seine letzte Tat auf Erden, die den rastlosen Wanderarzt von vielen seiner modernen Berufskollegen unterscheidet. Als Paracelsus im Alter von 48 Jahren in Salzburg starb, ließ er seinen Besitz unter den Armen verteilen.

Für mich bedeutete die Überquerung der Teufelsbruck einen hoffnungsvollen Wendepunkt. Hatte ich nach der gesungenen Laudes der Mönche heute einmal mehr meinen Tag im Regen begonnen, hatte es eben aufgehört. War dies die angekündigte Wetterbesserung, die mir am Vortag versprochen worden war? Es ist seltsam, wie das Wetter auch heute wieder einen Einfluss auf meine Stimmung nahm. Dass ich schon seit Tagen den Geruch eines nassen Hundes angenommen habe, daran bin ich nun gewöhnt. Aber schon wieder in Nebelschleiern und im Regen meinen Weg fortzusetzen, war zermürbend – bis eben zur Teufelsbruck unterhalb des Etzelpasses. Von da an begann der Himmel lichter zu werden. Nach und nach gab es sogar ein Fleckchen Blau.

Nach kurzem, steilem Anstieg erreichte ich die Passhöhe. Hier stand neben einem Hospiz die Kapelle, die den Ort markierte, an dem sich der Hl. Meinrad aus Reichenau im Jahr 828 seine Zelle gebaut hatte. Sieben Jahre lebte er hier, betete in Stille und spendete hilfesuchenden Menschen Rat und Trost. Dann zog er sich tiefer in den „Finstern Wald" zurück. Am 21. Januar 861 wurde der Mönch dort von zwei Räubern erschlagen. Sieben Jahrzehnte später erbaute man an jener Stelle das Kloster Einsiedeln.

Auf der Nordseite des Passes gab es zahlreiche Kuhweiden, deren letzte ich in einem Wettrennen mit den galoppierenden Rindern laut lachend durchquerte. Nicht zum ersten Mal auf dieser Reise war mein Carrix für eine Schubkarre mit Futter gehalten worden.

Anschließend begleitete mich das regelmäßige Hoppeln meines Gefährts über die hölzernen Regenrinnen des Waldwegs. Rund läuft das Rad nach all diesen Kilometern nicht mehr.

Die Sonne hatte sich bald vollends durchgesetzt und am Nachmittag ging es das breite Tal entlang auf Radwegen bis Wesen. Diese Gegend war mir nun schon so vertraut, dass echte Heimatgefühle keimten. Ich blieb am Nordufer und marschierte die enge Straße entlang nach Betlis.

585 Meter stürzen sich dort die Seerenbachfälle in drei Kaskaden in die Tiefe. Die zweite Stufe ist mit 305 Metern Fallhöhe der höchste Wasserfall der Schweiz. Gleich nebendran ergießen sich 30 Kubikmeter Wasser pro Sekunde aus dem Höhlensystem der Rinquelle. Dieser ohrenbetäubende Ort

Milliarden winziger Wassertröpfchen muss in einem heißen Sommer wahrlich eine Oase sein. An einem Abend wie heute war es hingegen fast zu kühl und ich kehrte bald über den rutschigen Pfad zurück zur Abzweigung, wo ich mein Gefährt zurückgelassen hatte. Dort klemmte ich mir neuerlich den Carrix unter die Arme und polterte auf unebenen Pfaden hoch und runter.

Schließlich öffnete sich nach 45 Kilometern vor mir eine Lichtung mit Blick auf den See, der 200 Höhenmeter unter mir in kräftigem Türkis schimmerte. Murg, Quarten und Unterterzen lagen in der Tiefe gegenüber. Wolken umhüllten die Gipfel wie Watte. Ich war unschlüssig. Dieser Ort bot sich zur Übernachtung an. Es gab sogar ein offenes Häuschen, das einst für die Seilwinde zum Holztransport errichtet worden war. Hier würde ich in jedem Fall trocken übernachten können … Ich saß auf der Bank mit Aussicht und überlegte. Sollte ich die morgige Strecke noch verkürzen? Doch würde ich später einen ähnlich guten Platz zum Übernachten finden? „Ah, was soll´s! Augenblick, Du bist so schön, verweile!“, sprach ich und lehnte mich zurück.

Und nun, während in der Abenddämmerung am anderen Ufer die ersten Lichter entzündet werden, sitze ich immer noch auf der Bank. In Gedanken folge ich dem Weg der letzten 15 Monate. Ich kämpfe mich durch den Schnee und den Regen der Ostalpen, durch den Schlamm und über die Baumstämme der Slowakei. Ich bin zurück auf meinem ersten 50-Kilometer-Marsch mit seinen qualvollen Strapazen und surrenden Blutsaugern; steige mit Artur auf die Ladefläche des Panzerfahrzeugs und wandere über die grünen Grasberge der ukrainischen Waldkarpaten. Ich bin umringt von vier riesigen rumänischen Hirtenhunden; verlasse den flimmernden moldawischen Asphalt, um Kühle bei einem Brunnen zu finden. Ich bin zurück in der Ukraine und blicke vom Stoppelfeld hoch zu einem unfassbaren Sternenhimmel. Ich taumle im russischen Straßengraben unter den Abgasen der uralten LKWs. Ich bin in der Stille der anatolischen Berge, sitze ratlos neben einem schlafenden Hundekind; lache in der feiernden Menschenmenge am Patrozinium der georgischen Pfarrei. Ich sehe den Ararat im armenischen Dunst in den Himmel steigen; höre die Schakale rund um mein Zelt herum heulen; kneife die Augen im iranischen Staubsturm zusammen. Ich stehe an den Ufern des Vansees; feiere die Heilige Messe in der Wüste auf einem Felsen im Sonnenaufgang. Ich sitze um das Lagerfeuer mit Beduinen; höre in der Wüste die Stille, in der Gott allein spricht. Ich bin zurück in Jerusalem, in der Grabeskirche, auf Golgota, an der Mauer um Bethlehem, am zerteilten Heiligtum in Hebron. Ich sehe Haifa meinen Blicken entschwinden; liege zwischen Olivenbäumen auf Zypern. Ich wandere durch die märchenhaften Schluchten Kappadokiens; feiere Ostern in Istanbul. Fahrradfahrer treffe ich in Bulgarien, Freunde in Griechenland. Im Schnee Mazedoniens blicke ich auf den Ochridsee hinab; quere wilde albanische Schluchten. Unter mir liegt Montenegros Juwel in der Bucht; in Bosnien und Kroatien leuchten die Kalkwände der dinarischen Alpen. Ich stehe blutig am italienischen Straßenrand; speise Pizza im Herzen Umbriens. Mein Herz findet Heimat in Ars. Ich lausche den Geschichten der Pilger am Jakobsweg …

Morgen. Morgen – kaum fassbar – ist mein letzter Tag. Ich spüre keine klaren Emotionen. Nicht Euphorie, keine Trauer, keine Nervosität. Ich bin ruhig. Ich bin ganz im Moment. Morgen kommt morgen.

Tag 458 – 54 km (13969 km): Anfang und Ende und Anfang

Durch die quadratische Öffnung des Holzverschlags sah ich auf zum Sternenhimmel. Irgendetwas raschelte. Maus? Igel? Ich schloss die Augen und drehte mich zur Seite. Nachtleben eines Pilgers. Ein letztes Mal.

Im ersten Licht packte ich meine Sachen und begann gegen 6.30 Uhr meinen Abstieg nach Quinten. Dazu musste ich … bergauf?! Dann, als es endlich wieder abwärts ging, war es umso steiler und der Carrix schob mit seinem Gewicht. In einer Haarnadelkurve ließ ich ihn auflaufen und versuchte das Gerät aufgerichtet hinter mir um die Kehre zu lenken. Als Ergebnis fand ich mich wie ein strampelnder Käfer auf dem

Rücken wieder (und auf dem Carrix). Ich stand auf und blickte auf meine schmutzigen Hände und Hosen. 50 Meter weiter öffnete sich ein Gurt und mein Wasser und Brot kullerten den Hang hinunter. Wirklich? Jetzt am letzten Tag? Ich kam mir vor wie ein Anfänger.

Beim Ortseingang von Quinten grüßten mich Bananenstauden und Feigenbäume. Das ist wohl nicht die typische Vegetation, die man aus Heidifilmen kennt. Aber hier am Walensee unter den steilen Kalkwänden der Churfirsten gibt es ein erstaunliches Mikroklima, das seine Bewohner zu nutzen gelernt haben. Ich setzte meinen Weg durch die exotischen Pflanzen fort nach Au und beschloss dann mit dem gerade einlaufenden Kursschiff auf das Südufer des Sees zu wechseln. Zwar war mein Weg damit ein klein wenig länger, aber ich konnte die steilen, engen Pfade des Nordufers vermeiden. Nach meinen morgendlichen Ungeschicken schien sich dies zu empfehlen.

Die Unwetter der letzten Tage hatten viel Treibholz in den See gespült. Mit hohlen, metallischen Klängen stießen ab und an kleine Baumstämme gegen den Rumpf. Ansonsten war der Wasserspiegel im Gegenlicht wie Quecksilber, an dessen Rändern sich Bergflanken und -kämme in nach hinten heller werdenden Schattierungen staffelten. Schleierwolken begannen sich über das Firmament zu legen.

Als ich nach einigen Kilometern auf dem Radweg von Murg in Walenstadt ankam, hatte sich der Himmel zugezogen. Vom strahlenden Blau der Morgenstunden war nur ein ganz schmaler Streifen im Westen geblieben. Ich setzte mich für eine Pause auf die Bank vor dem Bahnhof und leerte „Schwarze Kalorien" (Cola) aus dem Automaten nach. Eine Wanderin wartete auf Sonne und eine Mitfahrgelegenheit. Wohin ihre Reise wohl führte?

Für mich ging es weiter in den Osten. Zwei ambitionierte Nordic-Walker konnten einem gut trainierten Pilger nichts entgegensetzen und mussten sich – sichtlich entmutigt – nach einer Weile geschlagen geben. Ich rauschte lächelnd vorbei und entschwand ihren Blicken Richtung Sargans.

Dort war es dann, dass sich die nunmehr schwere Wolkendecke großzügig entlud. Wieder alles regendicht machen. Wieder die Regenjacke anziehen.

Wieder die Kapuze im Gesicht. Dass ich hier, nach einem Bogen um den Gonzen zum ersten Mal wieder Triesenberg gesehen hätte, wenn nicht Wolken, Nebel und Regenschleier das Dorf verdeckt hätten, war ein kleiner emotionaler Tiefschlag. Man hat gewisse Vorstellungen von den Schlüsselmomenten eines Weges. Und in meiner Vorstellung war ich auf den letzten Metern der Rückkehr stets von angenehmen Temperaturen und herrlichem Sonnenschein begleitet worden. Nun hingegen war das Wetter (schon seit Wochen) vielmehr so, wie es während der ersten Zeit meiner Reise gewesen war. Keine Sonne. Dafür Symmetrie. Der Kreis schloss sich.

Auf dem Weg nach Trübbach hörte der Regen auf. Der Himmel begann sich aufzuhellen. Ein Loch in den Wolken entstand. Ich spähte hinüber zu den Hängen über dem Alpenrhein. Schatten, fehlende Konturen. Dann gaben die aufsteigenden Nebel langsam den Blick auf die weit auseinandergezogenen Weiler der Walsersiedlung frei. In schemenhaften Umrissen lag vor mir der Ort, von dem ich vor 458 Tagen aufgebrochen war.

Es war ein eigenartiges Gefühl. Und es war anders als erwartet. Es war, als wäre ich nur kurz weg gewesen – Beichten bei den Kapuzinern in Mels oder mit dem Fahrrad auf einer Tagestour. Kam ich wirklich aus Jerusalem? War ich tatsächlich so weit fort gewesen? Hatte ich all das erlebt, was seit gestern meinen Kopf durchflutete, in Bildern, Worten, Farben?

Nach 26 Ländern und ein paar Schritten über die Brücke bei Balzers erreichte ich die Grenze zu Liechtenstein. Wortlos stand ich eine Weile vor dem Staatswappen und blickte dann über die Brüstung in den Rhein. Das Wasser toste, gurgelte und ging mit schaumgekröntem Haupt auf seine eigene lange Reise. Immer talwärts, unvermeidbar, rücksichtslos dem fernen Ziel entgegen.

Wie anders ist der Pilgerweg des Menschen. Keine unaufhaltsame Kraft, keine unbändige Gewalt hatte mich hierher zurück an diesen Ort gebracht. Vielmehr Gnade, Wille, Fügung und eine behütende Hand. Sie sind es, die unseren Weg durch diese Zeit begleiten. Durch sie sind wir nicht Getriebene, ausgeliefert den unbarmherzigen Gesetzen unsrer Welt, sondern können aufbrechen zum Glanz des Zionsberges und höher noch.

Ich blickte auf von den Wassern und setzte den nächsten Schritt. Ich war zurück in Liechtenstein. Die Sonne brach durch. Es war angenehm kühl. Ich ging mit einem breiten Grinsen. Spät hatte die Wirklichkeit doch noch ein Einsehen gehabt und sich meiner Vorstellung gefügt.

Auf schattigen Waldwegen stieg ich unbeschwert in die Höhe. Und dann, nach all den vielen, mir so vertrauten Kehren, öffnete sich ein „Fenster" zwischen den Bäumen und ich sah vor mir ausgebreitet auf den grünen Hängen das kleine Dorf von Triesenberg. Anfang und Ende dieser Reise.

Einen Augenblick hielt ich den Atem an, spürte das ruhige Schlagen meines Herzens. Ich sah die Pfarrkirche, die dunkle Kupferzwiebel ihres Turms; mein altes Wohnhaus mit seiner beneidenswerten Aussicht; das Haus St. Theodul in unmittelbarer Nachbarschaft, dessen betagte Bewohner stets Einsicht in meinen „naturbelassenen" Garten gehabt hatten, in mein blaues Frühlingsmeer von wilden Akeleien. Mein Auge fand die braune Holzfassade des Schulhauses, wo ich all die Jahre unterrichtet hatte. Wie oft war ich von dort erschöpft und ausgelaugt am Ende eines Tages hinunter ins Zentrum gelaufen. Ich ließ den Blick über all die Dächer der Häuser schweifen. In vielen von ihnen war ich in meiner Zeit hier eingetreten. Ich war gekommen, um zu segnen; die Freude einer Geburt zu teilen; zu prüfen, jene, die sich ewig binden. Ich hatte sie besucht, bei Leid und Tod und in schweren Stunden.

Ein Priester, so weiß ich wohl, soll allen alles sein und werden. In der Nachfolge Christi lebt er nicht für sich, sondern für die ihm anvertrauten Menschen. Er soll unermüdlich heiligen, aufrichten, belehren, trösten, mahnen, leiten und dienen. Beim Blick über das Dorf, das ich heute vor genau fünfzehn Monaten verlassen hatte, stand mir vor Augen, wie oft ich in all diesen Dingen versagt hatte. Ich war bemüht gewesen. Ich hatte gefehlt.

Mein Trost ist, dass jene, die wissen, was ein Priester ist, auch wissen, dass er mit aller menschlichen Schwachheit gezeichnet ist. Sie werden im Priester nicht etwas suchen, das er nicht ist. Sie werden in ihm nicht etwas suchen, das er nicht geben kann. Sie werden keinen zu großen Anstoß nehmen an seiner so offensichtlichen Unvollkommenheit. Denn es geht nicht um seine Person, sondern um das, was er als Priester ist. Im Zentrum seines Dienstes, in den Momenten, in denen er am meisten Priester ist, ist er am wenigsten er selbst. Nicht er handelt in der Feier der Sakramente, sondern es handelt und heiligt Gott selbst. Der ganze Christus schenkt sich dann, durch die Hand eines schwachen Menschen. Nur darum habe ich noch Kraft für dieses Amt; habe Mut *in* und *trotz* meiner Schwächen, die mir nach meinem langen Weg um so viel deutlicher vor Augen stehen.

Es mag uns erstaunen, ja manchmal verstören, dass Gott, der Vollkommene, es mit uns unvollkommenen Menschen wagt. Es ist das Geheimnis der kleinen Geschichte von C. S. Lewis, die ich zum 28. Sonntag im ersten Band dieses Tagebuchs erzählt habe. Es ist die Geschichte des kleinen Jungen, der seinem Vater eine Freude machen will; dem alle Mittel fehlen; der letztlich nur schenken kann, weil der Vater einen jeden seiner Schritte gütig begleitet. Es ist die Geschichte, in der man mit der kalkulierenden Nüchternheit der Welt nur den Aufwand sieht, mit dem sich der Vater im Grunde selbst etwas „bezahlt". Und doch ist diese Sicht der Welt zu kurz. Denn so wie es geschehen ist, hat der Vater dem Sohn ermöglicht, etwas zu sein, was der Sohn allein nicht hätte sein können: ein Schenkender. Hierin, so habe ich versucht zu erklären, liegt die Antwort auf das Geheimnis der Kirche. Hierin finden wir die Antwort auf die Berufung des Menschen. Gott braucht den Menschen nicht. Und doch schenkt Er ihm Anteil an seinem Werk. Der Mensch, der in der Sünde so viel Unheil bringt, kann Heilsbringer werden und teilhaben am verwandelnden Geschenk der Erlösung. Wer unruhigen Herzens immer noch nach seiner eigentlichen Bestimmung sucht, hat hier die tiefste und erhabenste Antwort auf seine Existenz gefunden.

Auf diesem Weg sind wir gerufen Pilger zu sein, nicht Getriebene. Wir haben ein Ziel und doch ist es keine Stadt auf diesem Erdenrund. Höher liegt es als die höchsten Gipfel der Berge. Es geht nicht um körperliche Leistung oder spannende Geschichten aus fernen Ländern. Unser eigentliches Abenteuer besteht darin, auf die Liebe, mit der wir von Gott geliebt sind – auf die Liebe, die sichtbar und heilsam geworden ist am Kreuz – mit unserem ganzen Leben zu antworten. Schwach und unvollkommen mag diese unsere Antwort oft sein. Doch lassen wir uns nicht fallen, sinken und fortspülen von den Mächten dieser Welt. Können wir schon nicht erhaben schreiten, so lasst uns wenigstens vorwärts taumeln, stolpern, wanken – wissend um die Kraft der Gnade; mit festem Willen; ergeben der Fügung und geborgen in der behütenden Hand das Vaters.

* * *

Nachtrag

Am Samstag, den 2. August 2014, Tag 459 meiner Reise, trat ich aus der kleinen Hütte in Steg, wo ich Gast gewesen war. Über mir glühte der morgendliche Himmel in unwirklichen Schattierungen von Rot. Ohne Gepäck, zurück in

meiner altgedienten, langen, schwarzen Soutane, brach ich auf zur kleinen Theodulskapelle auf dem Hang von Masescha. Auf manche Weise war sie all die Jahre mein liebster Ort in Triesenberg gewesen. Ich war dankbar, dass meine Reise dort ihr offizielles Ende finden sollte.

Nach vier vertrauten Kilometern über schmale Pfade kniete ich unter dem blassen Fresko des Weltenherrschers in dem alten Gotteshaus. Die Hände des Erzbischofs waren über mir ausgebreitet. Mit seinem Segen war ich ausgezogen. Mit seinem Segen kehre ich nun nach 13969 Kilometern zurück und bereite mich auf neue Aufgaben vor. Als umgestalteter, neuer Mensch? Vielleicht ein Stück weit – aber *dieser* Pilgerweg ist noch nicht zu Ende.